U0908805

成为营销精英，就从这本书开始！

营销一本就够

01
02
03
04
05
06

谭　慧◎编著

石油工業出版社

图书在版编目（CIP）数据

营销一本就够 / 谭慧编著 .
北京：石油工业出版社，2012.1
ISBN 978-7-5021-8600-5

Ⅰ. 营…
Ⅱ. 谭…
Ⅲ. 营销－基本知识
Ⅳ. F713.5

中国版本图书馆 CIP 数据核字（2011）第 157521 号

营销一本就够
谭慧　编著

出版发行：石油工业出版社
（北京安定门外安华里 2 区 1 号楼 100011）
网　址：www.petropub.com.cn
编辑部：（010）64523616 64523611
营销部：（010）64523603 64252978
经　　销：全国新华书店
印　　刷：北京晨旭印刷厂

2012 年 1 月第 1 版　2012 年 1 月第 1 次印刷
740×1060 毫米　开本：1/16　印张：18.5
字数：288 千字

定价：36.00 元
（如出现印装质量问题，我社发行部负责调换）

前言 Preface

营销论剑：乱拳VS套路

“乱拳打死老师傅”，出自我国的武侠小说，倡导的是不按套路来决斗，无招胜有招！如今，武术已逐渐式微江湖，营销却是愈演愈烈，而“乱拳”就被无数营销者热捧为“圣经”，歪打正着、不按理出牌貌似就是最极致的聪明。

但是，如果我们细看一下这些打乱拳的人，就会发现，他们有着一张共同的脸——业绩不好的营销者。大部分营销最差的人最爱做的事情就是打乱拳，他们风风火火——不是与对手摔跤就是扳手腕！他们精明强悍——不是出奇制胜就是以一当十！他们善于捕捉机会——东一榔头西一棒子，哪儿人多就往哪儿跑！但他们在兵行诡谲的同时，又显得十分的幼稚，完全没有营销方面的专业知识，总是违背常识，这直接导致了他们永远只能耍耍小聪明，只能小打小闹，上不了大场面。

乱拳，遇到高手的时候必然被钳制，若在营销中，则必然碰壁，被撞得鼻青脸肿惨败而归，因为他们根本就不懂得顾客究竟在想什么，多次遭受失败的打击自然是很正常的情况。

任何成功都是有套路的，比如天下武功之所以出少林，是因为少林的七十二绝技全部是套路，没有一种是乱拳。少林和尚日复一日重复这些套路，所以威震天下。同样，在营销的江湖里，真正的高手是那些看得清整盘棋的人。他们综观全局，运用各种技巧、套路，步步为营布局营销，从来不会乱打乱撞，浪费精力。

套路，就是编排好的拳法，它至少有两个方面的作用：一是平时可以运用到营销的过程中，不断演练，逐步增强自己的营销能力。二是应对大场面的时候可以将各种套路拆解迎敌，攻必克，战必胜！

营销是一门专业的学问，当你羡慕别人拥有高收入的时候，未来的营销高手们已经开始静下心来研究营销的基本规律，学习营销的套路，并在营销的战场上摩拳擦掌了。

营销套路都是要经过实战考验的。它可以很清晰地让我们明白自己到底缺少什么。假设你现在是一个营销总监。坐在这个位置上，你必须知道自己应该从哪些方面来开展工作？先做什么？再做什么？在面临销售方面的问题时，必须明确哪几个方面的工作与这个问题有关，什么工作是最重要的，什么是次要的，必须先做哪一项工作等，然后快速地运用相应的套路解决问题。

所以，要成为营销高手，就得放下乱拳，学习并运用套路，这是前人在无数次成功与失败的交织中总结出来的宝贵经验。

本书精选了许多经典的营销套路，结合生动的案例，从营销环境、揣摩消费者心理、营销战略、定价、渠道、促销、广告、品牌、公关等方面，多角度出发，系统教你掌握营销的要诀，手把手将你培养成为营销高手。学营销，这一本就够！

目录
Contents

第一章 用脑袋做营销

第二章 找到专属于你的蓝海

第三章 好产品自己会说话

第四章 别因价格被客户拒绝

第五章 坐地打通渠道大脉

第六章 促销就是"临门一脚"

第七章 一切营销都是"人"的营销

第八章 你会宣传自己吗

第九章 戴上品牌的光环

第十章 公关从来都不是难事

第一章

用脑袋做营销

第一节 市场环境怎么样

营销一点通

✓ 不懂市场环境就做不好营销，成功的营销都是在高度切合大环境的基础上进行的。

✓ 营销人员需要有大智慧：不仅懂得联系市场，还要善于察觉趋势中的商业机会。

人口研究是营销的发端

营销导图

人口数量直接决定了市场规模及其潜在容量，人口的年龄、性别、民族、婚姻状况、职业、居住分布等因素也会对市场格局产生深刻的影响，从而影响到企业的营销活动。因此，企业需要重视对人口的研究，密切关注人口特性及其发展动向，从而及时地调整营销策略以适应消费者的变化。

在市场营销教材中，对人的分析，大致分为三部分——人口数量分析、人口结构分析和人口分布分析。近年来，世界人口呈爆炸式增长，目前的世界人口已达到 70 亿。庞大的人口数量以及快速的人口增长趋势对企业有着很大的影响。此外，人是市场需求的主体，这也意味着市场需求将会随人口增长而膨胀。另外，人口结构老龄化以及区域分布的一些特征，都是企业进行营销活动不得不考虑的因素。

案例实证

德国大众汽车非常注重对人口环境因素的分析，以便充分挖掘市场，它以喜欢旅游的残疾人为目标市场之一就是一个很好的例子。

德国大众开展过一场欧洲客车的特殊营销活动。这场活动大加宣扬欧洲客车的特点是特大号的门、高高的顶棚和宽敞的空间，这些特点使欧洲客车能容纳大多数的轮椅扶梯，并为那些传统上被主流汽车制造商忽视的人在驾车旅行过程中带去更多乐趣。

为了使欧洲客车能够被更多的人接受，大众实施了它的“移动接受计划”——购买或租用大众任何产品的残疾人司机都可以得到价值1500美元改良品的购物帮助，如手控装置和轮椅扶梯。德国大众为了吸引残疾摩托车驾驶者，甚至修改了它那吸引人的标语“司机想要的”，创造了新的标语“所有司机都想要的”。

为了进一步鼓励残疾人社团走出家门，大众与美国残疾人协会共同赞助了一场火炬精神接力赛。这个跨越24个城市的旅游庆典是为了庆祝《美国残疾人法案》通过10周年而举办的。这一接力赛恰好与一场为消费者提供机会在本地销售商那里了解式样翻新的欧洲客车的乡村游行同时发生。这场游行使需要手控装置和扶梯的残疾人有了一次试驾的机会。大众公司的网站总结说，“我们为喜欢驾驶的人生产汽车，对使用轮椅的人也一样。”

方法指导

大众公司对残疾人群体需求的挖掘就是人口因素分析在营销中的一个成功应用。人群是商品和服务流通的终点，他们的数量、结构，甚至生活环境的变化，都会直接或间接地影响他们的消费需求，从而迫使企业的营销活动作出相应调整，否则企业就会面临被淘汰出局的风险。

对人口环境的分析，不只是单纯地对数量、年龄、性别、密度、分布等数据的统计分析，更重要的是结合企业自身特点，从这些数据信息中寻找到潜在的机会。大众汽车就很好地抓住了残疾人有着旅游驾驶的大量需求的机遇，不但开发出能很好满足这些需求的产品，而且成功地运用了一些营销手段，开创性地占领了该市场。

纸上营销题

你知道你所面临的顾客群有着怎样的结构特征吗？

营销百科

描述性调研设计

是指对需要调研的客观事实资料进行收集、记录、分析的正式研究。即描述性调研所要研究的是如何对已经界定好的问题正确地加以说明。如市场占有率多少、用户对象是谁，等等。描述性调研的作用有：第一，描述某特定组别的特征，如用户特征有收入、性别、年龄、教育水平等；第二，估计具有某一行为的人在总人口中所占的比例，如估计去某百货商店买东西的人占买东西总人数的比例；第三，作特定的预测。

你需要学会看碟盛菜

营销导图

经济环境是影响企业营销活动的主要环境因素，它包括收入、消费支出、产业结构、经济增长率、货币供应量、银行利率、政府支出等因素，其中，收入、消费结构对企业营销活动影响较大。其实，我们可以将所有能够影响消费者购买行为的因素都归为经济环境因素。这种因素的特点是促使消费者更多地关注价值以及不断变换消费支出模式。

上述各经济变量的变化会直接影响消费者的消费行为。比如，消费者收入减少了，这必然会削减非必需品的消费，从而影响市场需求；如果银行利率上升，大家就会倾向于往银行存钱，以获得更高的存款利息，在其他因素没有发生变化的情况下，这种行为必然会导致消费的减少，从而也会影响到相关市场需求。企业应该通过观察分析来预测这些变量的变化，并对其在企业营销活动中可能产生的影响进行判断，以便及时作出调整来应对。

案例实证

国民经济的发展水平决定社会购买力的大小，社会购买力的大小对市场营销又起到制约作用，这里以玉林地区的电力市场举例：

玉林地区宏观经济整体增长迅速，2006 年年末 GDP（国内生产总值）为 421.99 亿元，与 2001 年相比，增幅达 197%。从产业结构的角度来看，玉林地区电力需求量较大时，第二和第三产业增长速度较快，2006 年第二和第三产业产值分别为 148.29 亿元和 152.69 亿元，分别是 2001 年的 2.17 和 2.08 倍。相应的，2001 年玉林第二和第三产业的用电量为 16.51 亿千瓦时，2006 年为 29.21 亿千瓦时，约为 2001 年的 1.77 倍。因此，可以预见玉林地区第二和第三产业仍有较大的上升空间，从而不仅为电力企业开拓市场提供了良好的经济环境，也使售电量继续保持上升趋势。

另外，玉林城乡居民的收入自 2001 年以来，呈稳定增长趋势，并且增速较快，城镇居民收入 2006 年首次突破万元。居民收入的增加，意味着生活水平的提高，对电力商品的需求量也相应增加。

消费者支出主要受收入的影响，随着收入的变化，消费者的支出模式，即消费结构也会发生相应的变化。根据有关部门统计，2001 年至 2006 年玉林城乡居民恩格尔系数（Engel's Coeffcient，食品支出总额占个人消费支出总额的比重）呈下降趋势，这说明人们生活水平普遍提高，同时也预示着对电力需求的增加。这对电力企业预测消费者需求结构变化趋势从而制定企业发展战略具有重要意义。

玉林地区的电力需求会受到该地区经济发展水平、居民收入、收入支出模式等经济因素的影响，其电力部门需根据这些因素变化来调整供应量及供应结构以满足电力需求。可见，经济环境分析是企业宏观营销环境中非常重要的一个方面，它会对企业产生全面的影响。

方法指导

由于经济总是处在不断变化中，这使得经济环境具有更强的动态性。而且经济环境因素的变化对市场的影响更直接，时效性又较强，因此效果也会更明显。另外，经济环境的变化不但会作用于企业的营销活动，对企业其他活动也会产生较深远的影响。比如，经济萧条时，由于企业很难在资本市场上融资，加之一些资本投资面临着更大的风险，所以企业的财务会受到严重影响。

可见，对企业来说，经济环境是一个很特殊的宏观营销环境。由于其对企业活动的影响是全方位的，而且相关变量多，各变量的变化又都可能对市场产生不同的影响，这也意味着解除经济环境带来的困难所使用的方法一般也会是多样的。

经济衰退不一定会使企业倒闭，同样经济繁荣也不一定会导致市场供应不足，但经济环境的变化往往会带来机遇。面对复杂的经济环境，企业必须做好充分的准备，因为机会总是留给有准备的人。

纸上营销题

看碟盛菜，你觉得你的产品的定位和你所面对的顾客群体的消费能力匹配吗？

营销百科

购买力

购买力指该目标市场有足够的销售额。市场上仅存在未满足的需求，不等于有购买力和销售额。如果没有购买力或购买力很低，就不可能构成现实市场。因此，选择目标市场必须对目标市场的人口、购买力、购买欲望进行分析和评价。

一方水土养一方人

营销导图

社会文化环境包括企业所处地区的社会结构、风俗习惯、信仰和价值观念、行为规范、生活方式、文化传统、人口规模与地理分布等因素。社会文化也可以说是一个社会全体成员长期共同形成的行为特征的总和，各国家或地区都已形成了各自的社会文化特点。比如，美国的社会文化比较重视个人权利，这样的社会文化塑造了美国民众相应的日常生活方式和行为态度。

社会文化还体现着一个国家或地区的社会文明程度。社会文化中教育水平的高低对企业营销调研、目标市场选择和采用何种经销方式等均有很大影响。另外，价值观念对消费者的消费需求和购买行为也有重要的影响。面对不同价值观的消费者，企业必须采取不同的营销策略。此外，消费习俗、宗教信仰等也都是企业不得不考虑的社会文化环境因素。

案例实证

美国加州葡萄干在中国台湾的营销就是一个成功的例子。

在刊播营销广告以前，广告商进行了市场调查，发现葡萄干在中国台湾，只是孩子们的一种零食，和大人好像没有什么密切联系，这已形成了一种观念。而对于孩子们来说，吃葡萄干也不是普遍性和经常性的。于是，广告宣传重点被确定为诱导消费者经常食用葡萄干，以使人们对葡萄干产生密切的感情。

为此，广告商采用印赠食谱和赠送样品的方式进行推广，邀请了一位烹饪专家，研究出葡萄干的20种吃法，印成很精致的彩色食谱，分赠给各种消费者。食谱中包括配用葡萄干的11道菜和9种点心，每一道菜和每一道点心的做法，均有详细的说明。广告商还设计了一种小盒包装，作为赠品，在各百货公司的食品部赠送给顾客。这些食谱和小盒赠品设计得非常精美。当小盒赠品赠送出近10万盒时，这种葡萄干在百货公司的销售量也增加了5倍。

这就是预先熟悉市场环境、文化环境，明白广告的宣传重点，使得功夫用在刀刃上的成功案例。广告需要花大钱，但一定要花在刀刃上，这样才能达到事半功倍的效果。

方法指导

消费习俗是社会文化的一部分，而社会文化又是一个涵盖面非常广泛的概念，其中，以价值观为内核的观念文化是最深层次的核心文化，这种文化具有高度的连续性，而且不会轻易改变。

因此，营销人员应分析自己的市场营销活动将涉及哪个层次的文化因素，从而灵活地采取相应的策略。另外，在每一种文化的内部，又都包含若干亚文化群（一个社会及其文化是由该社会内部的民族群、宗教群、种族群、地理区域区等因素相互作用而形成的，营销学称这些因素为“亚文化群”），对亚文化群的研究甚为重要。根据各亚文化群的需求与消费行为，将其划分为不同特征的目标市场，能更方便地实行精确营销。

社会文化环境是一种长期积淀下来的环境因素，而且以企业的一己之力是很难改变的。糟糕的是，对社会文化环境的分析往往容易被企业忽视，结果导致很多营销活动“惨败而归”。因此，熟悉和适应市场所在地区的社会文化环境，是每个企业必须认真完成的先行工作，更何况这些社会文化中还经常隐藏着一些商机！

纸上营销题

请列出你所面临的顾客群具有的地域特征。

营销百科

新产品的兼容性

新产品的兼容性指的是新产品与现行价值观、消费行为模式是否兼容。一个国家、社会消费方式、消费观念的形成有一个过程，与其历史传统、文化背景密切相关，不易改变。因此，如果产品与目标市场现有社会文化、消费行为相悖或差异过大，就不易迅速打开销路。

第二节 消费者现在是怎么想的

营销一点通

✓ 知道消费者是怎么想的，才知道自己该怎么开展营销。

✓ 任何策略都需要在消费者脑海中寻找答案，顾客能给予你一切。

关注消费者的整个购买过程

营销导图

一般情况下，消费者的购买过程由引起需要、收集信息、评价方案、购买决定和购后行为五个阶段组成。也就是说，在购买行为发生之前购买过程就开始了，而且在购买后还要延续很长一段时间。

对于营销人员来说，购买决定是导致购买行为的关键。但前三个阶段也都直接或间接影响购买决定阶段，即整个购买决策过程是环环相扣的，因此，营销人员需要关注的是整个购买过程，而不是单单注意购买决定。

案例实证

肯特是一家人寿保险公司的推销员。当他按照上一次电话中约定的时间与某公司的总经理安德森先生进行电话跟进时，安德森先生的回应很平淡。

安德森先生："我想你今天还是为了那份团体保险吧。"

肯特："是的。"

安德森先生："对不起，公司不准备买这份保险了。"

肯特："安德森先生，您是否可以告诉我到底为什么不买了呢？"

安德森先生："因为公司现在赚不到钱，那份保险一年要花掉1万美元，公司暂时承受不起。"

肯特："除了这个原因，还有其他让您觉得不适合购买的原因吗？可否把您心里的想法都告诉我？"

安德森先生："当然，是还有一些其他的原因……"

肯特："我们是老朋友了，您能告诉我到底是什么原因吗？"

安德森先生："你知道我有两个儿子，他们都在工厂里做事。两个小家伙穿着工作服跟工人一起工作，每天从早上8点忙到下午5点，干得不亦乐乎。要是购买了你们那种团体保险，受益人不能是我儿子的话，我担心儿子会失业。"

（真正的原因总算被挖出来了。所有开始时的理由只不过是借口，真正的原因是受益人的问题，可见这笔生意还没有泡汤。）

肯特："安德森先生，因为您儿子的关系，您现在更应该做好保险计划，让儿子将来更好地生活。我现在就上您那儿去，咱俩一起给原来的保险计划做个修改，使您两个儿子变成最大的受益人。这样一来，无论父亲还是儿子，哪一方发生意外都可以享受到全部的好处。"

安德森先生："好吧，如果能达到这个要求，我倒可以考虑签单。"

方法指导

能够影响消费者购买决策的因素有很多，它们作用于购买过程的决策，并且，对于不同的消费个体，影响因素也各不相同。

当消费者意识到对某种商品有需求时，购买过程就开始了。其需求可由饥饿、干渴等内部因素引起，也可由一些外部因素激发，比如他人的建议、被产品某个特性所吸引等。购买需求被激发后，大多消费者会主动寻找一些关于该产品或服务的相关信息，这时，亲朋好友的口碑相传以及广告等因素则成为信息源。在获取足够信息的基础上，消费者会对那些候选产品、服务或方案进行系统比较和评价，此时，产品或服务的功能属性、质量、品牌等因素便起着关键作用，随后便是实施购买行为了。

需要指出的是，并非消费者做出购买决定后，就一定有购买行为。比如，一些未预料的突发形势以及能左右其决策的其他人对该产品的态度等，都会影响其购买行为的实现。购买行为实现后，产品或服务的售后情况，消费者使用体验等因素又会影响他们下一次的购买决策。如果出现负面情况，则可能引起退换货或投诉等不良后果。

你能清晰地描绘出顾客购买你的产品时所经历的思维过程吗？

营销百科

网上消费者的决策过程

网上消费者在购买产品的过程中经历了五个阶段，即：

(1) 确认需要。网上消费者首先对自己所想购买的商品或服务进行认知。

(2) 收集信息。他们在网络上利用各种信息源，通过如网上广告、各商家价格对比、各家服务质量对比，以及个人接触等渠道来探索所需的解决方案。

(3) 评价解决方案。了解这些方案的内容和特点以及它们所带来的相应满意程度，经比较、研究这些解决方案的优缺点，网上消费者对它们给予评价。

(4) 购买决策。在完成以上步骤后，网上消费者最后做出决策，即决定购买什么样的商品或服务。

(5) 购买后行为。网上消费者通过使用所购买的商品或享受服务，然后对之做出评价。

把握消费者每一阶段的消费行为

营销导图

购买决策是指消费者主观地评价某一产品、品牌或服务的属性，然后进行选择、购买以满足自身某一特定需要的过程。为了满足这种需求，在一定购买动机的支配下，消费者都会经过分析、评价、选择，然后实施自己认为的最佳购买方案，并进行购后评价。

这是一个系统的决策活动过程。消费者所要购买的商品的种类、价格以及个人物质与精神状况等因素的不同导致消费者的购买决策过程也存在差异。这些决策有时可能比较简单，有时则会比较复杂，但一般情况下，消费者的购买决策过程是由引起需要、收集信息、评价方案、决定购买和购后行为五个阶段构成。

在这五个阶段中，每一阶段活动的发生的状况都会影响到消费者最后的购买决策。因此，营销人员要把握住消费者在每一阶段的行为，弄清哪些因素在起作用，这样才可针对目标市场制订出行之有效的营销方案。

案例实证

便利店生存的第一条件就是方便性，可以说这是一个便利店的生命力所在。因此，24 小时通宵营业即为便利店的主打。而且随着人们生活质量的要求不断提高，便利店的服务范围也在不断扩大。现在日本的便利店集日杂百货、代收水电费、邮递等业务于一体，甚至不久的将来，在日本便利店买汽车也不会令人感到惊奇。

下面以 7-11 便利店为例谈谈成功便利店的营销策略。

7-11 在店址的选择上，最根本的出发点就是便捷，即在消费者日常生活行动范围内开设店铺，如，距离生活区较近的地方，上班或上学的途中，停车场、办公室或学校附近等。任何地方都有位置优劣之分，7–11 要让店铺在最优位置生根，如，有红绿灯的地方，越过红绿灯的位置最佳，它便于消费者进入；有车站的地方，车站旁的位置最好，消费者购物方便；7–11 还尽量避免在道路狭窄处、小停车场、人口稀少处及建筑物狭长等地建店。

我们会发现，很多上班族也许并不喜欢 7–11 里的便饭，但是当他们发现周围并没有合适的就餐场所时，他们会就近选择 7–11，并且 7–11 的卫生条件也让很多白领一族十分放心。

7–11 推行的是 24 小时营业制度，因为根据店铺地点的不同，每家店铺的黄金营业时间也不同。比如，写字楼周边的 7–11，每天早晨和中午是一天的黄金时段，在此期间会有大量的白领到 7–11 来买便当和饮料；靠近居民区的 7–11，黄金时段往往是夜间，因为很多大城市加班的白领都是在回家途中的便利店购买食物。7–11 充分发挥了人无我有，人有我全的原则，一切以消费者的需求为中心，处处从消费者群体的购物习惯和消费嗜好出发。例如，考虑到消费者站着购物不易看到下层商品的实际，就使货架下层摆放醒目让顾客一目了然。根据单身一族的生活习惯，7–11 还贴心地推出了饭团、各种便当、各种生活用品等适销对路商品，将便利店完全融入消费者的“生活情景”中，让货柜上的商品“自然地”向消费者招手。

7–11 成功的原因就在于它与众不同的营销概念。它采用了反常规的经营手法，不是像其他小店一样，从生产商的角度来组织店铺，而是以顾客为中心来开店和调整商品种类。7–11 提供的商品并没有什么特别的地方，而且价格也谈不上便宜，甚至可以说比其他小店贵得多，但是因为它在为消费者提供便利这方面做得非常好，所以每日客源不断，深受消费者的青睐与好评。

方法指导

互联网的出现，不但为消费者提供了一个方便的消费平台，而且更深刻地影响了消费者的购买决策过程。随着科技的发展，能够对消费者购买决策产生影响的已经不再只是那些传统的因素。这就要求企业不但要关注传统影响因素，还要能分析出与科技紧密联系的事物所带来的影响。

在当代社会中，影响消费者购买决策的因素变得越来越复杂，包括：消费者个人的性格、气质、兴趣、生活习惯与收入水平等自身因素；消费者所处的空间环境、社会文化环境和经济环境等各种外部刺激因素，比如，产品的属性、价格、企业的信誉和服务水平以及促销形式等。这些因素之间存在着复杂的交互作用，它们会对消费者的决策内容、方式以及结果等产生不确定的影响。

显然，影响决策的各种因素不可能总是一成不变的，而是会随着时间、地点、环境的变化不断发生变化。因此，不但不同的消费者对于同一种商品的购买决策可能存在差异，对于同一个消费者来说，其消费决策也具有明显的情景性，即具体决策方式会因所处情景不同而不同。

纸上营销题

请列举影响顾客购买你的产品的10个因素。

营销百科

顾客让渡价值

所谓顾客让渡价值是指整体顾客价值和整体顾客成本的差额部分。整体顾客价值是指顾客在购买某产品或服务中所获得的利益总和，包括产品价值、服务价值、人员价值和形象价值；整体顾客成本是指顾客在评估、获得和使用该产品或服务时付出的全部代价，包括货币成本、时间成本、体力成本和精力成本。一般说来，顾客是按所提供的最大价值进行估价的。他们之所以购买某一产品或服务，总是要塑造出一个价值的期望值并实践它。

商业购买行为受哪些因素干扰

营销导图

与普通消费者的购买行为影响因素不同，商业购买行为的影响因素主要有环境因素、组织因素、人际关系因素以及个人因素，其中环境因素起着主要的作用。例如，社会经济环境对企业购买行为有很大的影响：经济环境不好的情况下，企业会倾向于采购价格相对低廉的原材料，或削减采购来减小生产规模；相反，经济环境良好时，则会扩张采购规模，甚至采购高级原材料来提升产品质量。

商业购买者都有自己的组织机构，因此，其购买行为必然受到组织因素的影响。他们的购买行为需要服从组织的目标、政策、程序等，而这些信息就是商业营销人员必须设法去掌握的。另外，企业也是社会的组成部分之一，既然处于社会之中，也就必然会产生人与人之间的关系，而这种人际关系也会影响到商业购买者的购买行为。因此，营销人员要尽可能地创造有利于自己营销的人际关系。

最后是人的因素，企业都是由人组成的，其主要决策者也是人这个个体，这个影响因素也应给予足够的重视。

案例实证

作为统一联合公司的副总裁，哈里 .E. 斯里克斯麦尔被派到欧洲去开拓市场。在伦敦，为了快速而有效率地开展工作，他与当地的一些银行家进行了简洁的电话会谈；随后赶到巴黎，与未来的潜在客户——某工业工程公司的总裁一起午餐会谈，他以一种轻松的方式来对待，并这样招呼着这位客人——“雅克，叫我哈里好了”；在德国，他快速地做了一个长篇演讲，并附以图表、视听材料等，来彰显自己的营销水平；之后立即乘上开往米兰的飞机，并开始与邻座的日本商人交谈，并大方地将自己的名片放在对方的托盘上，告别时，热情地与对方握手并抓住对方右臂；到了意大利后，他穿着舒适的条纹灯芯绒运动外套、卡其裤子和帆布鞋，与一位意大利包装设计公司人员会面。

六个月过去了，公司除了收到一堆账单外，这次旅行未收获任何结果。可怜的哈里确实尽力了，不过都是错误的方式。与美国人不同，英国人不习惯通过电话做生意；而法国人不喜欢太快的接近，当然也不喜欢被陌生人直呼其名；德国人不喜欢夸张和卖弄，当然就不能肯定哈里天花乱坠的发言；同样，当哈里抓住日本人的胳膊时，会被对方认为狂妄自大，日本与许多亚洲国家一样，属于“无触碰文化”；当然，最后一个失误就是哈里对意大利人逗趣和放松的印象，其实这只是电影里的镜头罢了，米兰和罗马商人穿着漂亮并崇尚创造，他们对别人俗丽或不得体的装扮会很吃惊。

方法指导

商业购买行为往往会受到许多因素尤其是细节的影响。所谓知己知彼，百战不殆。营销人员需要系统地了解这些因素的影响，并在一定的情景中掌握这些因素的影响途径及方式，还要能对其影响程度作出预测。当然，最重要的还是运用这些条件来为自己的商业营销战略目标服务。

环境因素包含经济发展、技术变化、政治法规发展、行业竞争情况以及文化风俗等几个方面，这些因素都会直接或间接地影响商业购买行为。组织因素则主要包括组织目标、政策、程序以及结构等，这些都形成了商业购买行为的制约框架；隐蔽的人际关系因素，通常通过某人的权威、地位以及其他成员的同感等来施加影响；个人因素则与消费者购买行为的影响因素类似，只是此处指的是所有决策参与者的个人因素，它通过综合作用来产生影响。

纸上营销题

请谈谈你如何理解人际关系在销售中的作用。

营销百科

促销目标

在不同时期及不同的市场环境下，企业会有不同的具体促销目标。目标不同，促销组合就会有差异。如果在一定时期内，企业的促销目标是在某一特定市场迅速增加销售额，扩大市场份额，则促销组合应更注意广告宣传和营业推广，强调短期效益。如果企业的目标是树立企业在消费者心目中的良好形象，为其产品今后占领市场，赢得有利的竞争地位奠定基础，则促销组合应更注重公共关系和辅之以必要的公益性广告，强调长期效益。

第三节 你凭什么能比对手做得好

营销一点通

✓ 只有比对手更好，你才能比对手赢得更多。

✓ 为了比对手更好，你需要找到比对手强大的地方。

找准自己的竞争据点

营销导图

找准自己的竞争据点就是要恰当地找到自身的竞争地位，这是企业确定其竞争战略的前提，也是探讨位次竞争战略的依据。目前，许多行业都采用市场占有率指标作为对各竞争企业进行分析的依据，从而确立自己的竞争地位。找到自己的竞争地位，就能知道自己的优劣是什么，知道自己的市场空间是什么，知道该如何面对对手的竞争。

案例实证

复印机行业的竞争是全球性的，施乐公司、佳能公司、夏普公司和美能达公司从1991年以来占领了复印机市场份额的75%，它们是这一行业当之无愧的领先者。但就在这75%的市场份额内，四大公司之间的竞争也是十分激烈的。

价格、速度、可靠性和服务是消费者用来评价复印机的四个标准。20世纪70年代早期，施乐、柯达和IBM公司就已经通过建立覆盖全美国的分支网络控制了整个复印机市场，它们的价格虽然很高，但服务质量也很高。到了70年代中期，日本的三个复印机制造商佳能、美能达和理光公司开始在美国开拓市场。日本竞争者的产品价格要低一点，但是产品的可靠性相对较差。

最初，像施乐、柯达和IBM这样占据美国复印机市场领先地位的行业巨头并没有对日本竞争者给予足够的重视，它们认为日本公司的规模太小，市场占有率太低，不可能与美国公司进行正面的阵地竞争。然而，令美国公司吃惊的是佳能、美能达和理光很快在美国市场站稳了脚跟，并着手改善它们的产品，以抢夺美国公司的市场份额。同时，瞄准利基市场的日本公司进入正在增长的市场，特别是诸如彩色复印这样的目标市场。

到了20世纪90年代，佳能已成为该行业中市场份额最大的公司。该市场1993年的总销售额为60亿美元，佳能的市场占有率为28%，施乐和夏普的市场份额加在一起为34%，另外20个公司拥有剩下的38%市场份额。1993年，彩色复印机的销售额增长率还不足1%。而佳能占据了这些份额中的75%，柯达和施乐加在一起才只有14%的市场占有率。

方法指导

通过考察市场占有率，可以清楚地了解一个企业竞争地位的现状及相关变化情况，这使得那些旨在维持或争取行业第一的企业（如施乐与佳能）能够制定有针对性的竞争战略。

当然，确定企业竞争地位的指标并非只有市场占有率一项。对企业而言，其营业收入也能很好地反映出竞争地位的强弱。阿瑟.D.理特咨询公司认为，任何一家企业在其所在行业的目标市场中可能占据以下六种竞争地位中的一种：

（1）主导地位。行业中占主导地位的企业“支配”着其他竞争对手的行为，并且在策略选择上有较大余地。

（2）得势地位。处于得势地位的企业可以独立运作，并且不会危及本企业的长期市场地位，无论竞争者如何行动，它们都能保持自己相对稳定的地位。

(3) 有利地位。这类企业有足够的能力执行特定的策略，并且拥有较多的机会来改善其市场地位。

(4) 足以维持。这类企业自身经营得当，足以维持生存。但它们的存在是在那些占有优势地位的企业默认许可下实现的，改善其自身市场地位的机会较少。

(5) 弱势地位。这类企业的经营状况不佳，但仍不乏改善的机会。它们必须进行革新，否则将被迫退出市场。

(6) 难以维持。这类企业经营状况极差，难以维持正常运营，而且没有转机。

纸上营销题

你知道你的产品和对手的产品差别在哪里吗？

营销百科

STP 营销

即细分 (Segmenting)、目标 (Targeting) 和定位 (Pos itioning)。STP 营销中的三个主要步骤：第一步是市场细分——把市场分割为具有不同需求、性格或行为的购买者群体，并针对每个购买者群体采取单独的产品或市场营销组合战略。企业选择不同的方式细分市场和勾勒细分市场的轮廓。第二步是市场目标化——评估每个细分市场的吸引力，选择进入一个或若干个细分市场。第三步是市场定位——对产品进行竞争性定位并制定详细的营销组合战略。

你需要驱逐“五头狼”

营销导图

市场竞争不仅普遍存在而且逐年激烈。在激烈的市场竞争中，企业渐渐认识到，仅仅了解自己的顾客是不够的，还需要时刻关注市场中的竞争对手。

每一件产品一旦进入市场，就要面对来自同行、供应商、消费者、替代品、潜在进入者这五种力量的竞争。这五种力量就像五头狼，只有将它们驱逐出去你才能成功。

案例实证

可口可乐和百事可乐是世界上两大生产可乐的饮料公司。近年来，随着一些新型饮料在各地市场上的出现，两大巨人开始面临来自行业内竞争对手的挑战。这些规模不大的饮料公司生产的产品，品种多、口味全，从矿泉水、饮料、啤酒到水果、蔬菜类营养汁，应有尽有。这些公司已经开始侵占两大可乐公司的市场了。

据统计，1991 年西方国家推出了 1350 种新饮料，1992 年有 1100 多种新饮料面世。如斯耐普饮料公司，其收入在 1988 ~ 1991 年间迅速从 1300 万美元上升至 21500 万美元，特别是在美国西部地区，斯耐普公司的饮料供不应求。此外，它还击败了中西部和东部海岸等地区的其他饮料生产厂商。

这些小公司生产出了上千种饮料，这些饮料丰富的品种满足了消费者的多种需求，让消费者可以尽情选购和品尝。仅 1991 年一年时间，消费者就喝掉时价达 13 亿美元的各种类别、品牌的饮料，其中包括瓶装冰镇茶、咖啡、矿泉水、汽水、果味水、果汁及运动型饮料。

在可乐市场上，1991 年的全球可乐消费量是 122 亿加仑。但是，相对于其他饮料销售量 10% 的增长来看，可乐这一年的消费增长率却减少了 1.5%。由此，可乐公司的软饮料帝国出现了衰退的迹象。

为了挽回可乐公司在饮料王国的地位，可口可乐公司决定对一种采用了二三十年的泪珠形瓶子进行重新包装，以便能更好地与其他公司竞争。此外，他们还充分利用了小公司的优势，比如，与耐斯特尔公司一起开发一种方便饮料。

百事可乐公司也采取了相应的策略，如，在市场上销售阿佤伦牌矿泉水、冰镇茶（与利普顿公司合作）和果汁（与奥西恩·斯普瑞公司合作）。百事可乐的斯书特曾说，公司长期战略目标的一个重要组成部分是开发出各种可供消费者选择的饮料，从而打败那些小饮料公司。

方法指导

在激烈的市场竞争中，企业必须时刻保持警惕，充分分析行业竞争环境与竞争者的竞争行为。迈克尔·波特将企业所处的竞争环境分成同行业的直接竞争者、供应商、消费者的讨价还价能力、替代品的威胁和潜在进入者五个类别。下面是对这五个类别的简单描述：

（1）同行业的直接竞争者。在同一个行业当中，如果已经有了众多的、强大的或者竞争意识强烈的竞争者，那么该细分市场就会失去吸引力。如果该市场处于稳定期或者衰退期，而生产能力不断大幅度提高，将导致固定成本过高，撤出市场的壁垒过高。

（2）供应商。供应商有两个手段可以威胁到企业的发展，一是提高供应价格；二是降低供应产品或服务的质量，从而使下游行业利润下降。

（3）消费者的讨价还价能力。要了解消费者的讨价还价能力，企业必须了解消费者选择某一产品或服务的动机。是因为价格低、质量高、快速送货、可靠的服务、有趣的广告，还是由于推销人员的能力？如果不知道什么东西能够对消费者产生吸引力，不知道消费者的选择将如何变化，企业最终将会失去市场上的竞争优势。

（4）替代品的威胁。如果企业所服务的市场存在着替代品或潜在替代品，那么该市场就会失去吸引力。任何企业都应密切注意产品的价格趋向，如果在这些替代品行业中技术有所发展，或者竞争日趋激烈，就有可能导致该细分市场的价格和利润下降。

(5) 潜在进入者。随时可能加入这个行业，成为企业直接竞争对手的企业就是“潜在进入者”。当某一行业，尤其是新兴行业获得高额利润时，资本就会大量流入，不仅行业内现有的企业会增加投资以提高生产能力，而且行业外的企业也会被吸引到该行业进行投资。

纸上营销题

面对这五种竞争力量，你分别找到应对策略了吗？

营销百科

以对手的价格作为定价起点

企业的定价决策会影响企业所面对的竞争的性质。如果企业采取高价格、高利润的战略，它就会引来竞争；而低价格、低利润的战略可以阻止竞争对手进入市场或者把竞争对手赶出市场。企业需要针对竞争对手的成本设定自己的成本基准点，以便了解它的经营成本是处于优势还是处于劣势。一旦企业掌握了竞争对手的价格和市场供应，便可以利用它们作为自己定价的起点。

找到属于你的独特卖点

营销导图

在市场中，为获得竞争优势，企业需要进行目标市场定位，其中包括以下几个主要任务：

第一，确定企业可以从哪些方面寻求差异化；

第二，找到企业产品独特的卖点；

第三，开发总体定位战略，即明确产品价值的方案。

实际上，为了向消费者提供更多的价值，企业产品定位一开始往往都从差异化做起。然而并非所有商品的差异化策略都能有意义或有价值，即差异化不一定有市场。有效的差异化策略，应该能够为产品创造出一个独特的“卖点”，使消费者能够根据自身的价值取向做出购买决策。因此，确定价值方案就成为总体定位战略的核心内容，即如何创造出自己的竞争优势。

案例实证

20世纪60年代初开始进入海外市场的日本机械手表，无论是在质量上，还是在价格及品种、类型上，都难以与历史悠久的瑞士手表相抗衡。瑞士手表制造业拥有高度的企业间垂直分工零部件生产、最终组装的生产系统以及丰富的优秀熟练工人等资源，这使其最大限度地享受着分工协作带来的低成本、大量生产的好处。

为了与瑞士表制造业竞争，精工公司通过实行大规模的生产工艺创新，在产品制造成本上逐渐取得了与瑞士厂家相匹敌的竞争力。但就技术含量而言，与瑞士表相比，精工的自动上弦机械表要滞后15年，高振动机械表要落后两三年，而在运用石英电子技术开发高精度手表上却领先了一大步。因此，石英电子表是精工赖以超越瑞士手表制造业的关键产品。

虽然瑞士厂家于1967年就与精工同时开发出石英手表的展示品，但由于该类产品价格过高，并被定位成一种市场有限的高档产品，加之该厂又把主要精力放在提高机械式手表性能上面，所以在石英电子表领域，精工还是有一定市场的。1969年年底，精工在世界上首次开发出模拟式石英手表。

其后，该公司充分利用先进的半导体等周边技术，改良原有的机械手表自动组装生产线，进一步实现了模拟式石英手表的小型化和低成本化，确立了大量生产低价石英表的体制。接着，1973年，该公司运用美国科学家的研究成果开发出液晶显示的数码式手表，完全掌握了有关石英电子表的制造技术。

其后，该公司大规模地把产品从机械式转换为石英式，到1982年时已有大约80%的产品实现了石英化，而瑞士厂家石英化的脚步却迟缓了许多。

方法指导

精工公司在机械手表市场上毫无优势，面对竞争，它明智地选择率先进入石英表市场。通过成功的市场定位，实施小型化、低成本的发展战略，最终它将自己的核心业务转移到已具有绝对竞争优势的电子石英表上，利用自己所创造出的竞争优势，在手表市场上牢牢地占据了一席之地。

在市场中，总会存在一些未被满足的部分，也总可以通过现有需求引导出一些新的市场需求，而这些领域往往可以通过差异化或成本战略去占领。未满足的部分或者新的需求都意味着商业机会。当然，市场上的机会不是等来的，而是自己主动创造的。创造出机会之后，还得努力把握，这就需要对自己有充分且客观的认识。利用自己现有的资源，打造出他人难以逾越的竞争优势，找到属于自己的独特卖点，这就是企业在行业中的生存之道。

纸上营销题

属于你或你的产品的独特卖点是什么？这种卖点是如何确立的？

营销百科

品质属性定位

品质属性定位是运用最为广泛的一种定位战略，即以一种产品的特性或与某种消费者的利益追求相互联系的品质属性来定位。以各种汽车的市场定位为例，现代轿车强调低价位；沃尔沃通过在商业广告中演示它的碰撞试验并引证该车平均寿命的统计数字来强调安全耐用性能；相比之下，菲亚特则努力做到将自己的车定位成欧洲的轿车，使用欧洲的技术工艺；宝马侧重于驾驶和工程技术效率，它使用的广告主题是“最完美无缺的汽车”，并在赛车场上显示宝马的驾驶性能。

第四节 营销战略就是想出来的

营销一点通

✓ 任何战略都是预谋和企图，都是想出来的。

✓ 制定战略时，你需要兼顾大局、产品和市场细分。

衬衫要和西服完美搭配

营销导图

在营销学中，公司战略，即企业最高层面的战略，是根据企业的发展目标，选择企业可以竞争的区域和产品服务类型，从而合理地配置企业经营所必需的资源，使得企业各项业务相互支撑、相互协调。位于公司战略下面的是部门战略。部门战略是企业内职能部门制定的战略。职能部门更多的是作为事业部而存在或者为子公司经营活动提供辅助支持工作。因此，部门战略的制定也是为了更好地协调、支持经营战略，最终实现总体战略。

公司层面的战略相当于西服，而部门战略就像西服里面的衬衫。如果衬衫的颜色不能和西服的颜色完美搭配，穿出去就会遭人嘲笑。只有将二者完美结合，才能相得益彰。

案例实证

宝洁公司董事长兼CEO雷富礼认为，组织系统和架构是支撑竞争优势的工具。他扫除了宝洁原来按国家划分的领地制度，代之以全球业务各部门组成的“矩阵”。这些部门分别管理不同产品领域，例如保健、美容、织物和家居护理用品等领域。同时，这些部门还与某个区域市场开发机构进行合作，从而更好地发挥各部门的潜力。

同样，在各大部门内部，小的职能部门之间也存在着相互的协调与合作。例如，在营销实施时，需要由成千上万的公司内部和外部人员做出日常决策并采取行动。这时，营销经理们不但要做出有关目标市场、品牌、包装、定价、促销以及销售的有关决策，还要与公司其他人员合作以获得他们对其产品和方案的支持。

比如，与设计人员讨论产品设计；与制造人员讨论生产和存货水平；与财务部门讨论资金筹措和现金流量等；与广告代理机构合作以策划广告活动；与媒体合作以获得公众支持，等等。正是这些部门、人员间的沟通合作，各自战略计划的协调统一，造就了宝洁公司组织结构的高效性，使其市场竞争力如虎添翼。

方法指导

在公司战略的总体框架下，合理有效地发挥各部门的战略计划是对公司战略的强力支持。总体战略把握着公司未来的方向，而部门战略则可以及时有效地适应多元化的市场，协助公司战略的实施。一个从总体上指导，一个从具体上实行，只有两者各自发挥其特点，才能构建公司强大的战略体系。

公司各部门都是为实现公司的战略目标而设立的，它们都有着自己的战略计划。通过与公司的战略规划相协调，各部门可以发挥最大效用来为公司创造价值。整体由部分构成，若各部分都能相互完美地协作，就会使得整体具有单个部分不具有的功能或效应。某一产品从生产到最后的销售，需要由许多部门相互合作才能完成。因此，在联系日益紧密的公司内部机构中，营销系统各层次的人员必须通过共同合作，才能成功地实施营销计划和战略。

纸上营销题

你要如何做到让“衬衫”与“西服”完美地搭配起来？

营销百科

星系型整合营销结构

整合营销组织设置的重点在营销第一线，它针对企业的产品、市场或是行业，甚至是若干可能的市场机会、生长点而设置营销团队。营销团队具有独立开发市场和产品及应付竞争者挑战的能力，因而人员组合齐备，综合实力很强。各营销团队又是围绕营销管理中心的协调控制运转。营销管理中心不负担传统营销功能，因而人员规模相对要小；但是营销中心依靠中长期决策权力、人员最终调配权，以及强大的信息资源汇总、分类、咨询、沟通能力成为各营销团队的核心，从而构成星系。

你必须对市场有所企图

营销导图

把企业拥有的一切资产通过剥离、出售、转让、兼并、收购等方式进行有效的运营，以实现最大的资本增值，这就是企业业务战略的终极目标。

通俗地说，也就是用你最具竞争力的优势，实现你和竞争对手之间的产品、服务差异化，并给你的顾客带来更大的价值。

可见，从某种程度上讲，业务战略计划不但是工作程序，更是一种谋略。

案例实证

作为欧洲最大的建材零售商，百安居每年从中国采购的建材、五金工具等商品金额高达10亿美元，其数量占总采购量的1/3。百安居自1999年登陆上海以来，已陆续在上海、苏州、杭州等城市开设了多家连锁店，遍布华东、华南、华北和华中。在中国连锁经营企业协会列出的“2002年家居、建材、家装”专业榜中，百安居位居总销售额榜首，并且拿下了单店平均销售额第一的好成绩。

在百安居，有一句很通俗的话：“先有满意的顾客才有满意的股东。”1999年刚开第一家店的时候，它打出了这样两句口号：第一句是“全空调购物”——当时在上海没有一个卖建材的地方是带空调的；第二句是“30天无条件退货”——当时市场上也没有无条件退货的建材店。所以，这些服务战略措施给百安居带来了大批客源。

2006年，百安居的口号是进入白电、进入软装，这些都是其竞争对手没有，而对客户却相当重要的。因为客户希望在装修的时候充分考虑到家电的安装。另外，在家电销售市场上，有国美、苏宁等老牌对手，如果销售与它们一样的东西，那百安居就没有一点竞争优势，所以当时百安居只销售三个老牌子的产品，充分利用了自身经营品牌的优势，避免了直接的竞争。

近年来，百安居不断调整业务战略，首先是在产品质量和购物环境上，其次是在产品价格上，当前更注重市场推广。这种战略的转变是有其合理性的，因为百安居只有具备了质量和环境优势后，才能做价格差异化，接下来再做市场差异化。正是这一步一个脚印的业务战略计划，使得百安居成功打入了中国市场。

方法指导

通常企业会在五种广义的业务层战略中进行选择：成本领先、差异化、集中成本领先、集中差异化、成本领先与差异化整合。公司业务战略计划的制订应该是具体的、明确的和可靠的，而且要体现出公司是否能够充分发挥自身的竞争优势，是否能很好地满足市场需求，这些都决定着公司未来的发展好坏。

当然，业务战略的制定与执行涉及许多方面的因素，比如，产品线广度与特色、目标市场的细分方式与选择、地理涵盖范围和竞争优势等，但最终目标都一样，那就是为企业创造更多的价值，实现企业的战略目标。正所谓“扬长避短”，一个企业不太可能成为市场上的“全能战士”，充分发挥自身优势，弥补自身劣势，才是市场竞争中的王道，也是业务战略的精髓。

纸上营销题

请你谈谈你对竞争对手所采取的营销策略的理解和评价。

营销百科

营销策略程序步骤

一个完整的战略营销计划过程可以分为五个主要步骤，它们是：

(1) 态势分析。内容涉及需求分析、战略分析、生命周期阶段、宏观趋势、背景、优势和劣势分析、竞争本质。

(2) 问题、机会与威胁描述。

(3) 确定目标。是企业营销战略应实现的目标。

(4) 制订营销战略方案。这是实现目标可供选择的替代性方案。

(5) 决策。决定战略方案包括执行和控制计划的行动方案。

产品策略是营销战略的根本

营销导图

产品决策其实就是从产品定位、开发、品牌建立到包装销售的整个决策过程。在这个完整的决策链上，每个决策环节都举足轻重，它不但决定着下一个决策环节的实施，更会影响到整个产品价值的实现。

当然，一个产品的开发，首先得符合市场需求，能满足市场上的某一特定人群；其次，它的质量必须过硬，这样才能获得好的口碑，从而有利于打造品牌；在品牌设计上，既要切中消费群心理，又要突出产品特色；最后，在包装和促销上的花费以及对售后服务的投资都是营销计划中的关键。

案例实证

在中国，彩棉种植与终端产品的开发已有一定历史，相关技术已经相当纯熟，彩棉内衣环保健康，主张鲜明，产品概念通俗易懂，其消费需求也已初步形成规模。在这个临界点上，“朵彩”应势而生，抓住了这个历史机遇。

在朵彩问世之前，市面上已经有彩棉内衣销售。而以优质的产品、科学的定位创造实实在在的彩棉消费热潮——朵彩品牌的缔造者和推行者成了让梦想落地成为现实的人。

2003 年，朵彩在抓住彩棉概念的同时，从整个彩棉产业链上全面整合资源，倾力打造市场上旺销的五大经典系列产品。同时，在产品核心概念统一的情况下，根据性别、地域、年龄的区别，有针对性地推出不同细分人群的“经典”产品。它优化产品系列组合，创造行业典范，不断推陈出新，走在竞争者前面，缔造出了一代又一代受消费者青睐的经典产品。

方法指导

明确企业该提供什么样的产品和服务去满足某种消费者的需求，明确何时推出产品能达到最佳效果，这些都是企业要解决的产品策略问题。

很显然，企业的一切生产经营活动都是围绕着产品进行的，即通过及时、有效地提供消费者所需要的产品来实现企业的发展目标。从这个意义上讲，企业能否成功与发展的关键在于产品满足消费者需求的程度以及产品策略的正确与否。实质上，也可以说产品决策就是实施营销策略的战略工具。

另外，产品价值的实现是企业获利的基础，也是企业战略目标的根本。因此，产品决策的好坏会直接影响营销战略的实施。细节决定成败，只有注重产品决策的每一环节，营销战略的实施才能如鱼得水。

你觉得你的产品还有什么不足之处？

营销百科

调查顾客认知状况

通过现有顾客和潜在顾客的抽样调查，收集顾客对主要产品属性认知的有关信息。一种方法是通过顾客态度调查，获得顾客对竞争产品各种属性的直接评价；另一种方法是获取顾客对各种产品的偏好排序，然后转化为顾客对各种产品属性水平的偏好评价。例如，通过重点顾客小组调查，可以获得顾客对竞争产品的各主要属性的直接评分。

第二章

找到专属于你的蓝海

第一节 你应该在哪里扎根

营销一点通

✓ 找到顾客也就找到了你的根，也就找到了你的蓝海。

✓ 得到专属于你的顾客的信任比幻想任何市场都有用得多。

吃肉要选择最香的

营销导图

一个公司的产品很难满足市场的所有需求，而且各公司都有着自己的优势领域、自己的优势产品，一个没有核心竞争力的企业是很难在市场上存活太久的；再加上规模、资源的限制，就使得企业必须选择有利的目标市场。追逐利润是企业的本质，能为企业带来最大利润的市场，自然会被企业选取为目标市场。这就如同吃肉要选择最香的一样。

案例实证

1889 年，亨利·大卫·李在美国堪萨斯城成立了 H.D.LEE.Mercantile 公司，生产和销售牛仔裤。经过一个多世纪的发展，如今 LEE 牌牛仔装已经成为美国牛仔服饰的三大经典之一。在建立美国牛仔文化的过程中，LEE 走了一段颇为长远的路。在不同的发展阶段，LEE 始终保持着实用与时尚兼备的姿态。

第二次世界大战之后，LEE借助其狂野西部牛仔裤形象的成功，将市场延伸至美国东部，并逐渐走向全国。LEE塑造的西部形象不仅引领了一种时尚，同时也对整个牛仔服饰市场起了带动作用。LEE始终把目标市场对准占人口比例较大的那部分消费者群体，从而成功地扩大了该品牌的市场占有率。在20世纪六七十年代，LEE牌牛仔裤以15～24岁的青年为目标市场。因为这个年龄段的人在整个人口中占有相当大的比例。

可是，到了80年代初，这一代人已经步入中青年阶段，而新一代青年在人口数量上已大大减少。为了提高市场占有率，在80年代末，LEE牌牛仔裤又将其目标对准25～44岁年龄段的消费者群体。为适应这一目标市场的变化，厂商将原有产品略加改进，使其正好适合中青年消费者的体形。结果，20世纪90年代初，该品牌牛仔裤在中青年市场上的份额上升了20%，销售量增长了17%。

方法指导

具有潜力的市场也是能给企业带来可观利润的市场。LEE正是通过抓住了最具潜力的市场，才获得了巨大的成功。选取目标市场首先需要细分市场，描述细分市场，然后分析各细分市场的吸引程度，并进行评价、选择，最后是根据细分市场特点以及企业自身的条件来进行市场定位，从而为产品制定详细的营销组合战略。这就是目标市场营销的三个主要步骤。

当然，在选择细分市场的时候，能够带来高额利润的市场对企业具有很大吸引力。然而，即使选择一些当前利润不够丰厚的潜力市场，也不违背企业逐利的本质。明智的企业看重的是长远的高回报，而那些潜力市场，往往意味着未来会给企业带来巨额回报，自然也就会成为它们的新宠。在现实中，高利润的市场往往不是在那里等着你进入的，而是需要你去创造、去发现的。

纸上营销题

你现在所面临的市场是最具潜力的市场吗？你是如何评判的？

营销百科

市场容量

市场容量是指在不考虑产品价格或供应商策略的情况下，市场在一定时期内所能容纳的某种产品或劳务的单位数量，由使用价值需求总量和可支配货币总量两大因素构成。市场容量是一国经济发展的客观原动力，有市场容量，可以自然拉动企业投资和经济发展；反之，仅依靠企业来推动经济增量，就可能带来经济失调的巨大风险。

找到专属于自己的蓝海

营销导图

企业会对细分市场的吸引程度进行评估，并把评估结果作为其选择进入的因素之一。因此，企业必须掌握那些能够影响细分市场长期吸引力的因素。其中，细分市场的竞争程度便是一个很重要的依据。市场竞争激烈，不但意味着存在众多利润瓜分者，还暗示着营销战略实施的难度很大。

激烈的竞争，往往会带来较高的营销成本，即在营销方面的投入所面临的风险会更高。竞争各方都会使出浑身解数来削弱对方的营销效果，从而增强自己的市场份额。尤其是当市场中存在诸多强有力的竞争者时，该细分市场的吸引力就大打折扣。因此，企业都喜欢那些竞争相对较弱的市场。

案例实证

于 1948 年以生产自行车助力发动机起步的本田汽车公司（Honda）一直以“梦想”作为原动力，借助“商品”这一形式不断为个人和社会提供广泛的移动文化。自 1959 年 6 月 11 日美国本田汽车公司（American HONDA Motor Co）落成于加州洛杉矶后，时至今日，这家来自太平洋西岸的日本车厂，已经在太平洋东岸的美国拓展长达半个多世纪。在这期间，美国本田创下许多重要纪录。

自 1959 年开始，本田以 1958 年问世的本田 Super Cub 轻型摩托车为先锋打入美国市场。这款车具有低排量、燃油经济性优异的特点，便宜、高耐用度的本田 Super Cub 成功打入美国家庭市场，同时也奠定了本田在美国市场的口碑基础。

在汽车方面，本田公司在向美国消费者推销其汽车时，遵循“选取竞争对手尚未满足的市场”这一原则，从而成功地定位了自己的目标市场。同“奔驰”、“奥迪”、“富豪”等高级轿车相比，本田的汽车价格较低，技术较高，足以从竞争对手口中争食。

然而，本田公司没有这样做。根据本田的预测，20 世纪 80 年代末 90 年代初，随着双收入家庭的增多，年轻消费者可随意支配的收入将越来越多，涉足高级轿车市场的年轻人也将越来越多，与其同数家公司争夺一个已被瓜分的市场，即一部分早就富裕起来并拥有高级轿车的中老年消费者市场，不如开辟一个尚未被竞争对手重视的，因而可完全属于自己的市场，即刚刚和将要富裕起来的中青年消费者市场。

正是这种明智的战略决策，奠定了本田在美国中青年消费者中的地位，使之受到他们的热烈追捧。

方法指导

哪里有市场，哪里就有竞争，但总存在竞争对手尚未满足的市场，即竞争较小的市场。市场竞争其实就是在卖方之间为了寻找有消费需求和有货币支付能力的买方而发生的竞争。作为卖方的企业，其竞争的主要对象是经营本企业同类产品的其他企业，其目的是与同行争夺买方，吸引买方购买本企业的产品。

对于企业来说，激烈的市场竞争是它们不愿面对的，即使像本田公司这样富有竞争力的企业，也不愿将过多精力花费在竞争者众多的市场上。竞争使得企业之间相互牵制，同时，激烈的竞争也意味着利润份额会被许多对手抢占，人均就占不了多少便宜。尤其对一个新兴企业，或决定进入一个新市场的企业来说，来自竞争者的威胁是巨大的挑战，甚至是隐患。因此，它们往往会选择退出，去寻找那些竞争者尚未满足的市场。

纸上营销题

蓝海是创造出来的，请谈谈你是如何定位目标市场的？

营销百科

市场潜力

市场不但要存在未满足的需要，而且要有一定的发展潜力。这是企业选择目标市场的首要条件。市场发展潜力的测定，可以从最近几年的某细分市场销售额递增比率、当年销售额和次年预计销售额入手，分析该细分市场的需求状况和需求变化趋势，从而掌握该细分市场的发展潜力。市场有发展潜力，企业才能在满足消费者潜在和未来需求中得到长期发展。

找到“愿意爱你的人”

营销导图

一个企业的定位是否成功，消费者支持与否是关键。企业所确定的目标消费者应该是最可能对本品牌提供的好处作出肯定反应的人。如果所选择的目标市场很大，但该市场的消费者对你的品牌不感兴趣，仍然不能获得利润。成功的营销，首先要找到“愿意爱你的人”。

案例实证

20世纪70年代中期，德国“宝马”牌汽车在美国将目标对准了当时的高级轿车市场。然而，对美国市场进行深入调查后，“宝马”发现，这个细分市场对“宝马”的高性能并无兴趣。美国市场的消费者不但不喜欢，甚至还嘲笑“宝马”，说“宝马”既没有自动窗户也没有皮座套，就像是一个大箱子。

在对消费者的偏好进行深入分析与调查的基础上，“宝马”决定将目标转向收入较高、充满生气、注重驾驶感受的青年市场。青年市场的消费者更关心汽车的性能，更喜欢能够体现不同于父辈个性和价值观的汽车。于是，“宝马”决定取得这一部分消费者的认同，在针对该群的产品宣传中，突出了自己的高超性能，结果备受好评。

20世纪80年代末90年代初，原来的目标消费者已经成熟，不再需要通过购买高价产品来表现自我，加上日本高级轿车以其“物美价廉”的优势打入美国市场，“宝马”面临新的挑战。调查发现，消费者之所以喜欢“宝马”，是因为它能给人一种与众不同的感觉，即“人”驾驭车而不是“车”驾驭人。

“宝马”的驾驶带给人的是安全、自信的体验，因为人们不仅可以感觉汽车、控制汽车，还可以得到如何提高驾驶技术的反馈。于是，厂家又将目标市场对准下列三种人：相信高技术驾驶者应该驾驶好车的消费者、为了家庭和安全希望提高驾驶技术的消费者、希望以高超驾驶技术体现个性的消费者。在这样的定位下，1992 年，尽管整个美国汽车市场陷入萧条，“宝马”的销售量仍比 1991 年提高了 27%。

方法指导

调查分析消费者的偏好变化，根据消费者的偏好不断调整自己的目标市场，寻求消费者认同，自然能够立于不败之地。产品定位得准确是赢得市场的关键。在产品定位上，企业要了解不同消费能力的消费者所追求的消费目标，选取自己能够获得消费者认同的市场进行定位。

消费者对企业产品的认同，实际上就是对品牌的认同。因此，企业必须以品牌为依托获得消费者支持。从某种意义上来说，企业的品牌与消费者的认同是相互推进与影响的。品牌文化要从目标市场的消费群体中去寻找，要通过充分考察他们的思想、心态和行为方式来获得。反过来，消费者的认同又能够进一步提升品牌的影响力与竞争力。对品牌有认同感的消费者很容易成为我们的忠实消费者。

为取得消费者的认同，企业一般需要从以下几个方面努力：

(1) 广泛开展体验活动。选择了消费者认同的市场之后，需要吸引消费者不断参与体验，以判断选择的目标市场是否正确，这有助于不断完善企业的营销策略。

(2) 让利于消费者。给予消费者更多的实惠，是取得消费者认同的一个重要法宝。让消费者能够以更合理的价格买到更高品质的产品，是吸引消费者认同的不二法门。

(3) 加强信息交流和与消费者沟通。企业要取得消费者的认同，需要加强与消费者的沟通与交流。只有与客户建立长期的友好关系，培养忠实的顾客，才能获得长期的利润。

纸上营销题

如果你的产品或服务即将到市场上“谈恋爱”，你觉得谁会爱上它？

营销百科

专门产品选择

即企业只生产和销售能够满足各类顾客需要的某一类产品。企业选择同一种产品的若干个细分市场作为目标市场。比如生产望远镜的企业，可同时服务于军用和民用市场，可以既生产供欣赏歌剧、体育比赛使用的望远镜，也生产供观察用的望远镜。使用这种方法，企业可以在某一种产品领域建立良好声誉。不过这种选择方法也会产生风险，因为企业只生产一种产品，一旦这种产品过时，或被新技术淘汰，企业就将面临困境。

第二节 你的顾客有什么特色

营销一点通

✓ 看懂顾客的心理行为方式比任何创新都重要。

✓ 抓住顾客的心理差异就能获得顾客的忠诚度。

顾客规模一定要弄清

营销导图

为了更有效地估计目标市场的规模和做好进入目标市场的准备，企业必须了解目标消费者的人口特征。人文变量是区分消费者群体最常用的指标，一方面是由于消费者的欲望、偏好和使用率常常与人文变量有密切联系；另一方面，也是因为人文变量比大部分其他类型的变量更容易衡量。

年龄、性别、职业、收入等，都是人口统计学的典型指标。营销学者将之应用在市场细分中，也就形成了人口细分方式。由于人口是构成消费品市场的基本要素之一，同时具有易区分、衡量的可操作性，因而人口细分已成为市场细分中常用的和最重要的标准。

案例实证

清华大学三位博士和三位硕士建立了时代蔚蓝网站，最初想发展成为专业的学术图书网站，但是“卖书太不挣钱了”，在两轮风险投资介入之后，时代蔚蓝的发展思路逐渐有了转变。

这是个什么样的转变呢？网站开始向女大学生们卖化妆品。这个转变给网站带来了意想不到的收获。女大学生的消费潜力远远超过多数人的想象，而且网站一旦被女性客户认可，其传播速度将十分惊人。

数据显示，我国每年在校女大学生化妆品消费额达20亿元。她们的消费潜力很大，除购买化妆品、饰品、服装外，还不断为其朋友买东西。女大学生市场很大，而且前景相当光明。时代蔚蓝网站在改卖化妆品后，公司高管们形容，利润已经“走上了好的方向”。

有位女大学生发帖子，把自己购买的彩妆罗列出来，结果让人瞠目结舌，仅眼影一类就有100多盒。女性爱美，有很大一部分女性消费者不管有没有消费能力，为了美丽常常不计成本。女性认为购买护肤品、化妆品、服装、饰品可以变美丽，有了这种心理之后，她们的消费潜力是不难想象的。

统计显示，目前我国女性每年化妆品消费额达80亿元，加上服装、珠宝、饰品、汽车，等等，市场很大。“她经济”正受到越来越多人的关注。

“她经济”是教育部2007年8月公布的171个汉语新词之一。随着女性经济和社会地位的提高，围绕着女性理财、消费形成了特有的经济圈和经济现象，这种经济现象也被称为“她经济”。“她经济”的火暴表现出性别细分正在当今市场上发挥着越来越重要的作用。

方法指导

将消费者按照年龄段、收入高低等分成不同的目标消费群体成为越来越多企业采用的细分方式。目前，企业中常用的人口细分变量主要有以下几个方面：

(1) 年龄。购买者对产品的需求和购买能力常因年龄的不同而有所不同，因此年龄是一个重要的市场细分变数。

虽然用年龄区分人口特征，进而确定目标市场的做法有很大的作用，但企业采用这种方法时必须当心落入俗套——因为同样是70岁的老人，有的坐在轮椅上，有的却活跃在运动场上。

(2) 性别。男女在购买动机和行为上常有很大的差异，因此性别也是很重要的细分变数。

(3) 收入。对于汽车、住宅、服饰、化妆品、旅游等产品和服务而言，收入一直是一个重要的市场细分变量。就汽车而言，有针对高收入家庭设计的奔驰、凯迪拉克，也有针对一般中上家庭设计的雪铁龙富康等。

纸上营销题

请列出你测量市场规模的方法。

营销百科

拟定消费者需求标准

在进行初步筛选之前，经营者应该首先建立起针对消费者或用户的主要候选产品的消费形象，该形象包含着个人或集团性的、现有或潜在的消费者所需要的产品特性。它可以具体回答：谁适合使用这种产品？怎样使用这种产品？在哪里可以买到这种产品？怎样买到这种产品？为什么买这种产品？什么时候买这种产品？回答这些问题意味着消费者开始选择候选产品。

细分顾客的心理差异

营销导图

在心理细分中，根据购买者的社会阶层、生活方式或个性特点，将购买者划分为不同的群体。在同一人文群体中的人可能表现出差异性极大的心理特性。因此，需要按照细分顾客的心理差异来区别对待。

案例实证

北京前门全聚德烤鸭店是北京全聚德烤鸭集团的起源店（老店）。该店创建于 1864 年，以经营传统挂炉烤鸭蜚声海内外，是京城著名的老字号。

曾创造过餐饮单店日销售额 67.7 万元的全国最高纪录的全聚德，总结了其经营策略——攻击型服务。所谓“攻击型服务”，就是要求服务员针对不同类型的就餐顾客，提供不同的服务对策。北京前门全聚德烤鸭店按照人的四种不同气质类型，总结了以下具体服务对策：

多血质——活泼型。这一类型的顾客活泼好动，反应迅速，善于交际但兴趣易变。他们常与餐厅服务人员攀谈，在点菜时较匆忙，过后可能改变主意而退菜；他们喜欢尝新，但又易厌倦；他们的想象力和联想力丰富，受菜名、菜肴的造型、器皿及就餐环境影响较大，但有时注意力不够集中，表情外露。

服务对策：服务员在可能的情况下，要主动同这一类型的消费者交谈，但不应有过多重复，否则他们会不耐烦；要多向他们提供新菜信息，让他们主动选择；遇到退菜情况，应尽量满足他们的要求。

黏液质——安静型。这一类型的顾客安静、稳定、克制力强、很少发脾气；他们不够灵活，不善于转移注意力，喜欢清静、熟悉的就餐环境，不易受服务员现场促销的影响，对各类菜肴喜欢细心比较，缓慢决定。

服务对策：领位服务时，应尽量安排他们坐在较为僻静的地方；点菜服务时，尽量向他们提供一些熟悉的菜肴，还要顺其心愿，不要过早表述自己的建议，给他们足够时间进行选择，不要过多催促，不要同他们进行太多交谈或表现出过多的热情，把握好服务的“度”。

胆汁质——兴奋型。这一类型的顾客热情、开朗、直率、精力旺盛、容易冲动、性情急躁，具有很强的外倾性；他们点菜迅速，很少过多考虑，容易接受服务员的意见，喜欢品尝新菜；比较粗心，容易遗失所带物品。

服务对策：点菜服务时，尽量推荐新菜，要主动进行现场促销，但不要与他们争执；在上菜、结账时尽量迅速，就餐后提醒他们不要遗忘所带物品。

抑郁质——敏感型。这一类型的顾客一般沉默寡言，不善交际；缺乏活力，情绪不够稳定；遇事敏感，言行谨慎，内心复杂，较少外露。

服务对策：领位时尽量安排僻静处，如果临时需调整座位，一定讲清原因，以免引起他们的猜测和不满；服务时应注意尊重他们，服务语言要清楚明了，与他们谈话要恰到好处；在他们需要服务时，要热情相待。

全聚德烤鸭店通过对顾客细分的个性气质进行分析，从而能够对不同类型的顾客提供一一对应的“攻击型服务”，取得了营销的成功。

方法指导

企业可以从社会阶层、生活方式及个性等方面来对消费者进行心理细分：

(1) 社会阶层。社会阶层是指在某一社会中具有相对同质性和持久性的群体。处于同一阶层的成员具有类似的价值观、兴趣爱好和行为方式，不同阶层的成员则在上述方面存在较大的差异。很明显，识别不同社会阶层的消费者所具有的不同特点，将为很多产品的市场细分提供重要的依据。

(2) 生活方式。通俗地讲，生活方式是指一个人怎样生活。人们追求的生活方式各不相同，如有的追求新潮时髦；有的追求恬静、简朴；有的追求刺激、冒险；有的追求稳定、安逸。

(3) 个性。个性是指一个人比较稳定的心理倾向与心理特征，它会导致一个人对其所处环境作出相对一致和持续不断的反应。俗语说：“人心不同，各如其面。”每个人的个性都会有所不同，通常，个性会通过自信、自主、支配、顺从、保守、适应等性格特征表现出来。因此，可以按这些性格特征对个性进行分类，从而为企业细分市场提供依据。

在西方国家，对诸如化妆品、香烟、啤酒、保险之类的产品，有些企业以个性特征为基础进行市场细分并取得了成功。

纸上营销题

请仔细观察三位顾客在购买时的姿态、表情和语言，分析其心理变化。

营销百科

专门市场选择

即企业生产销售专供某类顾客需要的各种产品。企业选择一类市场，经营多种这个市场需要的产品。比如企业选择儿童市场，不但生产儿童食品，还生产儿童玩具、儿童服装、儿童学习用具、儿童图书等。这样的企业在儿童消费者中就会享有很高的知名度。当这个市场上产生新的需求时，企业亦可以自己的知名度为优势抢占市场。当然这种选择方法也存在风险，那就是当这个消费群体的需求下降时，对所有东西的需求都会降低，企业各种产品的销路就会出现困难。

看懂顾客的购买行为

营销导图

市场细分分析是对消费者思维的研究。对于营销人员来说，谁能够率先发现更好地划分客户的依据，谁就能获得丰厚的回报。因此，越来越多的营销者不再满足于通过常见的地理、心理等标准来细分消费者，消费者的忠诚度、购买时机、使用状况等，都成为市场细分的标准，消费者行为细分方式也就应运而生。

在行为细分中，根据购买者对一件产品的了解程度、态度、使用情况或反应，将他们划分成不同的群体。许多营销人员坚信时机、利益、使用者状况、使用率、忠诚状况、购买者准备阶段和态度等行为变量是建立细分市场至关重要的出发点。

案例实证

广东佛山石油分公司水藤加油站开业不到10天就售出“燃油宝”346支。水藤站取得如此佳绩，有赖于以“声”夺人、以“情”留人的营销策略。

开业之初，水藤站就将自己面对的顾客群体按照行为特征细分为新客户与老客户，分别对他们采取不同的销售策略。

在新客户的开发上，他们以“声”夺人。水藤站不是急于销售，而是做好宣传推广工作。首先收集资料，然后把图片装订成精美的小册子，由站长带头向顾客做推广工作，让顾客对“燃油宝”的性能耳熟能详。

对于老客户，他们以“情”留人。水藤站充分利用油站的IC卡客户和配送客户，开拓“燃油宝”业务，由员工带上精美的小册子上门推广，一个拥有15辆车的客户当场买下75支“燃油宝”。

方法指导

水藤站所进行的细分，只是行为细分的一种。近年来，随着商品经济日益发达，广大消费者收入水平的不断提高，这一细分标准越来越显示出其地位的重要。行为细分标准比其他标准要复杂得多，也更加难以掌握，营销学者给出了以下几项标准作为参考：

(1) 购买习惯。即使在地理环境、人口状况等条件相同的情况下，由于购买习惯不同，仍可以细分出不同的消费群体。如购买时间习惯标准，就是根据消费者产生需要购买或使用产品的时间来细分市场的。

(2) 寻找利益。消费者购买商品所要寻找的利益往往是各有侧重的，据此可以对同一市场进行细分。一般来说，运用利益细分法，首先，必须了解消费者购买某种产品所寻找的主要利益是什么；其次，要了解寻求某种利益的消费者是哪些人；最后，要调查市场上的竞争品牌各适合消费者的哪些利益以及哪些利益还没有得到满足。通过上述分析，企业能更明确市场竞争格局，挖掘新的市场机会。

(3) 产品使用者。使用者可以区分为使用者、非使用者、初次使用者、超前使用者、潜在使用者、偶尔使用者、固定使用者。对于各个类别的使用者，必须采用不同的销售和沟通方法。

(4) 使用量。在许多市场，较低比例的消费者占据着全部销量中的较大比例。通常，大约20%的使用者占了80%的消费量。在很多情况下，区分重度使用者、轻度使用者以及非使用者是非常有用的。重度使用者，或者说关键贡献者，应给予特殊的对待。

(5) 忠诚程度。对于现有的消费者，可以区分为绝对忠诚者、轻度忠诚者和品牌转换者。香烟、啤酒以及牙膏通常是品牌忠诚市场。保持忠诚用户是成功营销的关键之一，可开发的营销策略则能够吸引竞争者的用户或增加转换者的品牌忠诚。

纸上营销题

就你目前的产品或服务而言，请列举影响顾客购买的因素。

营销百科

产品情感定位

情感因素是人们接受信息渠道的“阀门”，在缺乏必要的“丰富激情”的情况下，理智处于一种休眠状态，只有情感能叩开人们的心扉，引起消费者的注意。“你推销的不单是商品本身，而是一份情感。”现代商家已越来越清晰地看到这一点，这种超越商品本身的情感定位不断被尝试，往往会产生意想不到的营销效果。情感定位可以通过多方面来实现，如可以通过商品的命名、设计及宣传、独特的销售方式等多种手段体现出来。

第三节 顾客会信任你吗

营销一点通

✓ 成功与否很大程度上是由你的定位策略决定的。

✓ 让你的产品与众不同，你才能获得顾客的青睐。

与顾客“门当户对”

营销导图

与顾客门当户对，即将合适的商品销售给正好需要它的消费者，这就需要对每一个细分市场进行精准定位。现代营销集大成者，菲利普·科特勒博士说，定位起始于产品。然而，定位并非对产品本身采取行动，而是针对潜在消费者的心理采取行动，即为产品在潜在消费者的心目中确定一个适当的位置。

所有的营销战略都是建立在STP（Segmenting market，即市场细分，Targeting market，即选择目标市场；Positioning，即定位）基础上。一家公司在市场中发现不同的需求和群体后，要选择那些可用更好方式满足的需求和群体作为目标市场，然后，要对自己的产品进行定位，以使目标市场能够识别出公司独特的产品和形象。

案例实证

1959年，本田公司的轻便摩托车进入美国市场，最初的销售并不理想，第一年只卖出了100多辆。摩托车专家们嘲笑这些小型的日本产品是玩具，但这些嘲笑和怀疑很快就被改变了。

1977年，各主要摩托车制造商在美国的市场占有率分别是：本田45.6%，雅马哈18.9%，铃木10.7%，川崎14.4%，哈利·戴维森5.7%。本田公司是怎样在这片对摩托车充满厌恶情绪的美国国土上打开并占有市场的呢？答案就在于本田摩托车在美国市场上的准确定位。

本田公司将其摩托车的主要目标定位为年轻人。本田公司认为，随着“二战”后出生的大批婴儿长大成人，能够体现他们个性的产品将受到欢迎。本田的新型轻骑就是这样一种产品。当有人猜想许多父母也许会反对子女购买摩托车时，本田公司认为，广告可以使他们改变观念。

购买摩托车的主要消费者是一些16～26岁的年轻人，在这些人中，既有大学生、年轻的专业人员，又有一些刚刚成为白领阶层的人。本田通过广告成功地向人们灌输了这样一种观点，即乘坐摩托车的人是时髦而成熟的。

在市场定位的成功指导下，本田把一种小型轻便摩托车打入美国市场。当时，这种车售价不到300美元，而大多数其他数摩托车都卖到1500美元左右，甚至更高。此外，针对年轻人的特殊偏好，本田摩托车还设计出6种活泼的颜色和3种不同的型号供顾客选择，而其他公司的摩托车一般只有两三种型号和颜色可供选择。

小型本田车时速能达55英里，用40美分的常规油就可行驶180英里，其产品质量更是无可挑剔的。当本田摩托车刚开始占领美国市场时，它就着手扩充产品种类，力争为每一位潜在顾客制作出最适合的款式。

1965年，本田公司已拥有14种型号的摩托车，从小型的50cc型到高速的305cc型，一应俱全。1966年，针对哈利·戴维森公司，本田公司又推出了一种450cc的大型摩托车。

方法指导

本田公司通过精准的市场定位，成功打开了摩托车在美国的市场。成功的企业必然有着成功的定位。企业在为每个细分市场定位时，首先需要决定的是采用何种市场定位战略，一般来说有三种：品质属性定位、竞争对手定位及产品种类定位。

（1）品牌属性定位。品质属性定位是企业对产品市场定位中运用最为广泛的一种战略，本书第一章《找到属于你的独特卖点》一节所附“营销百科”已有详细说明，此处不再赘述。

（2）竞争对手定位。竞争对手定位的主要目的就是让消费者相信，在重要的品质属性上，其品牌是市场中的上乘品牌（或是一种广泛接受的好品牌）。竞争对手定位的经典范例是 Avis 租车公司的“我们是天下第二，因此我们更要努力”的广告。其定位战略就是把 Avis 放在和 Hertz 租车公司一样重要的租赁代理地位上，并且成功地远离了 National 汽车租赁公司，尽管 National 当时和 Avis 规模一样庞大。Avis 租车公司的竞争对手定位战略是相当成功的。

（3）产品种类定位。产品种类定位是企业依照产品种类的不同进行市场定位。例如，一些人造黄油针对白脱奶油定位，另一些则针对食用油定位；佳美香皂的定位和浴液归为一类，而不是和肥皂归为一类。

纸上营销题

请随机采访顾客，让顾客说出选择或拒绝你的产品的原因。

营销百科

心理因素细分法

消费者的心理活动是十分丰富也是十分复杂的。心理特征具有明显的社会阶层痕迹，生活方式、个性、消费动机、购买偏好、价值取向、价格敏感程度和承受能力等心理因素对消费者产生着潜移默化的影响，按心理因素可从社会阶层、生活方式、个性等方面细分。

定位决定着你在消费者心中的位置

营销导图

顾客并不能决定你是谁，这需要由你自己来决定。而决定的方法就是对产品或服务进行精准定位，并且使这种定位符合目标市场的需求特点。

科特勒说，如果一家公司的产品或服务与其他公司的产品或服务雷同，那么它将难以获胜。然而今天，许多公司都受制于集中化战略。公司必须推出有意义的相应的定位和差异化策略。

科特勒给产品定位下了一个定义，即产品定位是消费者根据产品的重要属性定义产品的方法。也就是说，相对于其他竞争产品而言，我们的产品要在消费者心目中占有独特的位置。譬如，在洗衣粉市场，汰渍定位为洗涤能力强，去垢彻底；奥克多则定位为“有效漂白”；单夫特则是“婴儿衣物的杰出洗涤剂，并能保护柔嫩的肌肤”，等等。每一种产品，必须找准自己在市场上的准确定位，才能够获得营销的成功。

案例实证

沃尔沃汽车公司成立于1927年，其总部设在瑞典的哥德堡。而产品的生产则在瑞典、比利时和中国完成。沃尔沃汽车在全世界超过100个国家设立了销售和服务网络，并拥有2400多家展厅。尽管受到金融危机的影响，沃尔沃汽车在2008年全球销量依然高达38万辆。

当然，沃尔沃汽车的价值绝不单单体现在销量上，近一个世纪以来所沉淀的品牌影响力也是一笔巨大的财富。沃尔沃汽车品牌的塑造很大程度上归功于其安全性能。它所生产的汽车，一直被牢牢定位于“安全”产品。作为最早使用安全带的汽车厂商，沃尔沃汽车甚至已经成为全球汽车企业的典范。

2000年，沃尔沃汽车成立汽车安全中心，这是全球最先进的汽车碰撞测试中心之一，在这里可以真实地再现生活中发生的各种类型车辆碰撞事故。

在最新的安全技术上，如带自动刹车功能的碰撞警示系统、城市安全系统等都是非常有效的主动安全配置。众多先进安全技术的使用让沃尔沃汽车赢得了全球最安全轿车的美誉。

方法指导

沃尔沃的成功不是偶然的，这与其对于产品的准确定位密切相关。营销学者认为，产品定位并不是一个单一的概念，完整的产品定位包括三个部分：

（1）价值定位。顾客在购买产品时，总是为了实现个人的某种价值。不同的顾客对产品和服务有着不同的利益诉求，而不同的利益诉求是由不同的产品和服务属性实现的。显然，沃尔沃的价值定位就是享誉世界的“安全”性能。

（2）利益定位。中华鳖精、马家军一号、生命核能、脑黄金等诸多保健品都有自己的价值定位，诸如让“一亿人聪明起来”，但产品很快就在市场上消失了，其根本原因就在于利益定位的缺失，目标顾客没有感受到这些产品的保健作用。这就如同牙膏没有防蛀功能，你却拼命地宣扬“没有蛀牙，做个好妈妈”的价值诉求，自然不可能成功。

（3）属性定位。产品属性定位很大程度上决定了产品利益定位能否实现。因此，在研究了顾客或消费者关注和重视的利益之后，还必须具体研究用哪些产品属性来实现这些利益。产品属性是保证产品利益的条件，是生产过程必须考虑的要素。因此，在与目标消费者沟通的过程中，常常不必强调产品属性的定位，而是强调产品利益和价值的定位。

属性定位、利益定位和价值定位，这三者相互依存，互为补充，因此，企业进行定位时需要综合考虑。

纸上营销题

请列出你的产品或服务与对手的差异。

营销百科

挖掘本企业潜在的竞争优势

企业要回答以下三大问题：一是竞争对手的产品定位如何；二是目标市场上足够数量的顾客欲望得到满足的程度如何以及确实还需要什么；三是针对竞争者的市场定位和潜在顾客的真正需要的利益要求，企业应该和能够做什么。通过回答上述三个问题，企业就可从中把握和确定自己的潜在竞争优势何在。在回答这三个问题时，企业市场营销人员必须通过一切调研手段，系统地设计、搜索、分析并报告有关上述问题的资料和研究结果。

让你的产品与众不同

营销导图

正如科特勒所说，营销者必须相信，你可以让任何产品实现差异化。即使是同质性很强的行业中，某些现实的或形象的差异化也是可能的。诸如榴莲、鸡蛋和橘子这样的产品也可以被差异化。消费者所期待着的XO榴莲、成春鸡蛋、新奇士橘子等品牌都提供了一种质量保证。

案例实证

始创于1837年的宝洁公司是世界上最大的日用消费品公司。每天，宝洁公司的品牌同全球的广大消费者发生着30亿次的亲密接触。它拥有众多深受消费者信赖的优质、领先品牌，包括帮宝适、佳洁士、汰渍、碧浪、舒肤佳、飘柔、潘婷、海飞丝、威娜、玉兰油、吉列、博朗等。

宝洁旗下虽品牌众多，却分类明确。宝洁采用的是针对商品功能的理性诉求，将旗下产品分为：洗发护发用品，如飘柔、潘婷、海飞丝、沙宣、润研以及2001年从施贵宝公司收购的伊卡璐系列；个人清洁用品，如舒肤佳、玉兰油及激爽三个不同的品牌。

宝洁在各个品牌之间独立核算费用，鼓励品牌之间的相互竞争。在管理上也同样实行品牌管理方式，采用“一个品牌，一个品牌经”，对每一个产品进行不同的品牌定位，从而形成产品自身的品牌个性。

以洗发用品为例，宝洁各品牌寻找产品差异化时的立足点是头发质量本身，例如，男女性别差异，头发质量差异，头皮种类的差异。由于清洁、护理是洗头产品的基本功能，因此，产品功能的延伸也是针对头发质量的改善。飘柔的二合一很显然是为生活节奏快的都市人提供的产品定位，而柔顺体现的心灵关怀在头发上得到了展示；海飞丝是宝洁根据一些消费者头发有头皮屑而开发的产品；潘婷强调修复功能，注重对头发的营养保健；沙宣的发廊级造型有专卖做示范；伊卡璐的小资定位与草本精华功能相结合。这些可见的效果让消费者对这些产品很信任，这体现了宝洁公司的人文关怀。

方法指导

宝洁公司的产品差异化是典型的通过产品功能与文化的不同而区分形成的差异化。在差异化营销中，产品差异化的概念比较大，但本质含义是相对于同质化或者成本优势而言的一种竞争手段或者产品定位，主要功能是通过产品差异实现消费群体差异。具体表现为：

（1）价格定位差异化：通俗地讲，是高、中、低档商品定位不同，例如，根据普通筷子、一次性筷子和象牙筷子的不同档次，可将消费群体明显划分出来。

（2）技术差异化：技术含量的增加在无形中会提升产品的质量。比如，有些电磁炉采用双圈加热路线，以达到加热均匀的效果，而其他电磁炉采用单圈加热，受热程度不均匀。

（3）功能差异化：产品在不改变其基本使用价值的前提下，通过延伸或附加功能的不同来吸引消费者。上述的宝洁就是典型。

（4）文化差异化：很多时候，购买者购买的不仅仅是一种商品，更是一种情节的释怀或者是向往，这就是商品的文化内涵。采用文化的优势也是商品的特色。例如，上海城隍庙的小吃也是小吃，但销售对象的文化取向有差异；唐装也是一种服饰，但销售唐装其实是在销售一种文化。

(5) 外观的差异化：外观是一个商品内涵的延伸，也是展示给人的感性形象，如同陌生人见面一样，“一见钟情”会不会由此产生，外观可谓决定因素。因此，外形设计的差异化便成了制胜的一张王牌，愈发受到企业的重视。

纸上营销题

如果将你的产品与竞争对手的放在一起，你觉得如何包装才能瞬间抓住顾客的眼球？

营销百科

显示独特的竞争优势

首先，企业应使目标消费者群体了解、知道、熟悉、认同、喜欢和偏爱本企业的市场定位，在消费者心目中建立与该定位相一致的形象。其次，企业需通过各种手段来强化目标消费者群体形象，保持对目标消费者群体的了解，稳定目标消费者群体的态度和加深目标消费者群体的感情，以巩固与市场相一致的形象。最后，企业还应注意目标消费者群体对其市场定位理解出现的偏差或由于企业市场定位宣传上的失误而造成的目标消费者群体模糊、混乱和误会，及时矫正与市场定位不一致的形象。

第三章

好产品自己会说话

第一节 顾客喜欢才是好的

营销一点通

- ✓ 营销不是从市场开始，而是从产品设计时就已经开始。
- ✓ 产品质量是营销的根，不要在产品质量上打折扣。

营销从产品设计开始

营销导图

任何企业的发展都需要通过经营一种或一种以上的产品来实现。选择什么样的产品，怎样推出产品以赢得市场，是企业经营中的一个关键问题。

产品投入市场时，最先靠的是产品的独特性和价格优势，随之而来的是质量的角逐。当市场中同类产品趋多，产品质量相差无几时，单靠价格和质量已经不容易打开产品的销路了，这时就要采用更高级的营销战术，了解产品价格与质量背后的营销意义。

对外，营销是从市场开始，从发现顾客和创造顾客开始。而在企业内部，营销是从产品设计开始。产品是营销的基础，是营销生命的血液。所以，一定要建立起产品营销概念。

案例实证

美国麦尔维尔·高浦勒斯制鞋公司是当今世界首屈一指的制鞋公司。它的产品遍销全球，年销售额高达60亿美元。如此畅销的状况，除了产品质优价廉这个原因外，还与公司领导人费兰西斯·诺利注重消费心理学研究，使每一双鞋充满人情味有很大关系。在这之前，麦尔维尔·高浦勒斯制鞋公司的产品一度陷入滞销的危险境地，而费兰西斯·诺利受命于危难之际——在公司举步维艰之时担起总经理重任。上任后，对消费心理学有过深入研究的诺利采用新的营销手段，赋予产品以感情色彩，终于使公司转危为安，并且创下了不俗的销售业绩。

诺利认为，市场既是企业之间交战的战场，也是企业和消费者进行感情交流的场所。要战胜对手，获得消费者的青睐，企业必须赋予产品以情感。例如，当今很多消费者购买鞋子已不仅仅出于防冻和护脚的需要，还需要展现个性和生活水准。

费兰西斯·诺利实施了一种人性化的营销模式。首先，要求公司的设计人员彻底改变传统的、单一的设计风格，而要将设计风格引向多元化。后来，该公司的设计人员推出了"男人味"和"女人味"、"狂野"和"优雅"、"成熟"和"青春"等不同风格的鞋子，在款式、色彩的搭配等方面使鞋子的风格趋于多元化。

同时，麦尔维尔·高浦勒斯公司还给每种鞋取了一个独特的名字，诸如"爱情"、"愤怒"、"欢乐"、"眼泪"、"摇摆舞"等，使每一种鞋都充满生命和情感，恰似有生命的物体，不仅满足了不同消费者的需求，还令人耳目一新，回味无穷。

不出所料，人们争相购买麦尔维尔·高浦勒斯公司的产品。凭着"给产品赋予感情色彩"的诀窍，麦尔维尔·高浦勒斯公司扭转局面并进入了持续的销售高潮。

方法指导

麦尔维尔公司善于把握消费者的心理需要，对消费者的个性化需求提前作出积极的反应。他们十分清楚，成功的营销不仅仅是提供实用实惠的产品，还要使自己的产品具有人情味，让每一个产品都有自己的生命。

如今的市场竞争越来越激烈，企业需要对产品进行更加个性化的设计，才能确保产品在激烈的市场竞争中立于不败之地，一般来说，产品的个性化可从以下几个方面规划：

（1）突出产品特色。企业应该着重宣传其产品中最有特色的方面，舍弃与竞争产品的共性，使自己的产品与竞争产品拉开距离。如日本的东芝冰箱侧重宣传其产品省电的特色，松下系列录像机则强调磁带适用范围广的特色等。

（2）突出地域优势。某些产品的产地或原材料来源地与产品的质量和特色有密切关系，如香味纯正的“哥伦比亚咖啡豆”、晶莹剔透的“泰国香米”等。在消费者看来，原产地盛产某种优质原料，生产出的产品从质量上来说，应该高于市场上的同类产品。

（3）突出性能优势。产品本身的优越性能以及由此获得的利益能使消费者认可它的定位。比如，柯达公司在20世纪60年代研制了一种新型全自动“傻瓜”相机，意即连傻瓜都会使。柯达公司在广告中宣称：“你只要按下键钮，其余的事由我负责。”

（4）突出消费者类型。生产不同用途或性能的产品，以适应不同类型使用者的需求，使之定位于不同的消费者群体。运动界各大体育用品公司根据消费者对产品多品种需求的市场特点，一改早期不论从事何种运动，穿的都是胶底鞋的局面，按照不同的运动特点生产出多品种的专用运动鞋，如各类田径鞋、球鞋、旅游鞋、登山鞋等。

（5）突出使用差异。Michelob啤酒公司首先根据啤酒饮用场合来为自己定位，然后扩大啤酒的饮用场合。它将原来是周末饮用的啤酒定位为每天晚上饮用的啤酒，提高了产品的销售量。

（6）突出产品创新。在多数情况下，产品的生产并不是要和某一特定竞争者竞争，而是要和同类产品竞争。当产品在市场上属于新产品时，不论是开发新市场，还是为既有产品进行市场扩张，都可用这种方法来定位。淡啤酒和一般高热量啤酒的竞争，就是这种定位的典型例子。

纸上营销题

请列出你的产品或服务针对市场需求有哪些特别设计。

营销百科

新产品构思筛选

筛选主要是看这项新产品是否和企业的总体任务目标一致，产品的性能是否合适，有否进行过类似产品的广告宣传的经验，流通渠道是否健全，资金的可利用性和制造技术的可能性，等等。筛选工作的重点应放在产品与市场营销两方面。就产品方面而言，和现有生产能力越接近的产品构想，成功率越高。它可以充分利用现有设备、技术力量、工人的劳动技能甚至原材料，从而节省投产时间和资金。就市场营销方面而言，如果新产品能够利用现有的营销设施和手段如推销经验、流通网络、企业形象和广告牌号，通过筛选的可能性就越大。

产品质量要内外兼修

营销导图

如果把产品比做一个人，那么，包装是产品的外表，品质就是产品的内心。外表好看而内心卑劣的人，自然不是优秀的人；品行端正而外表邋遢的人，自然也会遭到轻视。同样，一件好的产品也需要兼具出色的包装与良好的品质。

企业管理者要善于在内在品质与外在包装之间找到最为完美的结合点，不仅要使优秀的产品品质在包装上展现出来，也要让优秀的包装下有过硬的品质来支撑。

企业管理者要避免两个极端——一是“烂稻草裹珍珠”，一是“绣花枕头一包草”，要把握好质量和包装的辩证关系。好的产品一定是内外兼修的产品，在注重产品品质的基础上，突出包装个性，给顾客以美的视觉感受，从而引起顾客的消费欲望，最终达到增加销量的目的。

案例实证

案例一：

国内某啤酒企业向美国出口小瓶啤酒。该啤酒原料和工艺是一流的，酒色清亮，泡沫细密纯净，喝到嘴里更是醇香可口，跟外国啤酒相比，一点也不逊色。但令人奇怪的是，运到美国以后，这种啤酒一点也不受市场的欢迎，严重滞销。

公司领导很着急，高薪聘请了一家市场调查公司进行市场调研分析。分析结果显示，问题出在啤酒的包装上。美国人崇尚个性，喜欢自由，而这家公司在瓶身上印的广告语却是“人人都爱喝的啤酒”——正因为人人都爱喝，所以追求个性的美国人都不愿意选择。同时，酒瓶的颜色暗淡，看上去很不上档次。

根据调查分析，公司领导将广告语换成“喝不喝，随你”，期望这句个性十足的广告语能引起消费者的关注。与此同时，他们采用具有五种色彩、颜色鲜亮的瓶子。三个月之后，该公司向美国的出口量已经由每月10万箱增长到60万箱。

案例二：

国内某厨具有限公司是一家集研发、生产、销售与服务于一体的专业高级厨具公司，其产品深受广大消费者的追捧及赞赏。它专业生产的陶瓷合金无油烟超硬不粘锅、不锈钢系列等厨具产品，在国内外同类产品中占有领先地位。同时，该公司还引发了新的厨房革命，倡导了无油烟、健康、环保的厨房潮流。

该公司无烟锅成功的秘诀就在于，项目总经理刘先生把无烟锅的质量看得非常重。尽管业务量不断增多，但刘先生始终没有忽略对质量的严格要求。他对无烟锅的质量管理得更加细致入微，每次产品进行包装之前，他都与质检人员一起进行质量检查。有一次，在例行进厂检查时，他发现有一口无烟锅的锅底磨得太平了，于是马上召集全体技术人员开了一个小会。在会上，他捧出那个无烟锅对大家说："其实，如果把这个无烟锅放到包装盒里，完全可以卖出去，只不过是锅底磨得平了一点而已，但锅身处理得相当好。可是，我要把它作为不合格产品。以后，类似产品一律不准出厂，也不准再回炉利用，因为我们的无烟锅应该是完美无缺的产品。"他的话一讲完，大家都鼓掌表示赞同。后来，刘先生还把每个不合格产品挂在工厂门口的墙壁上，并且注明生产日期，是谁生产的，用哪台机器操作出来的。慢慢的，出厂的无烟锅质量合格率达到了100%。

方法指导

质量是产品的一个重要属性，也是产品差异化的一个重要因素。产品品质保证有两个要素，即质量水平及其稳定性。营销人员首先要选定一个可以支持其产品在目标市场中的定位的质量水平，包括产品的整体耐用性、可靠性、精确性、容易操作和维修，以及其他有价值的属性。

除了质量水平之外，还有质量稳定性，也叫一致性。高质量指的就是高度的质量一致性，也指无缺陷及提供特定质量水平的一致性。所有厂商都应努力追求高度的质量一致性。

质量必须从消费者的角度来评估和确定，也就是说，营销学刻画的是"市场驱动质量"，而不是"工程驱动质量"，即是适用质量，而不是性能质量。科特勒这样定义产品的质量：产品质量是指符合标准质量，即没有产品缺陷以及目标性能质量标准的前后一致性。

企业的产品不一定要追求最高质量，但质量必须反映出消费者对其认可和接受的程度。也就是说，凡是对消费者来说没有起到相应作用，或者没有体现出合理的消费价值，无论是符合哪种质量标准的产品，都是无意义的。

纸上营销题

请让顾客说出他们对你的产品或服务的改进建议。

营销百科

质量定位

产品质量是指产品适合一定用途、满足消费者需要所具备的特性，即产品的使用功能或使用价值。质量是消费者最关心的内容，也是产品在竞争之中能否立稳脚跟的首当其冲的关键因素。不同产品的具体质量特征是不同的，如电视机的图像清晰，手表的走时准确，皮鞋的美观耐用，等等。但我们还是可以从不同产品的具体质量特性中概括出共同的几个方面，这些共同的质量特性包括：性能、寿命、安全性、经济性、可靠性、外观。

让产品质量完美无缺

营销导图

产品质量是企业的生命。企业的领导者是产品质量的第一负责人。企业要想在激烈的竞争中基业常青，就必须建立运转有效的，贯穿自产品设计到售后服务全过程的质量保证体系，以完美的标准要求自己，打造完美产品。

在产品的市场定位竞争中起决定性作用的是产品质量竞争。我国春秋战国的商业理论家计然通过对经商经验的总结得出：“无息币，务完物。”意思就是买卖人的资金一定要流动，商品一定要讲究质量。其中的“务完物”，意思就是说要保证产品质量，使之完美无缺。由此可见，产品质量竞争就是最初的市场竞争形式。

案例实证

英国戴森电器公司的产品是常见的吸尘器、洗衣机、干手机等家用电器，它的产品销售在全球44个国家获得了成功。很多人认为，在家电这个成熟的行业里，产品研发所需占据的分量似乎没有那么重，企业更多的是靠成本优势和规模来取胜。戴森公司却主要依靠创新，把产品的好用、易用和耐用性都推向了极致。

戴森电器公司的老总说：“我们希望自己所生产的产品不同于现有的其他产品，我们一定要比别人做得更好，所以在进行新产品开发时，要确保产品的高品质和可靠性，使产品耐久、耐用。”实际上，做到这一点是非常不容易的。因为所有的产品都是五年保修期，所以产品的可靠性非常重要。

戴森公司的几百名工程师每个月用三万个小时来测试产品，以确保其性能可靠。测试项目涉及方方面面，例如，由一个健壮的成人站在已经安装好的干手机旁拿大铁锤来砸等，其目的就是要让它在二十年内都保持稳固。

比如 Airblade 干手机，在研发中不但经过了大量的生物科学实验，还通过了多个独立权威机构的测试和评定。从立项到工业样机完成，一共用了三年的时间。事实上，测试从很早就开始了，从原型机到生产，要测试成千上万个小时，包括二十四小时不间断地对产品的塑料、电机、金属等部分进行长时间的持续测试。

戴森电器公司的总裁戴森经常说：失败是相当有用的，因为从失败中可以找到完善产品的灵感。除了实验室测试，戴森电器公司还用很多其他方法来完善产品。比如，公司组建了一个非正式小组，每周小组成员都会在公司里找一个舒服的角度坐下来，观看另一些人使用新产品，他们的任务就是发现产品在使用过程中令人不舒服的地方。

同时公司员工也在努力扮演一个“消费者之声”的角色，努力让消费者在使用产品时达到高满意度。他们会尽力理解消费者怎样看待他们的产品，又会有什么样的使用体验，为此就需要反复寻找产品的失误之处。

在公司的服务网站和热线电话上，戴森电器公司会鼓励消费者提出意见或建议。他们非常注重消费者的体验，重视他们的反馈意见，做到不让市场牵着自己的产品走，而是自己要推出比别人好的产品。另外，戴森电器公司还在全球不同的市场中做了众多的市场调研。公司员工都会在周末去店里或者消费者家里，听取他们的意见。仍以干手机为例，公司在安装每一台干手机的时候都会附上一张卡片，上面有公司的电邮地址，因为他们期待客户把使用产品的体验告诉自己，以便改进。

方法指导

企业也可以确立“让产品质量在市场上领先”这样的目标，并在生产和市场营销过程中始终贯彻产品质量最优化的指导思想。采用这一营销目标时，科特勒提醒企业，要取得产品质量领导地位，往往要制定较高的价格来补偿企业为此投入的各种成本。因此，采用这一策略时，企业应更多考虑综合营销效果。

纸上营销题

你认为你的产品或服务还有哪些需要改进的地方？

营销百科

产品质量优势定位

企业要以质量优势来定位产品，必须清楚了解目标消费者群体的需求以及他们是怎样评价产品质量的。例如，在购买新车时，消费者会非常重视车的“性能”。而且，不同的消费者对性能的重视程度是不一样的。对有的消费者来说，加速度是至关重要的，而有的消费者则更加关心汽车的最高时速。通过市场调查，不断倾听消费者意见，企业可以系统地了解消费者的需求和看法，进而发现改进质量的途径。

第二节 顾客也需要“秒杀”

营销一点通

✓ 要让你的产品在极短时间内获得顾客的注意。

✓ 不要被顾客的“眼睛”拒绝，要让他们感到眼前一亮。

让产品包装赛过美女

营销导图

越来越激烈的竞争和零售商货架上日渐拥挤杂乱的局面，意味着现在产品的包装必须担负起更多的销售职责——从吸引人们的注意到描述产品，再到促成销售。

我们已经知道，产品绝不仅仅指产品本身。对于消费者而言，产品更多地被看做满足他们需要的复杂利益的结合体，而营销人员则要把这种利益传递给他们。而在产品充斥的零售商货架上，若要吸引消费者购买产品，包装是第一要素。

案例实证

由于竞争加剧，美国啤酒消费市场日益下降，啤酒企业的生存变得越来越艰难。而安豪斯·布希公司和米勒公司等巨头占据的市场份额越来越大，很多规模较小的啤酒企业纷纷出局。

但在这个时候，出产于宾夕法尼亚州的罗林洛克啤酒却取得了成功。开始，由于资金有限，广告预算不足，该公司只得在包装上下工夫，决心把包装变成广告牌。

不久，在美国啤酒市场，一种绿色长颈瓶的啤酒用它独特的外包装吸引了众多的啤酒爱好者。它独特而有趣，跟别的牌子不一样。消费者认为它看起来很上档次，愿意将它摆在桌子的显眼处。有些人以为瓶子上的图案是手绘的。啤酒的包装箱上印有放在山泉里的绿瓶子，十分诱人。

这就是罗林洛克啤酒，它的外包装给人留下了美好的印象。

虽然，罗林洛克啤酒在生产工艺流程和质量上没有强大的实力同其他大的啤酒厂家较劲，但它那好看的绿瓶子把它的劣势都掩盖了。

正是这令人过目不忘的外在形象帮助罗林洛克啤酒在竞争激烈的美国啤酒市场中摆脱困境，站稳脚跟，最后走上了飞速发展之路。营销专家约翰·夏佩尔是这样评价的："在罗林洛克啤酒的营销策略中，包装策略发挥了关键性的作用。"

方法指导

新颖独特的包装可以传达产品的属性和定位，可以引起消费者购买和试用的欲望，可以通过视觉刺激提升产品知名度。罗林洛克啤酒正是以其外在的形象在美国市场上站稳了脚跟。当然，仅有包装是不够的，还必须有过硬的质量，但如果没有吸引人的包装，罗林洛克啤酒的质量再好，也无法在其他大的啤酒厂商为主导的市场情况下脱颖而出，只会被挤到一个无人注意的角落，根本谈不上发展。因此，经营者千万不能忽视包装。

有调查显示，随着市场上产品种类的日益增多，一个消费者在超级市场每分钟可以见到 300 种商品，并且他的购买行为有 3% 是出于一时冲动，包装在此时几乎相当于一个"五秒钟商业广告"，被誉为"不说话的推销员"。科特勒认为，包装已经成为一种非常重要的产品营销工具，它是产品不可分割的一部分。

那么，好的包装应该从何做起的呢？营销专家建议，我们可以从以下几方面改善产品的包装：

（1）便于携带，方便使用。为了商品的使用方便，包装要大小适宜。对于旅游食品、饮料，应一人一次能用完为宜；对于开包后易挥发、易变质且用量又不大的商品，包装不宜太大。为便于携带，有的商品包装应设计成带提手的比较坚硬、结实的包装。

（2）要具有审美价值。包装设计要外形新颖，色彩明快，具有装饰性和观赏性，使顾客看后有美的感受。特别是礼品包装，要美观大方，具有较强的艺术性，以增加商品的名贵感，从而达到宣传商品、扩大销售的目的。

（3）重复使用包装。重复使用包装是将原包装里的商品用完后，其容器再做别的用途。这种包装策略，一方面可以增加消费品的使用价值，另一方面因包装上有商标，可起到商品营销的作用，引起消费者重复购买。

（4）附赠品包装。这种包装方式由于赠品的附加而引起消费者的购买欲望。在儿童消费为主的市场，这一策略效果尤为显著，如，在包装盒内附有连环画、人物彩色照片、集字图、小动物模型、小玩具以及赠品券等，这极易引起儿童的兴趣，从而获得忠诚的儿童消费群。

纸上营销题

你认为你的产品在包装方面还需要做哪些改变？

营销百科

使用自有品牌的考虑要点

企业若希望使用自有品牌，必须考虑以下问题：

（1）企业是否愿意为推广自己的品牌支付昂贵的广告费用。

（2）企业产品的销售渠道是采取何种方式？若企业主要通过大型零

售商来销售，则往往要使用中间商品牌。

(3) 中间商是否愿意、是否有能力销售制造商品牌的商品。

(4) 自有品牌是否有竞争力。

产品标签也是营销工具

营销导图

早在1700年，欧洲就印制出了用在药品和布匹上作为商品识别的第一批标签。所以，严格地说，标签是用来标志商品的分类或内容，如同我们给产品定义的关键字词，便于自己和他人查找和定位自己目标的工具。

当然，发展至今，标签所包含的内容已远不止这些。除了发挥识别作用以外，标签还能够起到描述产品、防止假冒伪劣、树立品牌形象等作用。因此，越来越多的公司开始注重自己的产品标签，销售者也必须为其产品设计标签。标签可以是附在产品上的简易标签，也可以是精心设计的作为包装一部分的图案。标签可能仅标有品牌名，也可能具有许多信息。此外，标签还执行着多种功能。

案例实证

美国西屋公司是一个老公司，创立于1886年，距今已有一百多年的历史。该公司自1900年第一个商标问世以来，先后已经多次更新品牌标识。

美国西屋电器公司的品牌标识是杰出的设计家P·兰得设计的。他的设计标准是要使这个品牌标识既体现西屋电器公司的企业形象，又要表现公司的经营事业的范围与性质。

在精心的设计下，西屋独特的标识形成了。这个目前世界上著名的品牌标识的中心是一个“W”，“W”下方是一个长方形的盒子，内有“西屋电器”字样，显然是怕别人把“W”看成是倒过来的“M”，这是西屋最初的标识。

到1940年在品牌标识的周围又写出了“西屋电器”字样，“W”下方的长方形变成了一条横线；1953年“西屋”字样又被除去；到了1960年才采用目前的这个品牌标识样子，它把白色印在该公司“西屋蓝”的浅蓝色的底面上。今天凡是西屋电器产品都使用这一品牌标识，最小的一种标识刻在该公司所制的微小电子零件上，需用20倍的显微镜才能看清楚这直径为不到0.01英寸的小玩意儿上的品牌标识，这可能是世界上最小的品牌标识；而最大的一个品牌标识是竖立在印第安纳州该公司变压器厂前面的圆环中，有三层楼房那么高，是其最小品牌标识的7万倍。

西屋公司品牌标识的变化，由繁到简，始终是围绕其公司首写字母“W”而使图形逐渐改变的。而在更换时间上，或是当推出新产品，或老产品更新改造，或包装、信封、信纸等有标识的用品用完，或招牌、交通工具需重新上漆等情况下进行的，因为此时是换用新品牌标识的合理或最佳时期。这样既可以节省开支，又容易保持原来的商誉。

方法指导

品牌是数字、图形及其组合而构成的商品或服务的标本。一个成功的品牌图形设计，能够体现鲜明的时代特征和生命力。

现代企业和产品在市场上的竞争，除了要在商品质量和销售上拉开距离，还要在品牌和其知名度上拉开距离。这就意味着：哪个企业具有好的品牌设计并通过广告宣传，能够先在消费者心里占有一个位置，并树立良好的形象，哪个企业就能在市场竞争中取得主动。

产品品牌标签的内容包括：制造者或销售者名称和地址、产品名称、商标、成分、品质特点、包装内数量、使用方法、贮藏注意事项等。科特勒提醒企业，制作标签时要注意它能发挥哪些作用，最低限度要方便消费者识别产品或品牌。另外，企业必须保证它们的标签已包含了所有必要的信息。

不过，品牌标识并非长期不变的。随着社会的发展、经济的繁荣、竞争的加剧、生活方式及时尚流行的变化，品牌标识的内容、图形也会受到挑战。企业要使品牌标识及产品体现时代感和适应消费心理的变化，就需要把品牌标识改变得更加完美。

纸上营销题

标签也是营销工具，请谈谈你对这句话的理解。

营销百科

一体化包装策略

即企业生产的各种产品，在包装上采用相同的图案、相近的颜色和造型，体现出共同的特色，让人一见便知是哪家企业的产品。采用一体化包装策略可以形成一种视觉强化系统，加强顾客的品牌记忆，节约包装设计和印刷成本，树立企业形象。但在一体化包装策略下，某一产品质量的下降可能会影响到采用一体化包装的其他产品的销路。

选择组成品牌的元素

营销导图

品牌是一个名字、名词、符号或设计，或是上述的总和，其目的是使自己的产品或服务有别于其他竞争者。

品牌由名称和标志两部分构成，品牌名称是品牌中直接可以呼叫的部分，它的基本功能是将不同产品区别开来，如自行车的永久牌、凤凰牌等。而品牌标志是品牌中易于识别但无法呼叫的部分，包括记号、颜色、图案等。例如，“可口可乐”几个英文字母的专门设计图案。麦当劳的金色拱形图案也一样，从美国奥林匹克代表队到小型的垒球联盟队，在麦当劳赞助的运动队队服上都能看到它的踪迹。

案例实证

伊士曼柯达公司，简称柯达公司，是世界上最大的影像产品及相关服务的生产和供应商。一个多世纪以来，在照相技术史上，柯达公司一直走在前面，但柯达这个名称的得来使其创始人颇费思量。

一天夜晚，伊斯曼在花园里散步。在这个星月当空的夜晚，他抬头看到了他记忆中最深刻的一颗星——天狼星。由天狼星引起的遐想，让他回忆起孩提时听母亲讲述的有关“天狼星”的故事。

伊斯曼把对母亲的思念和她的含辛茹苦牢牢记在心里，因为母亲名字的第一个字母就是“K”，于是，品牌名称中决定加入“K”字，以表达对母亲的缅怀。或许是母爱给了他灵感，伊斯曼一气呵成。他在K的后面作了大量的字母组合，最后决定仅以K开头，而且以K结尾，因为伊斯曼认为“K”字本身就含有强劲的魅力。于是，就有了Kodak这个响亮的名字。

“柯达”商标的设计是典型的文字标志。柯达品牌的“K”字与名称“KODAK”相呼应，并采用黄底红字手法创造强烈对比，具有很强的视觉识别力和信息传播效果。后来还有人指出，“Kodak”是个象声词，就像照相机快门的咔嗒声。

“柯达”标志突出一个“K”字，通过形体修饰作为文字图形，醒目、强烈而且也单纯。“K”字本身强劲魅力的含义，也给人一种向上、前进的暗示，起到了激励消费者的作用。而且，“K”字作为对母亲的怀念，通过宣传，可以激发人们的联想。

照相机、相纸、胶卷等产品本身就有为人们留下美好回忆、怀念过去、鞭策前进的作用，因此，“柯达”不但寓意深刻，而且还体现了商品本身的特点。“柯达”品牌堪称品牌命名的典范。

方法指导

一个好的名称是产品的点睛之笔，能够赋予产品丰厚的文化价值，给普通的产品赋予文化内涵，在消费者心目中留下深刻印象。当然，除了名称和标志外，品牌元素还包括网站地址、特征、代言人、口号、包装和记号等所有能鉴别并且使品牌具有差异的元素。一般而言，品牌元素选择准则如下：

（1）有意义，能显示有关产品的优点，包括用途、特性与品质。

（2）可简短记忆，如品牌名称要易于拼读、发音、辨认与记忆。读时无不和谐音调，令人有欣悦之感，并且只有一种发音方法。出口商品品牌名称更应力求选择可用多种语言发音的字。

（3）要有特色，要与其他品牌有显著的差异性。

（4）可适应，应有充分的伸缩性，使品牌形象永远年轻。

（5）可保护，易于申请注册登记，以便得到法律保护。

（6）可转换，在相同或不同的种类里，品牌元素都能用来介绍新产品。

你认为你的产品品牌的最大亮点是什么？

营销百科

品牌设计的原则

品牌的设计要注意以下六原则：

（1）合法性。品牌要符合当地政府的法律规范，才能获得注册登记。

（2）简明性。简明的品牌便于企业进行宣传，有利于企业减少宣传成本，便于顾客识别、认读和记忆。

（3）独特性。品牌的设计要力求独特，避免一般化，这样易于为顾客所识别，不与其他品牌相混淆。

（4）提示性。品牌名称应向顾客提示产品所具有的某种效应。

（5）适应性。品牌一定要符合当地市场的文化习俗。

（6）稳定性。品牌要保持相对稳定，如果频繁更换品牌，企业花费大，顾客也记不住企业的品牌。

第三节 让产品和对手不一样

营销一点通

✓ 开发“新”、“奇”、“特”产品，就是和对手不一样。

✓ 从市场营销的角度进行产品改进、升级或创新。

给产品寻找最佳搭档

思维导图：

产品组合是指一个企业在一定时期内生产经营的各种不同产品与所有产品或产品项目的组合。公司的产品组合具有一定的宽度、长度、深度和关联度。

由于市场环境和竞争形势的不断变化，产品组合的每一个决定因素也必然会随之变化。一部分产品获得较快的成长，并持续取得较高的利润，另一部分产品则可能趋向衰退。所以，产品组合策略只能从原则上提供产品组合的基本形态。因此，企业要根据动态的市场环境调整产品组合，在变动的形势中，寻求和保持产品最佳化。

案例实证

在大学周围的饭店、商场等场所，我们经常能见到各种兼职的大学生。有一位女大学生经历的一件事情让她一直谨记在心，兼职所在的店铺老板也为那件事情奖励给她500元钱。这位女大学生在北京某大学南门的一家店铺打工，赚取一些打工钱作生活费。有一次由于粗心大意，在填写酸奶订货单时，她在订货数量上多写了一个零，使原本每天清晨只需30瓶酸奶的订货计划变成了300瓶。订货送达后卖了一天，还是剩下100多瓶酸奶。由于是普通包装，所以新鲜酸奶保质期只有三天。女大学生一直愁眉不展，因为按照该店规定，剩下的100多瓶酸奶应该由她自己承担损失，这就将意味着她一周以来的打工收入将全部付诸东流。

女大学生着急了，为了减少损失，她就想方设法将这些酸奶卖出去，但是来这个小店专门买酸奶的客户一直很少。冥思苦想一番后，她就尝试着把装酸奶的冷饮柜转移到盒饭销售柜旁边，并自己制作了一个彩色的POP广告牌，上面写着"饮酸奶有助于身体健康，保持一天好心情"。

令她喜出望外的是，在第二天早晨，不仅剩下的100多瓶酸奶销售一空，而且还出现了断货。谁也没有想到这个迫不得已想出的点子竟然带来了新的销售增长点。从此，店铺就将酸奶的冷藏柜和盒饭销售柜摆在了一起。店铺老板非常高兴，特地奖励了她500元钱，并让她大胆组合这个小店的所有商品，以期发挥商品组合的潜在威力。

方法指导

组合型新产品以其"一物多能"的特点，能满足顾客多种要求。它的出现是未来产品开发的趋势之一。

一个企业的产品组合决策并不是任意确定的，而应遵循有利于销售和增加企业总利润的原则，根据企业的资源条件和市场状况进行灵活选择。产品组合策略就是企业根据市场状况、自身资源条件和竞争态势对产品组合的广度、长度、深度和关联度进行不同组合的过程。从静态的角度分析，可供选择的产品组合策略有：

(1) 全线全面型策略。这是指企业着眼于向任何顾客提供其所需的一切物品的策略。这种策略需要兼顾整个市场，不是每个企业都能做到的。全线全面型策略能较大限度地分散各种产品的经营风险，扩展企业的实力和声势，取得最大的市场覆盖面，最大限度地满足顾客的需要。一般大工业集团或大公司普遍采用这种策略。整个市场的含义可以是广义的，即不同行业的产品市场的总体；也可以是狭义的，即某个行业的各个市场面的总体。狭义的全线全面型产品组合策略，是提供一个行业所必需的全部产品，如美国奇异电气公司，产品线很多，但是都和电气有关。广义的全线全面型产品组合策略就是尽可能地增加产品线的宽度和深度，不受产品线之间关联性的约束，例如，日本索尼公司经营范围从电视机、收录机、摄像机、VCD、DVD到旅行社、连锁餐馆、药房等。

(2）市场专业型策略。这种组合方式不考虑各产品系列之间的关联程度，它是向某个专业市场、某类顾客提供所需要的各种产品。例如，旅游企业的产品组合就应考虑旅游者所需要的一切产品或劳务，如住宿服务、饮食服务、交通服务以及纪念品、照相器材等。

(3）产品系列专业型策略。它是指企业专注于某一类产品的生产，并将其产品推销给各类顾客的产品组合策略。例如，某汽车制造厂的产品都是汽车，但根据不同的市场需要，设有小轿车、大客车和运货卡车三种产品系列，以分别满足不同用户的需要。

(4）单一产品系列专业型策略。企业根据自己的专长，集中经营有限的，甚至单一的产品系列，以满足有限的或单一的市场需要。例如，有的汽车制造厂专门生产作为个人交通工具的小汽车，不生产其他类型的车辆，以便发挥企业在这方面的专业优势。

(5）特殊产品专业型策略。由于产品的特殊性，企业根据自己的专长生产某些具有优越性销路的特殊产品项目。这种产品组合策略所能开拓的市场是有限的，但其优势是竞争的威胁很小。

另外，我们还可以从动态的角度分析，可供选择的产品组合策略有：

(1）扩大产品组合策略。指增加产品系列或产品项目，扩大经营范围，加大产品组合的宽度或深度，生产经营更多的产品以满足市场需要。

(2）缩减产品组合策略。指降低产品组合的宽度或深度，删除一些产品系列或产品项目，提高专业化水平，集中力量生产经营一个系列的产品或少数产品项目，力图从生产经营较少的产品中体现企业的竞争优势。

(3）高档产品策略。指为了提高企业和现有产品的声望，在同一产品线内增加生产高档次、高价格的产品项目。

(4) 低档产品策略。指为了吸引因经济条件所限购买不起高档产品，但又羡慕和向往高档名牌的顾客，在同一产品线内增加生产中低档次、价格低廉的产品项目，以充分利用高档名牌产品的声誉影响力。

纸上营销题

你的产品是否孤立？如果是，请思考该如何进行产品组合。

营销百科

集体创造性思考法

集体创造性思考法也称为头脑风暴法。其具体做法是：会议主持人根据讨论的问题确定与会的人选，并将有关问题的背景材料提前发给与会者，使其有时间了解和思考。为了使与会者发挥创造性，畅所欲言，特做出以下规定：对各种想法和建议不作评论性的判断，即不批评和指责别人的建议；鼓励大胆的设想和独创，这是讨论的首要目的；广泛收集各种建议和设想，与建议的质量相比较，建议的数量更受重视；鼓励与会者补充、完善和发展别人的看法。

产品开发要“新、奇、特”

营销导图

在产品的整体概念中，随着生活水平的提高和消费的升级，企业市场营销的重点逐渐由内层转向外层。过去，人们购买产品时看重的是它的使用价值；今天，消费者已不仅仅满足于产品品质的优良、款式的新颖，而更看重这件产品的使用所带来的感受。

要想满足不断变化的顾客需求，企业必须创新。创新的主体是企业，而企业创新的根本是产品创新。企业只有进行产品创新，不断地使产品更新换代，用新结构、新工艺、新材料、新技术开发出一系列新、奇、特的产品，才能迅速占领市场。

案例实证

金圣是江西烟草中的主打品牌，它是全国首创的高级保健香烟，国家专利产品，曾获得“中华人民共和国第九届全国发明展览会金奖”、“第二十四届国际发明与新技术展览会金奖”。金圣始终着眼于传统的本草文化进行产品创新、技术创新、市场创新，陆续开发了10多款中式低害特色卷烟，构建了自己别具一格、深受百姓喜爱的产品家族。

“金圣香”的研发始于20世纪90年代初期。那时候，经过几年的思考和探索，企业管理者清醒地意识到：与其邯郸学步追随市场领导者的步伐，不如大胆开创自己的舞台，在自己的舞台上当个领衔主演。不过，自己的舞台究竟在哪里呢？在大同小异的烟草世界里，到底还能不能创造出自己的独特风格呢？由于烟草行业一直以来就承受着来自社会的舆论压力——“吸烟有害健康”，所以他们想到，要借助某种特别的手段来有效降低烟草的危害。

通过大量市场调研，他们终于寻找到了自己的独特发展方向：潜心开发中式低害特色卷烟。从1992年开始，金圣就联合江西中医学院、中国军事医学科学院等研究机构，成立“金圣混合卷烟研究课题组”。两年过后，在以博士为核心的强有力的本草研发团队努力下，金圣课题组取得了重大的科技突破，在我国烟草行业中率先成功地实现了以“本草降害”专利技术达到降焦减害的目的。之后，别具匠心的金圣保健型卷烟也研制成功。在获得众多殊荣后，金圣品牌一鸣惊人，名震四海。金圣企业由此迅速崛起，成了我国中式低害特色卷烟的领军者。

金圣的崛起，完全是发掘本草文化、坚持自主创新的结果。由此我们可以看出，创新是一个企业生存和发展的灵魂。结合市场需求，开发出新、奇、特的产品，一定会给企业带来巨大的效益。

方法指导

产品同质化是目前市场的普遍现象，它决定了产品核心利益的无差异性。企业靠核心利益获得竞争优势的时代已经过去，如果企业要创造独特的优势，可以从四个方面入手：

（1）解决顾客的相关问题。

（2）降低顾客的风险和成本。

（3）满足顾客在成本之外的需求。

（4）提高顾客满意度。

纸上营销题

请找出你的产品新、奇、特之处，如果一项都没有，请思考该如何改进产品。

营销百科

破除法

破除法亦称逆向思考法。其出发点是认为任何产品都不可能十全十美，总会存在这样或那样的缺陷，可以加以改进，提出创新构想。因而，其做法主要是对某一特定的产品或方案的缺陷进行观察，将其全部缺点一一罗列出来，然后在此基础上提出改进和创新的构想。

从营销角度进行产品开发

营销导图

新产品不一定是科学技术发展史上的新产品，也可以是企业营销角度上的“新产品”。这些产品可能不是新发明、新创造的产品，但只要在性能或形态等方面有所变化，较原有的产品有所改进和提高，就可以称为新产品。

科特勒曾指出，产品开发者要从三个层次来研究产品和服务。这三个层次是核心利益、实际产品和外延产品，它们共同构成了产品的营销概念。

产品营销概念最基本的层次是核心利益，它为顾客提供最基本的效用和利益；实际产品即产品的基本形式；外延产品即产品的各种附加利益的总和，通常指各种售后服务，如提供产品使用说明书、保证、安装、维修、送货、技术培训等。

基于产品的三大层次，科特勒认为，消费者更倾向于把产品看做满足他们需要的复杂利益的结合。因此，科特勒建议，为了创造出最大的满足顾客要求的利益组合，营销人员应该先确定核心产品，然后再设计出实际产品和外延产品。

案例实证

3M公司营销60000多种产品，从砂纸和胶黏剂到隐形眼镜、心肺仪器和新潮的人造韧带及从反射路标到肥皂垫和几百种胶条。3M公司每年都要开发200多种新产品，它注重革新的精神使3M公司连续数年成为美国最受人羡慕的企业之一。

新产品不是凭空诞生的，3M公司努力创造一个有助于革新的环境，通常会投资一定比例的年销售额用于产品研究和开发。

3M公司鼓励每一个人开发新产品，公司有名的“15%规则”允许每个技术人员至多可用15%的时间来“干私活”，即搞个人感兴趣的工作方案，不管这些方案是否直接有利于公司。当产生一个有希望的构思时，3M公司会组织一个由该构思的开发者以及来自生产、销售、营销和法律部门的志愿者组成的风险小组，由该小组培育产品，小组成员始终和产品待在一起直到它成功或失败；有些风险小组在使一个构思成功之前尝试了数次。

每年，3M 公司都会把“进步奖”授予那些新产品开发后 3 年内在美国销售量达 200 多万美元，或者在全世界销售达 400 万的风险小组。

在执著追求新产品的过程中，3M 公司始终与其顾客保持紧密联系，在新产品开发的每一个时期都对顾客偏好进行重新评估。市场营销人员和科技人员在开发新产品的过程中紧密合作，而且研究与开发人员也都积极地参与开发整个市场营销战略。

3M 公司知道，为了获得最大的成功，必须尝试成千上万种新产品构思，它把错误和失败当做创造和革新的正常组成部分。正如后来的事实所表明的，许多“大错误”都成为 3M 公司非常成功的产品。

方法指导

企业要想在市场中长期居于主体地位，并拥有一定的市场占有率，就应该永远不间断地研究和开发新产品，这样才能在激烈的市场竞争中立于不败之地。一般来说，企业的新产品策略可从以下方面着手制定：

（1）加强差异化。此策略可通过改进工艺法、降低成本法、改换包装法、增加功能法等实现。它的特点是运用已有的技术能力，在原有技术的基础上，对现有产品进行小幅度改进研究工作。它并不着眼于技术上的革新，而是根据消费者的意见、反馈对某些不合适的地方进行局部变动。与全新的产品开发相比，这种策略较简便易行，既不需要更高深的技术，又不需要大量投资，较小的改变却带来很大的收益。

（2）促进产品的更新换代。为满足社会的需要，企业可通过部分地采用新技术、新结构或新材料来制造产品，使产品性能与原产品相比有大幅度提高。这种策略也可用于当一种原材料供应紧张或价格上涨时，以新材料代替传统材料的情况。

（3）改变品牌形象。良好的品牌凝聚着企业长期努力的成果和成千上万个使用者的高度评价。新产品要靠良好的品牌树立公众形象，因为消费者有时只靠品牌印象来决定购买与否。

(4) 创造市场需求。市场需求在创造之中，换句话说，市场需求在于经营者对消费者行为潜力的不断挖掘。所谓创造需求，就是在产品开发过程中创造人们以前并不知道、想象不到而实际潜存的需求。创造市场需求不能只凭借直观的判断和心血来潮，而要对潜在市场和潜在需求进行准确的分析、把握和预测，从而使生产的产品得到市场认可。

(5) 增进产品组合。组合是多种多样的，可以是两项技术的组合，也可以是多种产品的组合。例如，爱迪生发明的电灯是把两项已知的元素集合在一起，形成新的组合；丹麦的风车制造业是古代文明与现代科技结合的产物，被誉为“西方科技之奇观”。

纸上营销题

市场需求是产品研发的方向，请谈谈你是如何理解这句话的。

营销百科

属性列举创新法

属性列举创新法特别适用于对老产品的升级换代。其特点是把一种产品的特点列举出来，制成表格，然后再把改善这些特点的事项列成表。其优点在于能保证对问题的所有方面作全面的分析研究。属性列举法的实施过程如下：确定创新对象；通过对创新对象的全面分析列出其全部特征；仔细分析各种特性，提出尽可能多的创新构想，再从中筛选出较好的构想，具体化为创新方案。

第四章

别因价格被客户拒绝

第一节 客户怎么想你就怎么定

营销一点通

✓ 在价格上吸引顾客，不要因为价格被顾客拒绝。

✓ 定价是一门学问，要综合多种因素进行考虑。

使价格符合消费者心理

营销导图

在现实的购买过程中，消费者对价格主要有以下几种心理：

（1）习惯价格心理。消费者在购买商品时评价商品价格是否合理，往往是根据以往的购买经验所形成的对商品价格的习惯心理。对企业而言，商品价格的制定具有一定的客观标准。但是，对于消费者而言，由于商品种类、性能各异，消费者也不可能清楚他所购买的每一种商品的价格制定的客观依据。因此，在购买商品时，一般是根据以往的经验，与同类商品的价格或者是其他商品的价格进行比较分析，从而在心理上形成所购买商品价格的上限和下限。

（2）高价炫耀心理。从一般的供求理论来看，需求与价格呈反方向运动，即价格越高，需求量越少；价格越低，需求量越大。但具体到每一种商品，情况并不完全是这样。比如，对贵重首饰的需求，消费者往往会表现出一种高价炫耀心理。再比如，越贵的手表往往越能代表拥有者的身份与地位的显赫。

(3) 比较价格心理。比较价格心理是指消费者根据商品的性能、质量、外观、造型及所用的材料，判断、比较消费品的价格是否合理，是否符合它的实际价值，然后决定是否购买的心理。

案例实证

美国吉列刮胡刀片公司创立之初只是一家默默无闻的小公司。而现在，吉列公司已经发展成为一家全球闻名的大公司，吉列刮胡刀片畅销全球。

1860 年以前，只有少数贵族才有时间与金钱来修整他们的脸，他们可以请一个理发师来替他们刮胡子。欧洲商业复兴之后，很多人开始注意修饰自己的仪容，但他们不愿使用剃刀，因为当时的剃刀笨重而且危险，而他们又不愿花太多的钱请一个理发师来替他们修整脸部。19 世纪后半期，许多发明家都争先恐后地推出自己发明和制造的“自己来”刮胡刀片，然而，这些刮胡刀片价格太高，很难卖出去。

吉列刮胡刀片是一种舒适安全的刮胡刀片，仅仅是“舒适安全”的话，吉列刮胡刀并没有任何比其他品牌更高明的地方，何况其成本比其他品牌都要高。但吉列公司并不是“卖”刮胡刀，而是“送”刮胡刀，因为吉列公司定的刮胡刀价格还不到它制造成本的 1/5。但吉列公司将整个刀座设计成一种特殊的形式，只有它的刮胡刀片才适合这种特殊的刀座。每块刀片的制造成本当时只需 1 分钱，而它却卖 5 分钱。不过消费者考虑的是：上一次理发店刮胡子是 10 分钱，而一块 5 分钱的刀片大概可以用 6 次左右。也就是说，用自己的刮胡刀片刮一次胡子的费用还不到 1 分钱，只相当于 1/10 的理发师费用，这当然是划算的。

方法指导

针对消费者的各种价格心理，企业应灵活地采用以下定价方法：

(1) 习惯性定价法。习惯性定价是指企业按照消费者需求经验、消费习惯和主观评定的价格来定价。一定区域的人由于地理环境、经济、社会、文化、宗教意识等因素的影响，会形成独特的消费习惯。随着历史的发展，传统的消费习惯一代一代地延续下来。与此相适应，有些商品在长期流通中，逐渐形成消费者所习惯的价格。对于这种价格，经营者一般不宜改变。

习惯定价主要适用于产品质量稳定、需求弹性大、代用品较多的日用消费品，如糕点、糖果、鱼虾等商品。在供求平衡的条件下，这类商品的价格受习惯约束的压力较大。经营者一旦改变其价格，消费者心理需求倾向就会向其他替代品转移，减少对此企业产品的购买量，从而影响到企业的经济效益。习惯价格是买卖双方都乐于接受的，随意提价或降价，只会使经营者蒙受损失，造成市场混乱。

(2) 声望定价法。价格的高低经常被当做商品质量最直观的反映，特别是在顾客识别具有一定品牌知名度的商品时，这种心理意识尤为强烈。因此，对那些在顾客心目中享有声望、具有信誉的产品制定较高价格，不仅不会影响销售，反而可以扩大销路，因为顾客购买的不仅是商品，还是一种拥有名牌商品的荣誉感和满足感。

声望定价有点类似于“厚利多销”，即利用高价打开市场销路。美国人雷诺兹便是靠“厚利多销”获得成功的。

(3) 参照价格法。参照价格是指消费者在购买商品时头脑中已有的并用来参考的一个价格，就是企业在定价时利用消费者的参照价格确定产品价格的方法。例如，企业可以把自已的产品放在较贵的产品旁边展示，从而暗示该产品属于同一个级别。百货商店经常在隔开的部门内销售不同价格的女装，在较贵部门内的衣服被认为有较高的质量。企业还可以通过以下方式来影响消费者的参照价格：陈述高级制造商建议的价格，指出产品的原价就是很高的；指出竞争对手的较高价格。

甚至价格上的微小差异也能暗示产品的不同之处。例如，比较立体声系统，一个定价为 300 美元，另一个定价为 299.95 美元。实际的价格之差只有 5 美分，但是心理差异却是相当巨大的。例如，一些消费者会认为 299.95 美元属于 200 美元的价格范围，而不属于 300 美元的价格范围。

纸上营销题

价格制定要内看产品价值，外看消费者心理，请谈谈你是怎么理解价格在营销中的作用的。

营销百科

全新产品的定价策略

全新产品是指采用全新原理、方法或原料、工艺生产的产品，它对于企业和市场而言是第一次的、前所未有的东西。对于这类新产品，企业面临着许多未知因素，需要进行大量的调研预测工作，然后作出判断：是采取高价策略，以便迅速收回开发研制的成本，还是采用低价方法，以期快速占领市场，抑制竞争者的加入。

在价格上吸引顾客

营销导图

在各种营销工具中，价格是真正能产生收入的因素。企业需要系统理解价格，以便更好地设置、调整和改进价格。由于价格的制定受产品、市场、需求等多种因素的影响，所以科特勒建议企业在定价之前先对营销的总战略做出决策，然后再制定相应的价格以获取利润。

案例实证

雅马哈是世界第二大摩托车制造商。1984 年，它的新产品 V—MAX 在当时被认为是世界上最快、最令人激动的摩托车。这种摩托车的外观设计看起来很有气势。V—MAX 有 135 ~ 140 马力的发动机，是当时世界上最大的发动机。可以说，新产品的性能还是有相当优势的。

营销者们将定价策略的制定提上日程。他们首先考虑了消费者的预期心理。消费者希望得到速度最快、性能最佳的摩托车，并且愿意为此付出高价。因此，他们认为 5000 ~ 5500 美元的价格对于 V—MAX 来说是合理的。

营销者们还考虑了市场上同类产品的情况，充分分析了科达、铃木、BMW 的产品性能、价格等因素，将企业自身的实力与之相比较，得出客观的结论。雅马哈的营销者们还估计了新产品的价格构成，包括制造成本、运输费用、经营费用、经销广告费用等。

经过多方的比较分析，最后，营销者们将新产品 V—MAX 的价格定为 5299 美元，接近了当时市场最高价。可以看出，营销者们采用了尾数定价方法，即定价为 5299 美元而不是 5300 美元。此外，为了配合新产品上市，雅马哈公司进行了大规模的宣传促销活动，广泛宣传了新产品 V—MAX 独一无二的外观设计和它举世赞叹的高超性能。

雅马哈公司的周密定价与营销策略，使得新产品一上市就获得巨大成功，也给公司带来了勃勃生机。1988 年，雅马哈公司随着市场的变化又进行了价格策略调整，将产品有限供给和高价相结合，在市场上进一步树立了 V—MAX 的良好形象，赢得了巨大的声誉。

雅马哈的成功定价策略正像雅马哈生产经理所说："通常情况下，消费者有他们自己的意愿价格，而这种意愿价格通常比实际成本低 25%。对于企业来说，一方面要寻求降低成本，另一方面要使产品有特色，令其更加吸引人，这样就有人愿意为这种产品支付额外的钱。"

方法指导

企业的产品定价要考虑的因素不仅仅是营销目标和生产成本，还要随着不同的市场类型发生变化。科特勒针对四种不同的市场类型提出了以下四种不同的市场定价策略：

（1）完全竞争市场。在这种情况下，市场上经营同类产品的企业很多，而且都没有足够的能力来影响现行价格，任何一个企业的产品销量在市场上的增减，对整个市场的影响都微不足道。不同企业生产销售的同类产品具有很强的同质性，顾客不易区分。此外，企业进入或退出行业也较为容易。

这种市场的竞争程度很高，企业基本无法控制自己产品在市场上的售价，产品价格主要是由市场上的供求关系所决定，企业只能被动地接受。因此，科特勒建议，在完全竞争的市场条件下，企业没有必要在定价策略上花太多时间。

（2）寡头竞争市场。寡头竞争的市场中只有少数几家销售商，他们所生产和销售的某种产品占这种产品的总产量和市场销售总量的绝大比重，他们之间的竞争就是寡头竞争。显然，在这种情况下，他们有能力影响和控制市场价格。在寡头竞争的条件下，各个寡头企业是相互依存、相互影响的。

科特勒指出，在这种情况下，各个寡头企业对其他企业的市场营销战略和定价战略要非常敏感，因为任何一个寡头企业调整价格都会马上影响其他竞争对手的定价政策，因而任何一个寡头企业做决策时都必须密切注意其他寡头企业的反应和决策。

寡头竞争的形式有两种：完全寡头竞争和不完全寡头竞争。完全寡头竞争环境下企业的产品都是同质的（如钢铁、石油、轮胎等）。用户对这些企业的产品并无偏好，不一定买哪一家企业或哪一种品牌的产品。在完全寡头竞争的条件下，整个行业的市场价格较稳定，但各个寡头企业在广告宣传、促销等方面竞争较为激烈。

不完全寡头竞争环境下企业的产品（如汽车、电脑等）有某些差异。因此，对顾客来说，他们认为这些企业的产品是有区别的，对这些产品有所偏好，这些产品是不能互相代替的。而从寡头企业来说，每一个寡头企业都千方百计地使自己变成有区别的寡头，使顾客深信任何其他寡头企业的产品都不如它的产品好。这样可以将区别于其他企业的名牌产品的价格定得较高，以增加利润。

（3）完全垄断市场。在这种市场结构中，一个行业只有一个销售商，它完全控制了该产品的市场，市场上也不存在该产品的替代品。由于种种原因，其他企业难以进入该市场。这种市场基本上不存在竞争，企业可以根据自己的意图制定产品价格。但科特勒仍然提醒企业，完全垄断不宜采用不正常的高价，不能侵犯顾客的利益，因为政府常常对处于这种市场的企业的产品进行监督和干预。

（4）垄断竞争市场。垄断竞争可以说是一种不完全竞争。在垄断竞争的市场上有许多卖主和买主，但各个卖主所提供的产品有差异，或购买者在心理上认为它们有差异。这些产品的需求曲线不是水平的，因此各个卖主对其产品有相当的垄断性，能控制其产品价格。这就是说，在垄断竞争的条件下，卖主已不是消极的价格接受者，而是强有力的价格决定者。

在不完全竞争的条件下，卖主定价时广泛地利用心理因素，产品差异是制造商控制其产品价格的一种主要战略。例如，不同企业所生产的阿司匹林实质上都是一种东西，但不同品牌的药品制造商千方百计地通过广告宣传和包装等来影响广大消费者，使消费者在心理上认为它们有差异。因此，不同品牌的阿司匹林价格有所不同。

在垄断竞争条件下，科特勒提醒企业，要努力开发不同的产品，以便适应不同细分市场的需要。比如，可以广泛地采用其他营销策略使自己的产品与其他产品区分开来。

纸上营销题

随机采访顾客，请他们谈谈对你的产品价格的感受。

....

....

....

....

营销百科

新引进产品的定价策略

新引进产品是指市场上已出现，但企业通过引进、模仿别人的技术第二次生产的产品。对于这种仿制品，企业应实行通行定价法，比照其他企业的定价，根据本企业产品在质量、声誉及服务水平上与其他企业的差异，制定相当的价格。

全面考虑产品定价

营销导图

企业通常不要制定一种单一的价格，而要建立一种价格结构。这种价格结构可以反映地区需求和成本、市场细分要求、购买时机、订单水平和其他因素的变化状况。

科特勒认为，成本为价格规定了下限，消费者对产品价值的看法为价格规定了上限，公司必须在考虑竞争价格和内外因素的基础上，在上述两个极端中间找到最好的价格。

案例实证

1991 年，由于经济不景气，素以生产贵族电脑自居的康柏电脑公司出现了第一个季度的亏损，解雇 1000 多名工人。1992 年，具有丰富市场营销经验的菲弗尔受命于危难之际，出任康柏公司总裁。

菲弗尔认真地总结了康柏公司存在的问题，提出了新的发展战略，即坚持发展个人电脑，使个人电脑普及化。菲弗尔清楚地认识到康柏电脑经营中的问题：其个人电脑面向大亨富豪的高价格超出了一般消费者的购买力。于是，菲弗尔做出大胆决策，把康柏电脑售价降低 1/3，并在销售计划中大量增加零售代理商。

康柏个人电脑首次降价，而且降到了令人难以置信的价格，这一时成了爆炸性新闻。以非名牌机子的价格购买名牌电脑的市场就这样被康柏占领了。降价虽然降低了单位利润，但菲弗尔并非不要利润。他认识到利润与产品市场占有份额紧密地联系在一起。没有市场，价格定得再高，也实现不了利润。

营销的关键问题在于打开市场，而要打开市场取决于两个因素：一是品牌形象好，二是价格实惠。康柏电脑在具备了品牌优势之后，要大发展就要降价，为保证赢利并满足日益增长的市场需求，菲弗尔要求生产的各环节降低成本，并要求工厂 24 小时连续生产。菲弗尔在向记者论及其经营之道时说："对于康柏来说，降价与降低生产成本和进行规模生产是并行的。只有这样，才能既满足顾客的需求，又使康柏获得理想的利润。"在康柏转入批量生产时，每一道工序的造价都尽可能地降低。1993 年，生产量由 150 万台提高到 300 万台，全部生产成本下降了 1000 万美元。

当其他生产名牌个人电脑的公司领悟到菲弗尔降价之举的道理之后，纷纷仿效，一时间，名牌电脑的售价都降了下来。然而，并不是所有的公司都经得起降价的考验。不少公司因财力不支而倒闭，而康柏电脑则从 1992 年的全年销售额全球排名第四跃升至 1993 年的世界第一，市场占有率升至 12.4%，营业额达到 72 亿美元，并成为业界中少有的连年赢利的公司。

方法指导

企业定价并非只是局限于对于企业成本与利润的考量，产品的合理定价受到多种因素的影响。正如菲弗尔对康柏的价格调整，不仅仅考虑其成本与规模，还考虑其营销战略的目标。企业的目标越明确，就越容易制定价格。因此，企业对产品进行定价时需着重考虑以下几个方面：

（1）生存。在市场竞争日益激烈、消费者需求不断变化的情况下，企业需要把维持生存作为主要目标。为了确保工厂继续开工和存货出手，企业必须制定较低的价格。而利润比起生存来说要次要得多。为了继续留在行业中，许多企业的价格只能弥补可变成本和一些固定成本。不过，科特勒提醒企业，生存只能是一个短期目标，学会怎样增加价值才是长久之道。

（2）现期利润最大化。有些企业把制定一个能使当期利润最大化的价格当做目标。它们估计需求和成本，并据此选择一种价格，使之能产生最大的当期利润、现金流量或投资回报率。假定企业对其产品的需求函数和成本函数有充分了解，则借助需求函数和成本函数便可制定确保当期利润最大化的价格。

（3）市场份额优先。有些企业希望通过降低价格来拥有最大的市场份额，因为企业确信赢得最高的市场占有率之后将享有最低的成本和最高的长期利润，所以，企业要制定尽可能低的价格来追求市场占有率，以获取市场中的领先地位。企业也可能追求某一特定的市场占有率。当具备下述条件之一时，企业就可考虑通过低价来实现市场占有率的提高：市场对价格高度敏感，因此低价能刺激需求的迅速增长；生产与分销的单位成本会随着生产经验的积累而下降；低价能吓退现有的和潜在的竞争者。

纸上营销题

如果现在你需要调低价格，请列出你需要考虑的各种因素。

....

....

....

....

营销百科

再定位产品的定价策略

再定位产品是指投放到新目标市场上的现有产品。通常情况下，任何一个企业都不可能囊括所有细分市场，而只能有重点地占领一个或几个细分市场作为目标市场。把在原目标市场上取得成功或销量饱和的产品投入到新的目标市场上去，等于对现有产品进行一次再定位。企业要在对新目标市场作认真细致的研究之后，考察市场上是否已存在同类型的可替代产品，依据市场对本企业产品的潜在需求量制定出有竞争力的价格。

第二节 调整价格只是营销的一种手段

营销一点通

✓ 提价或降价都要针对顾客的心理，要有的放矢。

✓ 可以降价但不能掉价，不能因为价格的降低影响品牌美誉度。

可用折扣定价促销

营销导图

折扣定价可以通过各种折扣和让价来吸引更多的消费者，促使他们积极推销或购买商品，从而达到扩大销售、提高市场占有率的目的。

案例实证

1962年创建的沃尔玛连锁企业如今在世界各地拥有数量众多的分店。这家从北美的小山村里走出来的零售巨人如今仍然是每一位零售商学习的最佳模范。以“天天平价”吸引着世界顾客的沃尔玛，其定价方式是许多店主都想要探索与解密的。

沃尔玛的商品售价通常比其他连锁企业要低20%。在沃尔玛商店里，采取的是仓储式的商品陈列方式。简易的货架，几乎没怎么装修的地板和四壁，但价廉物美的商品仍旧吸引了众多的顾客。因此，当沃尔玛以这种方式一亮相，便取得了极大的成功。

这是老板山姆“折价销售”理念的成功运用。这一经营理念与一般的减价让利有着本质的不同。

虽然两者看起来都是以廉价销售为特征，但折价销售作为一种特定的销售方式，更着眼于一种长期稳定的战略目标，同时更需要经营管理多个环节以使其相互协调配合；而一般的减价让利却是一种只着眼于眼前利益的短期行为。

沃尔玛将减价作为一种营销战略来考虑。商品进到商店后，沃尔玛的工作人员将根据对同业的调查估计出该行业的市场平均价格，然后在平均价格和进货价格之间找出一个中间价，作为该商品在沃尔玛的正式售价。通常的做法是，沃尔玛按比进价高30%的比率来定价，以体现“薄利多销”的原则。这是沃尔玛雷打不动的原则，即使自己的进价比对手低廉得多，沃尔玛也始终坚持“把利让给顾客”的做法。

这种立足长远的经营战略，使沃尔玛赢得了时间上的胜利。人们坚信，沃尔玛就是价廉物美的代名词。随着时间的流逝，人们越来越深刻地体会到沃尔玛“厚道销售”的经营之魂。

方法指导

沃尔玛的折扣定价已经成为行业中的标杆，沃尔玛也成为许多商家争相学习并志在赶超的行业模范。

随着市场竞争的日益激烈，折扣定价越来越成为大多数商家长期使用的定价模式。小店在经营过程中，可以借鉴以下几种主要的折扣定价形式：

（1）现金折扣。是指小店为了加速资金周转，防止呆账出现，给予现金付款、提前付款或持卡消费的买主一定比例的优待。采用这种策略，虽然销售方本身付出了一定的代价，但它可以吸引顾客用现金支付或用电子的形式付款，以减少企业风险，促进资金迅速回收，还可以进行扩大经营，形成良性循环。

（2）数量折扣。数量折扣是购买者的购买达到一定数量或金额时，店方给予一定折扣。一般来说，顾客购买数量或金额越大，折扣越大。数量折扣鼓励顾客大量购买，使店铺的销售成本减少，资金周转加快。

（3）季节性折扣。销售季节性产品的企业，对购买淡季商品的买主，给予折扣优待，鼓励用户错开销售高峰期采购，同时也有利于减轻储存压力，或是低价解决积压的过季产品。平衡淡旺季的销售压力，季节性折扣是一种有效的促销方式。

不过，对于销售人员而言，在对产品作出折让和折扣调整时必须非常小心，否则，利润会远远低于预期，并有可能损害店铺的品牌形象。

纸上营销题

你在折扣定价上有什么独到的经验？请列举出来与大家分享。

营销百科

连续性新产品的定价策略

连续性新产品对企业和市场而言都不是全新的，而是在原有产品的基础上进行改造而得的。例如，对现有产品线的增补产品，对老产品提高性能、增加用途的改良产品等。这类产品的定价要比照产品线中原有产品的价格。根据质量性能的差异，制定不同的价格档次，以满足不同层次的需求。连续性新产品的定价还涉及新老产品的关系问题。革新产品的推出在时机、价格上都应以扩大企业整体利润为目标，而不应出现吞噬本企业老产品市场的情况。

提价要考虑顾客心理

营销导图

提价有时也是一种很好的促销方式，但一般会引起顾客、中间商甚至企业推销人员的不满。但成功的提价决策会增加企业的利润。所以，在有些情况下，企业必须考虑提价。

第一种情况：如果企业无法在内部自我消化通货膨胀中所增加的成本，这时就必须考虑提高产品价格。第二种情况：有时企业会出现产品供不应求的情况，通过提价可将产品卖给需求强度最大的顾客，不但平衡了需求，而且也增加了收益，这时提价是十分有效的。

案例实证

当东京滨松町的一家咖啡屋推出一杯五千日元的咖啡时，立即引起了社会的关注，各大媒体争相报道。这个消息很快就传开了，怀着各种心理的顾客纷至沓来，使得该店应接不暇，利润节节攀升。

为什么这样昂贵的咖啡反而能赚钱呢？这是因为盛咖啡的杯子是法国制造的，名贵又豪华，每个价值四千日元。当顾客离店时，服务员会将它包好，让顾客带走。

而且每杯咖啡均是由名师当场精制而成的，味道可口而特别。此外，店里的装潢采用古代王宫的典雅装饰。店内还有穿着古代皇宫服装的女侍者，她们把顾客当成帝王般殷勤侍候，这样的服务方式给予顾客极大的心理满足。

方法指导

如果企业大幅度提高了价格，但提价后造成严重滞销，市场极度疲软，一段时间后又实行降价销售，一涨一降会使产品信誉受到极大影响。所以企业在决定提高产品价格时，还必须考虑到底是一次性大幅度提价还是多次小幅度提价。通常情况下，顾客对后一种方式比较容易接受。提价的方法还有以下几种：

(1) 推迟报价。即企业在产品制成或交货时才提出最后价格。生产周期较长的行业一般采用这种策略，如工业建筑和重型设备制造业。

(2) 在合同中使用价格自动调整条款，规定在合同期内根据选定的某个价格指数来计算调整价格。

(3) 保持产品价格不变，但将原来提供的附加产品从产品整体中分解出来，另行定价。

(4) 减少价格折扣。

(5) 保持价格不变，而采用更便宜的材料或配件作为替代品，或采用廉价的包装材料，或减少产品的功能、服务和分量等。

纸上营销题

你是否有过因为提价而被顾客拒绝的经历？如果有，请分析顾客为什么不能接受提价。

营销百科

季节折扣

季节折扣就是企业对淡季购买商品的顾客所给予的一种减价优惠。许多产品的生产和消费存在季节性。例如，服装生产经营企业，对不合时令的服装给予季节折扣，以鼓励中间商和用户提前购买、多购买。企业在确定季节折扣比例时，应考虑成本、储存费用、基价和资金利息等因素。季节折扣的优点是有利于减少库存，加速商品流通，加快资金回笼，促进企业生产，充分发挥生产和销售潜力，避免因季节需求变化而产生的市场风险。

低价但绝不能掉价

营销导图

很多卖家都坚持一分价钱一分货的原则，认为出钱少就只能买低等货，出钱多才能买到上档次的东西。但在事实上，几乎所有的消费者都有一个共同的心理，那就是用最少的钱买到最好的货，即大多数消费者都希望花相对少的钱买到同样好的产品。但如果价格低意味着产品掉价的话，消费者当然不愿意购买。

因此，我们在销售的时候，一定要特别注意把握消费者的心理。在无形中贴近消费者敏感的内心，将他们最需要的东西展现在他们眼前。既要让消费者很明显地感觉到了实惠，还要通过各种方式让消费者感到自己购买的是既低价又有档次的商品。

案例实证

众所周知，屈臣氏不过是面积不大的小店铺，可它的利润为什么会这么大呢？李嘉诚所做的销售，有很多东西是非常值得我们借鉴的。

我们都知道，零售业要赢利，就要大量“走货”。沃尔玛的座右铭是：“你怎样卖得更多？”然而，在很多时候“最走货”也意味着“最低档”。顾客在大量购买商品的时候，往往连自己都会因为购买了“低档”的商品有点抬不起头来。

但屈臣氏的商品在低价与档次方面并不矛盾。比如，一些洗面奶及个人护理用品价格很便宜，可是大部分去屈臣氏购物的顾客并不觉得身份掉价。即使不是节假日，那些时尚的年轻白领们依然把屈臣氏当成了自己购物的栖息地。她们常年喜欢逛屈臣氏的原因就在于：屈臣氏不仅货真价实，而且丝毫不会让她们觉得档次掉价。

低价与档次向来都十分矛盾，但是屈臣氏却非常巧妙地把这个问题处理得天衣无缝。屈臣氏将顾客定位为 18 ~ 40 岁的女性，特别是 18 ~ 35 岁的时尚女性。对于这些月收入比较高的顾客，屈臣氏并没有在高举高打中令其就范。因为屈臣氏很明白，地球人都喜欢低价。于是屈臣氏主动降低了门槛，一方面获得了足够的客源，另一方面以各种捆绑销售的方式鼓励她们在购买时多多益善，并让她们在得到实惠的时候愿意终生购买。

“我敢保证我低价”的标语就悬挂在屈臣氏的店铺里，这一直白的诉求具有巨大的穿透力，平均每周大约可以吸引150万顾客前来消费。

可奇怪的是，为什么在不少地方购买低价商品会让消费者觉得掉价，而在屈臣氏不会呢？原因就在于，屈臣氏的价格低，但是档次并不低。它价实，货真。它的货“真”到什么程度？2005年，屈臣氏斥资55亿港币收购了法国最大的香水零售商Marionnaud，使得它的一系列大手笔并购达到了顶峰。正是依靠连续不断的收购，屈臣氏的产品组合与世界一流产品实现了零距离。

方法指导

对于价格，卡内基有两条基本的信念：一是物价越低，越能刺激消费，从而反作用于生产，进一步降低价格。二是价格是一个综合指数，它包括成本，也包括服务、利润等，合理的定价是不应该随意变动的。

基于上述信念，卡内基一方面在生产中尽可能降低成本，以低廉的价格出售；另一方面，在市场上不随意减价。这就是说，卡内基的降价工夫是在工厂里就做足了的，这是降价的秘诀。那么，卡内基不降价的秘诀又是什么呢？

第一，纠正错误行情。卡内基在技术力量薄弱的情况下，很快就制造出了新产品，面对这种新产品的销售，卡内基要求其定价要比市场上销售的货品高一些。他认为，有些商人对新产品一开始就减价的做法并不可取。他以大家都是商人的立场剖析产品的价格成分，指出其合理性，请求经销商帮助，以图共存共荣。在卡内基的劝说下，经销商们当然是深明其理的，况且这里也有自己销售利润的问题。这样，大家就接受了卡内基的价格，结果很好。

第二，击败杀价高手。在卡内基创业初期，推销商品时，价格问题常常成为争论的中心。卡内基经常碰到“杀价高手”。有一位杀价高手很厉害，你越说利润薄、生意难做，他就越是拼命杀价。就在卡内基将要认输的时候，他面前浮现出了工厂里挥汗劳作的员工的形象。于是他把工厂的情形和对方说了：

“大家都是这样挥汗劳作的，好不容易才生产出这样的货品，价格也合理。如果再杀价，那生意就没法做了。”就这样，对方同意了。于是，这笔交易也就做成了。

卡内基的条件是不立刻就否定大杀价。有时候，价格可能合理，但与购买能力脱节，就不应该一概而论地否定大杀价了。一次，一位经销商要求用低于现价 1/3 的价格进货。后来得知对方是以世界标准和购买能力来要求降价的，卡内基没有立即否决他的要求，而是希望对方先以原价销售，给自己一定的时间改良产品，然后以对方要求的价格交易。

如此，对方接受了这种暂时的价格。卡内基命令加紧电器改良进程。最后，卡内基说：“不要把降价要求当做荒唐的无稽之谈，不妨检讨一下看看。如果对方拿世界标准的价格来杀价，不可以认为这是无理取闹，而必须从所有的角度来研究其可行性。”

纸上营销题

就你的产品或服务，谈谈你如何才能做到低价而不掉价。

营销百科

分区定价

分区定价是指企业把销售市场划分为若干区域，对于不同区域的顾客，分别制定不同的地区价格。例如出口到美洲各国用一种价，在欧洲各国用另一种价，在亚太地区用第三种价格，产品在同一地区的价格相同，在不同地区价格有差异，离得远的区域产品的价格略高一些。企业采用分区定价也存在一些问题：在同一价格区内，有些顾客距离企业较近，有些顾客距离企业较远，前者就不合算；处在两个相邻价格区附近的顾客，他们相距不远，但是要按不同的价格购买同一种产品。相邻区域的价格差异有可能导致中间商随意地跨区域销售，不利于企业对区域价格的控制。企业在划分区域时，要注意这些问题。

第三节 “免费”不算是诡计

营销一点通

✓ “免费”是屡试不爽的绝招。

✓ 使顾客感觉占了便宜，你的营销就容易获得成功。

成功用“免费”做诱饵

营销导图

不断有媒体提醒广大群众，以帮助他们识别所谓的商家诡计。在媒体所列的商家诡计一栏中，排在首位的就是“免费赠送”。他们提醒民众，不要上了“免费赠送”的当。

作为销售人员，我们可以从另外一个角度来考虑这个问题。从媒体对“免费赠送”的围追堵截上来看，“免费赠送”是吸引顾客最有效的招数，否则媒体没必要将其列在商家诡计之首。

因此我们必须在销售过程中重视免费营销的效力。消费者不仅喜欢低价，而且更爱免费。对于他们来说，免费的产品不啻白捡的诱人蛋糕，又有几个人能抵制得住诱惑呢？

案例实证

在网络游戏行业，通行的游戏规则是按点卡收费，即网络游戏公司按玩家的游戏时间收取相应的费用，这是网游公司赢利的主要手段。以盛大为例，它的收入模式是PTP（pay to play），玩家为获得在线游戏时间而付费。因此，公司为增加收入，就得想方设法延长玩家的在线时间。玩家在游戏中想要取得更高的等级，在线的时间就要越长，所以很多玩家都会连续打十几个小时游戏。游戏运营商因为引诱玩家“上瘾”，受到了社会各界的责难。

史玉柱通过自己在网络游戏中的亲身经历，认识到了传统收费模式的不合理之处。由盛大开创的网游按时间点卡收费模式，在营销上并不是最佳方法，因为无论玩家有钱没钱，在游戏上的消费都是一样的。史玉柱分析，中国的网络游戏玩家有两类：一类是有时间投入练级的游戏爱好者，另一类是没有时间但是有消费能力的人。他要做的就是在这两种具有互补性的需求中寻找商业机会。

关于免费游戏，史玉柱定义说：免费游戏与收费游戏的差别就在于按不按时间收费的问题。收费游戏就是你不买时间玩不了，免费游戏就是你不买时间也可以玩。免费游戏暗示的营销思想是：每个人都想免费玩游戏，那么我就满足你这个心理，以此来牢牢抓住你。

2006年1月，免费版《征途》正式上线运营。《征途》网络主动放弃点卡收费这一“稳赚不赔”的成熟运营模式，采用“永久免费”的方式，通过出售虚拟装备获益，从而使《征途》成为2006年网络游戏市场的绝对热点。史玉柱开创了FTP（free to play）的全新网游模式。

免费模式到底怎么赚钱是很多人关心的问题。其实史玉柱早就盘算好了，他不仅要赚钱，还要比以前的网络游戏赚更多的钱。他认定网络游戏市场份额最大的蛋糕并不是游戏运营。每年游戏开发运营公司收入不过30亿元，而卖外挂、代练收入却能达到50～60亿元，装备买卖市场则有90～100亿元的规模。显然，在后两部分市场可以掘到更多的财富。

《征途》甚至在内测期间就已经开始挣钱了，这让仍然依靠收费模式来实现赢利的传统网络游戏厂商不禁感慨万千。他们终于意识到，免费模式并不是只有休闲游戏才能运用。网游的赢利概念被颠覆。在点卡收费的赢利模式已经疲软的情况下,《征途》免费模式的成功运营,无疑是在中国网络游戏市场上寻找到了另一座矿山。

方法指导

免费只是营销手段,其目的是要赚取更多的利润。免费营销比以往的营销手段更强烈地吸引着消费者。现在,整个社会已经被“免费”所包围,各类免费产品、免费服务以及免费体验蜂拥而至。如果你想在激烈的竞争中成为顾客的首选,成为市场竞争中的赢家,就要在如何实施免费式营销上下工夫。“免费”能聚集到你所期望的人气。

纸上营销题

如果你能使你的部分产品或服务免费,客户的数量会增加多少?

营销百科

样品赠送

企业针对潜在的目标消费者,赠送新产品,让消费者试用、试吃,使他们能充分了解产品的性能、功效、口味、特点等,认识产品的价值,刺激他们购买产品的欲望,使产品能迅速进入市场。样品赠送的途径很多,可以派人上门派发,可以直接邮寄、定点分发,也可以在销售点让消费者试用、试吃。样品赠送是一种最容易引导消费者参与的营业推广方式,但策划得不周密也会引发事端,甚至损害企业形象。

价格歧视背后的计谋

营销导图

越剧《何文秀》中有个段子：有个算命先生有段唱词，“大户人家算命，收五两银；中等人家算命，待茶待饭收点点心就好；贫穷人家算命，不要银子，倘若家中有小儿，我还要送礼金，倒贴铜钱二十四文，送与小儿买糕饼”，可见算命先生的好心肠。

当然，即使算命先生的话被大户人家听到，大户人家还可能找他算命，只要他能提供与价格相符的服务。因此，这种对不同人家的不同定价策略，似乎并不影响生意。

精明的商家从算命先生的定价策略中得到了一定的启示，于是出现了价格歧视。价格歧视暗示的是根据不同顾客制定不同价格的营销思想。

案例实证

一位留学生在欧洲旅行时，准备从巴黎乘飞机回伦敦。如果按正常航班来买票，票价是181英镑，这对这位不太富裕的留学生来说显然有点贵。于是他仔细搜寻报纸信息，希望能买到最便宜的机票。结果他做到了，仅用了6.3英镑，而且这还不算是他乘坐过的最便宜的机票。

为什么能这么便宜？这就是价格歧视现象。航空公司根据各种“线索”，将乘客加以甄别（即“歧视”），根据乘客对飞行服务的不同需求，制定完全不同的价格，从而在不同类别的乘客身上分别实现收益的最大化。

而这些“甄别”或“歧视”的线索，可以是顾客自己声明的，比如开口就要头等舱，显然他愿意为了双脚伸得稍微长一点，或者为了在那十来个小时里独占一个电视屏幕，或者为了在旅途中喝点好酒而多支付很多很多的钱。但是，这些尊贵的享受本身，并不足以说明超出的价格。

实际上，这些额外的享受本身是次要的，航空公司提供这些服务的目的，是为了以此将那些对价格上涨不敏感的人甄别出来，索取更高的价格。另外，对于那些不仅临时更改机票，而且不愿意等待后续航班的空位，说走就走的客人，航空公司还会增收一笔可观的罚款。

还有一些“线索”是顾客不自觉留下的，比如愿意花更多的时间在报纸和旅行社之间搜寻，愿意提前两个星期甚至半年预订机票，愿意耐心填写“里程奖励计划”的表格并随时留意各种优惠活动，等等。航空公司根据这些线索，把时间成本较低的乘客甄别出来，用低得多的价格吸引他们，从而创造出本来不会产生的营业额，增加公司的总收益。

所以，即使看起来价格很低的机票，航空公司也不会亏本。相反，正好证明了航空公司的精明。

方法指导

价格歧视，实质上是一种价格差异，通常指商品或服务的提供者在向不同的接受者提供相同等级、相同质量的商品或服务时，在接受者之间实行不同的销售价格或收费标准。

价格歧视的前提是市场分割。如果生产者不能分割市场，就只能实行一个价格。如果生产者能够分割市场、区别顾客，而且分割的不同市场具有明显不同的支付能力，这样企业就可以对不同的群体实行不同的商品价格，从而尽最大可能实现企业较高的商业利润。

实行价格歧视的目的是为了获得较多的利润。因为，如果能以较高的价格把商品卖出去，就可以多赚一些钱。但如果把商品价格定得太高了，就会丢失低消费能力的顾客，从而导致利润下降。采取两全其美的办法，既以较高价格赚得富人的钱，又以较低价格赚穷人的钱，这就是价格歧视产生的根本动因。

这是价格“歧视”，也是“让利”、“优惠”、“补贴”、“扶持”。体现在定价上，价格如果定得过高，虽然每件产品所赚取的利润大，可是能卖出的产品总数很少，总的利润并不高；反过来，如果价格定得过低，虽然能卖出大量的产品，但由于每件产品所赚取的利润小，总的利润也还是低。

因此，定价时，价格的高低并不是主要的研究对象，切中要害的是总利润，也就是必须锁定具体的顾客，根据顾客的需求特点、对产品价格的敏感程度，探索一个恰当的价格，使总利润达到最大。否则，价格高，未必赚；客人

多，也未必赚。

请谈谈你是如何通过定价来对顾客群体进行区分的。

营销百科

附加赠送

附加赠送的方式，主要是在产品出售时，临时附加赠送一些其他产品，以吸引消费者的购买兴趣，推动销售。赠送的产品可以是产品本身，即真正的“买一送一”，也可以是其他任何合适的产品。附加赠送的促销效果，在很大程度上与所挑选的赠品有关，要挑选那些能吸引消费者的、易于让人识别其价值的、与本产品使用相关的产品。

没有人不爱占便宜

营销导图

每到节假日或特殊的日子，商场、超市等各大卖场都会不约而同地打出打折促销的旗号，以吸引更多的顾客前来消费。折扣越低的商铺，客人越多。很多人明明知道这是商家的一种促销手段，但依然争先恐后前往，以求买到比平时便宜的商品，这是为什么？因为人人都有占便宜的心理。

占便宜是比较常见的一种心理倾向。在日常生活中，物美价廉永远是大多数客户追求的目标。很少听到有人说“我就是喜欢花更多的钱买完全相同的东西”，而用少量的钱买更多更好的商品才是大多数人的消费态度。

案例实证

一位顾客在逛超市时发现一个让他百思不得其解的现象，某著名品牌正在促销洗衣粉，然而一袋500克洗衣粉的价格是7.9元，而两袋的价格却是17元。也就是说，顾客一次买两袋还没有买一袋划算。他以为自己看错了，就叫来销售人员询问，销售员明确地告诉他，这是上面统一下来的价格，是不会出错的，全国各地都一样。

通过和其他品牌洗衣粉价格进行比较，这位顾客判定应该是一袋的价格标错了，价格肯定是大于8.5元的。于是，他立即决定买一袋回家。他相信，用不了多久，单袋价格就会调整。

回到家后，他将自己在超市看到的奇怪现象告诉了左邻右舍，大家都纷纷前来超市观看，也一致认同这位顾客的判断：单袋价格肯定会提高，要不那两袋捆绑在一起的怎么能是促销的呢？他们在离开超市时都各自买了一袋洗衣粉回家，有的人甚至买了几袋。

过了一周，价格依然没被改正过来。最早发现这个现象的那位顾客开始怀疑自己当初的判断：作为全国知名品牌，肯定是有着严格的价格管理制度的，这么长时间过去了，还没调整过来，那只能说明自己的判断是有问题的，也许这个价格的背后隐藏着其他阴谋。

他花了一天的时间来观察这种洗衣粉的销售情况。前来购买的人络绎不绝，他们都认为这是标错的价格，现在购买一袋是占了便宜的。这下他彻底明白：原来企业就是要让顾客产生占便宜心理，最终促使销售量增加。看来真是“买的没有卖的精”。

方法指导

顾客爱的不一定是便宜，但一定会爱占便宜。爱占便宜是人的天性，更是顾客的习性——习惯性行为。人们总希望以最少的投入（包括时间、精力、金钱等）来获取最大的收益。

占便宜追求的是一种心理满足，而每个人都或多或少具有这种倾向，唯一的区别就是占便宜心理的程度深浅。我们所说的爱占便宜的人，通常是指占便宜心理比较严重的那部分人。销售过程中，这类顾客不在少数，他们最大的购买动机就是是否占到了便宜。

所以，面对这类顾客，销售员可以利用这种占便宜的心理，通过一些方式让顾客感觉自己占到了很大的便宜，从而心甘情愿地掏钱购买。

对于爱占便宜型的顾客，要善于利用其占便宜心理，使用价格的悬殊对比或者数量对比进行销售。这类的顾客心理其实非常简单，只要他们认为自己占到了便宜，就会选择成交。

利用价格的悬殊差距虽然能对销售结果起到很好的作用，但多少有一些欺骗顾客的嫌疑。所以，一定要牢记一点：销售的原则一定是能够帮助顾客，满足顾客对产品的需求，做到既要满足顾客的心理，又要确保顾客得到实惠。这样才能避免伤害顾客，才能和顾客保持长久的合作关系，实现双赢。

纸上营销题

请列出你让顾客占到一定便宜的好处。

营销百科

包装赠送

包装赠送是以标准包装的价格销售加量包装的产品，即人们常说的“加量不加价”。包装赠送的产品一般都是原产品，其实质和降价促销一样，主要是吸引现有使用者来扩大购买，稳定现有消费群体，有时也能从同类产品的竞争者那里抢夺一部分客源。

第五章

坐地打通渠道大脉

第一节 建立渠道很关键

营销一点通

✓ 渠道数量的多少、长短、宽窄，都是因需而定。

✓ 抓住最主要的客户，你就能高枕无忧。

渠道建立前先分析市场

营销导图

很多人认为进行渠道建设就是找分销商，于是投入大量的人力、物力、财力，紧锣密鼓地寻找目标客户，然后就建立起了网络渠道。问题是，这时候才发现与产品销售目标相差甚远。静心思考才发现原来自己根本就没有对市场作很好的分析，只是盲目地建立渠道，所以才吃了大亏。因此，建立渠道前要进行细致的市场分析。

案例实证

促使史玉柱痛下决心采用新形式做渠道的，是巨人的回款问题。史玉柱说："当年我们珠海巨人集团做脑黄金是代销的，其结果是有3亿元钱收不到。现在我再也不会做这种傻事了，钱不到账不发货，到现在没有一分钱应收款。"

这是他在资金回笼出现问题，经历失败后总结出来的经验，为了使"应收账款问题"不影响自己的企业，史玉柱在做渠道时不像一般产品销售那样急于铺货，而是采用了一种特殊的方式，即在一个地区市场启动前，先打广告，让顾客主动找上门，然后就等着经销商带着钱来要货。

一旦瞄准某个市场，在启动之前，脑白金通常会举行大规模的免费赠送活动。赠送结束之后，有的消费者还想继续服用，就会到商店去找，经销商就会找到厂家。当产品达到一定销量时，脑白金的广告随之出台，让经销商闻风而动，主动前来要求经销该产品。这时，史玉柱就会要求经销商现金提货，以始终确保应收款为零，这样形成的良性循环，与厂家向经销商推产品，经销商向市场推产品的做法正好相反。

史玉柱解释说，先把经销商放到一边，转而向终端消费者展开攻势，创造市场拉力，这叫“倒做渠道”。这样做或许会造成一定的广告流失，延误市场开发速度，然而却可以避免可能产生巨额坏账的风险。

方法指导

在进行渠道建设前先进行深入的市场分析与研究，是规避渠道建设不当的最佳选择。通过系统的市场分析可以更深入地了解产业环境、目标渠道合作伙伴情况和竞争对手情况，以确立通过与何种渠道及伙伴合作才能建立适合自己的销售网络，使产品可以被目标客户最为便利地选购。

市场分析过程也是一个寻找市场机会并确定这种机会的过程。市场分析的方法主要包括：在现有市场上挖掘潜力，扩大销售量；在现有的产品无潜力可挖的情况下，以现有的产品开发新的市场；在市场开发无潜力可挖时，考虑进行新产品开发；当产品开发呈现潜力不大的状况时，可根据自身资源条件考虑多极化经营，在多种经营中寻求新的市场机会。

在寻找和识别市场机会的时候，要最大范围地搜集意见和建议。不仅要充分利用企业内部各个部门的人力资源，同时更要广泛利用企业外部的信息资源，对市场情报资料进行广泛了解，注意和各方面保持密切的联系，如合作伙伴、既有客户的意见。这些信息直接反映市场需求的变化倾向。通过对这些意见进行归纳和分析，企业可以发现新的市场机会。

寻找市场机会的目的在于将有限资源投入最适合的市场，了解客观条件成熟度影响主观销售成功的程度，以建立最佳的销售渠道。市场分析的内容一般

包括宏观经济与行业分析、行业合作伙伴分析、成熟度分析、竞争条件分析和竞争能力分析以及消费者的消费需求分析等。

以消费需求分析为例，市场营销学家归纳出以下六个方面的问题：

（1）购买对象（Objects）：购买什么（What）？

（2）购买组织（Organization）：谁来购买（Who）？

（3）购买目的（Objectives）：为何购买（Why）？

（4）购买方式（Operations）：怎样购买（How）？

（5）购买时机（Occasions）：何时购买（When）？

（6）购买地点（Outlets）：何地购买（Where）？

由于每个英文字母的开头都是O，所以称为“6O”研究法。其中市场营销学研究比较多的是前“4O”，也称为“4O”研究法。就如同英文字母“O”排在“P”之前一样，营销人员在制定我们前面讲到的“4P”组合之前必须先了解“4O”。例如，一家企业要生产和销售一种服装，它必须研究和分析以下问题：目前市场上最需要什么服装？谁在购买这种服装？顾客为什么购买这种服装？顾客怎样购买这种服装？其中前两个问题是对市场的一般分析，后两个问题属于对购买行为的分析。

纸上营销题

请谈谈你在市场分析上的经验。

……………………………………

……………………………………

……………………………………

……………………………………

营销百科

营销渠道

所谓营销渠道，是指配合在一起生产、分销和消费某一生产者的商品和劳务的企业和个人。也就是说，市场营销渠道包括某种产品的供给、生产和销售过程的所有相关企业和个人，如供应商、生产者、中间商、代理中间商、辅助商以及最终消费者或用户。

针对需求设计渠道

营销导图

一方面，进行渠道设计时一定要把消费者的需求作为依据，这样才能保证销售通畅；另一方面，还要针对营销需求设计营销渠道，因为离开消费者需求与营销需求，设计的渠道只会失去市场。

案例实证

美国的萨拉李公司在这方面做得非常好，可以说是针对消费者多渠道销售的典范。

根据美国全国针织业企业协会公布的统计数据，1993 年中，全美最畅销的紧身裤袜品牌是萨拉李公司的里耶戈牌产品，该产品约占据整个市场份额的 42%，紧居其后的是恺撒—罗斯牌，占市场份额的 21.8%。

萨拉李公司的渠道策略可以用这样一句话来概括——“消费者去哪儿买，产品就在哪儿卖。”通过里耶戈和汉兹分部，萨拉李一年能销出 10 亿美元的产品。在 20 世纪 70 年代早期，里耶戈就已成为紧身裤袜的领导品牌，称霸于杂货店等零售商店。在那之前，几乎所有的紧身裤袜都是在折扣百货店、传统百货店以及服装专卖店里销出的。

在安得奥品牌的营销上，萨拉李公司也采取了类似的渠道策略。针对女性热衷于在折扣店购买针织品的趋势，萨拉李紧追不舍。最初，安得奥产品只是在百货公司之类的大型零售商店销售。1978 年，萨拉李公司首次将安得奥产品投入凯马特及其他折扣商店销售。到了 1985 年，安得奥彻底离开了传统的百货商店，进入了新阶段；1988 年，公司将安得奥系列转到了里耶戈公司经营。

在这里，安得奥被分销到了杂货店之类的大众零售商那里。

尽管里耶戈和安得奥两类品牌产品是在同一渠道销售的，但萨拉李的精心策划使二者互不混淆且各具特色。每个品牌都有自己的包装，而且在同一店铺展示时也是互不相同，价格策略也不一样。对里耶戈产品来说，无论是包装策略还是广告策略都与安得奥截然不同，公司发言人对此解释说："我们之所以改变，是因为销售的潜力在第二类渠道中更好地增长，而这一改变之所以成功，是因为有里耶戈的成功先例在那里了。"

萨拉李公司在里耶戈和安得奥品牌上的渠道策略是以通过自助式推销来为消费者提供大量便利为基础的。其汉兹子公司的策略使得追求时尚的消费者深受其益。萨拉李的多渠道营销策略堪称企业的典范，这种策略使得萨拉李可以使市场覆盖率最大化并能吸引多个细分市场。由于萨拉李在每一通路上所经销的品牌和产品都是不同的，这就减弱了通路成员之间的竞争。

方法指导

当然，渠道建立以后并不是一成不变的，它需要针对消费需求的不同而随时调整。这就要求渠道管理者密切注意市场动向，可以从以下几个方面搜集市场信息：

(1) 售后拜访倾听客户意见。这是保持以市场为主导的方式。在客户购买商品后，找出售前与售后客户感受到的差别，这有助于优化自己的营销策略。

(2) 询问关键客户群的意向。直接询问客户，他们的需要是什么，他们对未来的商品有何需求。尤其要仔细倾听最忠诚的客户和最不忠诚的客户在观点上有什么区别。虽然他们都在购买你的产品，但他们的动机、信念、态度可能大相径庭。

(3) 经常询问客户有什么新情况。养成一种习惯，经常问你的客户和公司同事"有什么新情况"。在这个高度分工的世界，我们往往以为每个人都能注意到所有的变化，实际上，信息的流动常常缓慢而低效。通过非正式地询问"有什么新情况"，你就可能比竞争对手掌握更多的信息。

(4) 更多地了解和讨论你的竞争对手。提出明确的问题，将你的产品与竞争对手的产品进行对比。客户在购买你的产品时毫无疑问也会这么做。很多情况下，你心目中的市场竞争对手不同于客户所想的竞争者。

（5）加强学习以了解你的客户和所在行业。如今的电子信息系统非常发达，所以耐心的学习者便有机会获得大量信息。你学习了解得越多，及时发现机遇的可能性就越大。

纸上营销题

请谈谈你在营销渠道设计上的经验。

营销百科

分销渠道

所谓分销渠道，是指某种商品和劳务从生产者向消费者转移的过程中取得这种商品和劳务的所有权转移的企业和个人。因此，分销渠道包括商人中间商（取得产品或劳务的所有权）和代理中间商（帮助生产企业转移商品或劳务的所有权），也包括处于渠道起点的生产者和处于渠道终点的最终消费者或用户，在这个概念里，不包括供应商和辅助商。

以二八法则指导渠道建设

营销导图

越来越多的企业或商家发现，80%的收入是由20%的重点客户带来的，有的甚至90%的利润是由不到10%的客户创造的。虽然这并不是绝对的数字，但反映了一种态势，那就是重点客户对企业的价值。

案例实证

花旗银行刚到中国拓展业务时作出了一项规定：如果储户在该行的存款不足一定金额，那么花旗银行将按照有关规定收取一定费用。这项规定虽然没有在整个上海市引起轩然大波，但还是在很多上海市民心中产生了相当大的震动。长期以来，我国人民对于到银行存款都已经形成了一个传统观点，即到银行存款就会获得或多或少的利息，这是天经地义的事情。可是如今，花旗银行居然开创了让储户倒付给银行费用的先例。

当时很多上海媒体都带着市民的疑问去采访花旗银行上海分行的负责人。花旗银行作出了这样的解释：因为储户在银行存款时，银行要承担相应的风险，所以理应收取一定费用。

许多金融界人士都知道，储户的储蓄金额太少时，这部分存款根本无法通过银行进行有效流通，这样的话，银行不仅不能利用存款获利，而且还要承担相应的风险。由此看来，花旗银行的解释是有道理的。

原来，花旗银行并非想通过这种做法来降低运营风险，因为小储户那点零零星星的费用对于银行来说其实是微不足道的。

那么花旗银行的真正用意到底是什么呢？其实花旗银行是要通过银行严谨的数据库统计体系分析出哪些是大客户，哪些是普通客户，然后根据分析结果采取相应的措施对重点客户进行重点管理。因为80%的利润都是来自这20%的重点客户。

明白了花旗银行的真正用意后，我们不得不佩服它的精明。

方法指导

二八法则导致了越来越多的企业把目光聚集在重点客户身上。在渠道管理中，更多的人纷纷把重点客户业务的发展提升到公司生存和发展的较高层面上，千方百计地做好重点客户的服务工作，去争夺重点大客户，因为他们知道一旦失去了这20%的客户，那就意味着可能失去公司100%的利润。

渠道管理中，企业在这20%的人身上投入的时间和精力远远超过其他客户。因为是重点客户，企业通常花费很多的时间、人力和物力来管理这种关系。此外，特别强调的是，这些客户往往具有很强的谈判能力、讨价还价能力，因此公司必须费更多的心思，花更多的精力来进行客户沟通。

纸上营销题

请列出你在维护重点客户方面的独特做法。

营销百科

营销网络

对于营销网络的概念的理解有三种：第一种认为营销网络就是由若干条相互补充、相互配合的营销渠道共同组成的系统；第二种理解认为营销网络是营销过程中所涉及的一系列相互联系、相互依赖的组织和个人的集合；第三种理解认为营销网络是由营销网点、网线、网员、网流所构成的相互交织的、触一点动全网的信息共享、风险共担、利益共享的企业组织和个人结成的营销共同体。

无论如何理解，它们所要解决的问题至少应包括：产品的销售应通过什么样的途径来因时、因地、经济、方便地提供给顾客；这些途径应如何布局与设计，才能使企业的产品销售成本最低或最合适。

第二节 渠道经营井然有序

营销一点通

✓ 渠道混乱的根源在于你的渠道促销政策。

✓ 充分考虑各种渠道相关者的利益，你就会使渠道畅通无阻。

促销一定要规范

营销导图

渠道的管理没有搞好，促销不规范，势必会引起价格混乱，从而导致价格越卖越低。经销商卖产品几乎赚不到钱，因为产品的价差越来越小，而价差是经销商主要的利润保障。经销商不能通过价差赚钱，就只能依赖厂家的赠品、促销品来赚取利润。

如此形成恶性循环，价格越卖越低，中间价差越来越小，经销商的利润就越来越薄，他们也就越来越依赖厂家的赠品等物质奖励来赚钱了。

更严重的是，一旦厂家停止对经销商的物质刺激，经销商就会无钱可赚。在这种价格“卖穿”的情况下，厂家要保证经销商的利润，只有两种选择：一是把给经销商的供货价降下来，扩大或恢复中间价差，保证经销商的合理利润；二是仍然继续不断地给予经销商各种物质奖励，补偿经销商丧失的中间利润。

企业原本想通过刺激经销商来销售更多的产品，但刺激的最终结果是导致价格“卖穿”，经销商不愿意再销售企业的产品。究其原因，都是厂家自己造成的。所以，单纯靠向经销商“压货”来提高销量，只会把终端压死，最后反而减小了销量。

案例实证

凭借着在全国布局的6000家专卖店，雅芳甚至一度成为宝洁等化妆品龙头老大都不得不正视的一个竞争对手。

但是，雅芳“公司+专卖店+直销员”的铁三角模式看上去很美，但是经营业绩已经被主要竞争对手甩得很远。2009年，市场上更是传出雅芳哈尔滨经销商联合要求退货的消息。

这些经销商联合发给雅芳中国的退货文件中，共提到了三点退货理由：第一，雅芳公司分支机构以出国游为促销手段和以取消经销合同为要挟，让服务网点大量囤货，造成相当一部分产品过期；第二，雅芳公司在现存的服务网点周围无序开店；第三，雅芳公司的直销员和服务网点严重冲突，相互砸价，造成货物积压。

由于渠道打架，市场上的蹿货现象变得愈发严重，一些直销员销售产品的价格比专卖店还低，很多专卖店的老顾客都转型为直销员，这直接扰乱了专卖店的生意。此外，雅芳的直销背景导致了其价格体系的混乱。不同区域的经销商，其每次拿货的量，拿到的产品折扣也不尽相同。

“地域上，一级市场和二三级市场的拿货价格不一样，进货数量不同，拿货的价格也不一样，导致市场上蹿货现象特别严重。”一位雅芳专卖店主表示，很多直销员通过相关渠道拿到低折扣的产品后，开始在市场上砸价，严重影响到了专卖店的生意。

实际上，哈尔滨经销商的退货事件绝非偶然。2005年4月，在雅芳全球CEO钟彬娴宣布雅芳获批成为中国唯一一家直销试点企业后不久，数十家雅芳专卖店店主便聚集到雅芳中国总部“逼宫”，抗议“雅芳公司开展直销损害到专卖店销售利益”。

一位直销行业内人士表示，中国市场上几家大的直销企业中，雅芳之前的运营模式是最为符合中国政府对直销行业的相关规定的，这为它在政府关系上

加分，但它也是近年来在中国市场没赚到钱的企业。

方法指导

厂家要想切实控制价格，必须从管理渠道开始，只有让渠道规范，才能真正地控制价格。规范渠道最重要的就是要改善系统管理，可以采取以下做法：

(1) 必须按市场的要求展开，要有效出货、减少存货以及控制费用。

(2) 提高产品的竞争力。对于老产品，要加强产品系列的整合，明确一个时期的主打品种，一轮一轮，有节奏地冲击市场，同时在质量、包装以及定价上，要强于对手；对于新产品的开发，要突破原有的思维定式，努力创新，同时加强新品推出市场的系统策划，以及有计划地展开市场推广。

(3) 加强市场信息的反馈。加强一线进、销、存数据的采集、整理、传递与统计分析。依靠数据制订生产与供货计划，有效地衔接产销期量，减少产销矛盾，减少商品供应上的过多与不足的矛盾。

(4) 强化高层专业职能部门的功能。确保计划、营销、财务、配送与人力资源等子系统运行顺畅，尤其要强化总体策略制定的功能，确保有限的经营资源配置在产生成果的方向上，与对手展开竞争。

(5) 促销时，必须通过程序与管理规范进行有效控制，提高整体运行的效率，提高公司价值链的赢利能力。

纸上营销题

你有过因为促销不规范而引起价格混乱的情况吗？如果有，请写出你总结的经验。

....

....

....

....

营销百科

营业推广

营业推广是为了刺激消费者购买、提高代销商的效率而进行的除人员推销、广告、公共关系以外的各种营销活动。营业推广通常是刺激需求迅速增长的短期工具。营业推广的对象是最终消费者、交易商或企业员工。营业推广的形式包括免费样品、竞赛、奖励、贸易展示、免费度假旅游、优惠券等。

选好适合你的中间商

营销导图

在现代经济社会中，中间商绝对不是可有可无的，他的存在意味着营销方式的多样化和深层次。渠道的主要作用在于消除产品服务与消费者之间在时间、地点和所有权上的差距。渠道成员在其中承担了许多关键的职能。为了使渠道成员起到真正的营销作用，企业应该慎重选择渠道并对其进行监督和评价。

案例实证

耐克是享誉全球的著名品牌，也是世界500强的大企业，年营业额达几百亿美元。可是谁又能相信，如此辉煌的耐克竟然没有自己的生产工厂，那么耐克究竟凭什么制胜呢？中间商品牌策略，是耐克的核心竞争力。

耐克的创新之处，在于它的营销创新，实现完美的终极一跃。耐克采用中间商品牌路线，为了显示自己在市场方面的核心优势，它没有去建立自己的生产基地，并不自己生产耐克鞋，而是在全世界寻找最好条件的生产商为耐克生产。并且，它与生产商的签约期限并不长，这有利于耐克掌握主动权。选择生产商的标准是：成本低，交货及时，品质有保证。

这样，耐克规避了制造业公司的风险，专心于产品的研究与开发，大大缩短了产品的生命周期，快速推出新款式。

耐克通常都是寻找那些生产能力过剩或濒于倒闭的厂家，让其按照规定的条件生产产品，再用自有品牌销售，从而降低了成本，使中间商品牌商品比生产商品牌商品的价格低廉。

耐克对自有品牌的信誉特别关注，它们可以利用商家与消费者直接接触的有利条件，根据消费者的需求不断设计和改进自有品牌商品，从而赢得广大消费者的信任，使中间商品牌在消费者心目中愈加紧挺、持久。

方法指导

企业应认真分析以下几种有代表性的分销渠道新模式：

（1）直复营销。直复营销是指使用一种或多种传播媒体，经过与最终顾客多次双向信息沟通达成交易的一种分销渠道模式，包括邮寄直销、商品目录直销、电话直销、电视直销、电脑购物等。

（2）产销一体化。产销一体化是由制造商自建分销网络或与中间商共同投资的分销模式。其实质就在于把市场交易内部化，降低交易费用，使分销网完全掌握在制造商手中，在联合生产、销售过程中实现高效率。

（3）商业代理制。商业代理制是工商双方密切合作、共同开拓市场的产销联合体之一。制造商和批发商以契约形式订立协议，使工商双方形成长期稳定的产销关系。

（4）连锁经营。连锁经营实际上是批零一体化，制造商依据分布各地的大量分店开展大规模销售，特别是集中统一进货使进货成本大为降低。

纸上营销题

你认为自己目前的渠道还有需要改进的地方吗？请列出。

营销百科

控制分销渠道

加强对中间商的控制，对企业来说是很重要的。渠道的控制是为了更好地使渠道其他成员的行为与生产企业所期望的行为相一致，为取得最大效益而施加于渠道成员的一种管理活动。在市场营销中，企业应从分销成木、覆盖率以及持续性三个方面对分销渠道进行控制。

降价时兼顾渠道政策

营销导图

有些公司在面对竞争对手降价时，容易陷入低价竞争误区，这种情况应该在渠道管理中引起高度重视。有些公司往往以为只要把价格定得低一些，销售量就会增加。虽然降价促销是很有效的一种策略，但并不都是这样。有时客户可能对价格并不那么敏感，他们有可能认为价格是质量的标志，如果过分压低产品的价格，反倒会引起他们对产品质量的担心。同时，降价的结果也会导致公司利润的下降，使公司白白丧失了本来应得的利益。

而且，价格并不是客户选择产品时考量的唯一因素。公司完全可以有更好的策略，比如建立品牌信誉、提高产品质量、采取声望定价或利用时间和地点优势，创造额外价值来吸引客户。因此要经常同客户接触，观察、了解他们对产品价格的反应。

如果必须降价，则必须统筹兼顾，综合考虑公司与客户的相互关系，避免给公司造成损失。最值得注意的就是，降价应该与厂家所采取的渠道政策同步进行。

案例实证

iPad 降价了，这对苹果粉丝们来说应该是一件令人很兴奋的事情，可不料却伤害了不少消费者的心。

原来，消费者在购买 iPad 的正品行货时，因为购买渠道不同，补偿待遇迥异。

2011 年 3 月 3 日，苹果公司正式发布第二代 iPad(iPad Ⅱ)，并保持与第一代 iPad 相同的售价。iPad Ⅱ的发布与正式上市只相差 10 天，因为缓冲期较短，苹果公司在 iPad Ⅱ发布当天便宣布，第一代 iPad 降价以便清仓。当天，苹果中国在线商店中 16G WiFi 版 iPad 的售价从 3988 元降到了 2888 元，降价幅度高达 27%。

随着官方价格下调，几乎所有零售商的 iPad 价格也应声下跌。不少零售柜台给 16G 版 iPad 的标价为 2888 元，和官网价格保持一致，而有些柜台则由原来的 3700 多元调至 2850 元，以比苹果官网还低的价格甩卖存货。

这么大幅度地降价让消费者惊喜不已，iPad 的销量也迅速猛涨。不过零售商对此却一点都高兴不起来。有零售商叫苦道："当初进价是 3600 元，现在卖 2885 元，卖一台就亏近 1000 元，今年赚的钱都砸在 iPad 上了。"特别是库存多的零售商更惨，卖是亏本，不卖的话可能亏得更多。

3 月 7 日，消费者王小姐在 3·15 消费电子投诉网上投诉：2 月 26 日，她在北京万达广场的苹果专卖店购买了一台 iPad，苹果表示此前两周内购买的 iPad 可退 1100 元差价，可她却没有享受到这项待遇。

实际上，自 iPad 宣布降价的那天起，和王小姐一样的投诉就开始频繁出现。投诉的理由高度一致：在苹果指定经销商处购买 iPad，但经销商不给消费者进行差价补偿。

除了国美电器、大中电器、苏宁电器和酷动外，绝大部分的经销商表示，从他们那里购买的 iPad 没有办法让消费者得到补偿。经销商表示，"苹果公司并没有给经销商任何的差价补偿，所以我们也没有办法给消费者进行相应补偿"。

方法指导

厂家正确的做法应该是在降价的同时或稍后就要对渠道政策作出新的调整，最大限度地让客户满意。厂家降价后，渠道政策调整分以下几点：

(1) 树立利益共同体的观念，降价损失共同承担，加强合作，携手进步。

(2) 扩大产品线，采取薄利多销，增加品种，增加合作机会。

(3) 加强对销售管理人员的考核。

(4) 严格控制信用周期以上的应收账，努力消除坏账。

(5) 平衡不同区域销售回款现状及潜能。

(6) 以客观可准确衡量的数据为依据。

(7) 应着眼于客户的长期利益，尽量将合作周期拉长。

(8) 注重建立良好的财务状况。

(9) 多渠道销售商品。

纸上营销题

针对价格的变化，你是如何进行渠道政策调整的？请分享你的经验。

营销百科

协调分销渠道

对渠道进行协调主要有如下几方面内容：

第一，商品实体方面的协调。生产企业要与中间商就商品的规格、式样、性能、花色、包装及品牌等方面达成一致意见。

第二，商品转手方面的协调，包括交货期限、支付方式等方面的协调。

第三，商品促销方面的协调，即明确彼此在广告、展示和维修服务等方面的责任。

第四，价格协调，既包括生产企业与中间商价格方面的协调，也有中间商之间转手价格的协调以及彼此对最终用户销售价格的协调。

第三节 维稳并不排斥创新

营销一点通

✓ 渠道不是一成不变的，要与时俱进，善于创新。

✓ 衡量渠道质量的唯一标准就是看它是否适合你的需求。

做好网络渠道

营销导图

网络渠道不仅是一个销售平台，也是一个信息传播渠道。网络渠道依靠低价、信息丰富、物流资源充足等优势迅速崛起。

网络渠道分为两种模式：

(1) B2B。即企业对企业的模式，这种模式每次交易量很大、次数较少，并且购买方比较集中，销售渠道建设的关键是订货系统，方便购买企业进行选择；另一方面，由于量大次数少，因此，配送时可以进行专门运送，既可以保证速度也可以保证质量。

(2) B2C。即企业对消费者模式，这种模式每次的交易量小、交易次数多，且购买者非常分散，因此网上渠道建设的关键是结算系统和配送系统，这也是目前网上购物必须面对的门槛。

营销实证：

在B2B领域，阿里巴巴基本上没有竞争对手。难怪马云说，他用望远镜都找不到竞争对手，虽然略显狂妄，但也是事实。因为在B2B领域，参与者基本上都是企业，具有相对的稳定性，一旦认准一个平台就不会那么容易转换。

B2B网站的主要客户是中小企业，已经习惯享受互联网的免费大餐，大部分的注册者都不愿意购买付费服务，国内大部分B2B网站都处于烧钱的状态。B2B收入模式以会员费和广告费为主，由于免费客户也可以发布、搜索信息和使用一些基本的服务功能，出于成本考虑，大部分中小企业选择免费服务，付费会员比率一般只有10%左右。

行业赢利的艰难、阿里巴巴遥遥领先的优势和良好的财务状况，使其他B2B网站难以撼动阿里巴巴的领先地位。

中国的中小企业数量持续增加，使用第三方B2B电子商务平台的仍不到三成，而这一比率呈现快速提高的趋势，也就是说，未来将有更多的中小企业选择这一服务。同时，随着互联网的发展，收费服务将越来越为用户所接受，更多高价值的B2B增值产品的出现也将使客户更心甘情愿地购买付费服务。阿里巴巴近年注册和付费会员的迅速增多说明了这一点，会员收费为阿里巴巴带来了稳定的现金流。

阿里巴巴能成长为“B2B王者”，还有一个重要原因是中国日益成为世界制造中心和采购中心。中国拥有世界数量最庞大的产品供应者和蜂拥而至的世界各国采购者，而这些企业大部分都是中小型企业，阿里巴巴为它们提供了高效而低成本的营销渠道。

方法指导

由于网上销售对象不同，因此建立的网上销售渠道也跟现实中的渠道有很大区别。在具体建设网络营销渠道时，应注意以下四个问题：

(1) 应从消费者的角度来设计营销渠道。要采用消费者易于接受的方式来建设网络营销渠道。

(2) 订货系统的设计要简单明了。在进行订货时，不要让消费者填写太多的信息，而应采用现在流行的“购物车”方式模拟超市，让消费者一边看物品，一边选购，在购物结束后，一次性进行结算。另外，订货系统还应该提供商品搜索和分类查找功能，以便消费者能利用最短的时间找到需要的商品。

(3) 在选择结算方式时，应考虑到目前电子商务的实际发展状况，尽量为消费者提供多种结算方式，同时还要考虑网上结算的安全性。

(4) 要建立完善的物流配送系统。消费者只有看到所购买的产品真正送到后才会感到踏实、放心，因此，建设快速有效的配送服务系统非常重要。

纸上营销题

请仔细研究沃尔玛的物流配送特点，并写出总结。

营销百科

进行互动式营销

网络营销区别于传统营销的最显著的特点是网络的互动性。卖方可以随时随地与买方互动式地进行交流，而买方也可用一种新的方式与卖方互动交流。这种交流是双向的，而非单向的。为了更好地理解网络营销，企业要能够掌握互动式营销的两个特点。首要特点是，传递信息的花费远比传统营销方式低廉得多。另一个特点是，需要消费者化被动为主动。

渠道并非越长越好

营销导图

营销人员在选择渠道时，需要考虑渠道的长度和宽度。所谓渠道的长度，也就是营销渠道包含多少个渠道层级的中间商。一般来说，营销渠道有零级、一级、二级和三级渠道等，还有级数更高的营销渠道，但是不多。

渠道的长度策略是指企业根据产品特点、市场状况和企业自身条件等因素来决定渠道的级数。渠道的长度取决于企业自身和市场的情况。

案例实证

A公司是一家代理国内家电产品的省级分销企业，其业务范围以省内为主，辐射周边省市，2006年营业额达到6亿元。但看起来强大的省级代理，在全国性零售卖场出现后，公司效益就明显下滑了。

按A公司的现状，它难以与家电连锁和大卖场相抗衡。但经过仔细分析发现，大型家电连锁在一级市场优势明显，而在二、三级市场则A公司这样的企业具有优势。于是，A公司决定改变自己原有的渠道模式，向下级城市渗透，拉长自己的渠道长度。

A公司将省内各区域市场分为三级，不同级别的城市采用不同的渠道，从而建立起混合型渠道：

一级省会市场：直供终端。省会市场零售业发达，A公司主动要求直供大卖场及家电连锁，削弱当地批发商的作用。销售政策也倾向于零售商，向他们提供更多的服务和支持，并维持价格稳定，保证他们的毛利。公司从经销商角色转型为市场管理者。

二级地市市场：合作分销。A公司在二级市场设立办事处，与实力强大的经销商合作。经销商向A公司支付预付款，派自己的业务人员开发市场，铺货，进行深度分销，有效控制产品的市场价格，从中获得较高毛利——除正常的厂家返利外，还有价差利润。

三级县市市场：区域代理。在县级市场上，不需要建立办事处，只派一名业务人员负责当地销售，在区域内寻找较有实力的经销商作为当地总代理。就区域内的销售目标达成一致后，双方确定结算价格，把全部销售工作交给总代理。至于是发展下游批发还是直接向零售商供货，A公司不再过问。

从单一的短线渠道到多元的长线渠道策略，是A公司基于营销环境变化作出的有效调整。针对各城市的差异化策略，A公司还可以有组织地把握、影响、渗透和维护市场，增强产品在渠道上的支配力与影响力，为市场的维护与扩大打下基础。

方法指导

不同的公司对于渠道长度的选择各有不同。A公司通过对市场的分析，采取与大卖场、家电连锁完全不同的渠道策略，从而最终获得了成功。

那么，对于大多数公司来说，渠道的选择应注意哪些问题呢？

科特勒提醒营销人员，一般技术性强的产品，需要较高的售前、售后服务水平；保鲜要求高的产品需要较短的渠道；而单价低、标准化的日用品则需要长渠道。从市场状况来看，顾客数量少，而且地理位置比较集中时，宜用短渠道；反之，则宜用长渠道。如果企业自身的规模较大，拥有一定的推销力量，则可以使用较短的渠道；反之，如果企业的规模较小，就有必要使用较多的中间商，采用较长的渠道。此外，企业渠道级数的多少还取决于企业的经营意图、业务人员素质、国家政策法规的限制等因素。

纸上营销题

你是如何设计渠道长度的？请总结出你的经验。

营销百科

渠道改进分析

常用的对渠道改进的分析有：

(1) 渠道结构调整分析。主要探讨分析是否应在渠道结构上进行适当的调整，以增加渠道成员间的利润。例如，企业决定剔除中间商，直接供货给零售商，缩短渠道长度，一般需要通过对结构与市场环境进行分析，然后得出结论。

(2) 边际问题分析。也就是分析增加或减少某一中间商会对整体销量、利润及成本产生什么影响及变化。

(3) 中间商替换正负面影响分析。这个阶段主要是对中间商的替换产生的正负各方面影响进行分析。同时也要考虑除了销售、利润、成本以外，这种替换对渠道整体性功能所产生的影响。

渠道宽窄要适宜

营销导图

除了考虑渠道的长度，还需要考虑渠道的宽度。科特勒说，在狭义上，影响营销渠道结构的主要因素是管理，也就是渠道的层数和每个层次所包含的中间商数量，即层次的宽度。渠道宽度考虑的是企业在某一市场上并列使用多少个中间商的问题。中间商数目多，就是宽渠道；反之，就是窄渠道。一个企业适合多宽的营销渠道主要取决于企业的战略目标、产品特点和顾客分散程度。

案例实证

卡特皮勒公司是世界上最大的基建和矿山设备制造商，同时它在农用机械和重型运输机械领域也占有相当地位。该公司的竞争优势在于有一个无与伦比的产品分销系统。

卡特皮勒公司在全世界有186个独立经销商，他们出售公司的产品并提供产品支持和服务，在公司与顾客之间成功架起了一座桥梁。除了对一些国家新开放的市场、原始设备制造厂和美国政府外，卡特皮勒公司的产品都是通过独立经销商来经销的。

这种现象在其他竞争者那里是看不到的。该公司认为在当地找经销商要远比自己设立经销机构有利。因为卡特皮勒的经销商都是在当地有一定历史的企业，他们已深深地融入当地的社会中。他们对当地顾客的熟知程度和与顾客的亲密关系值得卡特皮勒花钱。

另外，卡特皮勒的产品都是高价值的固定资产，它们的折旧期较长。但它们通常都是在建筑工地、矿山这些环境恶劣的地方作业，所以就是最好的产品也可能发生故障，而且一旦发生故障，就会给使用者带来经济损失。

通过经销商，卡特皮勒公司形成了快捷、全面的零件运送和维修服务系统。公司承诺对于世界任何地方的卡特皮勒产品，都可以在48小时内获得所需维修服务。

方法指导

独家分销是指在一定地区、一定时间内只选择一家中间商经销或代理，授予对方独家经营权。一般来说，生产和经营名牌、高档消费品和技术性强、价格较高的工业用品的企业多采用这一形式。卡特皮勒公司作为重型机械制造商，其顾客比较固定，市场需求明晰，对其产品维修的时间、质量等要求高，而且对服务人员的技术性要求也高。选择独家分销，中间商的积极性高，责任心强，有利于维护与顾客之间的关系，树立产品的口碑。

不过，独家分销也有其必然的缺点，如市场覆盖面相对较窄，且有一定风险。一旦该中间商经营能力差或出现意外情况，将会直接影响企业开拓该市场的整个计划。这也是选择独家分销的企业必须考虑的因素。

除了独家分销，还可以选择密集型分销渠道和选择型分销渠道。密集型分销渠道也就是广泛分销，即使用尽可能多的中间商从事产品的分销，使渠道尽可能加宽。价格低、购买频率高的日用消费品、工业用品中的标准件、通用小工具等，多采用此种分销方式。采用密集型分销渠道可拓宽市场覆盖面，令潜在顾客有较多机会接触产品，但其缺点是中间商的经营积极性较低，责任心差。

另一种选择性分销，是在市场上选择部分中间商经营本企业产品，主要适用于消费品中的选购品，工业用品中的零部件和一些机器、设备等。当然，经营其他产品的企业也可以参照这一做法。如果中间商选择得当，采用此种分销方式可以兼得前两种方式的优点。

纸上营销题

请与对手的渠道宽窄度进行比较，分析对手的渠道建设思路。

营销百科

增减某些市场渠道

有时企业意欲辞掉所有绩效低于既定标准的中间商。但值得注意的是，企业要对由此产生的影响有一定的准备：

(1) 由于制造费用和管理费用被分摊在较少的产品上，单位产品的生产成本将会提高。

(2) 可能闲置部分设备，引起有限资源的人为浪费。

(3) 原来占有的一些市场机会可能会转到竞争者手中，增加了竞争企业的经营实力。

(4) 会引起其他经销商的不安和不稳定感。

第六章

促销就是“临门一脚”

第一节 让顾客从促销中得实惠

营销一点通

✓ 随机应变地进行差异化促销，通过“让利”于顾客获得认可。

✓ 销量对于促销来说很重要，但千万不能牺牲品牌价值。

进行差异化营销要随机应变

营销导图

要想区别于对手，就需要进行差异化营销。通过营销管理中某些环节的差异化来推动企业的经营绩效不失为一种十分有效的营销方式，很多公司就是通过促销这一环节来实现差异化营销从而取得竞争优势的。其成功的手段主要表现在塑造自身特色、随机应变、料敌先机这三大方面，这对于那些盲目跟风的公司颇有借鉴和启发意义。

案例实证

莫斯科浓郁的俄罗斯情调是令人向往的，但冬季前往莫斯科度周末的人却很少。汤姆森假日旅游项目经办人决定打破莫斯科的坚冰，于是带了一批报界人士去莫斯科度了个“示范性的周末”，从而赢得了各大刊物连篇累牍的报道。以此为契机，他们在隆冬季节成功地开发了去莫斯科进行一个开销不大的周末旅游的项目。

经营旅游业成功的关键在于不断推出新的度假活动。对市场开发部门而言，这就意味着今年的活动还在进行，而下一年的详细工作计划也要准备妥当。负责汤姆森假日旅游项目的只有3个人，以道格拉斯·古德曼为首。10年来，他坚持不懈地使用公共关系战术，为公司成长为该行业首屈一指的大企业作出了卓越的贡献。

1983年，他们推出的夏季旅游项目有“夏日阳光”、“湖光山色”、“亲密友好”、“马车”、“别墅和公寓”等。为了让更多的人了解这些项目，公司决定在9月1日发放500万份关于5种不同的度假活动的宣传资料。

工厂的休假日是早已排定的，去哪儿度假也是大多数度假者早就作好打算的。因此经营旅游业务，尽早销售非常重要。在你的竞争对手推出他们的活动之前越早落实你的活动就越有利。汤姆森公司就习惯于抢先发放“旅游便览”，比如1981年9月，他们发放“旅游便览”刚一周，就订出了6万张票，甚至在一些代理处排起了长队。

当然，率先推出也有其弊端。别的公司可以根据汤姆森的定价制定出竞争性价格，利用便宜的价格来抢夺顾客。针对这一问题，汤姆森公司有一条锦囊妙计。

9月1日汤姆森公司开始发放夏季“旅游便览”。第二天，5家全国性的报纸、BBC广播电台、省级报纸和电台以及旅游出版物都大张旗鼓地为汤姆森公司进行宣传，从而引起了度假者的注意。当9月下旬其他旅游公司开始推出他们的便览时，汤姆森公司的旅游价格已经出台了。它的价格比竞争对手低得出乎人们的意料。这时，公司的应变计划生效了。

收取附加费可能会使消费者稍有不快。为了加强竞争力，10月，一家主要的旅游公司在推出旅游项目时保证“不收附加费”。汤姆森公司在几小时内立即做出反应，也承诺不收附加费。到了11月，旅游业开始不安起来。9月、10月、11月通常是订票稳定的时期，但当年形势不妙，营业额仅达到了上年同期的70%。公司把希望寄托在圣诞节后的几周，往年这是订票的高峰时节，大约有半数的旅游预售在此期间卖出。但秋季售票的不良成绩颇让旅游业吃不准，圣诞后的售票是否能摆脱经济衰退的影响。

为了保证最后的成功，汤姆森公司决定主动采取行动，鼓励人们订票，重新争取价格的主动权。汤姆森公司的主要应变计划是：在必要的情况下，重新印刷和发放“旅游便览”，提供更低的价格。这将使公司的假日旅游价格非常有竞争力，会让其他旅游公司措手不及。设在意大利的印刷公司重印了320页的彩色便览，至少有50个假日旅游项目减价10～50英镑，几乎在便览的每一面上都有标价，封面也予以重印，添上了“不收附加费”的保证和减价的声明，之后便悄悄地运到伦敦的仓库。只有几个关键的职员了解情况，他们小心翼翼地守护着这个秘密，不让竞争对手有丝毫察觉。

公布这一项目的时机终于到了。他们的计划在12月6日一鸣惊人，以全面覆盖式的新闻连续报道3天，然后才刊出广告。

汤姆森的行动得到了许多旅游专栏作家的赞赏。他们开始鼓励游客早订票，以享受早订票的价格折扣。声望极高的旅游期刊《旅游代理》载文说：“汤姆森公司瞅准了时机，不给竞争对手在圣诞节前做出反应的时间……实际上，汤姆森这一招最大限度地发挥了它的公共关系优势，而且它发起行动的时刻恰到好处。”

方法指导

和对手的做法不同除了体现在产品的区分之外，在市场营销中，还需要做到最为重要的两点：服务差异化和人员差异化。每一种服务都会有一系列区别于其他产品的特征，其中的一些特征可能是实质性的，另外一些则可能是感觉上的。只有注重服务质量，才能获得顾客的青睐。而人员差异化体现的是营销人员的素质。一位训练有素的优秀营销人员在销售产品的同时能充分展现和提升品牌竞争优势。例如，麦当劳员工的谦虚有礼，宝洁公司的谨慎认真，迪斯尼乐园员工的热情等，他们能使顾客在不知不觉中提升对品牌的好感。

纸上营销题

在促销中，你和竞争对手的做法有哪些区别？

营销百科

广告预算量力而行法

这种方法即企业确定广告预算的依据是他们所能拿出的资金数额。也就是说，在其他市场营销活动都优先分配给经费之后，尚有剩余时再供广告之用。企业根据其财力情况来决定广告开支多少并没有错，但应看到，广告是企业的一种重要促销手段，企业做广告的根本目的在于促进销售。因此，企业在做广告预算时要考虑企业需要花多少广告费才能完成销售指标。所以，严格说来，这种方法在很多情况下并不适用。

促销需要维护品牌价值

营销导图

采用减价销售、折扣等促销手段，虽然在一段时间内会调动人们的购买热情，使顾客尽快了解产品，但是大量使用这种方法会削弱顾客的品牌价值感。作为品牌产品，要兼顾销售业绩提升和品牌价值的塑造与维护，不能仅考虑销售回款，抛售甩买。

案例实证

希尔顿饭店的高层管理人员对价格有一套特别的做法。

希尔顿把收费保持在足以和同行业对手竞争的水准，并提供多样化的收费方式，以便为不同类型的客户服务，像商务旅客、退休人士、军人或公务员、休闲旅游人士等。饭店有一种很受欢迎的促销价格叫做“超值价格”。这种价格最多可到正常价格的一半，但要依特定饭店的住房情形而定。

希尔顿有部分的价格设置是来自它主要的效用测量指标“每间房营业收入”。它旗下的每家分店或加盟店在每次的管理评估报告中都会把每间房营业收入写进去，而且每家分店的总经理为了提高每间房营业收入，都会尽力把每个房间推销出去。正是因为如此，希尔顿才会上网“清出存货”，希望以低廉的折扣价把房间推销出去，以应对即将来临的周末。

此外，饭店也经常举行特惠促销活动，像夏威夷度假村一年就提供4～7天的旅游组合。这套旅游组合特别有吸引力，因为位于海滨的希尔顿夏威夷度假村是知名电视剧集《海滩游侠》的演员与工作人员指定的度假饭店。类似的促销方案不仅为休闲旅游人士提供了可观的价格价值，对于那些身为《海滩游侠》迷的游客来说，更具有相当大的效用价值。

但是，希尔顿的促销却并不会降低其价格价值。客户根据所得与付出的比例来决定价值的高低，比例越高，客户满意度就越高，客户所得到的价格价值也就越大。

对这个观点诠释得最精辟的，当属希尔顿的资深运营副总裁丹尼斯·寇兹：“我们的目标并不是以成本作为主要的标准。打价格战虽然比较容易把产品卖出去，但我们宁可加强体验，靠品牌的价值优势来竞争。我们的立场就是要‘发挥每个人的需求与喜好，然后提供个人化的产品与服务，以满足这些需求。’”

方法指导

从希尔顿案例我们能看出，影响优质品牌的魅力关键不在于打折，而在于时效性、流行性，在于企业提供的产品和服务的价值。其实，我们通过巧妙的打折，是可以在进行促销打折的同时提升品牌吸引力的。

以适度的折扣促销方式来争取更多因价格而止步的潜在客户群，也不失为一种真正的促销方式。这些客户会因为拥有一件优质名牌产品而感到骄傲、兴奋，时刻关注此品牌的价格动态，保持心里的推崇感。

那么，行业领导者在促销时该如何兼顾销量和品牌价值呢？有如下几点建议：

（1）非常规促销一定要找到让消费者信服的“借口”，比如在春节促销，会让消费者感到一年只有一次，机不可失。

（2）促销形式要有变化，让消费者感到这次促销与以往的促销有所不同，才会吸引消费者的目光。

（3）让利幅度应该控制在合理范围以内，以维护自身品牌的价值感和利润空间。

（4）通过相对让利幅度让消费者感觉实惠。感觉实惠不等于越便宜越好。不要盲目地与其他品牌比较，而要将注意力集中到品牌自身，这样可以避免陷入促销战的泥潭。

（5）促销频率控制得当。促销失败的原因往往不是促销力度不够，而是促销频率和节奏紊乱。适当的频率可以让促销更有价值感和吸引力，不至于让消费者因促销麻木而不予关注。

纸上营销题

请谈谈你在品牌维护上的做法和经验。

营销百科

诱导性策略

诱导性策略是指推销人员运用能激起顾客某种需求的说服方法，诱导顾客进行购买的推销策略。有时顾客在和推销人员交谈时，一些潜在的需求突然变得很强烈，甚至产生了一些从未考虑过的需求，最后自觉地加入到购买行列中。诱导性策略是一种“创造性推销”，要求推销人员运用高超的推销艺术与技巧，去诱发顾客产生某方面需求，并激发这种需求，然后不失时机地推出企业产品，去满足这种需求。

广告促销目标要明确

营销导图

广告信息决策要从广告的结构出发。典型的广告结构由四个部分组成：主题、正文、标记和画面。

主题是任何广告都不可缺少的，它是广告的核心，贯穿于广告的始终，可以用标题或口号表示。广告主题是广告设计的难点，需要有高度的概括性、独特性和艺术性，要能引人注目，易懂易记，紧扣促销目的。

正文是信息的具体内容，是对标题的进一步说明，一般是以文字、语言的形式出现的，要求简明扼要，不宜长篇累赘。

标记主要指产品的商标或企业名称，是广告中最重要的部分之一，要被放在突出醒目的位置，特别是在消费品的促销中，广告宣传商标具有十分重要的意义。

对于电视、杂志、路牌、招贴等广告形式来讲，画面是极其重要的，它能比文字更为直观、形象地传递信息。尤其是外观质量比较重要的产品，可以用画面来烘托主题、突出商标、显示产品的特性。画面的表现形式比文字更为丰富，如对比、夸张、写实、幽默、比喻、暗示、联想等，画面还有充分调动色彩的功能。

广告信息决策还要考虑版面的编排设计。版面要求简洁，具有整体的平衡性，考虑广告信息各部分的比例，尤其要突出主题和商标，有编排叙述的顺序和强调的重点，富有动态感，能准确表达广告的目标。

案例实证

1997年哈药集团开始大量投放广告，据估计，哈药集团的年广告支出费用高达10亿元以上。哈药初期，靠着几轮广告的轰炸打开了药品市场。

以哈药集团下属的哈尔滨制药三厂为例，该厂1996年没有广告投入，当年销售亏损；1997年投放1000万元，销售额达到1亿元；1998年投放2000万元广告，销售额达到2.2亿元；1999年广告投放到2亿元，销售额高达8.6亿元。

2000年，哈药集团的广告费投入约11亿元，同比增长78%，主营业务收入预计为80亿元，同比增长也是78%。广告收入弹性为1，每1元钱的广告费投入带来了7.3元的收入增加。主营业务收入增长与广告投入增长之间保持了较好的比例。

国内药厂如三九、丽珠、新华等都是以整体形象打广告，而哈药集团则以下属药厂打广告，并且集中火力于两个拳头产品。其中，盖中盖口服液（片剂）的产品广告几乎遍及中华大地，在全国34个城市的84个频道都能见其踪影。其覆盖面之广、播出频率之高、投资之大，真是“无企能及”。而三精牌葡萄糖酸钙口服液与葡萄糖酸锌口服液也在全国30个城市的49个频道频繁播出。

用大量的广告来打开市场，重要电视台的黄金时间段必是其主攻目标。从2001年1月1日开始，哈药六厂在全国绝大多数省市级电视台全天候（包括黄金时间段）播出系列公益广告，每月一个主题，全年共12个主题，每天播放25分钟。公益广告费用约占全年广告费的一半，即公益广告和商业广告比例为1∶1，哈药集团表示，之所以投巨资征集、制作、播出系列公益广告，是社会责任感使然。市场的得失在于一时，公众的认可才能够永恒。

由于哈药正确的广告策略，2000年，哈药集团工业总值达到68亿元，产值营业收入跃居全国第一位。

方法指导

企业的广告促销必须明确目标，要学会做差异化广告。差异化广告是指在不同的国家与地区、针对不同的情况以不同的广告做促销。实行差异化广告主要考虑以下三方面因素：一是所推销的产品在不同地区有不同的需求；二是不同国家、地区消费者特点，比如价值观、风俗习惯等不同；三是广告对不同国家、地区有关法律的适应。

差异化广告的差异有三个层次：首先，企业将同一信息用于世界各地，仅仅改变语言、名称和颜色等；其次，使用同一主题，针对不同市场内容稍作调整；再次，完全改变主题和内容。

纸上营销题

你认为什么广告是最好的？请谈谈你对脑白金广告的看法。

营销百科

公关广告

公关广告有三种类型：一是致意性广告，如向公众表示节日祝贺，对用户的惠顾表示感谢；二是倡导性广告，如倡议举办某种活动，或提倡某种新风尚；三是解释性广告，即就某一问题或产品缺陷向公众作解释，以消除误会，增进了解。

第二节 人人都爱促销

营销一点通

✓ 促销主题设计一定要有冲击力，让消费者产生兴趣。

✓ 节日促销常被当做冲销量的特殊手段，所以要特别注重实际效果。

活动促销要吸引目标顾客

营销导图

促销是营销的一个关键因素，它包括各种短期性的刺激工具，用以刺激消费者和贸易商迅速或大量地购买某一特定产品或服务。活动促销是一种常用的促销手段。针对顾客的兴趣，通过举办与产品销售有关的活动，吸引顾客注意与参与，从而有效地促进产品的销售。

案例实证

20世纪70年代，美国经济不景气，人们的收入水平普遍下降，几乎所有汽车公司的汽车销售量都有所下降，福特汽车公司的管理者意识到，如果不设法开创新的局面，公司的前景将会非常暗淡。

福特汽车公司在经过一番仔细的市场调研之后，发现最有可能购买福特汽车的客户是那些已经拥有了福特汽车的家庭，因为他们了解并信任福特汽车的品质和性能，在接受调查时纷纷表示如果有可能，愿意再买一辆新的福特汽车。于是，福特汽车公司决定将促销的目标顾客定位在过去4年中所有已经购买了福特汽车的老客户。

为了吸引这些老客户，福特汽车公司在全国各大主要媒体，例如报纸、电视台、广播等上面进行了铺天盖地的广告宣传，向他们发出了福特汽车促销的信息；同时，为增加对老客户的吸引力，福特公司还专门设置了80万个奖项，希望老客户光顾福特汽车的各家专卖店，借此来推动福特汽车热销的浪潮。具体安排促销内容如下：

(1) 向老客户直接邮寄函件，里面附有当地经销商的汽车维修折价券。

(2) 在向老客户直接邮寄函件的同时，寄出数以万计的抽奖券，并在抽奖券上说明此次奖品共计1000万美元，欢迎大家踊跃参加。

(3) 在广告宣传中说明头等奖赠送两辆福特汽车，此外还有许多其他奖品。如果所中的奖品没有被领走，可以继续抽奖，直到被领走为止。

福特汽车公司开展这次抽奖促销活动的目的，一方面是为了增加福特汽车的销售量，另一方面也是为了促进福特汽车的维修业务，掌握用户对福特汽车的意见，加强同汽车专卖店的联系，使这些专卖店积极配合福特汽车公司的促销活动。

抽奖促销活动举行之后，福特汽车公司的上述各项目标基本实现，有的甚至出乎意料。例如，有超过30万的新老顾客前往福特汽车公司的各家专卖店参观展览，大约其中10%的人购买了新的福特汽车，使福特汽车的销售量比上一年增加了30%。同时，经销商的参与率也比上一年增加了一倍多，从而大大提高了福特汽车公司的知名度，加深了福特汽车在消费者心目中的形象。

方法指导

福特公司“抽奖促销”的活动促销方式，通过抽奖吸引目标顾客的注意与参与。这种促销活动的其他表现形式还很多，例如刮卡兑奖、摇号兑奖、拉环兑奖、包装内藏奖等。

除了抽奖促销外，活动促销还包括新闻发布会、商品展示会、娱乐与游戏、制造事件等。

（1）新闻发布会。活动举办者以召开新闻发布会的方式来达到促销目的。这种方式十分普遍。它是利用媒体向目标顾客发布消息，告知商品信息以吸引顾客积极消费。

（2）商品展示会。通过举办展销会、订货会或自己召开产品演示会等方式来达到促销目的。这种方式每年可以定期举行，不但可以达到促销目的，还可以加强营销网络的沟通，宣传产品。这种方式也可以称为“会议促销”。

（3）娱乐与游戏。通过举办娱乐活动或游戏，以趣味性和娱乐性吸引顾客并达到促销的目的。娱乐与游戏促销，需要组织者精心设计，不能让活动脱离促销主题。特别是在产品不便于直接做广告的情况下（如香烟），这种促销方式更能以迂为直，曲径通幽。如举办大型演唱会、赞助体育竞技比赛、举办“寻宝探幽”活动等。

（4）制造事件。即通过制造有传播价值的事件，使事件社会化、新闻化、热点化，并通过新闻炒作来达到促销目的。“事件促销”可以引起公众的注意，并由此调动目标顾客对事件中关系到的产品或服务的兴趣，最终达到刺激顾客去购买或消费的目的。如果制造出的事件能够引起社会的广泛争议，那么，“事件促销”获得成功的可能性越大。

纸上营销题

请谈谈你如何理解“活动营销的发端是找到顾客的兴趣”这句话。

营销百科

专题活动

通过举办一些专题活动，企业可以吸引公众对其新产品和与其有关的其他事件的注意。这些专题活动包括演讲、记者招待会、讨论会、郊游、展览会、竞赛和周年庆祝活动，以及运动会和文化赞助等，以接近目标公众。

惠赠促销让顾客享受优惠待遇

营销导图

惠赠促销是一种常用的促销方式，是指对目标顾客在购买产品时给予一种优惠待遇的促销手段。惠赠既使消费者在消费过程中感觉获得了免费的“实惠”，也使得产品通过免费的惠赠打开了销路。

案例实证

在美国零售连锁企业中，有一家高格调的零售企业，它就是尼曼百货，虽然它不像沃尔玛等百货公司那样大张旗鼓地促销，但是它却以成功的营销策略使人们无法忽视它的存在。

和许多百货企业一样，尼曼也将建立客户数据库作为一项重要的基础工作来做，然后每年将累积消费达3000美元以上的顾客作为公司的特别顾客，对这些特别顾客予以回馈，以刺激他们的重复消费。这一模式在1984年一经实施，即获得强烈反响。尼曼给那些特别顾客一篮包装精美的美食，里面有一张尼曼总裁马科斯亲笔撰写的感谢信，信中感谢顾客对公司的惠顾，并真诚欢迎他们成为尼曼的特别会员，同时还说明成为特别会员可以享受特别礼遇。许多顾客收到尼曼的礼物和信函后反响积极，有的顾客甚至写出两三页的回信，表达对尼曼的感谢之情以及成为特别会员的自豪感。

尼曼的这种模式迎合了顾客的社会情感需求，实际上，它还采取了一系列切实的措施给会员以特别的优惠，比如，会员不但可以享受免费服务热线、特殊折扣、会员通讯和消费超过25美元免费包装的礼遇，还可免费获得消费1美元赠100点的奖赏。这些点数可以换取实物和获得免费旅游等奖励。

但尼曼公司的点数奖励与其他公司有所不同，这也是尼曼公司的特别之处。尼曼的点数累计按年计算，每年的12月底之前截止累计，礼品则要在次年3月底前兑现领取，新的一年重新计点数。这一“截止”措施大大地刺激了顾客在年底来临前的消费。因为一些顾客在自己的累计消费点数逼近获奖资格时，为了获取自己心仪已久的礼品，会在年终加速消费。

为了给那些未达3000美元消费额的顾客提供“入会”资格，尼曼还在1991年启动了一项附加措施。客户可以先缴纳50美元的入会费，成为会员后，享受和特别顾客一样的礼遇。而在以后的日子里，只要当年累积的消费额超过3000美元，则这50美元的入会费可无条件地从尼曼公司退回到消费者手中。

就是这种刺激消费的模式使尼曼公司成功地锁定了顾客，它拥有的中层消费者不仅符合公司的自身要求，而且和公司本身的目标顾客定位是相一致的。成功的市场定位让尼曼公司获得了最多的消费者，也使尼曼百货更加深入人心。

方法指导

一般来说，常用的惠赠促销方式有以下几种：

(1) 买赠，即购买获赠。只要顾客购买某一产品，即可获得一定数量的赠品。比如，买一赠一、买五赠二。

(2) 换赠，即购买补偿获赠。只要顾客购买某一产品，并略作一些补偿，即可换取其他产品。比如以旧换新，再加1元送××产品，再花10元钱买另一个等。

(3) 退赠，即购买达到一定数额、标准可退利获赠。只要顾客购买或购买到一定数量或数额的时候，即可获得返利或赠品。它包括消费者累计消费返利和经销商累计销售返利，比如，当购买量达到1000元时返利5%，当购买到10件商品时赠送1件商品等。

纸上营销题

请谈谈你认为顾客最希望得到的实惠是什么。

营销百科

人员推销技巧

人员推销技巧是指推销人员在实施推销过程中，针对不同的推销对象或顾客，为达到推销目标所运用的方式、方法、技能、谋略等综合举措。推销技巧的运用是否恰当、得体和成功，标志着推销人员素质、观念、业务水平等的高低，关系到推销活动的成败。人员推销的技巧贯穿于推销工作的全过程，内容丰富。一个合格的推销人员至少应掌握如下一些基本技巧：自我介绍的技巧、交谈的技巧、应付顾客拒绝的技巧、排除顾客异议的技巧、成交的技巧等。通过灵活运用各类推销技巧，使推销过程顺利进行，达到促销的最终目标。

通过无偿试用培养顾客

营销导图

科特勒说："一般而言，如果促销活动能让竞争对手的顾客试用一下自己更好的产品，并让这些顾客成为自己的忠实客户，那么，这项促销是十分成功的。"

为了让顾客认识并使用自己的产品，营销人员常常开展免费试用活动，让消费者免费享受其商品或服务，从而获得消费者的好感，以期培养他们作为自己长期的忠诚顾客。

案例实证

1880年美国爆发流行性感冒，为了解除人们感冒、鼻塞的苦恼，北卡罗来纳州塞马镇药剂师兰斯福·理查逊发明了一种感冒灵药——这种药膏涂到病人身上后，病人体温就会将药膏溶化，药膏渗透出来，就会减轻病人痛苦。后来，理查逊投资成立了维克家庭药品公司，并把药膏改名为“维克斯药膏”。

但当时的药店对只生产一种药品的新公司并不感兴趣，尤其是这种尚未得到消费者肯定的新药品。被药店和经销商拒之门外后，维克家庭药品公司用赠送免费试用品的方法来展现他们药品的药效，规定任何商店只要订购12打维克斯药膏，就可获赠24瓶免费药膏，赠送给特定的女性顾客。

后来，维克斯“进军”北方，在报上刊登附有优惠券的广告，免费赠送试用品给消费者。广告登出几天后，业务员上门拜访各药房，免费送给他们12打装的一箱维克斯药膏，但规定他们必须把其中的72罐免费送给老客人，理查逊则补贴药店老板每瓶25美分。业务员和药店签下销售合约后，维克斯公司在报上刊登了第二则广告，列出经销维克斯药膏的药店名称和地址，一方面增加维克斯药膏的销售量，另一方面也可让这些药店多卖点其他产品。

美国邮政总局从1917年起，开始允许未注明某一地址或信箱特定收件人的信件投寄。理查逊鉴于以往赠送试用品的成功经验，决定以邮寄的方式，寄送试用品给全国的消费者。

大约七周之内，美国西部很多老顾客都收到了维克斯的免费试用品。这些消费者在试用满意后，纷纷向当地药房指名购买维克斯药膏。到第一次世界大战结束时，几乎每个美国家庭都收到过维克斯寄来的试用品，每家药店也都知道有维克斯这种药膏。

维克斯的销路也因此从1912年的75000美元上升到1917年的613000美元。1918年和1919年，西班牙流行性感冒侵袭美国，使得维克斯药膏的销售量再度增长两倍多。

最终，理查逊用赠送试用品和直接邮寄试用品的方式，使一家小型药品公司发展成为资产10亿美元的维克斯药品公司。

方法指导

这就是促销手段中无偿试用的效果。理查逊选择了恰当的时机，合理地运用了无偿试用的方式，从而有效地打开销路，培养了忠诚的客户群体。

无偿试用是针对目标顾客不收取任何费用的一种促销手段。它一般包括两种形式：一种是以“酬谢包装”为主的无偿附赠，另一种是以“免费样品”为主的无偿试用。上述的维克斯药品公司运用的就是第二种。

就“酬谢包装”而言，我们一般有以下四种赠送方式：

(1) 额外包装，即在包装内额外增加无偿赠与的分量。

(2) 包装内赠，即将赠品放入包装内无偿提供给消费者。

(3) 包装外赠，即将赠品捆绑或附着在包装上无偿提供给消费者。

(4) 功能包装，即包装具有双重以上的使用价值，不但可以做包装物，还可另做他用。

纸上营销题

如果你能让顾客无偿使用产品或服务，会产生哪些积极后果？

营销百科

公益服务活动

赞助和支持各项公益活动，对企业是极好的宣传机会，因为这些活动万众瞩目，新闻界会争相报道，企业可从中得到特殊利益，在公众心目中树立起良好的形象。

赠品促销增强吸引力

营销导图

赠品促销是现代商业活动中常见的一种产品促销手段，也是广大商家采用的主要促销方式之一。市场营销学家认为，这种促销活动的主要目的是促使消费者牢记商品名称，激发其试用意念，使顾客固定化和高回转化。赠品促销实质上是针对提升销售的动机而设计的。

案例实证

在美国，哈雷摩托车的消费者多是经济不十分宽裕，但是热爱骑车兜风的年轻人。摩托车的销售旺季是室外活动活跃的夏季，冬季是摩托车的滞销期。每逢冬季来临，各地的摩托车经销商都会为大量的库存而大伤脑筋。

为了刺激消费者在冬季购买，哈雷摩托车制造厂推出了一个叫做“早起的鸟儿有食吃”的特价活动，借此告诉想要拥有摩托车的年轻人，不要等到春天到来后再购买，冬天才是购买高级车种和各种附件的最佳时机，应抓住有利时机尽早购买。

哈雷摩托车制造厂除生产各式摩托车外，还生产各种摩托车附属品，例如皮带、皮靴、坐垫、安全帽、皮夹克、皮质旅行箱等。哈雷的主管希望这些附属品与哈雷摩托车一样，也尽早清出库存。于是，他想出了早买摩托车早得摩托车附属品，买得越早得到越多，买的车种越贵得到的赠品越多等方法，以鼓励消费者尽快购买。

其主要目的，不外乎就是希望增加摩托车的销售量及提高市场占有率，减少各地经销商的库存。实际的做法是，凡于1月份购买哈雷摩托车者，赠送价值800美元的摩托车附属品；于2月份购买者，赠送价值400美元的摩托车附属品。同时，通过店面广告、杂志广告以及精美图片等各种印刷品，大肆宣传此项活动。

由于采用赠品促销办法，加之各种媒体广告配合得当，从而引起潜在消费者的高度重视与回应，使季节性销售差异极大的哈雷摩托车，即使在冬季，依然畅销无阻。结果仅1月份与2月份，市场占有率就由原来的30.8%增加到38.9%。在58天内，各地经销商共送出7000件摩托车附属品。

方法指导

哈雷摩托车制造厂以经济不十分宽裕但又爱好摩托车的年轻人为促销对象，以摩托车附属品，如皮带、皮靴、坐垫、安全帽、皮质旅行箱等为赠品，投其所好，吸引力强，让促销活动取得了成功。

通过赠品促销的最佳效果是：强调产品品牌独特的优点，并突显其市场地位；鼓励消费者继续使用其产品；刺激消费者的反应，尤其是刺激可能成为商品真正使用者的反应。

那么，如何开展赠品促销活动才能起到最佳效果呢？主要有以下几点：

（1）开展赠品促销活动之前，要考虑活动的合理性。比如，这次赠品促销活动是否赢利，是否便于顾客参与等。

（2）赠品的选择要人性化。精细并且使用率高，才能真正讨顾客的欢心。

（3）注重赠品的质量。赠品的质量不仅代表了自身的信誉，而且也是商品质量和企业信誉的代表，与主商品和企业存在着一损俱损的生死关系。

（4）赠品不能“喧宾夺主”。在价格上，有明确定价的赠品，其价格要比主商品低；在外形体积的搭配上，赠品应小于主商品。

纸上营销题

你认为你的产品或服务需要搭配什么样的赠品？

营销百科

新闻

公关人员一个主要任务就是发展或创造对企业或其产品或人员有利的新闻。因此，企业应积极与新闻界建立联系，及时将具有新闻价值的企业信息提供给报社、电台、电视台等。此外，企业还可举办记者招待会，邀请记者参观企业，通过新闻报道，扩大企业及其产品在社会公众中的影响。

第三节 销售员是营销策略的执行者

营销一点通

✓ 销售人员的销售素养要比策略更重要。

✓ 营销策略执行的好坏，销售人员是关键。

面对面促销最有效

营销导图

人员促销是一种有效的广告促销方式。正如科特勒所说，在很大程度上，促销人员代表企业的形象，他们能够面对面地争取到顾客，促成购买行为，产生较强的促销效果。

人员促销是推销人员直接面对消费者，一方面，推销人员可以向顾客介绍产品本身以及与商品有关的信息，以激发其购买欲望，促进产品的销售，另一方面，消费者也可以向推销人员咨询各种信息。同时，推销人员还可以把从顾客那里了解到的与本企业及产品有关的信息如竞争者的各种情况、市场新动向、顾客意见等反馈给企业，以便企业及时调整产品推进策略。

案例实证

高珊是一名自然食品公司的推销员。一天，她一如往常，登门拜访客户。

当她把芦荟精的功能、效用告诉客户后，对方仍然表示没有多大兴趣。准备向对方告辞时，突然看到阳台上摆着一盆美丽的盆栽，上面种着紫色的植物。于是，高珊好奇地请教对方：“好漂亮的盆栽啊！平常似乎很少见到。”

“确实很罕见。这种植物叫嘉德里亚，属于兰花的一种。它的美，在于那种优雅的风情。”

“的确如此。一定很贵吧？”

“当然了，这一盆盆栽要800元呢！”

高珊心里想：“芦荟精也是800元，客户舍得花800元买盆栽，也有可能花800元买芦荟精。”于是她开始有意识地把话题转入重点。

这位家庭主妇觉得高珊真是有心人，开始倾其所知传授关于兰花的知识。等客户谈得差不多了，高珊趁机推销产品：“太太，您这么喜欢兰花，一定对植物很有研究。我们的自然食品正是从植物里提取的精华，是纯粹的绿色食品。太太，您可以买一盒试试。”

结果这位太太竟爽快地答应了。她一边打开钱包，一边说：“即使是我丈夫，也不愿听我絮絮叨叨讲这么多，而你却对我讲兰花这么有兴趣，希望改天我们可以再交流。”

方法指导

案例中的销售员高珊，通过与太太面对面的沟通，成功地把产品卖给了顾客，并且获得了非常高的客户满意度。这就是人员推销的效果。人员促销的最大优点就是通过与顾客面对面的交流，根据不同潜在顾客的需要、购买动机、态度和反应，及时发现问题，有针对性地采取相应的推销策略，诱发顾客的购买欲望，及时促成交易。

在人员促销中，推销人员代表企业与消费者进行面对面沟通，可以融洽双方的感情，使双方由单纯的买卖关系发展成彼此信任的友谊关系，有助于后续产品的促销。

不过，人员促销也有其缺点，如成本高、需要的时间长、销售面较窄、对推销员的素质要求较高等。企业可将人员促销与其他营销方式结合运用。另外，人员促销也不仅仅只有案例中一对一推销这一种方式，常用的人员推销方式有：

（1）一对一推销。即一个推销员当面或通过电话与某个顾客进行交谈，向其推销产品。

（2）个对群推销。即一个推销员向一个采购小组介绍并推销产品。

（3）群对群推销。即一个推销小组向一个采购小组推销产品。

（4）会议推销。即推销人员或推销小组同买方举行洽谈会，共同探讨有关交易的问题。

（5）研讨会推销。即通过召开由企业技术人员向买方技术人员介绍某项最新技术的研讨会，让客户了解本企业的最新研究成果，促使其购买本企业产品。

纸上营销题

如果让你在极短的时间之内吸引顾客，你要采取什么方法？

营销百科

试探性策略

当推销人员对顾客的需求情况并不十分了解，无法确定诉求的重点时往往采用这一策略。这时，推销人员可以先用多种话题试探一下顾客，吸引他注意的同时掌握他的兴趣所在及属于哪种类型等。在准确了解了顾客的反应后，就可以采取相应的推销措施，比如强调产品优点、展示产品资料、示范操作、解答疑问等。很多优秀的推销人员都认为“只要顾客开口说话，买卖就成功了一半”，这也就是他们把较多的时间、精力放在试探顾客上的原因。

有效激励销售人员

营销导图

销售人员需要激励。营销管理中，对销售人员的激励是非常重要的部分。研究人员发现，对销售人员的激励越大，他们作出的努力便越大。研究还发现，不同地方、不同公司，其激励因素价值的大小也各有不同。

销售管理的一项重要工作是设立销售定额，并将其作为销售人员的考核指标，从而确定销售人员的报酬水平。这也是对销售人员和销售过程实现控制的有效方法。

案例实证

为了提高销售团队的战斗力，欧俊采用了许多提高员工工作动力的方法，赞扬、奖状、给员工更多的休息、直接用现金作为奖励等。但大部分员工并没有因为他的奖励而提高工作积极性。

为什么呢？他百思不得其解。直到某天，他被总裁叫到了办公室。总裁一针见血地指出，他犯了激励管理中的一个通病：没有因人而异地激发员工的动力。

欧俊恍然大悟，他分别与各位员工进行了面对面的沟通，询问每个员工最希望从工作中获得什么。他发现，每个人的工作动力原来是完全不一样的：李明认为他的动力是高工资、高奖金；王丽说如果有自主决定工作方式的权利，她才会感觉到自己在工作中的地位与作用；张浩说要多一些有挑战性的工作才能激发工作动力；钱冰说长期承受公司的这种高压力，他觉得生活很无趣。

方法指导

研究人员通过对各种可行奖励的重要性进行研究后发现，对于大多数的销售人员来说，最有价值的奖励是工资，随后是提升、个人发展和作为某群体成员的成就感，最低的奖励是好感与尊敬、安全感和表扬。对销售人员实行计酬和奖励制度是调动销售人员积极性最重要的一个方面。目前常用的计酬方法有以下几种：

（1）固定工资。即将报酬与销售业绩分开，采取按时给员工发放固定工资的方法。这种方法能使销售人员的收入趋于稳定，但对刺激销售的力度并不大。

（2）销售提成法。即按照实际销售量的一定比例进行提成计酬的方法，这种方法简便易行，对销售刺激的力度大，但销售人员收入的稳定性很差，从而也可能导致销售人员的流动性比较大。

（3）混合奖酬法。大多是以一部分基本工资为底数（俗称“底薪”），然后根据销售业绩提成。这种方法既能维持销售人员基本收入的稳定性，又能在一定程度上刺激销售人员提高销售额的积极性，所以被越来越多的企业所使用。

（4）销售竞赛法。即采用设立较高的销售奖项，鼓励销售人员开展销售竞赛，对优胜者除其原有报酬外再给予重奖。这种奖酬方法常用于全年一次性奖励或某项重大的突击性销售活动。销售竞赛不宜滥用，否则有可能导致恶性倾销，影响产品声誉和企业形象。

纸上营销题

激励能够事半功倍，请列出你认为较好的激励方法。

....

....

....

....

营销百科

组织气氛

组织气氛是指销售人员在为企业作出贡献后对机遇、价值和报酬等方面产生的想法和感觉。有的企业并不重视自己的销售人员，而有的企业把销售人员看做企业的原动力，并且为销售人员提供无限的加薪和升职的机会。毫无疑问，在那些不把自己的销售人员当回事的企业里，销售人员的流动率高，其工作情况也很差，而在那些重视销售人员的企业里，销售队伍比较稳定，他们的工作成绩也更出色。

做足推销功课

营销导图

人员推销是一门古老的艺术，它已经形成了许多理论和原则。成功的销售人员除了具有一定的先天资质，还有许多其他后天形成的优点。

一名合格的销售人员至少应具备这样的一些条件：熟悉产品情况、熟悉企业情况、熟悉营销知识、熟悉与销售活动有关的各种政策法规。一位杰出的营销人员，不但是一位好的调查员，还必须是一个优秀的社会工作者。

在这个世界上，每一个人都渴望得到他人的关怀，当销售人员带上评估客户的资料去关怀他时，对方肯定会欢迎的。这样，销售工作就容易多了。

案例实证

1952年，后来有着“世界首席推销员”之称的齐藤竹之助进入日本朝日生命保险公司，从事寿险工作。1965年，他创下了签订保险合同世界最高的纪录。他一生完成了近5000份保险合同，成为日本首席推销员。他推销的金额高达12.26亿日元。作为亚洲代表，他连续四年出席美国百万圆桌会议，并被该会认定为百万圆桌俱乐部终身会员。

那么，齐藤竹之助是如何做到这一切的呢？

他说：“无论什么时候，我都在口袋里装有记录本和笔。在打电话、商谈、听演讲或读书时，身边备有记录用纸，使用起来是很方便的。一边打电话，一边可以把对方重要的话记录下来。商谈时在纸上写出具体事例和数字转交给客户看。”

齐藤竹之助在自己家中到处放置了记录用纸，包括电视机前、床头、厕所等地方，使自己无论在何时何处，只要脑海里浮现出好主意、好计划，就能立刻把它记下来。

方法指导

天下没有免费的午餐，天才推销员也并非坐享其成。每一个订单的达成都需要一定的营销技巧，需要营销人员做足准备。推销大师乔 · 吉拉德也指出，当推销人员访问了一个客户，应记下他的姓名、地址、电话号码等，并整理成档案，予以保存。同时，对于自己工作中的优点与不足，也应该详细地进行整理。

当然，记录与整理知识是营销员素质的一个方面。不管哪种形式的人员促销，无论销售的是什么商品，都需要在以下七个方面做足准备：

(1) 寻找潜在消费者。寻找潜在消费者是人员推销的第一步，其最常见的办法是通过现有满意顾客的介绍，或查阅工商名录、电话号码簿等来发掘潜在客户。

(2) 做足相关的知识储备。推销人员在推销时，主要需要掌握三类知识——产品知识、顾客知识、竞争者知识。只有掌握了这三类基本知识，推销人员才能胸有成竹。

(3) 接近目标消费者。接近目标消费者才可以展开推销工作，在这一步中，推销人员应做好三方面工作：给对方一个好印象；验证在预备阶段所得到的全部情况；为后面的谈话做好准备。当然，接近目标消费者要选择好最佳的接近方式和访问时间。

(4) 向目标消费者推销产品。向目标消费者推销产品是推销工作的中心。任何产品都可用某种方法进行介绍，甚至那些无形的产品，也可用一些图表、坐标图、小册子等形式加以说明。在推销产品阶段，应通过顾客的多种感官进行介绍，其中视觉是最重要的一种。因为在顾客所接受的全部印象中，通过视觉得到的比重最大。此外，在介绍产品时，要着重说明该产品给顾客所带来的利益。

(5) 处理目标消费者的各种异议。消费者的异议直接决定其购买行为。在人员促销中，处理消费者的异议是非常重要的。一个有经验的推销人员应当具有与持不同意见的买方洽谈的技巧，随时准备应付反对意见的适当措辞和论据。

（6）达成交易。达成交易是消费者决定购买的关键时刻。在洽谈过程中，推销人员要随时给予对方以成交的机会。介绍过程中如果发现对方有意愿购买，应立即抓住时机成交。如果有必要，还可提供一些优惠条件，促成交易。

（7）售后跟踪。售后跟踪的目的在于了解顾客在购买产品后的满意程度，发掘可能出现的各种问题，以促使顾客继续保持对企业有利的购买意愿和购买行为。

纸上营销题

当面对顾客的拒绝时，请列出三种能够让顾客改变态度的方法。

营销百科

人际关系技能

人员推销常常需要相当长的时间识别并建立与关键影响者和决策者的相互关系。这个任务常常涉及一系列长期的访问。在推销访问期间，销售人员要努力识别和接近有影响的关键人物，并获得这些人的尊重和信任。推销成功取决于对客户情绪需要的理解和关心。因此，销售培训也就必须教授给销售人员以有效地询问、认真地倾听和热情地响应等方面的人际关系技能。

第七章

一切营销都是“人”的营销

第一节 避免患上“营销近视症”

营销一点通

✓ 市场调查是你的日常功课。

✓ 一定要找到顾客的关键需求是什么。

注重研究需求信息

营销导图

现代管理之父德鲁克说，只有通过询问顾客，观察顾客，设法理解他们的行为，企业才能发现他们的种种情况。美国哈佛大学教授李维特曾指出，企业营销者最大的危险是把企业的任务定得太狭窄，即“营销近视症”。经营者把精力全部放在产品或技术上，而对市场需要关注得却很少。李维特说，造成企业萎缩的真正原因是营销者目光短浅，不能根据消费者需求的变化而相应调整营销战略。要想获得营销成功，就必须注重对顾客需求信息的研究。

案例实证

在日本，多数企业的市场战略是对现有产品进行更新换代和市场促销。然而，花王却采取了另一种市场营销战略。他们认为：市场永远存在机会，消费者的需求在不断变化，企业之间的竞争就在于谁能发现需求的新趋势和新特点。为此，花王专门成立了生活科学研究所，从企业各部门调来上百名经济专家和市场调研能手。总经理常盘文克对他们说：“你们的工作就是挖掘和发现新的需求，你们要为整个企业的发展迈出关键的第一步。”

研究所每年都要定期根据不同的年龄层发放调查问卷，问答项目达几百个，而且十分具体。他们把回收的各种答案存入计算机，用于新产品的开发。现在，研究所每个月要增加近一万个来自消费者的信息。另一层次的调查是邀请消费者担当商品顾问，让他们试用花王的新产品，然后“鸡蛋里挑骨头”，从他们那里收集各种改进意见。

来自消费者的信息成千上万，如何分析研究、取其精华，花王有其独特的方法。他们把所有信息分为两类：一类是期望值高的信息，即希望商品达到某种程度，或希望生产出某种新产品；另一类是具体的改进建议。花王十分重视前者。这类信息虽然没有具体意见，甚至很模糊，但是反映了消费者的期望，是新产品开发的重要启示。而具体的改进意见一旦和高期望值信息结合起来，则能起到锦上添花的作用。

日本市场的畅销产品多角度清扫器就是这两类信息结合的产物。清扫用具领域一度是笤帚和吸尘器的天下，但花王在调查中发现，消费者不仅对笤帚早已不满意，而且对吸尘器也颇有微词，比如，后盖喷气使灰尘扬起，电线妨碍自由移动，最麻烦的是一些角落、缝隙、床底很难清扫到。消费者多次反映，希望有一种能伸到任何地方清扫的用具。花王研究所集中了上百条有关信息，经过研究分析，提出了新产品的基本概念：多角度、无电线、不喷气、轻便等。几个月以后，新型的多角度清扫器终于问世，销售量突飞猛进。

方法指导

信息研究的作用在于通过信息把企业与消费者联系起来，利用信息分析市场需求，辨别和界定市场营销机会和问题，从而制订出合乎市场需求的市场营销方案。花王之所以能一举成功，主要归功于它全面、广泛的信息调查。花王专门成立的生活科学研究所作为信息系统为企业收集并筛选出最有价值的信息。其中多角度清扫器抓住了市场机会，填补了消费者需求的市场空白，它的成功验证了信息研究对企业发展具有举足轻重的作用。

纸上营销题

顾客需求会发生变化，请预测你的顾客群的需求特点将会发生哪些变化。

营销百科

促销调研

促销是企业把生产经营的商品及所提供的服务向消费者进行宣传，影响消费者购买行为和消费方式的活动。促销的主要任务，是向消费者传递商品和服务信息，扩大销售。促销活动的方式很多，既有人员推销，又有非人员推销。在非人员推销中又有广告、营业推广、公共关系等具体促销形式。对促销活动进行调研，应着重调研消费者对促销活动的反映，了解消费者最喜爱的促销形式。

具体内容包括：调研各种促销形式的特点，以及促销活动是否独具一格，具有创新性；是否突出了产品和服务特点，消费者接受程度如何；是否给消费者留下了深刻印象，效果与投入比率有无不良反应；是否最终起到了吸引顾客、争取潜在消费者的作用。

市场细分功夫做到家

营销导图

现代营销学之父科特勒说，市场由有可识别的相同的欲望、购买能力、地理位置、购买态度和购买习惯的人群组成。一个汽车公司应辨认出寻求基本运输功能的低端购买者和寻求豪华汽车的高端购买者。这就是市场细分。

市场细分最早是由美国营销学家史密斯于20世纪50年代提出的。它是现代企业营销观念的一大进步，是顺应新的市场态势应运而生的一个崭新概念，是现代社会消费者需求差异化和多样化的反映。

企业经营者通过营销调研，依据消费者的需求与欲望、购买行为和购买习惯等方面的明显差异性，把某一产品的市场整体划分为若干个消费者群的市场分类过程，就是市场细分的过程。在这一过程中，每一个消费者群就是一个市场细分，或者说每一个市场细分都是由具有类似需求倾向的消费者构成的群体。

案例实证

早在20世纪70年代初，可口可乐公司就开始尝试在办公室设置机售系统，但终因系统占用场地太多和需要巨大的二氧化碳容器来产生碳酸而告吹。其他饮料公司进入办公市场的尝试也屡屡受挫，因为他们要求工作人员自己来调和糖浆与水。

在市场份额日益缩减的紧迫形式下，可口可乐公司加快了开发的步伐，并着手开发一个新产品——“休息伴”。休息伴是使用方便、占地不大、可放于任何地方的机售喷射系统装置。为完成这项计划，可口可乐公司特邀德国博世—西门子公司加盟制造这种机售喷射系统装置，同时为休息伴申请了专利。

可口可乐研制出的休息伴同微波炉大小相似，装满时重量为78磅。顾客可以把自我冷却的休息伴连接在水源上或是贮水箱上。机器上装有3个糖浆罐与休息伴匹配，同时还配有一个可调制250份饮料的罐体，只要一按按钮，水流就从冷却区流入混合管，同时二氧化碳注入，就形成了碳酸饮料。由于每一次触键选定的糖浆量需要配以适量苏打，西门子公司在机器上安装了一个指示灯，在二氧化碳瓶用空时亮灯显示。机器上还装有投币器，在买可乐时，可以投入不同面值的硬币。由于机器输出的饮料只有华氏32度，因此也无须另加冰块。

1992年7月，经历了20多年研制的新型可乐分售机在30多个国家推广试用，其耗资巨大，被产业观察家称为软饮料史上史无前例的一项开发。全美范围内的小型办公场所安装有35000个休息伴，办公室人员足不出户就可以享用可口可乐饮料。

可口可乐公司继续进行着休息伴的市场细分。经过3年的市场试销，可口可乐公司在分销渠道的设计、市场的细分等方面积累了大量的经验。在试销过程中，可口可乐公司为寻找休息伴的最终目标市场，不断改进其细分策略。最初的一项调查表明，将休息伴置于20人或20人以上的办公场地可以获得相当的利润，因此公司欲以20～45人的办公室作为目标市场。然而，这就意味着可口可乐公司将丧失掉100多万个不足20人的办公室这一巨大市场，显然这一目标市场不合情理。可口可乐公司通过进一步调研、分析，发现小型办公室的数量大有增长之势，并证明对于那些经常有人员流动的办公室，休息伴只需5人使用就可赢利。加上分销商还可将机器安装在大型办公室里，使得雇员们随时可以得到可口可乐的饮料。

方法指导

可口可乐的成功在于进行了正确的市场细分，它的细分具有可量性、可接近性和可实施性的。可口可乐通过一系列的营销活动及不断改进的策略，在市场细分中取得了巨大的成就。可口可乐的成功经验告诉我们，面对错综复杂的市场和需求各异的消费者，企业不可能满足所有顾客的整体要求并为其提供有效的服务，所以，企业要在调查研究的基础上对市场进行细分，并选择一部分顾客作为其服务对象。

市场细分能够帮助企业在充分认识消费者需求差异的基础上，选择适合企业自身条件的目标市场，使企业能在充分发挥资源优势的前提下为顾客提供差异化的产品和服务。

不同产品市场需求量和它的满足程度是有差异的，同一类产品的不同规格型号也是如此。没有得到满足的消费者需求就是企业的环境机会，这种环境机会能否成为某企业的最优市场机会，取决于以下三个条件：该企业的资源潜力能否满足这种需求；该企业能否捷足先登；如有若干个企业都可能进入这个市场，则要看该企业利用这个机会是否比其他企业占优势。经过对消费者进行差异化细分及上述三个方面的衡量与比较，就可以使企业发现最优的市场机会。

纸上营销题

“市场细分工作做得越好，顾客群肖像图就画得越准。”请谈谈你是如何理解这句话的。

营销百科

销售服务调研

销售服务，从促销角度讲，也是一种重要的促销方式。这是企业为吸引消费者，保证消费者所购商品发挥效用，了解消费要求和商品质量等信息，建立企业信誉的一种促销方式。销售服务分为售前服务、售中服务和售后服务。对销售服务进行调研，应了解消费者服务需要的具体内容和形式；了解企业目前所提供服务在网点数量、服务质量上能否满足消费者的要求，消费者对目前服务的意见反映；调研了解竞争者提供服务的内容、形式和质量情况。

要做有效的市场细分

营销导图

科特勒提醒企业“并不是所有细分市场的方法都是行之有效的”。市场细分的目的是为了正确地选择企业的目标市场。无效的市场细分会让我们错失有利的市场机会，造成营销资本的浪费。所以，在做市场细分的时候，我们一定

要确保其有效性。

案例实证

香港有名的鳄鱼恤因拥有琳琅满目的花色品种和新颖优质的面料和精巧的做工而成名，它的每一种产品都针对不同的目标群。走进鳄鱼恤专卖店，你总能从中找出一件你最喜爱的衣服。

鳄鱼恤服装有限公司对消费者进行深入的调查分析，针对不同的消费者生产不同的服装，满足不同人群的需求。他们每生产一件服装，都知道那件服装是生产给什么人穿的。

比如，鳄鱼恤的男装就包括了休闲服、高尔夫、上班服三大系列，针对性相当强。

休闲服的色彩明快，既有鳄鱼恤的传统风格，又不失其活泼的一面，因而它的穿着对象多是年轻人，其面料舒适天然，感觉宽松自在，是外出旅行的必选。

高尔夫系统以名贵线条和菱形格或“打高尔夫球”的图案为标志，用料讲究，穿着自然而舒适。因为打高尔夫球是一种高尚的运动，深受白领人士的喜爱，所以它的风格为：高尚典雅。

上班服是专为高级行政人士量身定做的，它精细的手工，得体的裁剪，时尚的设计，处理得恰如其分的每一个细节，正符合高级行政人士的处事风格，因为它表现为传统、典雅、舒适。针对白领丽人，鳄鱼恤所表现出的风格为：清丽、妩媚。货品种类应有尽有，上班服有衬衣、T恤衫、西装、西装裙、西装裤、毛衣、毛背心、大衣、皮衣等，休闲系列有衬衣、T恤、休闲裤等。无论是职业女性还是休闲少女，都可以找到适合自己的鳄鱼恤服装。

童装系列要分年龄段。鳄鱼宝宝指的是0～3岁的婴儿全棉装；4～13岁称作“鳄鱼仔”；14～18岁是中童装。此外，还有各种皮制钱包、皮带、领带夹、胸花、笔、手表等配饰。

鳄鱼恤服装有限公司深深了解，每种顾客都是一个小的市场细分，因此企业在生产前一定要先进行调查进而市场细分，这是它能成功的一个重要原因。

方法指导

鳄鱼恤之所以受欢迎，主要原因在于企业采取了有效的市场细分策略。每一个消费者，都可以从这些服装中找到一件自已喜欢的，并发自内心地感到：“这一件是专门为我制作的。”

鳄鱼恤的实践也使同行业者意识到一件事情，即世界上没有标准化的消费者，因此也不应该只生产标准化的产品。企业生产每件产品，都应知道它的目标顾客是谁。

科特勒认为有效的市场细分具备如下特点：

（1）可衡量性

这就是说，细分出来的子市场必须具有客观性，它的范围清晰可辨，需求量的多少可以测量。而子市场可衡量性的关键在于用来市场细分的依据及变量是否可以识别与衡量。例如，以人口统计因素为细分依据，以性别或年龄作为细分变量来细分服装市场，细分出的各个子市场一般是比较易于衡量的。

（2）可行动性

能够设计有效的方案去吸引和服务细分后的市场。譬如，一家小航空公司虽然找出七个市场细分，但其员工人数太少，无法为每一个市场细分设计出不同的营销方案。

（3）可获得性

所谓可获得性，是指经过市场的细分使企业可以利用现有的人力、物力和财力去获得。

另外，要充分了解市场细分上的需求满足程度和竞争者状况。若市场需求满足程度已饱和，或竞争者已经处于垄断地位而企业又不能战胜对方，这样的市场也无开拓的必要。

（4）可收益性

即市场后的细分规模与购买潜力足以使企业实现收益目标。如果市场后的细分顾客的数量、购买力以及产品的使用频率等指标不高，则说明该子市场的潜力不大，难以补偿企业为之付出的生产与销售成本，更谈不上赢利。这样的子市场对企业来说就无实际的经济价值。因此，有效的市场细分必须使细分后

的子市场具有足够的需求规模与潜能，保证企业的可赢利性，使企业的市场经营不断发展和壮大。

请仔细审查你进行市场细分的筛选标准是否科学。

营销百科

竞争对手调研

有市场就有竞争，企业要想在市场上站稳脚跟，必须重视对竞争对手的了解，真正做到知己知彼。对竞争对手的调研，应主要了解以下几方面的内容：竞争对手的数量、是否有潜在的竞争者、主要的竞争对手是谁；竞争对手的经营规模、人员组成以及营销组织机构情况；竞争对手经营商品的品种、数量、价格、费用水平和营利能力；竞争对手的供货渠道情况，是否建立了稳定的供货关系网；竞争对手对销售渠道的控制程度，是否拥有特定的消费群体、所占有的市场份额情况；竞争对手所采取的促销方式有哪些、提供了哪些服务项目、消费者反应如何。

第二节 任何客户都不是一次性客户

营销一点通

✓ 任何客户都可能是伴随你一生的忠诚客户。

✓ 不要歧视任何一个客户，要善始善终。

对客户负责到底

营销导图

如果营销者只重视这一笔交易成功与否，忽略售后的跟踪回访工作，就会很容易失去客户。想使其成为长期往来的客户，就要对客户负责到底，要重视后续工作，如果售后工作做得不好，就会造成接了一个订单后就像断了线的风筝，不知去向。

案例实证

我们可以看一下阿迪达斯是如何对客户负责到底的。

阿迪达斯运动鞋在世界上已经具有良好的声誉，然而它不曾有丝毫的懈怠，一直在不断试验各种新工艺、新材料，以确保阿迪达斯产品始终都处于领先地位。阿迪达斯试用过有棘刺的鲨鱼皮，还试用过大袋鼠皮等，对鞋底也动了许多脑筋，最初是4钉跑鞋，后来是尼龙底钉鞋，还有既可插入又可拔出的活动钉鞋。仅鞋钉排列组合，阿迪达斯就设计出30多种样式，用来适应运动员在室内、室外跑道、天然地面或人工地面的多种需要。

阿迪达斯严格控制生产质量，并为世界球星定制球鞋，这更增加了阿迪达斯的神秘感和权威性。

每逢重大的赛事，赛场上、旅馆里总有不少阿迪达斯的工作人员，他们亲切而友好地观赛，同时总不忘向脚穿阿迪达斯的人们打个招呼，随后做出相关的记录，根据这些记录的信息最后再决定如何改进新鞋的工艺、设计。

方法指导

作为销售员，无论什么时候都要对客户负责到底。

常常有客户抱怨："接了订单之后，就再见不到销售员的踪影，就连一个电话也不打，未免太轻视了吧！"事实上，有许多销售员接完订单后就消失得无影无踪，更谈不上对客户负责到底了。这种销售员是不合格的。

对客户负责到底的表现之一是进行售后的回访。售后回访可分为定期巡回拜访和不定期拜访两种。定期巡回拜访多适用于技术方面的维护服务，如家电业及信息产业等。公司通常会定期派专员做维修保养方面的服务。不定期拜访也称为问候访问，这种售后的访问，通常是销售员通过问候客户的方式询问客户产品的使用情况。最好在事前拟定好访问计划，定期而有计划地做好回访跟踪。销售成交后，真正的回访和跟踪也就开始了。在回访的最初阶段，很多公司的销售员一般采用"一三七"法则。

"一"即是在售出产品后的第一天销售员就应同客户及时联系并询问客户是否使用了该产品。如已经使用，则应以关怀的口吻询问客户是如何使用的，有无错误使用。这时适当的称赞和鼓励有助于提高客户的自尊心和成就感。如没有使用，则应弄清楚原因，并有针对性地消除客户的疑虑，让他对产品有信心。

"三"是指成交隔三天后再与客户联系。一般来讲，使用产品后的三天左右，有些人已对这一产品有了某种体验，销售称之为适应期。这时如果销售员打电话回访，帮客户体验和分析适应期所出现的问题并找出原因，无疑会给客户一种踏实感。

"七"是指成交隔七天后与客户联系。在销售员和客户成交后的七天左右，销售员应该对客户进行当面拜访，还可以带上另一套产品促销。应以兴奋、肯定的口吻称赞客户，诚恳而热情地表达客户使用该产品后的变化。在这个过程中，无中生有、阿谀奉承是不可取的，而适当的、恰到好处的称赞消费者一般都能愉快地接受。若状况较佳，销售员则可以顺利推出带来的新产品。

纸上营销题

请介绍你的售后回访工作方案。

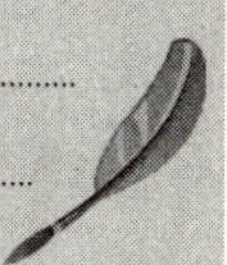

营销百科

美誉度

它是指顾客对企业的褒扬程度。对企业持褒扬态度者，肯定对企业提供的产品或服务满意，即使本人不曾直接消费该企业提供的产品或服务，那么也一定直接或间接地接触过该企业产品和服务的消费者，因此他的意见可以作为满意者的代表。借助于对美誉度的了解，企业可以了解所提供产品或服务在顾客中的满意状况，因此美誉度可以作为顾客满意度的指标之一。

千万不能怠慢了老客户

营销导图

营销大师原一平说，推销员都知道确保老客户非常重要，但在实际行动上却往往草率从事，马马虎虎，怠慢了老客户。把精力全部集中在开发新市场方面。在接待老客户时不那么讲究了，不像开始时那样客气、谦虚，说话粗声大气，态度也变得傲慢起来。这大概是人固有的浅见吧。这样做的后果是很可怕的。

要当心竞争对手正窥视你的老客户。同行的竞争对手正在对你已经获得的客户虎视眈眈，想方设法，不，是千方百计、竭尽全身力气以图取而代之。你对老客户的怠慢可使竞争对手有机可乘，若不迅速采取措施，照此下去，用不了多长时间你就会陷入危机之中。

因此，要采取必要的防卫措施。已经得到的市场一旦被竞争对手夺走，要想再夺回来可就不那么容易了。老客户与你断绝关系大半是因为你伤了他们的感情。一旦如此，要想重修旧好，会比开始时困难得多。因此，推销员要一丝不苟地对竞争对手采取防卫措施，千万不要掉以轻心。

案例实证

一位在营销领域取得突出成就的女士曾经这样总结自己的成功经验："对于我来说，营销的关键时刻以及我需要做的最重要的工作，是在客户向我购买了产品之后。"这位从事营销工作的女士拥有相当稳固的老客户资源，而且这些老客户还经常主动给她介绍一些新客户，所以她几乎不用花太多的时间去开发新客户。她是如何做到这些的呢？让我们看看她的做法：

在订单下达后的48小时内，她会及时打电话询问客户货物是否按时送到，并且主动询问客户还有哪些问题需要解决。如果客户提出了问题，她会马上通知相关人员帮助解决，并且诚挚地向客户表示关切。之后，她会经常和客户进行电话沟通，或者询问客户产品的使用情况，或者向客户提供一些优惠信息，或者是在节日期间向客户表示祝贺和慰问等。

除此之外，她还为每一位购买过其产品的客户设计了一份档案，其中包括客户购买产品的时间、数量，通话的次数和每次通话的内容概要等。她还经常在一些具有纪念意义的日子赠送客户一些小礼物。礼物虽然不贵重，可是却表达了她对客户的重视和关心。

方法指导

和客户保持联系的方式主要有以下几种：

(1) 电话

如今人与人之间的沟通交流无一日能缺少电话这个道具，尤其是在我们与客户的联系中。一个小小的电话帮助良多，它能使我们与客户建立业务往来之外的亲密关系。

博恩 · 崔西是世界顶级管理与营销培训大师，被认为是全球推销员的典范，他曾经被列入"全美十大杰出推销员"。这位大师十分注重和客户建立长期联系的作用，并且在对学员的培训中一直强调这一点。他说："必须向客户提供一种长期关系，然后尽一切努力去建立和维护这种关系。"与客户建立联系除了建立在销售目标之上的销售沟通之外，其实还可以包括很多方式，而有时交易之外的联系往往更容易使你和客户保持亲近。

这里所谓的"交易之外的联系"，主要是指不将销售产品或服务作为行为动机，和客户进行轻松愉悦的交流，赢得客户的信任，甚至和客户成为朋友。很多销售高手都提出，他们真正的销售额几乎都是在谈判桌和办公室之外完成的。

(2) 短信

短信是一个比较好的与客户保持长期联系的方法。使用短信时有一点要注意，即慎重使用产品和服务介绍。当销售人员准备通过以短信的方式向客户介绍产品或者服务时，最好预先告诉客户。如果盲目地从其他渠道获取手机号码就向他们发短信，这样只会招来客户的投诉。

(3) 信件、明信片

汽车销售冠军吉拉德为了与自己的客户保持联系，每年都会寄出 15000 封明信片，这样客户就始终没有办法忘记他。即使自己暂时不更换汽车，也会主动介绍客户给他，这成为吉拉德成功的关键因素之一。

电话销售人员同样也可以采用这种方法与客户保持联系。现在 IT 技术的发展与吉拉德时代已很不相同，很多销售人员用电子的方式来代替明信片和手写信件，成本会降低，效率会提高。不过，传统的手写信件、明信片在销售中

确实也有不可估量的作用。采用信件、明信片，可以给客户与众不同的感觉，使他在倍感亲切的同时又感受到被人尊重的感觉。

(4) 邮寄礼品

节日来临的时候，在条件允许的情况下，最好能给客户邮寄些礼品，这是实施情感营销的必要环节。小小的礼品，不一定很昂贵，却能使客户感受到你的关心，从而从心理上认可你。

请介绍你与老客户保持联系的方法。

营销百科

客户数据库

建立客户数据库，大体需要以下四个步骤：将客户分为现有客户、潜在客户与流失客户三类；将有关客户最近采购情况及购买频率的数据输入数据库；将每位客户在一年左右内的购买细节输入数据库；输入客户的其他相关信息（如尺寸偏好、客户生日、信用卡号码等），以便于企业提高客户需求满足度。

让老客户为你带来新客户

营销导图

许多销售人员抱怨公司不能提供客户源，到底应该如何扩大订单，找到更多的客源呢？在这一方面，我们绝不能忽视老客户追加购买和向其他人推荐的作用。

你一定有过这样的经历，告诉朋友哪家餐厅很有特色，哪家商场东西质优价廉，哪家服装店正在搞大型促销活动。你会主动告诉别人或是在他人需要的时候主动提出来，其实并不是因为你可以从中获取什么样的实际利益，而只是单纯地提供意见、真心地提供帮助，把自己的真实感受说出来而已。

同样，在客户开发的过程中，当你在向客户推荐产品时，如果你的新客户对你的产品尚存在戒心和怀疑时，若能让你以前的客户现身说法，尤其是与新客户比较亲近的家人、朋友或是邻居，当他们谈产品的效用时，就会取得事半功倍的效果。因此，销售人员要充分利用老客户资源来开发新客户。

案例实证

李均是从最底层的保险经纪人岗位做起的。保险经纪人的收入特点决定了只有靠多发展客户，靠业绩的提高才能获得收入的提高。发展客户并不是一件容易的事情，李均对客户有一个独到的定位，那就是收入稳定、文化层次较高的人群。这样的潜在客户群不仅有购买保险的能力，更有保险的意识。他通过交友网站和论坛结识这样的人群，并且凭借着个人魅力和他们成为朋友，也发展起了自己最早的一批客户群。介绍保险方案的时候，他都是根据客户的特点量身定做，为客户推荐最适合他们的保险产品。这使李均赢得了越来越多的客户，业绩不断上升，获得的业务提成也不断上升。李均很快就超越了一起入行的同事，从基层的保险经纪人提升到了业务经理的位置。

这时候，李均把眼光由发展个人客户转向了团体保险，争取团体保险客户，可以获得更高的回报，但是也具有更大的难度。李均从最早结识的客户群着手，他们不仅拥有较高的收入和文化水平，也拥有一定的社会地位，最难能可贵的就是他们对李均建立起的信任感。李均开始了“布网式”的拓展工作，老客户们为他提供的一些机会让他受益匪浅，他所提供的细致、认真、周到的服务也让他成功实现了客户的巩固和扩大，李均的年薪也很快跨入了20万的行列。

方法指导

美国哲学家约翰·杜威说：“人类心中最深远的驱策力就是希望具有重要性。”每一个人来到世界上都有被重视、被关怀、被肯定的渴望，客户也一样，你不断地与他联系，让他觉得他对于你很重要，他会因此焕发出巨大的热情，成为你的朋友，成为你开发客户的利器，让老客户成为新客户的介绍人。

信任感是经过多次合作、长期交往而建立起来的，如果销售人员能给客户一种诚恳、认真、勤勉、敬业的印象，加上你周到贴心的服务，从而建立起一种信任的情感。信任的影响力是巨大的。而老客户是你最有效的宣传手段。如果你的老客户对你抱有好感，他会介绍自己的朋友来找你。

案例中李均的成功主要在于他不但懂得如何拓展客户，更懂得如何用老客户发展新客户。后者正是基于信任基础之上的。事实证明，由老客户推荐的交易成功率大约是60%，远远大于销售人员自己上门推销的成功率。可见，被推荐的客户对于销售人员来说是多么有价值！如果销售人员能学会如何成功地获得推荐生意，那么就能成功地编织出一张“客户网”。

目标客户找到了，我们又该怎样做才能赢得客户的推荐呢?

(1) 与老客户进行互动的信息交流。由于你的社交圈了和客户不一样，你所接触的业务圈子很可能和你的客户是一种竞争关系或共同拥有市场的关系，不妨将这些有价值的信息与你的客户进行交流；同样，客户也会给你介绍他所碰到的一些情况。这种通过信息交流推荐客户的成功率非常高，甚至超出你的想象。

(2) 表达出你的感激之情。当你的客户为你介绍一个新客户之后，不管是否成交，都要懂得向介绍的人表示感谢。这不应该只是口头上的表达。如果可能的话，送个小而实用的礼物更好，可以与生意有关但不是做广告的东西。回报客户的方式不要千篇一律，对不同的客户要选择不同的回报方式，手法要自然巧妙一些。

（3）随时关注客户的情况。从现在开始，你应该对老客户有一个新的认识，你需要定期了解老客户的情况，密切关注竞争对手的行为。如竞争对手正以什么方法和你的客户接触？客户的需求是否需要调整？是否还有其他的业务机会？

最后需要注意的是，并不是每个客户都会为你介绍一个甚至几个客户，因此也并不是每一个客户都值得你去花大力气维护，有些客户是无法为你推荐到新客户的，所以必须有区别地加以对待，以便自己今后能得到更多的推荐客户。这就需要你具有敏锐的洞察力，能在很短的时间里发现哪些客户是可以为你带来更多效益的客户。

纸上营销题

请列出让老客户介绍新客户时需要注意的事项。

营销百科

抱怨率

它是指顾客在消费了企业提供的产品或服务之后产生抱怨的比例。顾客的抱怨是不满意的具体表现。通过了解顾客抱怨率，就可以知道顾客的不满意状况。所以，抱怨率也是衡量顾客满意度的重要指标。顾客抱怨不仅包括顾客直接表现出来的显性抱怨，还包括顾客存在于心底未予倾诉的隐性抱怨。因此，抱怨率的了解必须直接征询顾客。

第三节 赢得顾客的心智资源

营销一点通

✓ 顾客的精神需求是市场营销的主要发力点之一。

✓ 只有占领顾客的心智，才能占领顾客的钱袋。

提供更好的服务可以取得竞争优势

营销导图

不高的产品质量会对企业形象造成损害，可人们在购买产品时，无法从外表来判断产品的质量，与销售人员的接触成为影响企业在顾客心目中形象的首要因素。科特勒提醒企业，应该把销售人员为顾客提供的服务当做取得竞争优势的主要手段。事实证明，消费者更喜欢向服务较好的企业购买产品。

案例实证

长长的走廊里陈列着各种各样的小商品，诸如钟表、拖鞋、玩具、磁带、首饰、工艺品等。也许看起来有点杂乱无章，但它们体现了沃格林公司的服务宗旨——便利。

这种策略证明是有效的，沃格林公司的零售商店已不知不觉上升为全美最牢固、利润最高的零售企业之一。它顺利地度过了衰退期，创造了 17 年利润持续上涨的好成绩。它经营的 1700 家药店分布在 29 个州，年获利 70 亿美元，居全美第一。

“我们吸引了许多人，包括青年、老人；结婚的、单身的……之所以有如此大的吸引力，关键在于便利，这正是顾客最希望的。”凡纳 ·A·贝鲁纳说。公司的商品陈列及位置的选择无不体现了公司无论何时何地都将“便利”放在最重要的地位。

公司能够取得如此辉煌的成绩，还在于他们从小处做起，尽力为顾客提供便利，不放过任何机会，做好每一笔生意。沃格林的每一件商品都是个人的日常用品，这不仅指食物和药品，还包括电池、磁带、手表、闹钟、收音机等其他商品。

贝鲁纳说：“从方便顾客的角度看，如果你的收音机出现毛病需要修理的话，你愿意去商店花 50 ~ 100 美元再买一台呢？还是去沃格林的任一商店花 3.99 ~ 19.99 美元换一台呢？这就涉及方便顾客的问题。”由此他认为，价格也与方便顾客有关。

公司管理人员也说：“无论顾客希望在沃格林买到什么商品，我们都能很快满足他们，为此我们十分骄傲。并且我们与生产商密切联系，随时可获取最新产品的动态。”

沃格林公司对新商店选址的考察情况如对每一待选地点的交通状况、出口和入口、人口增长、人口分布、竞争性、销售潜力和便利性等都进行了认真研究，其中便利性因素是关键。商店是否醒目、停车是否困难，进出是否方便等，这些都是沃格林首先考虑的问题。

毫无疑问，每增加一个新品种，沃格林必须淘汰某一旧品种，比如它曾淘汰室内用品，给蓬勃兴起的化妆品和药品市场让出经营的空间。一段时间，废品罐、废纸篓、洗衣篮等室内用品占据了沃格林 5.5 ~ 7.3 米的货架，后来又降到 1.83 米，只够放一只桶、一只废纸篓、一只小废物罐和一只洗衣篮。这样，公司在不放弃为顾客提供便利的前提下，可以用增加的空间来经营利润更高的产品。

方法指导

沃格林把全部力量都放在了便利上，无论是商店选址、商品的种类还是服务措施无不体现了便利，因而成功也就变得顺理成章了。

企业在营销推广时，需提高相应的服务能力，以增强营销推广的效果。不能为推广而推广，不考虑效果。这些基础服务包括：

（1）信息服务：向顾客迅速、准确、有效地传播有关商品的信息，使顾客能获得比广告宣传更完整的有关商品功能、使用、特色、维修等方面的信息。

（2）知识服务：向顾客传播新的产品概念和科技知识，引导顾客消费。

（3）技术服务：向顾客提供产品设计、安装调试、维修保养、保证零配件供应、解答技术咨询、进行技术培训、提供解决问题的技术方案等。

（4）便利服务：向顾客提供运输、储存、包装等便利顾客购买和使用的服务；在销售咨询、购买地点、购买时间、付款方式、保修退货、事故处理等方面给予可能的便利。

（5）财务服务：向顾客提供分期付款、延期付款、资金融通、租赁等财务性服务。

（6）态度服务：企业所有成员都要以很好的态度对待顾客，以体现对顾客的尊重和关心。

当然，要做到这6点是需要强大的财力支持的，非一般企业所能接受。但只要做好其中的三点，至少就可以达到吸引顾客的目的。

纸上营销题

请问在服务方面，你和竞争对手有哪些区别？

营销百科

回头率

它是指顾客消费了该企业的产品或服务之后再次消费、或可能愿意再次消费、或介绍他人消费的比例。当某一顾客消费了某种产品或服务之后，如果十分满意，那么他将会再次重复消费。如果这种产品或服务不能重复消费（如家里仅需一台冰箱），但只要可能他是愿意重复消费的。或者虽不重复消费，却向亲朋好友大力推荐，引导他们购买该品牌的产品。因此，回头率也可以作为衡量顾客满意度的重要指标。

品牌效应是重要发力点

营销导图

随着经济的快速发展，品牌效应对顾客的影响越来越明显。今天的消费者已不仅仅满足于最起码的需求，而是越来越重视诸如设计的理念、服务水平、商品附带的文化甚至某种感觉一类的感性因素。我们发现这种因素的作用日益增强，满足顾客的精神需求已经成为市场营销工作的重点工作之一。

案例实证

“金利来，男人的世界。”这句经典的广告语让金利来品牌迅速火了起来。现在的金利来家族，除了响当当的领带外，还有其他种类繁多的男士服装、饰品、用品等，真可谓一个男人的世界。

1968 年，金利来品牌的创立者曾宪梓看到香港本地生产的领带质量低劣全摆在地摊上销售时，便立志在香港生产出做工精良的领带来。

曾宪梓在泰国时曾跟着哥哥做过几个月的领带，靠自己那时掌握的领带制作技术，硬是用剪刀、尺子、缝纫机等简单的工具，做出了精美的领带。

有了领带，还要给领带起一个好名字，因为领带没有品牌是不能进入高档商店的柜台的。

曾宪梓最初起的品牌名字叫“金狮”。他兴致勃勃地将两条金狮领带送给一位亲戚，没想到人家居然拒绝了他的礼物，并且很不高兴地说：“金蚀，金蚀，金子全都蚀掉了，真是不吉利！”原来，在粤语中，“金狮”与“金蚀”同音，是赔本的意思，人们自然不会喜欢这个名字。

当晚，曾宪梓彻夜未眠，绞尽脑汁要给自己的领带起个好名字。最终他想到：将“金狮”的英文名字“Goldlion”由意译改为音译，“Gold”仍然译为“金”，而“Lion”则取音译，译为“利来”，合起来就是“金利来”，既贴切又吉利。就这样，“金利来”这个品牌名称诞生了。

接着，曾宪梓又突发奇想，中国人很少用毛笔写英文，如果用它写成自己的商标，不是很特别吗？于是他在纸上用毛笔写出了“Goldlion”的字样，再请专门的设计人员进行整理和加工，就成了现在“金利来”品牌的英文标志。曾宪梓又用一枚钱币画了一个圆，用三角尺画了一个“L”，一个优美的商标图形就完成了。

将品牌改名之后，金利来果然一炮打响，很快成了驰名的领带品牌，金利来公司也从此发展起来。

方法指导

目前的市场环境，消费者的需求已不再是一种单纯的产品层面的功能需求，而开始注重品牌消费。因此，企业的经营策略不能单纯地停留在产品功能上，还要注重品牌的塑造。市场经济的高速发展，使产品之间的功能差异逐渐变小，唯有建立起品牌高度，才能彻底地将竞争对手进行区分，才能主导激烈的竞争局面。

在提升品牌知名度的过程中，需要注意两个关键问题：首先，品牌应该有标语或押韵。标语能强化品牌的形象，因而要制作能让消费者回想的标语，诸如耐克公司的“无兄弟，不篮球”。企业应该创建与品牌或者产品类别息息相关的标语，并使之为公众所接受。其次，企业的标志应与品牌紧密相连。在创建或维持品牌知名度时，标志能够发挥主要作用。标志包括视觉形象，视觉形象比文字更易于为人们所理解与记忆。

一个优秀的品牌通过宣传的强化，能够在消费者心中留下难以磨灭的印象。宣传是实现品牌知名度的重要方式。任何知名品牌都是通过强有力的宣传为大众所熟知的，但真正创造品牌美誉度和忠诚度的是品牌的内涵，如“法拉利”象征着速度和激情；“奔驰”象征着尊贵。这需要根据目标消费群体为品牌宣传进行准确的定位，从而使品牌牢牢占据顾客的心智资源，成为顾客购买时的第一选择。

纸上营销题

请从文化内涵的角度来诠释你的产品或服务。

营销百科

幽灵购物法

通过雇佣一些人员装作潜在购买者，以报告他们在购买企业和竞争者产品的过程中所发现的优点和缺陷，可以了解顾客满意度。这些幽灵购物者甚至可以故意找些麻烦以考察企业销售人员能否将事情处理好。企业不仅可以雇佣幽灵购买者，而且管理者自身也应该不时地离开办公室，在不为人们知晓的情况下，到企业和竞争者那儿从事购物活动，亲自体验一下被当做顾客的经历。对于管理者来说，还有一种不同的方法是，向自己的企业打电话提出各种问题和抱怨，看看对于这些企业是如何处理的。

占领顾客心智才能占领市场

营销导图

市场营销的关键在于区分市场和心智之间的差异。营销人员首先考虑的绝不应该是产品或服务的市场，而应该是顾客的心智。先有心智空间、地位，后有市场需求空间、地位。

案例实证

“七喜”是格里格发明的第二种产品新产品。他在广告中宣称“最适合小宝宝肠胃”，主要是以育有婴儿的母亲为销售对象，所以才取名围裙牌。虽然后来改名为“七喜”，但是它不是被消费者当成“药水”，就是被当成特殊场合才能喝的饮料。更糟的是，七喜常被消费者视而不见。汤普森广告公司副总裁罗斯在1966年告诉七喜公司的一群经销商说：“人们对我们太熟悉了——而且对我们很有安全感，不会觉得我们有什么不对劲，但也由于太熟悉太信任了，所以他们不会经常想到我们，而当人们不常想到我们时，他们就不会常常购买我们的产品。”

因此，要想解决七喜的营销问题，就必须重新进行定位，在可口可乐与百事可乐的消费市场里插入一只脚来占领市场份额。然而，这又谈何容易。因为这让它必须面对百事可乐和可口可乐两大劲敌。而在如此强大的对手面前，七喜的弱点也就十分明显。可口可乐与百事可乐的强大之处在哪里呢？就在于这“哥俩儿”代表了可乐，人们想喝可乐基本上只会在这两者之中选其一，而在美国人喝的三瓶饮料中，就有两瓶是可乐，这就是它们的强大之处。

可乐饮料的最独特处就是可乐的主要成分咖啡因，所以联邦法院规定凡称为可乐的品类必须要含有咖啡因。这样一来，七喜的战略就是显而易见的，那就是提供与可口可乐、百事可乐完全相反的东西——不含咖啡因的非可乐。而当时的“可口可乐”和“百事可乐”正在为争夺“正宗可乐”的牌子而长期争论不休，而都全然不顾消费者是最终的评判官，特别是，当时人们对咖啡因产生一种恐惧，认为它对人体有害。而两家公司对消费者的疑虑却熟视无睹。

这就为七喜的崛起提供了一个很好的契机。当消费者不仅不关心可乐的正宗“盟主”之争，反而对这种无聊的争论产生厌倦时，一家名不见经传的小饮料公司——七喜却站出来做广告说：“七喜不含咖啡因，而且永远不含咖啡因！”虽然当初在为七喜设计出这一战略时，七喜还不敢采纳，而是在两年后眼见市场份额流失惨重，被逼无奈，才启动这一战略的。但是七喜把自己饮料的形象整体定位为“不含咖啡因”的饮料。虽然错过了最佳的战机，该战略却仍然不失其威力。七喜汽水不但凭此大量收复失地，居然还一举拿下美国饮料第三品牌的宝座，仅次于可口可乐与百事可乐。

方法指导

七喜为什么能够后来居上？最主要的是，它的整体竞争策略得当。它以“不含咖啡因”作为整体形象定位。这正好迎合了当时消费者的心理需要。它知道自己在产品上不占优势，于是用良好的形象来吸引消费者，非常成功。

要让产品定位契合消费者的心理状态，就要熟悉消费者的心理诉求，占领顾客的心智。即为产品树立一种新的价值观，借以改变消费者的习惯心理，形成新的认识结构和消费习惯。一般情况下，可以通过以下四种模式来让产品占领消费者心智：

第一，着眼于产品带给消费者某种心理满足和精神享受，采用象征和暗示，赋予产品某种气质性归属，借以强化消费者的主观感受，如凯迪拉克、奔驰、宝马，都以其豪华气派营造名流象征。法国洋酒在中国市场推广中，为了撑起其价格昂贵的神话，在诉求上采取心理暗示，试图树立起高贵气派的观念，人头马、轩尼诗莫不如此，“人头马一开，好运自然来”，没有任何实质性承诺，完全是心理暗示。

第二，采取反向思维方式，从消费者的否定中挖掘自己。著名的艾维斯出租车公司广告中，所采用的“我们只是第二”，就是一种逆向定位。

第三，按照肯定或否定的简单模式地产品与市场进行最简单的逻辑区分，使之呈现为“是”或者“不是”状态，借以形成有利于自己的判断，如上文中所讲的七喜，直接地饮料分为两大类：可乐型和非可乐型，要么喝可乐，要么喝非可乐，而明确标举自己非可乐的只有七喜。

第四，促成消费者从一种固有的观念模式转向另一种新的观念模式。当年宝洁公司在推出一次性尿布时，最初在市场上受到了阻碍。后来广告人员发现其中的障碍是消费者的固有观念在作怪，于是一次性纸尿布进行了重新定位，在广告中强调使用它不是因为年轻的妈妈要贪图方便，而是因为娇嫩的宝宝需要更柔软更安全更卫生，换一种思想后一切便迎刃而解。

纸上营销题

请谈谈你对“顾客心智”这四个字的理解。

营销百科

顾客满意度

顾客满意度，是指顾客对使用企业产品或服务的评价。为了使顾客再次或以后继续购买企业的产品或服务，这种评价是十分重要的，因为顾客满意度和顾客忠诚度息息相关。市场营销者应站在顾客的角度，研究他们对产品或服务的要求。

第八章

你会宣传自己吗

第一节 让顾客爱上你的广告

营销一点通

✓ 广告的目的就是要抓住具有购买力的人。

✓ 把握好广告的情感定位，打动顾客的心。

不仅要以理服人，还要以情动人

营销导图

广告在以理服人的同时，更要以情动人。人人都有七情六欲，都有丰富的感情，包括亲情、爱情、友情，等等。企业要想让产品被顾客所理解、所喜爱、所接受，不妨通过广告来传递感情，令顾客产生心灵的共鸣。

案例实证

一天傍晚，一对老夫妇正在饭厅里静静地用餐，忽然电话铃响了。老妇人去另一个房间接电话，老先生在外边停下吃饭，侧耳倾听。一会儿，老妇人从房间里出来，默默无言地坐下。

老先生问："谁的电话？"老妇人回答："女儿打来的。"又问："有什么事？"回答："没有。"老先生惊奇地问："没事几千里地打来电话？"老妇呜咽道："她说她爱我们。"一阵沉默，两位老人泪水盈眶。这时旁白不失时机地插入："贝尔电话，随时传递你的爱。"

这是一则美国贝尔电话公司十分成功的广告。它以脉脉温情打动了天下父母或即将成为父母、儿女的或曾为儿女的心。

贝尔电话广告的成功在于在制定广告时考虑到了目标消费者的特定心态，从儿女与父母的感情入手，描绘、展现了一幅孝心浓浓、爱意浓浓的温馨和美丽动人的亲情画面，让我们时时体味那爱的簇拥，唤起了人们对亲情的留恋、回忆、追求、憧憬。电话有线，亲情无限。贝尔电话连接着千家万户，沟通亲人们的心灵，缩短了亲人们的感情距离。

所以，一则以情动人的广告，要选择恰当的角度，将感情的定位把握好，以有效的手段强化、渲染产品所特有的情感色彩，以打动消费者的心。

方法指导

消费心理学告诉我们，人们的心理状态直接影响到他们的购买趋向。在物质生活特别丰富的今天，消费者购买商品已不仅限于满足基本的生活需要，心理因素左右其购买行为的情况已日渐突出。在广告中融入和产品相和谐的真实的情感，的确能够为产品被广大消费者认同和接受创造更多的可能性。

创意源于生活，要做出以情动人的广告首先要研究目标消费者的心理，尤其是情感需求。好的创意没有限制，可以是生活中一个平凡的故事，也可以是天马行空想象出来的外太空的故事。但是广告中表达的情感一定要符合目标消费者的情感需求，广告中表现的人生态度也一定要符合目标消费者的心态和追求，这样才能引起目标消费者的兴趣。

在把握消费者情感定位的时候，我们应该注意以下几点：

（1）一定要有真情实感，避免虚情假意。以情动人凭的就是真情，如果广告中没有真情实感，只有冠冕堂皇的空话或者虚情假意的语言，那么这样的广告不做也罢。

（2）把握感情的限度，避免广告中出现不道德的内容。中国传统的情感都是比较含蓄和内敛的，表达爱情的时候或许只是一个充满爱意的眼神或者是一个拥抱，远远没有西方人那样奔放。所以在学习西方创意的时候一定要把握好一个度的问题。

（3）避免文化的冲突。在做广告创意的时候，一定要先彻底了解当地的风土人情，不要做出一个被消费者唾弃的广告。那样不仅损害企业的形象，也会伤害了消费者的情感。

纸上营销题

请谈谈你所面对的顾客最需要关注的情感是什么，并列出你的做法。

营销百科

商品宣传中的情感定位

情感定位关键是在各种定位要素中融入某种让人心动的人情味，使消费者在感情上产生共鸣，这种感情应是真情实感，而不是企业一相情愿的矫情，一旦顾客知道企业在利用他们的感情做生意，产生的欺骗感将把产品本身带来的好感一扫而光。所以，情感定位必须讲究技巧，要从消费者最关心最需要的情感出发。

别让广告打水漂

营销导图

我们生活在一个传播过度的社会里，电视、报纸、杂志、网络、公交车站牌、公交车上、墙上……总之，抬头低头看到的都是广告。然而，广告不在于多，关键在于你有没有抓住有消费能力的人群。如果抓不住具有消费能力的群体，再多的广告也只是打水漂。

案例实证

有一天，诗人出身的江南春外出办事的时候被一张电梯门口的招贴画吸引住了。大家抱怨电梯很慢，等电梯时间往往很无聊。等电梯人的一句话提醒了江南春，“如果有电视，人们在等电梯的时候就不会感到无聊了，效果也会比招贴画好很多。”江南春被这句话吸引了，他想：我在电视上播广告怎么样？如果有比看广告还无聊的时间，我想大多数人还是会关注广告的。

发现了市场空白，江南春马上开始实行他的计划。2002 年 6 月到 12 月，江南春说服了第一批高档写字楼。2003 年 1 月，江南春的 300 台液晶显示屏装进了上海 50 幢写字楼的电梯旁。2003 年 5 月，江南春正式注册成立分众传媒（中国）控股有限公司，分众从此开始走上飞速发展之路。

对于如何发现蓝海并成就今日之分众传媒帝国，江南春称：“其实关键要有洞察力。如果你是一个有心人，如果经常专注市场，你就会发现机遇。当你观察消费者——受众的消费形态时，会发现一些新的东西。当时我们看了户外，看到徐家汇都是户外广告，发觉也没有什么出路，后来我们想了一想，是我们的思维模式有问题，一想到户外就想到地理位置。最后一点是要有颠覆性的思考，这可能和我以前写诗歌有关，要打破原来的逻辑，就可能会有全新的东西。”

而实际上，分众传媒能够有效打中观众，就是因为它不小心打中了广告的本质——“分”和“无聊”。“分”是指在高级办公大楼贴广告牌、贴液晶显示器的时候，不小心就把这些不太看电视、报纸、杂志，也没时间上网的具有高消费能力的白领精英给圈进来了。“无聊”是指这群人在等电梯的时候，人太多，他们不太方便打手机，因为他们讲的话可能都具有某些重要的或者不能透露的机密。他们也不可能闭上眼睛休息一下，因为时间太短。所以，这群人在电梯间里面好像就只有干瞪着眼无聊。分众传媒把广告放在电梯里面，刚好给了他们第二个选择。分众也就在无意之中捕获了真正具有消费能力的大批白领精英、成功人士。

所以，短短 19 个月时间，分众传媒利用数字多媒体技术所建造的商业楼宇联播网就从上海发展至全国 37 个城市；网络覆盖面从最初的 50 多栋楼宇发展到 6800 多栋楼宇；液晶信息终端从 300 多个发展至 12000 多个；拥有 75%

以上的市场占有率。

2005年7月，分众在纳斯达克上市，股价一路攀升。分众传媒市值高达8亿多美元，拥有多于30%股权的江南春，身价暴涨，一夜之间，江南春成了人们眼中的造富英雄。随后，江南春得到风险投资商的注资，他带领分众传媒展开了大规模的收购行动。2005年年底收购框架媒介，2006年年初合并聚众传媒，之后收购凯威点告，2007年3月收购好耶网络广告公司。仅仅用了4年时间，分众传媒就快速成长为行业内的领军者。

方法指导

购买力是构成市场和影响市场规模的重要因素，而购买力是受宏观经济环境制约的，是经济环境的反映。影响购买力的主要因素有居民的实际收入、币值、消费者的储蓄和信用、消费者的支出模式等。收入水平决定了购买力的大小，购买力又决定了市场规模的大小，从而关系到市场机会的大小。

对市场购买能力的评估可以采用购买力指数法。所谓购买力指数法，是指借助与区域购买力有关的各种指数（如区域购买力占全国总购买力的百分比、该区域个人可支配收入占全国的百分比、该区域零售额占全国的百分比，以及居住在该区域的人口占全国的百分比等）来估计其市场潜量的方法。

需要注意的是，区域市场潜量的估计只能反映相对的行业机会，而不是相对的企业机会。各企业可以通过未考虑的因素来修正所估计的市场潜量。这些因素包括品牌占有率、竞争者类型与数目、销售力量的大小、物流系统、区域性促销成本、当地市场的特点等。

纸上营销题

不要在没有购买力的人身上费工夫，请谈谈你是如何测量顾客购买力的。

营销百科

顾客满意战略

顾客满意战略的核心思想是企业的全部营销活动都要从满足顾客的需要出发，以提供满足顾客需要的产品或服务为企业的责任和义务，以满足顾客需要、使顾客满意为企业的目标。顾客满意战略的唯一目的是使顾客满意。顾客满意了，自然也就会向企业表达他们的忠诚。

致力于沟通而不是销售诉求

营销导图

广告的最终目的是促使顾客做出购买行为，这就决定了一则好的广告绝对不是直接促销，而是致力于与消费者的沟通，在情感上或心灵上“打劫”消费者。

案例实证

今天的耐克是家喻户晓的国际大品牌。而耐克公司在刚成立的时候，其规模还很小，随时都有倒闭的可能。在短短几十年内耐克就迅速成长为大型的跨国集团，在其迅速成长的背后又有什么秘密呢？对此耐克创始人解释道：耐克公司注重沟通广告的效果，使耐克品牌深受众爱，迅速成长。

在1986年的一则耐克充气鞋垫的广告片中，耐克公司突破了一味宣传产品技术性能和优势的惯常手法，而是采用一个崭新的创意：由代表和象征嬉皮士的著名甲壳虫乐队演奏著名歌曲《革命》，在反叛图新的节奏、旋律中，一群穿戴耐克产品的美国人正如痴如醉地进行健身锻炼……这则广告准确地迎合了刚刚出现的健身运动的变革之风和时代新潮，给人耳目一新的感觉。耐克公司原先一直采用杂志作为主要广告媒体，但自此以后，电视广告则成为耐克的主要“发言人”，这一举措使得耐克广告更能适应其产品市场的新发展。

广告变法的成功使耐克公司市场份额迅速增长，一举超过锐步公司成为运动鞋市场的新霸主。

耐克广告变法的成功为其赢得了市场和消费者。但更重要的是耐克公司在变革中，逐渐掌握了广告沟通艺术，形成了自己独特的广告思想和策略——致力于沟通，而不是销售诉求。这一策略与大多数美国公司的广告策略是根本不同的。但正是这一独特的策略和做法，使得耐克公司在市场中不断成功，迅速成长。

方法指导

在商品同质化、消费个性化日益成为趋势的今天，企业需要通过各种方式及时、充分地向消费者提供关于产品的信息，以引起消费者的购买行为。此时，一则成功的广告无疑显得尤为重要。

那么，什么样的广告才算是成功的广告呢？这就要求其符合三个标准：

(1) 要引起目标消费者共鸣，进而引起销售热潮。

(2) 一个好的广告要有一个直接的、清晰的观点。很多企业高层，希望在一个仅仅15秒的广告里面放上几十个想要表达的意思，其实这就会造成信息传达的模糊、不准确。消费者很难记住你到底想说什么。

(3) 一个好的广告一定要在创意表现形式上战胜竞争对手。

把握这三点，才能让你的广告一鸣惊人，让你的产品深入人心，最终成为同类产品中的赢家。

纸上营销题

请与竞争对手比较，说说对方广告的优劣。

营销百科

广告创意集体思考法

集体思考法就是不仅仅靠某一个人的思考，而是靠集体的智慧去展开讨论，使人们的创造性思维互相启发，互相补充，通过这种“脑力激荡”，使大家的智慧形成一种更高的智力型的组合。因此，它可以把大量似乎毫无关联的事实、概念和材料综合在一起，这样的思维成果往往内涵更丰富，外延更广阔。

第二节
什么广告是好广告

营销一点通

✓ 被顾客记住的广告才是好广告。

✓ 选择最适合的广告方式很重要。

好广告就是要让人记住

营销导图

好的广告都是在某一方面特别突出，或者特别优秀的作品。但是好的广告并非完美，这是因为好广告在展现自己特点的同时，却无法兼顾其他方面。所以绝大多数广告都将表现力集中于一点，力求突出它，让消费者过目不忘。好广告就是要让人记得住。

案例实证

在很长一段时间里，脑白金广告与电视观众朝夕相处，挥之不去。

“今年过节不收礼，收礼只收脑白金……”

在如今高密度的信息时代，很多人讨厌这个广告。脑白金广告刚问世就得罪了广告界，更引来骂声无数，但人们却对其印象深刻。

但史玉柱认为这个广告在商业上是成功的。他说：脑白金的市场主要有两大块：一是功效市场，这个市场比较稳定，一年大概有5亿元左右的销售额；

二是送礼市场，送礼市场的波动性非常大，这就需要一些策略。广告的最大目的是让人印象深刻。我们曾经也拍了很多很漂亮的广告，但是播出后没效果，后来就不播了。脑白金历史上效果最好的广告是刚开始时拍的，当时钱非常少，所以拍出来的广告质量非常差，很难看，只能在县级台或市级台播，省一级的电视台都不让播。但是很奇怪，这个广告播出后没几天，脑白金的销售量就上去了，后来经我们研究得出的结论是：观众因为讨厌才印象深刻；脑白金真正打开市场和这个广告密不可分。

脑白金广告的诞生确实有些曲折。最初是史玉柱花5万元请来了两位话剧演员，用夸张的表情拍出来的。但公司的同事认为这个广告严重影响了品牌形象，一致反对播出。在史玉柱的坚持之下，这个广告片才得以与观众见面。没想到被公司内部人员一致认为“粗俗无比”的广告市场反应却奇好。

尽管反应很好，广告粗俗却是不争的事实。为了提升产品档次，1999年，脑白金请来了相声演员姜昆与大山拍广告，谁知这个档次提高的广告却使脑白金销量一路下滑。无奈之下，史玉柱只能再“请回”第一个广告，结果市场反应迅速，销售量大增。

至于为什么广告档次上去了却不好卖，广告难看却拉动销售量的原因，史玉柱给出了他的看法：不管观众喜不喜欢这个广告，你首先要做到给他们留下印象，能记住好的广告最好。但是要让观众因为喜欢而推太难了，当时我们没有这个能力，我们就让观众记住坏的。观众看电视时很讨厌这个广告，但买的时候却不见得。消费者面对那么多的保健品，他们的选择基本上是下意识的，就是选择那些他们印象深刻的。

后来，我们希望在达到同样商业效果的基础上，能让观众对我们的广告印象不那么差，于是我们开始拍更好看些的广告。当时，同一个广告方案我们请了很多广告公司同时拍，一共有二十几个版本，我们挑了几个，虽然很美、印象也很深刻，但是商业效果却不如第一个。

正是出于这样的考虑，2002年，脑白金广告开始以卡通老人的形式出现。相比较而言，不仅制作费用降低了很多，同时也吸引了消费者。从此，脑白金坚定了这种单一的广告传播形式，本质不变，形式稍作改变。于是，人们在几年内看到了多种版本的卡通老人广告，如群舞篇、超市篇、孝敬篇、牛仔篇、草裙舞篇、踢踏舞篇，而广告词却是高度一致，不是“孝敬爸妈”就是“今年过节不收礼，收礼还收脑白金”。

黄金搭档上市时，史玉柱为它准备的广告词和脑白金的一样俗气：“黄金搭档送长辈，腰好腿好精神好；黄金搭档送女士，细腻红润有光泽；黄金搭档送孩子，个子长高学习好。”在史玉柱纯熟的广告策略和健全的通路推动下，黄金搭档很快便走红全国市场。

以前，人们骂脑白金的广告恶俗，连年把它评为“十差广告”之首；后来“十差广告”的第二名也是史玉柱的了，因为黄金搭档也承袭了前者的套路。对此，史玉柱自我解嘲道：“我们每年都蝉联十差广告之首，十差广告排名第一的是脑白金，排名第二的是黄金搭档。但是你注意十佳广告是一年换一茬，十差广告却是年年都不换。”

广告虽差，但这两个产品却是保健品市场上的常青树。在商言商，成绩能说明一切。

史玉柱对连年的“十差广告”表示很荣幸，甚至笑称：“脑白金连续七八年每年都被评为中国十差广告，每次评完后我就踏实一点儿，如果没被评上，反而说明可能有问题。”

史玉柱曾说过一句比较经典的话：“中央电视台的很多广告，漂亮得让人记不住，我做广告的一个原则就是要让观众记得住。”

史玉柱是个实用主义者，在他看来，广告片不是艺术片，企业家不是艺术家。消费者往往记住了一个广告很漂亮，却忽略了这个广告是卖什么的。脑白金广告虽庸俗，却能直接表达它的用途，这才是商业意义上的好广告。

方法指导

企业的广告战略可从消费者心理的角度进行规划，如选择广告诱导心理战略、广告迎合心理战略和广告猎奇心理战略等，下面一一介绍：

(1) 广告诱导心理战略

广告诱导心理战略是抓住消费者潜在的心理需求，通过某种承诺，使消费者接受广告宣传的观念，自然地诱发出一种强烈购买欲望的广告战略。

如小天鹅牌爱妻型洗衣机抓住了丈夫体贴女性，怜爱妻子的心理做广告；而“威力洗衣机——献给母亲的爱”则是从儿女体恤母亲的辛苦出发，让人感到母亲洗衣的辛苦，想到威力洗衣机恰好可以把母亲从辛苦中解脱出来，满足了人们孝敬长辈的心理需求。

(2) 广告迎合心理战略

广告迎合心理战略是根据消费者的不同性别、年龄、文化程度、收入水平、工作性质等，在广告中迎合不同消费者的需求的战略。

如果消费者关心产品质量，那么就可以突出宣传产品的质量可靠。如果消费者关心产品的售后服务，那么就应该突出宣传企业配套的服务设施。

例如，服装销售广告，在经济发达地区，消费者比较注重服装的质地、款式、个性，广告宣传就要迎合消费者的这种心理需求；在经济发展相对落后的地区，消费者比较注重服装的价格低廉、实用性、结实程度，广告宣传也要善于迎合消费者的这种心理需求。

采用迎合消费者心理需求的广告战略，关键就是突出宣传消费者最关心的产品特点和相关的信息。

(3) 广告猎奇心理战略

广告猎奇心理战略是在广告中采用新奇的媒体、新颖的形式、独具特点的内容等特殊的手法，使消费者产生强烈的好奇心，从而激起购买欲望的广告心理战略。

例如，美国航空航天局曾发明了一种“太空广告”，即利用火箭和飞行器发射广告。登广告者只需付 50 美元，即可在火箭体表面买下 1.77 米长的广告区。这种媒体材料新、形式奇，能给人以新的刺激从而留下强烈的印象。

采用这种心理战略关键在于用新奇的手法引起消费者的注意。但是要注意“奇”不“离谱”，不能“离奇”。过于刁钻、怪异的事物并不能给人留下好感。

纸上营销题

请列出你印象最为深刻的一则广告，并评述其成功之处。

营销百科

广告创意纵向思考法

纵向思考法是一种从已知的理论、知识和经验出发，按照一定的思考路线，纵向深入地进行分析研究的一种方法。这种思考方法适合对既定问题作更加深入、细致的研究。纵向思考法可分为顺向纵向思考法和逆向纵向思考法。传统上的从现象出发，层层挖掘到本质的方法就属于顺向纵向思考法。逆向纵向思考法是一反人们常规的思维方式，不是顺延下去，而是反向思考。

充分利用前五秒的悬念

营销导图

调查表明，人们对广告的注意力往往决定于开始的 5 ~ 10 秒，就像人与人交往时的第一印象一般。这短暂的瞬间常常决定着广告成功与否。

案例实证

一天晚上，电视上出现了这样一则广告：在大西北的无人公路上，一个帅哥想搭个顺风车。这时，有一辆车停在了帅哥的面前，车里坐着几个人。帅哥连忙问他们："知道马师傅吗？"全车人一脸茫然，满脑子全是问号：谁是马师傅？没有一个人回答。随即，他们拒载了这个帅哥。然后一块大牌举起——"谁是马师傅？"

看到这则广告的时候，咔咔不免有点的好奇：马师傅到底是做什么的？这则广告怎么没说明白呀？总觉得这样打出来的广告莫名其妙的，可心里痒痒地又想知道答案。第二天，咔咔又仔细把广告再看了一遍，还是丈二和尚摸不着头脑！

直到不久后的某一天，咔咔开车去上班的时候，在收音机里听到了这样一段广播：马师傅来了！马师傅是马来西亚石油公司的润滑油。听到这广告时，咔咔心一喜：总算弄明白了！

一笑过后，咔咔马上就感觉到：马师傅的这次广告推广的整合营销做得很成功，把各种传播工具和手段运用得炉火纯青，算得上是个卓越的方案。

方法指导

悬念设置可以有多种方式：危险、恐怖、探险、灾难，等等，从小说或电影作品中攫取的魔幻元素、奇幻境界等都可以作为构成悬念的常用要素而或单独或集中地使用。

（1）表现惊恐、惊险的场景。恐怖、惊险或者灾难性场面都传递了一种信息：危险。对于危险的关注、提防和恐惧是人的一种本能。因此，这种场面在制造悬念方面是屡试不爽。

（2）拷贝、移植、改造知名影视作品中的情节。一些影视作品风靡全球，其中的某些情节和表现元素已经广为人知。通过对影视作品情节的嫁接，从而轻而易举地引起顾客的关注。

（3）对事件进行不完整叙述。评书艺术中，每当故事情节发展到紧张激烈的高潮或矛盾冲突发展到剑拔弩张的关键时刻，常常以“欲知后事如何请听下回分解”的方式来结束，广告也可以结合这种不完整叙述法。

纸上营销题

你认为最具有悬念性的广告是哪一则，请谈谈其中悬念手法的运用。

营销百科

广告创意横向思考法

横向思考法是指尽量摆脱传统观念而从新的视角对某一事物重新思考的一种方法。横向思考法强调思维的多向性，即善于从多方面、不同角度来考虑问题，它使纵向思考法的思维途径从单维发展到多维，因而具有较多的创新可能性。横向思考法，一般应具有以下特征：

(1) 要找出占主导地位的观念，例如人们最常用的创意、表现方法等。这样做的目的是为了摆脱老框框的限制。

(2) 要全方位地思考，找出不同于一般思维方式的新特点。对于偶然一闪的构思，应该抓住不放，深入发掘新的意念。

隐性植入式广告

营销导图

现今社会，各电视频道纷纷以增加广告时长的方式增加收入，广告发布环境日趋复杂、环境噪音增大、广告接触率严重下降，形成了广告拥堵的局面。对于广告的受众来说，在广告的轰炸下，显示出越来越明显的离心倾向和逆反心理，充满对广告的不信任感，对各种营销信息表现得越发麻木和冷漠。硬性的品牌形象广告很难持续激发消费者的热情，品牌联想缺少有效的更新，品牌容易被视作老迈品牌，失去年轻的消费群。

在这种情况下，植入式广告就成为进入受众心智的新形式。植入式隐性广告往往能起到比传统广告更好的效果，吸引消费者的注意力。有调查表明，美国 2/3 的电影电视业收入来自增值部分，电视剧有 75%的资金来自植入式广告。一项市场研究报告亦显示，中国本土近 70% 的观众不排斥电影电视广告。

案例实证

在《一起来看流星雨》的前几集里，平均5分钟有一个与剧情毫无关联的广告，从健身房到越野车，从奶茶到电脑，从旅游景点到玩具公仔，真是吃穿住行，想植就植，中国网友的娱乐精神再一次很好地发挥：观众们，《流星雨》喊你回家看广告！

无处不在的植入性广告把网友们雷了个外焦里嫩，有人调侃这简直就是一部广告剧。据细心的观众统计，《一起来看流星雨》截止到第四集，剧中共出现了至少12个不同品牌的30秒广告，创下了国产电视剧广告植入数量之最。而植入广告出现的频率也创下了纪录——大致为5分钟一次。为了表现某款新车的越野与赛车功能，足足用了8分钟的时间；为了宣传某GPS导航装置，主演还把半本书大小的这个装置带在身上……各类植入广告可谓无处不在。

虽然广告内容雷倒了不少观众，但其广告效果还是非常明显的。比如清华同方就是因为剧中女主角使用的同方笔记本而在市场上掀起了此款笔记本的销售热潮。

方法指导

在影视广告植入中，我们可以采取如下几种方式：

（1）直接上广告。比如电影《手机》有一情节直接加播了中国移动的电视广告片段。

（2）产品露一脸。让广告产品出现在背景环境中或者出现特写镜头。如热门电影《40岁处男》中就出现过男主角身穿的SMATTECH牌T恤、电子游戏《超级玛丽》、索尼CD播放器等产品的背景和特写镜头。

（3）影片台词。让产品名字直接成为影片台词。如《阿甘正传》的一句经典台词“见美国总统最美的几件事之一就是可以喝足‘彭泉’牌饮料。”

（4）产品在情节中出任角色。如007系列电影中，“阿斯顿·马丁”、“莲花”、“宝马”都扮演过007的坐骑。

（5）产品广告作为情节道具。如《廊桥遗梦》中传情达意的尼康相机，一共出现了17次；曾经轰动一时的韩国影片《恋风恋歌》不但刺激了济州岛的旅游，其中男女主角的围巾、服饰也引来大批影迷效仿，一时成为时尚。

不过需要注意的是，选择不同的影视节目，会带来不同的传播效果。品牌的传播效果既受影视节目自身的社会影响力的影响，还受到节目情节与品牌植入关联度的影响，关联度高，观众容易接受，而且容易和剧情一起产生记忆，传播就会好，和剧情关联度太低，会显得生硬，容易引起反感。

如何判断隐性植入式广告？

营销百科

集中市场广告策略

集中市场广告策略就是把广告力量专注于一个或几个细分的目标市场。采用此策略一般从企业自身力量考虑，选择适当的目标市场，避免力量分散而缺少力度。

第三节 不同的顾客群，不同的策略

营销一点通

✓ 不同的顾客群需要不同的广告宣传策略。

✓ 被赋予灵魂的广告才最具有生命力。

确立好广告目标

营销导图

企业要制定合理的广告策略，第一步就是明确企业做广告的目标。选择广告目标首先要透彻分析和了解当前的市场情况，企业要根据产品自身的特性和生命周期选择不同的广告目标。

案例实证

百威啤酒是在美国及世界最畅销、销量最多的啤酒，其长久以来居于啤酒业的霸主地位，这与其卓越的市场策略和广告策略有着重要的关系。

在百威进军日本市场时，广告对象主要设定为25～35岁的男性，他们平常都喝除啤酒以外的烈酒，对运动与时装非常有兴趣，喜爱各种各样的休闲活动。这个对象的设定与百威啤酒原本就具有的“年轻人的”和“酒味清淡”的形象十分吻合。

在设定目标后，百威把宣传重点放在了年轻人关注较多的杂志广告上，并推出特别精印的激情海报加以配合。广告的诉求重心则是着力于强化品牌的知名度，以突出美国最佳啤酒的高品质形象。在行销的第一、二个阶段，传播概念都建立在“全世界最有名的高品质啤酒”，视觉重点强调在标签和包装上。

百威广告在表现上运用了扣人心弦的创意策略，即将百威啤酒融入于美洲或美国的气氛中，如辽阔的大地、沸腾的海洋或宽广的荒漠，使观众面对奇特的视觉效果产生一种震撼感，留下深刻的印象。这种策略在第一个阶段被运用得非常有技巧。在第二个阶段，创意方向则针对美国风味加以渲染，以造成强大而新鲜的感觉，以勾起目标对象的渴望。

第一阶段的广告主题是“第一的啤酒，百威”。动人的标题是“我们爱第一”。到了第二阶段，主题改为“百威是全世界最好、最有名的美国啤酒”。广告标题则变成“这是最出名的百威”，标题还印在啤酒罐上，只要拿起罐子就可看到。

百威推出的多种不同广告，博得了消费者的好感，而且恰如其分的广告，也使在 1981 年才进入日本市场的百威，第二年就在日本进口啤酒中就名列前茅，1982 年销量更是比 1981 年增加 50%，1984 年就取得了销售 200 万瓶的业绩。

方法指导

对企业来说，必须为自己的产品确立正确的目标。百威在进入日本市场之前对当地的啤酒市场、社会结构、不同年龄和阶层的消费者状况进行了细致的调查，把握了日本年轻人市场的变化，确立了以年轻人为目标的广告策略。然后，根据目标群体的需要，进行有针对性的广告宣传。最终获得了成功。

一般主要的广告目标可以分为三种：

(1) 宣传广告。宣传广告的目标是要告诉顾客有关产品的信息。这是一种报道性广告，即通过向消费者介绍广告的性能、用途、价格等，以刺激消费者的初始需求。在推出新产品或新服务时，这是一种非常主要的广告目标。

(2) 劝说广告。当目标顾客已经产生了购买某种产品的兴趣，但还没有形成对特定产品的偏好时，劝说广告的目的是促其形成选择性需求，即购买本企业的产品。劝说广告突出介绍本企业产品的特色，或通过与其他品牌产品进行比较来建立一种品牌优势。

（3）提醒广告。有些产品在市场上销售多年，虽已有相当的知名度，但厂商仍需要推出提醒性广告来提醒购买者，不要忘了他们的产品。这是一种备忘性广告。这种广告有利于保持产品在顾客心目中的形象。

纸上营销题

你认为该如何确定广告目标？

营销百科

无差别市场广告策略

无差别市场广告策略主要运用于同质市场，指在一定时期内运用各种广告媒体向同一个大目标市场推出相同内容主题的广告，以广为宣传，迅速占领市场。这种策略的效果较好，但成本较高。

定位：精准满足特定消费群的心理需求

营销导图

对于什么是定位，人们的意见基本一致。定位是确定公司或产品在顾客或消费者心目中的形象和地位，这个形象和地位应该是与众不同的。但是，对于如何定位，可谓仁者见仁，智者见智。绝大多数人认为，定位是给产品定位。

案例实证

沈阳华润雪花啤酒有限公司于1993年成立，经过十余年的发展，已经快速发展到了36家工厂，并拥有了20多个地方性品牌。从产量不到20万吨发展到超过300万吨。

2004年1月，科特勒集团与华润啤酒宣告合作，进行雪花啤酒的全国性推广。合作之初，科特勒就指出，中国啤酒品牌缺乏“有情感价值的故事”，存在定位不明晰的软肋。

开展合作之后，雪花啤酒和科特勒营销集团共同成立的项目小组对雪花啤酒的品牌定位流程和方法进行了调研和考察。项目小组针对雪花啤酒在各个市场的品牌表现，以及消费者对它的认知情况进行了调查。具体包括雪花品牌在当地市场、消费者心目中的定义和看法。此调查在全国10个城市进行，包括沈阳、长春、哈尔滨、北京、天津、上海、武汉、合肥、成都、广州。

调查显示，华东和华南市场对雪花的认知还比较少；沈阳是雪花啤酒的故乡，在该市，它是一个和很多消费者有深厚感情的老品牌，并伴随着他们的每一步成长；在黑龙江，消费者认为它是一个从沈阳过来的老品牌，企业很有实力；在北京、上海的调查表明，虽然雪花啤酒在全国发展很快，但在这两个市场并不多见；而在武汉、成都、合肥等城市的调查表明，雪花啤酒的成长快、实力强，可以和成长结合起来。

在品牌调查的基础上，项目小组进行定性调查，深入挖掘消费者内心深处的品牌故事，找到消费者对啤酒品牌以及对雪花品牌的认知，以及和成长概念的关联度，也包括雪花和竞争对手在情感上的关联度。

项目小组在6个城市做了12场消费者的定性研究座谈会。在品牌定位的流程推出后，在全国5个城市展开了测试，并进行了20场座谈会。以测试雪花的定位能否得到消费者认可以及消费者心目中存在的情感故事。

经过全国各城市的调研之后，雪花啤酒的消费者被定位在了20～35岁的人群。他们最大的特点是每天都在成长，其情感生活中有成长带来的喜悦和满足。但针对这个年龄段人群的啤酒品牌仍然是空白，而他们又希望在生活中找到可以寄托情感的产品。所以雪花被定义为伴随这部分消费者成长的伙伴。

有了准确的定位，雪花啤酒再配合广告公司推出具有成长主题的广告。整个项目一直持续将近一年，伴随着“雪花啤酒、畅享成长”的故事出笼而结束。

方法指导

科特勒的品牌定位绝不是一则广告和一个故事那么简单。他帮助雪花找到了品牌定位的一种境界，即满足消费者的情感需求。科特勒指出，国内很多品牌忙于追求物质价值，没有意识到品牌精神价值的重要性。精神层面的情感需求一旦在消费者的头脑里形成固定印象并被认可的话，就会加深消费者对它的品牌忠诚度。

那么，如何为品牌找到满足品牌精神价值的定位呢？营销竞争实践表明，仅有产品定位已经不够了，必须从产品定位扩展至营销定位。营销定位需要解决三个问题：满足谁的需要？满足谁的什么需要？如何满足这些需要？我们可以将其归纳为三步营销定位法。

第一步：找位：满足谁的需要？即选择目标市场的过程。

在市场分化的今天，任何一家公司和任何一种产品的目标顾客都不可能是所有的人，同时也不是每位顾客都能给它带来正价值。事实上，诸多企业的营销成本并没有花在带来价值的顾客身上，浪费了大量的资金和人力。因此，裁减顾客与裁减成本一样重要。雪花啤酒将目标客户群定在 20 ~ 35 岁的人群，舍弃了其他年龄层的顾客，最大化了优秀顾客的价值。之后，我们需要进行第二步操作——定位。

第二步：定位：满足谁的什么需要？即产品定位的过程。

产品定位过程是细分目标市场并进行子市场选择的过程。这里的细分目标市场与选择目标市场之前的细分市场不同，后者是细分整体市场，选择目标市场的过程，前者是对选择后的目标市场进行细分，在选择一个或几个目标子市场的过程。

如科特勒集团对雪花啤酒的定位，对目标市场的再细分，不是根据产品的类别进行，也不是根据消费者的表面特性来进行，而是根据顾客的价值来细分。顾客在购买产品时，总是为了获取某种产品的价值。产品价值组合是由产品功能组合实现的，不同的顾客对产品有着不同的价值诉求，这就要求厂商提供诉求点不同的产品。

第三步：到位：如何满足需要？即进行营销定位的过程。

在确定满足目标顾客的需要之后，你需要设计一个营销组合方案并实施这个方案，使定位到位。这不仅仅是品牌推广的过程，也是产品价格、渠道策略和沟通策略有机组合的过程。可见，整个营销过程就是定位和到位的过程，到位也应该成为广义定位的内容之一。

实际上，到位过程也就是一个再定位的过程。因为在产品差异化很难实现时，必须通过营销差异化来定位，如今，你推出任何一种新产品畅销不过一个月，很快就会有模仿品出现在市场上，而营销差异化要比产品模仿难得多。因此，仅有产品定位已经远远不够，企业必须从产品定位扩展至整个营销的定位。

纸上营销题

请谈谈广告如何找位、定位、到位。

....

....

....

....

营销百科

差别市场广告策略

差别市场广告策略是指在一定时期内，针对细分的目标市场，选择部分媒体或媒体组合进行广告宣传。之所以要选择，一是为了先行试探，待市场扩大后再采用其他媒体；二是为了节约成本，提高所选媒体的效率。

维护品牌核心价值需要塑造品牌内涵

营销导图

由于消费者对不同的品牌有不同的认知，所以他们在购买时就会做出不同的选择，如果公司不主动给品牌塑造内涵并让公众接受其内涵，那在竞争中就容易处于被动。

案例实证

1886年，可口可乐诞生了。随着可口可乐公司不断发展壮大，可口可乐的配方也越来越神秘。究竟是什么东西，使这一饮料具有那么神奇的力量呢?

在过去一百多年里，世界上和可口可乐制造有关系的人，都严守着可口可乐配方的秘密。人们知道可口可乐99%的成分是水和糖，但就不知道那1%是什么。而可口可乐对世界各地的分公司的授权方式也十分独特，总部提供“可口可乐原液”，其余成分由分公司添加。原液究竟是什么呢？没有人知道。

终于，1996年，一条新闻在全世界炸开，其影响力不亚于第一颗原子弹爆炸。一个叫马克·彭德格斯特的人将可口可乐配方公布于世。虽然可口可乐对此配方极力否认，但是后来，《泰晤士报》根据此配方生产了名为“爱可顿”的可乐。专家品尝鉴别后称它与可口可乐没有丝毫差别，这就证明公布的配方的确是真的。

保守百年的秘密被公开了，可口可乐不再神秘，当时很多人认为可口可乐从此将陷入危机了。但事实上，这对可口可乐一点损害也没有。

因为时至今日，可口可乐所依靠的并不是配方，而是品牌。正如可口可乐一位广告负责人说的那样：“消费者买的是可口可乐牌子，而不是饮料本身。”

而且，可口可乐已经是美国文化的一种象征，它是“美国人的骄傲，是装在瓶子里的美国之梦”。这一文化象征，没有什么饮料可以取代，人们又怎么可能放弃它呢?

即使爱可顿可乐本质上和它是一样的，也抢不走可口可乐的消费者。

方法指导

品牌的核心价值是品牌资产的主体部分，同时也是品牌保持持久竞争力的保证。品牌核心价值应该通过品牌的内涵去铸造，因此要针对行业产品的不同特点，结合适当的市场定位，赋予品牌独特的内涵。要维护品牌的核心价值，就需要从以下几方面入手去塑造内涵：

（1）内涵的确立

这是塑造品牌内涵的第一步。企业首先要做的就是收集竞争市场信息，包括竞争对手品牌的内涵及被接受程度，市场上品牌分布状况，产品特点、档次等；再根据自己公司或产品特点确定合适的内涵。

（2）内涵的传播

品牌需要制订合适的方案去传播，包括时间、地点、途径、是否请明星代言、广告的制作等。不同的传播途径会覆盖不同的消费群体，不一样的手段也会给人不一样的感觉，所以企业需要根据自身品牌和产品特点及公司实际情况作出合理安排，切不可一味依靠广告。

在品牌传播过程中，有一个很多公司时常忘记却需要遵守的原则：避免品牌内涵与产品、服务或公司形象等不符合、不统一。我们看到，很多企业投入了大量资金做广告，产品的设计或研发却没有跟上，甚至公司内部有违规现象，这都极大地影响了品牌在公众心目中的形象。

（3）内涵的维护与创新

社会总是向前发展的，客户需求也会随着时代的变化而变化，特别是竞争者会在你不小心时利用你的弱点，抢走你的客户。只有不断关注并满足客户需求，才能不断发展。

纸上营销题

请调查你的产品品牌在顾客心中的印象。

营销百科

广告媒体组合策略

广告媒体组合策略是指企业在运用广告宣传手段时，对不同媒体进行组合，使其相互配合，取长补短。广告媒体交错运用，在心理效应上有以下三点作用：

(1) 高广告声势。如将同一广告主题分别在电视、电台、报纸各做一次广告，这就比在某一媒体连续做三次广告的心理影响大。

(2) 拾遗补缺。把同一主题的广告分别在不同媒体上传播，消费者接触广告的机会就大。

(3) 相互补充。以两种以上的广告媒体来传播同一产品的信息，对于阅读者而言，其广告效果是相互补充的。

第九章

戴上品牌的光环

第一节 打品牌就要创名牌

营销一点通

✓ 名牌是品牌的追求，打品牌就要创名牌。

✓ 品牌建设很重要，要从战略上去考虑。

品牌管理要尽善尽美

营销导图

品牌看似坚硬，实则脆弱，它需要持续的塑造与精心的维护，就算以最昂贵的管理使之历久常新，也在所不惜，不然品牌就失去了它应有的作用。

案例实证

业内人士笑称："宝洁打喷嚏，每个人都要拿卫生纸，它的一举一动，对整个洗涤行业都有影响。"海飞丝、飘柔、潘婷、汰渍、碧浪、舒肤佳、护舒宝、佳洁士……每天，我们的视觉、听觉、嗅觉及触觉，都或多或少被 P&G（宝洁）旗下的品牌广告所占据。

作为全球最大的日用消费品制造、经销商，宝洁每年广告费的支出高达 30 亿美元。独特的品牌识别，大量的广告宣传，领先一步的产品改良，构成了宝洁与其他众多企业的差异，这也是它经久不衰的奥秘。

宝洁工厂在 1837 年由两位连襟——专门制造蜡烛的 Procter 与生产肥皂的

Gamble 合资在美国辛辛那提开设。当时，这家工厂有个绰号叫“猪厂”，因为蜡烛和肥皂都是由猪的脂肪提炼而成的，对屠宰场相当依赖。

宝洁最让人熟悉的是用了一个多世纪之久的品牌标志——一个人在月亮里，由 13 颗星星围绕着，13 颗星星代表着北美洲的 13 个殖民地。

电视广告并非娱乐，它的主要任务是有效地传递商品信息。宝洁的广告从文案创意到完成，通常要经过四次测试，如果被邀请的消费者不满意，广告便可能被取消。

在广告公司眼中，宝洁是最大的“米饭班主”，因为宝洁作为一个持续的广告主，即使在世界最困难的经济萧条时期，也从未放弃过广告。大量的广告对宝洁的营销起着举足轻重的作用。

宝洁的营销宗旨，即只要有宝洁品牌销售的地方，宝洁就要努力成为该市场的领导者。为了创建品牌，占有市场，宝洁在大量投放广告之余，亦很注重产品试用和进入消费者生活的“第一步”。

早在很多年以前，宝洁就在美国成立了消费者研究机构，成为美国工业界率先运用科学分析方法了解消费者需求的公司。宝洁陆续建立起用户满意程度监测系统，了解各个国家的消费者对公司产品的反映，70 年代更成为最早用免费电话与用户沟通的公司。宝洁建立起庞大的数据库，把用户的意见及时反馈给产品开发部，以求产品的改进。

宝洁从事基础研究，是世界上第一批进行基础研究的企业之一，这为宝洁独立开展 R & D 和生产打下了基础。百余年来，宝洁的科学家和研究人员，一直致力于如何改良产品，降低成本，形成宝洁产品的独特差异，从而建立起宝洁王国。

1998 年，宣称“我们与世界上的家庭息息相关”的宝洁，又通过广告语清晰地表达了自己占领市场争当先驱的思路——让我们尽心尽力……让每天尽善尽美……

方法指导

塑造品牌是一个持续的过程，必须持之以恒。市场上每天都有新品牌诞生，消费者接收的信息远远超过了其记忆能力。那么，企业如何才能塑造尽善

尽美的品牌呢？可以从以下四个方面来努力：

(1) 企业家要正视一个现实：没有一个品牌能够仅靠一副面孔就能赢得消费者的永远忠诚。通俗地说就是，品牌不“变新”，消费者就“变心”。因此，企业家如果不想企业被市场淘汰，就必须坚持塑造品牌，不断推陈出新，经常让消费者体验“惊喜”。

(2) 企业必须有一个专职部门负责品牌塑造工作，或者说至少要有一个专业人士负责品牌建设。只有这样，才能有足够的权限、精力和时间来开展品牌塑造工作。当然，企业也可以选择与专业的品牌咨询公司合作，以提高品牌塑造的专业性和效率，同时也能够大幅度降低品牌塑造的成本。

(3) 在品牌塑造过程中，品牌定位既要保持相对稳定，不能随意更改，又必须根据市场的变化，以及消费者需求的变化，作适当的细微调整，简称品牌微调。

(4) 企业在品牌塑造方面要有持续稳定的投入，而且应该有比较科学的预算，以免对品牌传播造成负面影响。

纸上营销题

请谈谈你对品牌管理的认识。

营销百科

品牌营销的广告策略

扩大企业知名度、提高市场占有率的最有效手段就是广告，因为广告具有独特的渗透力和扩张力。任何品牌的产生、发展及其维护都离不开广告。越来越多的企业不得不投入巨额资金进行广告宣传，以赢得消费者。没有广告，世界上就不会有名牌产品。国内外许多驰名品牌，无一不是借助广告扬名的。在知识经济下，广告是一项高智力的产业，为知识性产品创造品牌的作用就显得更加重要。因此，企业要借助广告扩大品牌的知名度。

全程品牌管理塑造强势品牌

营销导图

企业需要品牌，品牌也为企业带来诸多好处，但是这些都需要优良的品牌管理。目前，随着品牌管理的环境不断变化，品牌管理面对的挑战也越来越多，关于什么是品牌，如何最佳管理品牌的理念正在转变。创建一个强大的品牌比以往任何时候都困难，但同时它的发展潜力也可能更高。如何规避这些困难，力求更高回报是优秀企业创建品牌的总体战略目标。

案例实证

如今的奔驰汽车以其卓越的品牌质量闻名全球。奔驰以其品牌的影响力，在世界汽车工业领域树起了丰碑。也正是奔驰这一品牌，为整个德意志民族赢得了荣誉和骄傲。在全球汽车工业领域，奔驰似乎成了高品质的代名词。在奔驰品牌的名下，荟萃着各种高质量的汽车，从小轿车到2150吨的大型载重车，共有160多个车种，3700多个型号。奔驰车的质量号称跑20万公里不用动螺丝刀；跑完30万公里以后，换个发动机，能再跑30万公里。奔驰之所以拥有如此强势的品牌，主要是因为奔驰公司的全程品牌管理。

奔驰公司认为，成功的品牌实际上包括整个业务流程，只有每个流程都能够保质保量，品牌的品质才能得到保证，品牌的强势才能得以塑造。而且，奔驰还把这种理念灌输给每一位员工，只有全体员工都重视质量，产品的质量才有保证，品牌才能强势。因此，公司强调人人参与质量管理，努力营造质量管理理念。他们把生产流水线作业改为小组作业。每组进一步确定内部分工、协作、人力安排和质量检验，以消除员工因为重复单一劳动而带来的疲劳和厌倦感，使他们成为多面手；同时使他们的劳动积极性和主人翁意识得到增强，从而有利于保证产品质量，提高工作效率。

奔驰的每一位员工都能充分意识到：用户在我心中，质量在我手中。奔驰公司严格的质量管理充分提升了员工的质量意识、团队意识和主人翁意识，是奔驰品牌强势的最有力保障。

奔驰车的生产实行严格的工艺流程，精工制作，一丝不苟。奔驰车座位的纺织面料所用的羊毛是从新西兰进口的，粗细在 23 ~ 25 微米之间。细的用于高档车，柔软舒适；粗的用于中低档车，结实耐用。皮面座位选用产自南德地区的最好的公牛皮，从养牛开始就注意防止牛的外伤和寄生虫。加工鞣制一张 6 平方米的牛皮，能用的不到一半，肚皮太薄，颈皮太皱，腿皮太窄。座椅制成后，还要用红外线照射灯把皱纹熨平。

奔驰公司有 126 亩试验场，每年公司会拿出 100 辆新车进行破坏性试验，以 35 英里的时速猛撞坚固的混凝土厚墙，以检验前座的安全性。可见，卓越的全程品牌管理是奔驰品牌得以畅销全球的关键之一，是奔驰品牌生存的首要因素。

方法指导

顶级企业早已认识到，品牌远不止是产品的一个名称。成功的品牌事实上包括整个业务流程：从原材料的选择到最终的品牌服务。消费者购买的正是这个流程，而不仅仅是单项产品。如果品牌是整个业务流程，品牌管理就变得相当重要，它涉及各个功能步骤，需要在整个业务流程的每个环节做出决策和行动。这种全新的品牌管理是多维的、立体的、动态的和多层次的，是企业整体商业战略的核心，这就是全程品牌管理。全程品牌管理是一个复杂的、科学的系统工程，不仅包括产品本身，而且涉及品牌经营的整个辅助支持系统和业务流程的各个层面，如品牌定位、质量管理、品牌服务和品牌广告等。

全程品牌管理有以下几种形式：

(1) 品牌管理包括产品本身及整个辅助支持系统。

(2) 将管理渗透到业务流程的各个层面。

(3) 品牌管理涉及整个零售系统本身。

无论是哪种形式的全程品牌管理，要打造一个成功的品牌，就必须加大资金和其他资源的投入，使投资力度与重点品牌经营相得益彰。例如，利用特有的研究方法分析消费者的需求变化，通过辅助交互网提供低成本优质零售服务，配置零售商信息处理系统以降低存货成本，以及实行品牌创新以提升品牌竞争力等。

纸上营销题

请谈谈你对“全程品牌管理塑造强势品牌”这句话的理解。

营销百科

品牌营销的技术创新策略

品牌不仅反映了企业信誉和企业管理水平，还代表了厂家实力。品牌的经久不衰不是故步自封能做到的，必须经过不断产品创新才能达到。有一种避免品牌退化的方式在西方被企业广泛采用，那就是把市场竞争机制引入企业内部，让各创新小组争取内部市场而争相研发新产品。可以说，内部竞争是避免品牌退化的唯一方式。在企业内部实行品牌管理制度，不同品牌竞争激烈，不仅有利于企业的长远发展和品牌的营销，而且对培养员工的创新精神和竞争意识也大有好处。

从战略高度看待品牌建设

营销导图

企业必须对自己公司进行全方位的严格评估，每隔一段时间就要仔细检查自己的产品、流程、技术、市场、渠道等，以便根据变化随时作出调整，这样才能维系企业品牌的地位；否则终将被别的品牌替代，渐渐淡出消费者的视线。

案例实证

西尔斯公司曾经是美国，也是世界上最大的私人零售企业。它拥有30多万名职工，仅仅印刷在商品目录上的联销商店就有1600多家，另外还有800多家供应契约商，其子公司遍布欧美各大城市。“百货王”历经百年不衰，其主要成功经验是：绝不墨守成规，而是随着形势的变化而变化。

西尔斯公司初创时期，主要以美国农民为供应对象。当时美国农村比较落后，交通不便，农民的需要与城镇消费者不相同，其购买力不高，总体上是一个巨大的市场。要开拓这个市场，必须采用一套有针对性的经营方式。首先，要组织生产和提供符合农村需要的商品；其次，要做到价格稳定，供应稳定，产品耐用，还要克服交通不便的困难，准时付货，建立良好的商业信誉。

西尔斯公司的创始人理查德·西尔斯原是一个铁路货运的代理商，因为几次被顾客拒绝收货，影响了他送钟表的生意。他在无可奈何中想到利用邮寄送货，结果非常顺利。他对美国农村市场的特点了如指掌，大胆创新，逐步形成了一套行之有效的新型销售和经营方法。

1895年，米利斯·洛森沃加入了西尔斯公司，他对公司的发展，特别是邮购业务的扩展，起到了极其重要的作用。邮购商业的特点，是利用信件订货又通过邮件付货，从而把买卖双方面对面成交的市场，从商店延伸到消费者家庭之中。顾客足不出户，坐在家里根据店方发出的商品样本或广告订货单，即可订货。买主卖主不谋一面，即可完成一笔交易。

邮购商业并不是西尔斯公司的首创，但使邮购逐步发展成为重要和大规模的零售商业形态，西尔斯公司却起了决定性的作用。基于邮购非常适合当时美国农村交通不便、农民进城购物困难的状况，西尔斯对邮购业务倾注了大量心血，采取了一系列措施。

例如，它从市场调查分析入手，精心编印了非常实用的邮购商品样本，坚持了“保证满意，否则原款退还”的经营方针，建立了高效的组织管理系统，让管理人员既有应有的权利，又担负起明确的责任。它的经营原则是既要物美又要价廉，真正做到成本尽量降低，售价最便宜，薄利多销，此外，品质要保持最好。

从20世纪初起，西尔斯公司便在总部所在地芝加哥成立了邮购工厂，采用标准的流水作业方式生产物美价廉的商品。西尔斯公司与各主要制造商还建立了一种与其说是购买，不如说是代理的特殊关系，从而保证了将质高价廉的商品源源不断地提供给消费者。

20世纪20年代后期，伍德接过了西尔斯公司的指挥棒。他针对当时美国市场的变化，尤其是农村市场的变化，采取了新的经营策略。他一方面继续抓好邮购商业，另一方面则以更大力量着重发展门市零售——零售商店，扩大服务对象，同时为城市居民和农民消费者服务。1925～1929年，西尔斯陆续开设了324家零售店铺，到1931年，零售营业额已经超出过去邮购销售的营业额。

另外，邮购业务是高度集中的，不多的邮购业务即可供应全国。而遍布美国纵横几千里管理的零售商店，却不能事事均由总经理管理，必须有更有效、更合理的管理层次。因此，各地区商店的独立经营和公司的统一领导是缺一不可的，既要实现中央集中采购，又要多店铺分散销售。于是，伍德采用了采购部门的集权管理与销售部门分权管理相结合的新的经营组织。

20世纪50年代初期，西尔斯公司又首创了郊区型购物中心。这种购物中心融商业、服务业、娱乐业为一体，受到消费者的欢迎，很快遍及美国。郊区型购物中心的出现，不仅是商业设施上的一大改革，而且对美国消费者的购物习惯、生活方式都产生了影响。

“百年老店”西尔斯，经历了美国社会生活的几次大变革，跟上了潮流，在稳定中成长和发展，已成为美国经营最成功和最赚钱的企业之一。

方法指导

企业如果只追求短期产品销量，而忽略了品牌打造，将会惨遭淘汰，或被挤到一个狭小的发展空间，因为只有品牌才能赢得长久的顾客。打造品牌是维系老客户、争取新客户的最好办法。为了维系品牌，企业管理者要考虑下面两点：

（1）在成熟的市场环境中，品牌美誉度欠佳的产品是很难立足的。之所以出现美誉度欠佳却还有一定销量的情况，是因为竞争还不够充分，企业的整体水平还很欠缺。

（2）消费者购买力有限，也会限制对品牌的追求。

纸上营销题

你是如何从战略高度来进行品牌建设的，请谈谈你的做法。

营销百科

品牌营销系统化策略

品牌营销系统化策略是指企业将自己生产的所有不同的产品和企业名称规定为一个品牌和名称，形成大类产品多品种系列一个品牌。企业的名称和品牌合二为一是实施品牌系统化策略的企业的常用策略，其优点如下：容易赢得消费者的信赖；可以节省企业的促销费用；可以利用企业形象推广新产品。

第二节 沁入消费者内心

营销一点通

✓ 优秀品牌都是有文化内涵的品牌，要重视品牌的文化价值。

✓ 品牌内涵的核心价值就是要获得消费者的认同。

消费者认同才有价值

营销导图

优秀的品牌都具有独特的核心内涵和文化，这使品牌形成了良好的个性。品牌核心内涵的作用就在于它在高质量的基础之上赋予了品牌以灵魂，将品牌与文化和思想联系在一起，使消费者形成高度认同感。

案例实证

品牌不仅仅是一个名称，一个商标，更是一个富有深刻内涵的内容集合，有着丰富的内容和含义。当一个品牌的内涵或者说核心理念被人们接受和认同时，品牌也就真正深入人心了。

1886 年，和美国的自由女神像一样，由潘博顿调制成的可口可乐成为美国的象征。可口可乐公司非常清楚地认识到了这一点，一位可口可乐的官员曾说："如果公司在天灾中损失了所有的产品和资产，公司将易如反掌地筹集到足够的资金来重建工厂。相反，如果所有的消费者突然丧失记忆，忘记和可口可乐有关的一切东西，那么公司就要停业。”可见，品牌内涵如果能够深深植根于消费者心目中，那么它毫无疑问地增加了商品的含金量。

比如提到迪斯尼，人们会想到欢乐、刺激；提到海尔，消费者心目中的形象是人性化、具有亲和力；提到兰蔻，人们会感觉到奢华、高贵；力士一直坚持用国际影星做形象代言人，其“美丽承诺”达80年之久；万宝路香烟纵使再狂野再奔放，也还是坚持一贯的乡村牛仔形象；可口可乐用过上百条口号，可“美味的、欢乐的”的品牌内涵不变。产品的品牌内涵是品牌形象之源，是品牌精神的孕育之地，是保持品牌活力的原动力。

森马品牌之所以能够享誉国内外，也是因为它的内涵得到了消费者的喜爱。森马的寓意是：“森立天地，马至千里”，“森”代表众多，取“众木成林立于天地”之意，其延伸意义是“十年树木，百年树人”，给员工提供良好的成长环境和发展空间，使之长成栋梁之才。“马”则代表着“热情奔放，勇于进取”。其标准色为草绿色，表示和谐环境，崇尚自然，追求快乐和希望。

“森马”与“什么”谐音，它的广告语是：“穿什么就是什么！”谐音为“穿森马就是森马”——森马服饰将伴随你的一身，也伴随你的一生。这更像是一句充满“80后”、“90后”气质的口头禅，有一点无厘头，外加一点自由不羁，折射出崇尚个性、追赶时尚的新一代人心态。“穿什么就是什么”，就是与众不同穿出个性，“穿森马就是森马”，就是新新人类真我本性。

对于服饰，森马没有先入为主的束缚，只有强烈的自我表现意识，拒绝跟风，主张在穿着和搭配上以百变的形象示人，在潮流中突显个人风格。更重要的是，他们认为缺乏个性的装扮，即使有再好的时尚品位，也都平淡如水。这些都使消费者感到自己与森马同在，森马带给自己的是卓越的品质、温暖的服务；穿森马服饰，会使自己更显时尚活力，更具价值享受。

方法指导

无论什么样的品牌、什么样的品牌内涵，只有获得消费者的认可才具有市场价值。品牌与消费者之间是一个互动过程：企业通过宣传手段，使消费者了解品牌内涵；消费者通过自己的理解，建立对品牌的形象感知。在消费者的心里，他们认为是什么就是什么。

从实质来说，消费者的品牌消费就是一种文化消费。文化消费就是文化生活，是指人们为了满足精神生活的需要，采取不同的方式消耗劳务和文化的过程。通过赋予品牌以附加的、心理的、社会的或更高层次的需求内涵，使品牌满足消费者高层次的需求，同时，品牌也就具有了更高的价值。

纸上营销题

请调查消费者对你的产品或服务的期望，并思考如何根据顾客的期望塑造品牌内涵。

营销百科

品牌知名度

品牌知名度是品牌首先追求的，是其他内容的基础，分为四个等级：第一未提及知名度、未提及知名度、提及知名度和无知名度。

第一未提及知名度是消费者在没有任何提示下，在想到某一产品类别时立刻就会想起的品牌。

未提及知名度，也是消费者在没有任何提示下，在想到某一产品类别时就会想起的品牌，只是没有第一个想起而已。

提及知名度，就是经过提示后，消费者表示知道该品牌，这是一个品牌最基础的目标。

无知名度，就是说无论如何消费者对这个品牌都做不出反应。

多向品牌延伸让消费者保持忠诚

营销导图

与以往相比，现今消费者的口味更难满足，更多的消费者喜欢转换品牌、尝试其他品牌，消费者的品牌忠诚度在不断降低。如何赢得消费者的长久忠诚，是每个企业为长久发展而必须考虑的战略性问题之一，而多向品牌延伸则是让消费者保持忠诚的最佳手段。

案例实证

吉列公司充分利用多向品牌延伸不断进行新产品开发研制，推出满足消费者需求的新产品。所以，自从1903年第一片安全型吉列刀片上市至今，吉列刀片一直畅销不衰。1932年，吉列公司推出蓝吉列刀片和单件刮胡刀，1938年又开发研制出薄型刀片，1963年，可以长时间使用的不锈钢吉列刀片又投入市场，吉列公司始终走在市场的前列。

吉列公司从没有在现有的市场份额上故步自封，而是积极开拓思路，收集各种市场反馈信息，充分了解不同消费者的需求，利用不断发展的高科技拓展吉列品牌旗下的产品种类。1971年吉列向市场投放了Trace Ⅱ型系列刀片，1977年又推出了ATRA系列刀片。

吉列公司的品牌延伸是严谨的，不是随意而为的。公司为此进行了细致的市场调研和科学的可行性分析，以及充分的试验。当吉列公司在进行双刀片销售状况的市场调研时，消费者以7：3的比率表示了对该产品的拥护。但公司并没有完全依赖这样的调查结果，在将产品推向市场前仍旧进行了周密的广告效果调查。同时，吉列公司在预算中安排了充足的赠品和退款金，以进一步刺激和扩大需求。

由于吉列公司在品牌延伸过程中充分做好了每一步的准备工作，使得新产品推入市场后取得了巨大成功。

方法指导

多向品牌延伸又称统一品牌策略或“家族品牌名称”策略。多向品牌延伸是利用已经获得成功的品牌的知名度和美誉度，扩大品牌所覆盖的产品集合或延伸产品线，推出新产品，使其尽快进入市场的整个品牌管理过程。

随着知识资本对经济推动力的加大，经济发展日益迅速，市场也更加细分；而消费者的选择也越来越多，对产品的忠诚度也越来越难以保持长久。科技进步使产品的生命周期缩短；现在，除了尖端科技产品外，一般的产品易于仿制，更新换代频繁，使产品的供给和需求具有很大的动态性和风险性。如果品牌下只有一种或几种固定的产品，企业的发展将受市场需求所左右，无形中增大了企业的运营风险。所以，企业只有不断更新产品，创造多种品牌，让产品的覆盖率增大，才能给消费者提供更多选择以变相保证消费者的忠诚度。这就要求企业进行多向品牌延伸，因为多向品牌延伸是满足不同的细分市场的一种低成本、低风险的方法。一般来说，新品牌的成功率较低，但成本很高。实行品牌延伸，可以避免推出新品牌所面临的成本高、成功率低的风险。此外，通过品牌延伸，既满足了消费者“喜新厌旧”的心理，又能保持消费者对品牌的忠诚。这就促使企业不断进行技术创新，推出新产品，以保持品牌的生命活力。

吉列公司品牌管理的成功经验表明，一个企业的品牌要想长期占有较大的市场份额，只生产一种产品是不行的，不断地进行品牌延伸是企业生存和发展的必由之路。多向品牌延伸进一步挖掘了品牌的潜力，充分体现了品牌的价值。就像维珍、索尼、本田、通用电气和其他进行延伸的品牌所显示的结果那样，科学的多向品牌延伸可以为企业带来可观的收益。

纸上营销题

请谈谈你对多向品牌延伸的理解。

营销百科

品牌认知度

如果一个品牌希望能在众多品牌中脱颖而出，进而达到在目标受众的心目中先入为主的目的，那么，培育品牌特色是最重要的一步。品牌特色是消费者十分看重的，其在顾客心目中的深入和稳固程度，被称为顾客的品牌心理认知度。品牌认知度是指消费者对某种品牌在品质上的整体印象，它不仅包括产品本身的品质，还包括产品服务的品质。消费者对品牌的认知一般通过以下几个方面：产品的功能和结构、适用性、可信赖度、耐用度、外观、包装、价格、销售服务。

重视品牌文化的价值

营销导图

品牌是企业进入市场的通行证，而文化则是品牌的重要标志和灵魂。没有文化作为灵魂，品牌是不可能在市场竞争中生存下去的。企业如果只重视有形的投入，而忽视了文化的投入，是不可能创立出真正的品牌的。“品牌的一半是文化。”成功的品牌，应该是品质和文化的结合。

案例实证

劳斯莱斯不仅是一个全球知名的汽车品牌，更代表了一种汽车文化。在竞争激烈的汽车市场中，劳斯莱斯面临着诸多强大的对手，如通用、福特和宝马等。为了能在竞争中脱颖而出，劳斯莱斯塑造了个性化的品牌文化。劳斯莱斯培训员工不要以制造冷冰冰的机器的态度对待工作，而要以人类高尚的道德情操和艺术家的热情去雕琢劳斯莱斯轿车的每一个零件，让每一道工序制作出来的部件都是有血有肉的艺术极品。所以，劳斯莱斯公司出售的不仅是品牌汽车，也代表艺术的品位。

劳斯莱斯的品牌标志——“飞翔的女神”也很独特，它体现了劳斯莱斯个性化的品牌文化意蕴：她是一位优雅的飞翔女神，代表人类的崇高理想，代表人类生活的快乐之魂，代表高贵与财富，她将道路旅行视为卓尔不凡的享受。当她降临在劳斯莱斯车的车首上时，整个世界都能听到她振翅的动听声音。

劳斯莱斯历经百年不变的“飞翔的女神”和汽车徽标的文化品位，完整地体现了劳斯莱斯公司和劳斯莱斯轿车的独特品牌文化内涵和精髓，因此，它更吸引人，更具有激情，更能打动人心。至今，人们只要看见那“飞翔的女神”，就会马上联想到雍容华贵的车中极品——劳斯莱斯轿车。同样，当人们驾驶劳斯莱斯轿车行驶在道路上时，相信这飞翔的女神一定会增加他们的荣誉感，给他们带来好运道、好福气。

劳斯莱斯已经不仅仅是代步工具，对渴望成功的有志之士，劳斯莱斯轿车更是激发他们追求理想的动力。可以说，劳斯莱斯的这种个性化品牌文化使得世界上每一部劳斯莱斯轿车都包含着一个成功人士的传奇故事，都成为文化的旗帜和跳动着艺术的音符。

哈雷－戴维森公司曾经因为忽视品牌文化的重要性，而陷入巨大的困境并面临破产的危险。Vaughan Beals 拯救了这家公司，现在哈雷－戴维森公司不仅是美国摩托车行业的精神，也是最强大的品牌文化之一。

长久以来，哈雷公司一直是其消费者钟爱和关注的对象，但是它没有自己的品牌文化。Vaughan Beals 及时发现了这个问题，为了让消费者更充分地了解哈雷公司的品牌文化，培养消费者持久的忠诚度，他在 1983 年建立了哈雷－戴维森俱乐部。该俱乐部的成员来自世界各地，此外，还设置了近千个分部。哈雷所有者组织（HOG）成为世界上由企业资助的最大的摩托车俱乐部。HOG 向成员寄发时事通讯等资料，并在全世界安排一些集会及特殊的活动。在这个俱乐部，每个成员都能够接触到哈雷产品的促销和推广活动。哈雷公司的品牌文化以极快的速度传播，而且潜在的文化积淀也受到了重视。

当哈雷－戴维森公司在庆贺公司成立 85 周年时，发生了一件能够充分反映品牌文化的独特魅力的事件。每一个摩托车驾驶者都被邀请到哈雷－戴维森的家乡密尔沃基，其中也有一些人并不是哈雷－戴维森公司的摩托车驾驶者。超过4万个摩托车驾驶者参加了此次活动，他们从美国的各个地方出发，驶向密尔沃基。Vaughan Beals以及公司的创始人之一Willie Davidson的孙子William·G·Davidson也在这众多的参与者当中。

公司管理层的所有成员都参加了全美各地举办的各种聚会和活动，收集哈雷－戴维森公司的消费者所提出的建议和观点。公司前CEO Rich Teerlink与其他管理人员一样，经常外出与消费者接触。哈雷文化的忠实信奉者就是这样逐步壮大起来的。

随着品牌文化的市场影响力逐步增强，一种对便于众多的哈雷－戴维森的支持者识别和记忆的象征的需求不断上升。Vaughan Beals对此有着精辟的见解："当你的品牌文化在世界上所有琳琅满目的商品中成为主流时，就是你该申领执照之日，这时将赋予你所经营的诸如棒球、热狗及苹果派等商品一种荣耀和信誉。"

于是，更多新的文化元素被加入了这一世界级的知名品牌之中。哈雷－戴维森公司就是这样不断地提升着其品牌文化。而它的消费者也在无形地推动着这个品牌文化的发展，并在一定程度上不断地影响着他们周围的人群和环境。

方法指导

企业的竞争就是品牌的竞争，而品牌的竞争其实就是品牌文化的竞争。顶级企业都十分重视品牌文化的价值，它们在产品设计、商标、生产、销售、服务和广告宣传等各个环节上都在努力增加文化投入。这些企业之所以能够创出名牌，一个重要原因就在于它们努力把文化注入品牌创建的整个过程。

产品的特性需要通过品牌的个性来体现，要增加产品的"含金量"，就必须增加品牌的"文化势能"。将无形的文化价值转化为有形的品牌价值，把文化财富转化成企业竞争的资本，使产品在激烈的市场竞争中具有更强大的生命力。

产品不能没有文化，品牌也不能没有文化。没有文化的产品是不具有生命、灵魂和气质的。品牌文化是企业形象的内核，也是产品形象的基础和消费者对品牌的认识和理解。只有消费者熟知、认可和接受了企业的品牌文化，企业的品牌才能树立起来。品牌文化就是品质和文化、物质和精神高度融合的产物，文化是品牌的生命、产品的精髓。

尼采曾说过："当婴儿第一次站起来的时候，你会发现，使他站起来的不是他的肢体，而是他的头脑。"对品牌而言，如果说产品的质量、特色、设计等要素是品牌的肢体，那么蕴涵在其中的文化则是品牌的头脑。品牌正是通过其文化使消费者和社会公众对其产品产生认同感、亲和力，进而提升品牌形象，促进产品销售。

请阐释你的品牌中所蕴涵的文化。

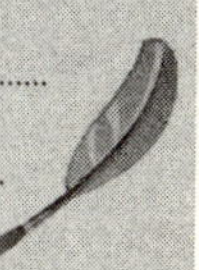

营销百科

品牌忠诚度

按消费者对品牌的忠诚度从低到高可将消费者划分为：无品牌忠诚者、习惯消费者、满意消费者和承诺消费者。企业可依据品牌拥有的消费者的类型判断品牌忠诚度。无品牌忠诚者对品牌的认识没有任何差异，会经常地更换品牌；习惯消费者的品牌倾向若有若无，他们会在惯性状态下重复购买某一品牌；满意消费者对品牌相当满意，而且已经产生了品牌转换成本；承诺消费者不仅已经对品牌产生了感情，更以拥有品牌而骄傲。

第三节 爱上消费者的精神需求

营销一点通

✓ 经营顾客的期望才是高明营销之举。

✓ 对手的软肋就是你彰显品牌个性的机会。

满足顾客内心的期望

营销导图

营销大师杜拉克曾在他极具影响力的著作《管理的实践》一书中，着重强调了“以顾客为导向”的营销理念。有数据表明，大约每四位顾客中就有一位对供应商不够满意，并且不确定今后是否要继续与之合作。因此，满足消费者的心理期望是企业在营销中的首要任务。

案例实证

宝洁公司，其主要产品已经成为在中国市场占有份额最大和最受中国老百姓喜爱的产品。宝洁公司成功的关键在于其产品能够以情入手，在消费者普遍开始关注健康生活的时候，将健康的生活方式、全新的健康理念和可信的健康用品带到消费者身边。

宝洁公司推出的健康生活的理念深入人心，它向人们发出了善意的问候：

“你洗头了吗？我们推出的洗发水是最适合您用的洗发水。”“你会洗头吗？我们告诉您正确的洗头方法。”“你洗得好吗？我们来指导你如何使用护发水。”“您有头皮屑吗？我们的洗发水能够帮您消除头皮屑。”

在这一系列宣传主题的背后，体现的是宝洁公司对消费者心理期望的把握。宝洁似乎每天都在关注我们如何更好地生活，它在获得经济效益的同时，获得的社会效益也是空前的，甚至是长远的。宝洁公司的成功不是偶然的，而是因为它充分掌握了消费者的心理，满足了消费者的心理期望。

方法指导

一位客户去买油漆，店家的服务员向他推荐“立邦漆”，并向他介绍这种油漆的质量非常好，5年或10年都不会退色，但是它的价格是普通漆的两倍。客户觉得油漆不错，就是价格太贵了。客户是一位饭店老板，5年不退色对他来讲没有多大实用价值，因为饭店不可能5年才刷一次墙。

顾客的需求不同，心理期望值就会不一样。我们常常讲，顾客就是上帝，能否满足顾客的心理期望，在企业营销中是非常重要的。假如这位客户买油漆是家用的，那么重点向他推介油漆的品质保障，顾客就会很心动，因为对于顾客来说，5年不退色是条很有价值的信息。

依据顾客期望制定营销策略才能使企业在市场中立于不败之地。许多经营者虽也在口头上说“以消费者心理为中心”，但由于长期的思维定式，在头脑中形成的还是“以我为中心”的经营观念，对消费者心理期望并不了解，所以导致市场越来越小，生意越来越难做。

要满足顾客的期望就需要走入顾客之中，因为顾客是产品创意的最佳来源。从顾客那里获取创意的最好方法就是进行市场调查，或询问用户对现有产品的购买、使用的印象、意见等情况。

纸上营销题

请谈谈你是如何把握住顾客的期望的。

营销百科

品牌联想

品牌联想是消费者在想起某一品牌时所勾起的所有印象、意义、联想的总和。当联想组合成一个完整、综合、有意义的品牌印象时，我们就称之为品牌形象。企业发现，将其品牌与其他图形、标志，尤其是与竞争对手的品牌建立联想，对本企业的品牌大有裨益。一般说来，品牌联想对顾客接受来自品牌的有关信息大有帮助，如耐克与迈克尔·乔丹相连；麦当劳则与迪斯尼联系到一起。毫无疑问，品牌联想是品牌认知形成的重要的驱动因素。

抓住对手软肋来显示自己

营销导图

品牌就像一个人，想让消费者过目不忘，就必须拥有特殊的内涵和气质——品牌的个性。然而目前市场上的产品同质化非常严重，如何突显品牌的个性是企业营销中的关键问题之一。

案例实证

为了要在可口可乐手中夺取业已成熟的消费群体，百事可乐付出了极大的代价，包括重新定位品牌、开拓市场、细致的调查，以及每年数百万美元的品牌营销费用。

但是，如果有企业比百事可乐还要不幸，被迫要与可口可乐、百事可乐联军对抗，那又该如何做呢？实际上，在开始的时候，七喜汽水就陷入了这样的僵局之中。

在如此强大的对手面前，七喜的弱点显得十分明显。可口可乐与百事可乐的强大之处在哪里呢？就在于这“哥俩”代表了可乐，人们想喝可乐基本上只会在这两者之中选其一，而美国人喝的三瓶饮料中，就有两瓶是可乐，这就是它们的强大之处。

可乐饮料的最独特之处就是可乐的主要成分咖啡因，所以联邦法院规定凡称为可乐的品类必须要含有咖啡因。这样一来七喜的战略就显而易见了，那就是提供与可口可乐、百事可乐完全相反的东西——不含咖啡因的非可乐。

有趣的是，当初在为七喜设计出这一战略时，七喜还不敢采纳，而是在两年后眼见市场份额流失惨重，被逼无奈，才启动这一战略的。

虽然错过了最佳的战机，该战略却仍然不失其威力。七喜汽水不但凭此大量收复失地，甚至还一举拿下美国饮料第三品牌的宝座，仅次于可口可乐与百事可乐。

更有趣的是，七喜的这个战略打得可口可乐与百事可乐阵脚大乱，它们顾不得联邦法院的规定，慌忙推出了自己的“不含咖啡因的可乐”。

方法指导

企业在塑造品牌的过程中，能帮助其突显品牌个性的最有效方法就是用竞争对手产品的缺点或是弱点来打造自身产品的强大声势，就是抓住对手的软肋来显示自己，企业可以从如下几点入手：

(1) 根据对手的品牌定位，确定自己的品牌个性。品牌的定位其实就是产品的最终购买者定位，也就是说，你希望谁来购买你的产品，就必须关注谁的年龄、教育程度、收入状况、生活习惯、品位和个性特点，等等。只有确定了品牌的定位，才能确定品牌的个性。而想与对手有不同的产品定位以突显自己的个性，就必须把握对手的品牌定位，然后反其道或避其道而行之。

（2）注意把握消费者心理需求，保持品牌个性与消费者个性的一致性。品牌的个性塑造不能离开目标人群的消费心理，消费者是有个性的，他喜欢的品牌也是跟他们个性相符合的品牌。此时，企业要想突显自己品牌的个性，就应该根据消费者的心理需求抓住对手产品的弱点或缺陷，来突出自己的优势，这样往往能获得成功。

（3）企业的行为也能反映出它的独特个性。企业的促销策略、服务方式、推广方式、渠道策略、内部管理都能反映出品牌的个性，因此，品牌个性的塑造是全方位的，而不是仅限于产品和销售本身。所以，要想在同质化非常严重的市场环境下突显自己的品牌个性，就要全方位地把握对手的企业行为，然后才能有的放矢，做出与其他不同的、有差异性的、独特的品牌设计，突显自己的品牌个性。

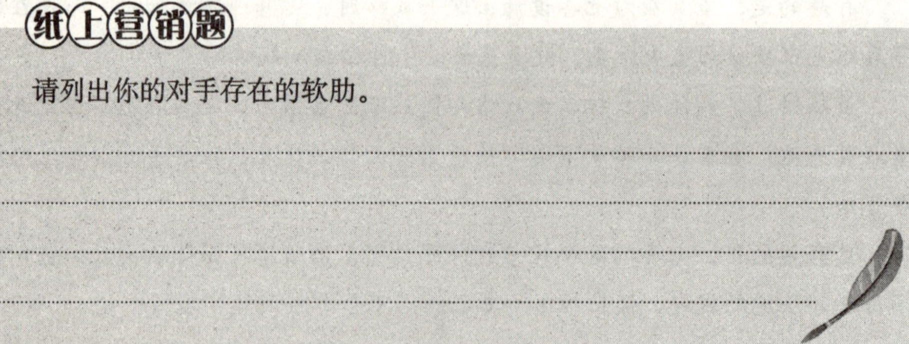
纸上营销题

请列出你的对手存在的软肋。

营销百科

品牌规划

品牌规划将确定各类用于体现品牌承诺的品牌信息，这其中包括品牌名称、图形表述、品牌说明、品牌口号和品牌故事等。品牌媒介传播最终将由专门从事创意的广告公司或图形设计公司来策划完成。品牌规划的目的是提出或阐明用于传达品牌内涵的信息类型，进而建立品牌信息本身的传递系统。

多层次品牌保护不要忽略消费者的偏爱

营销导图

拥有名牌首先要从保护品牌开始，所谓多层次品牌保护，就是品牌的所有人、合法使用人对品牌资格实行的保护措施，以防范来自各方面的侵害、侵权行为和促进品牌的保值增值。当今世界，品牌所承受的风险，尤其是名牌所面临的风险是很大的。品牌保护任重道远，需要企业不断从理论和实务上完善品牌保护，以切实维护企业利益。但是，在保护品牌的同时，还要兼顾消费者的精神需求，不能忽略消费者对品牌的偏爱，否则将会为企业带来意想不到的困难。

案例实证

可口可乐曾经为了与老对手百事可乐竞争，决定树立新的品牌形象。它于 1985 年 4 月 23 日宣布放弃那一成不变的传统配方，推出符合某些偏好口味更甜的软饮料的消费者口味的“可口可乐 1 号”。百事可乐公司抓住这一机会，对其大加贬低。而更糟糕的是，消费者对可口可乐改变配方这一做法感到强烈不满。新可乐在上市 4 小时之内，就接到了 650 个抗议电话。到 5 月中旬，公司每天接到的批评电话多达 5000 个。一些传统可乐的消费者认为可口可乐忽视了他们的感受，号召抵制新可乐。在这种情况下，公司只好顺应潮流，恢复生产原配方的可乐，这才解除了可口可乐品牌的噩梦。

方法指导

品牌形象是品牌的一种象征，代表着一个品牌、一种力量，其中也蕴涵着一种文化，是品牌资产价值的重要组成部分。品牌专家们认为，企业品牌对于消费者来说具有强烈的吸引力：一是产品质量的吸引力；二是心灵上的吸引力。这也就是说，对于某些品牌，消费者已经形成了固定的偏爱，他们不允许也不接受某些品牌产品的大的变动。而企业在经营过程中，不能忽视消费者的偏爱，否则会带来意想不到的麻烦。

如何进行多层次品牌保护而又能满足消费者的精神需求呢？企业需要遵守以下几点原则：

（1）形象塑造的适度性原则。各行业品牌的知名度变化有其基本规律，宣传过多，内容重复，反而容易引起消费者的反感；明星在什么场合都出现，就会使星迷们失望；品牌宣传占据人们太多的休闲时间，也会使人厌烦；另外，品牌在社会中的知名度越高，其自主的创造性就越少，而自由创造性是其名誉地位的最终保证。所以，品牌形象塑造的适度性是品牌保护的重要手段。

（2）变化性原则。消费者对品牌的忠诚度影响品牌的生存与发展。消费者通过新闻媒介提供的信息和质量检测机构对产品质量检测的结果，以及亲身感受去评价品牌，他们对品牌产品信息反应灵敏。但他们反应的方向主要受自身消费文化和收入水平的影响，而且这些因素是经常变化的。品牌保护需要根据这些变化及时调整，并使品牌适应这些变化，这样才能更好地保护品牌。

（3）消费者至上原则。品牌不仅仅是企业的品牌，更是消费者的品牌。失去了消费者，也就无品牌可言，品牌的维持与消费者的态度和偏好紧密相关。让公众了解品牌、理解品牌、保持品牌，这无疑对消费者品牌忠诚度的维持具有重要意义。

（4）商标设计的创新原则。完善商标设计，加大真品与仿冒品的视觉区别，也是企业多层次品牌保护的重要方法。商标设计一旦确立，不能轻易变动，以防破坏品牌在消费者心目中认知的连续性。但时代是不断进步的，因此商标又需不断地加以修正、丰富与完善，以增强商标的时代感，准确阐释企业理念，加大品牌的视觉冲击力、震撼力，突出商标个性和特色。

总之，市场风云变幻，品牌自身也有其生命周期，品牌一时的起伏是正常现象。而且行业中越受欢迎的品牌，其地位受到的波动就越大。因此，多层次品牌保护需要全力以赴，解决问题，顾及消费者的精神需求，从而塑造品牌形象，提升品牌价值。

纸上营销题

请谈谈自己品牌的优势。

营销百科

品牌承诺

品牌承诺可以定义为：当前或潜在的顾客使用某一品牌的产品或享受其服务后，渴望能从功用和情感方面获得某些利益，这些利益的本质就是品牌承诺。品牌承诺包含了消费者的观点，其目的是为了扩展品牌的内涵、灵魂和精神。品牌承诺能够起到广告用语的作用，可以强化企业内部的指导思想。

第十章

公关从来都不是难事

第一节 学会以媒制众

营销一点通

✓ 如果你能善于制造新闻，媒体就会成为你的合作伙伴。

✓ 炒作是市场营销的必杀技，不懂炒作就做不好市场营销。

巧借新闻为公关造势

营销导图

新闻造势是公关中常用的手段，它不是无中生有地编造新闻，也不是不负责任地欺骗公众，而是善于利用一些偶然事件和突发事件，在一般人视为平凡的小事中挖掘出新闻价值点来吸引新闻媒介广为传播、连续报道。

案例实证

美国联合碳化物公司一幢52层高的、新造的总部大楼竣工时，一大群鸽子竟全部飞进了一个房间，并把这个房间当做它们的栖息之处。不多久，鸽子粪、羽毛就把这个房间弄得很脏。

有管理人员建议将这个房间所有的窗子打开，把这群鸽子赶走。事情传到公司的公关顾问那里，公关顾问不同意这样做。在公关顾问眼里，这群鸽子无疑是非常好的公关角色。

公关顾问认为，举行一次记者招待会，设计一次专题性活动，散发介绍性的小册子等，都可以把总部大楼竣工的信息传播给公众，这是不错的公关方法，却非常常规。最佳的方法应做到使公众产生浓厚的兴趣，以使他们迫切想听、想看。于是，公关顾问下令关闭该房间的所有门窗，不让一只鸽子飞走。接着，他设计并导演了一场妙趣横生的“制造新闻”活动。

这位公关顾问别出心裁地用电话与动物保护委员会联系，告诉他们这里发生的事情，并且说，为了不伤害这些鸽子，使它们更好地栖息，请动物保护委员会能迅速派人前来处理这件有关保护动物的“大事”。动物保护委员会接到电话后十分重视，答应立即派人前往新落成的总部大楼处理此事，还郑重其事地带着网兜，因为要保护鸽子，必须小心翼翼地一只一只捉。

公关顾问紧接着给新闻界打电话，不仅告诉他们一个很有新闻价值的一大群鸽子飞进大楼的奇景，而且还告诉他们在联合碳化物公司总部大楼将发生一件既有趣而又有意义的动物保护委员会来捕捉鸽子的“事件”。这条颇有新闻价值的新闻使得电视台、广播电台、报社等新闻传播媒介纷纷派出记者跟进现场采访和报道。

在各大媒体的聚焦下，动物保护委员会捕捉鸽子时也十分认真、仔细。他们从捕捉第一只鸽子起，到最后一只鸽子落网，前后共花了 3 天时间。在这 3 天中，各新闻媒介对捕捉鸽子的行动进行了连续报道，使社会公众对此新闻产生了浓厚的兴趣。各媒体消息、特写、专访、评论等报道方式交替使用，既形象又生动，吸引了广大公众的关注。

漫天的新闻报道把公众的注意力吸引到联合碳化物公司，聚集到公司刚竣工的总部大楼上来。联合碳化物公司总部大楼名声大振，公司高层还充分利用在荧屏上亮相的机会，向公众介绍公司的宗旨和情况，加深和扩大了公众对公司的了解，从而大大提高了公司的知名度和美誉度。借此机会，他们将联合碳化物公司总部大楼竣工的消息巧妙地、顺利地告诉了社会。通过“制造新闻”，联合碳化物公司事半功倍地完成了向公众发布此消息的任务。

方法指导

联合碳化物公司将小事件营造成大新闻的策略，不仅不花分文就把鸽子赶走了，还把公司及其新建的大楼美美地宣传了一把。从制造捕鸽新闻，到传递并渲染新闻，足足花费了3天时间，把公众的注意力深深吸引住了，自然也使得公司深入人心。

企业公关造势通常通过报刊、电台、电视、会议、信函、支持公益事业等方式来进行，从而使企业得到传播。良好的企业声誉能转化为产品的声誉，从而有利于促进产品的销售。一般来说，企业采用公关造势时主要考虑到公关具有以下优势：

（1）新闻价值高。公关活动的报道者都具有一定的新闻水平，可以在社会上引起良好的反响，并产生一定的销售潜力。企业在进行公关活动时，常邀请记者、专家或政府人员出席，和他们建立良好关系，通过他们来介绍企业和产品的状况，公布企业对国家、社会和广大消费者所作出的贡献等。

（2）信誉度高。新闻报道经常是通过第三方进行宣传，采用这种方式可以在社会上引起良好的反响。公关通常是同有关社会团体建立联系，并提供有关咨询服务，通过这些社会团体的宣传报道，可以使社会公众对企业和产品产生良好的印象。

（3）改进促销质量。良好的公共关系能够鼓励和支持推销人员和经销商开拓市场，增加销售时的信心和勇气。企业通过培训专职公共关系人员，及时处理消费者和用户的信函和访问，尽力解决他们提出的不同问题，从而最大限度地弥补企业在规模或市场知名度方面的不足。

（4）减少资金投入。开展公共关系活动要支付一定的费用，但比起其他的方式费用要低得多。公共关系是通过第三方在媒体上发表企业产品的消息报道，与广告和推销相比的明显优势是节省开支。因此，公共关系在对企业营销机会的洞察、营销方式的组合等方面，往往能够收到奇效。

纸上营销题

请从市场营销的角度来理解“新闻”这个词语，谈谈你的认识。

营销百科

传播性公共关系策略

这种策略是利用大众传播媒介，如报纸、杂志、广播、电视等，为企业进行宣传，达到建立良好公共关系的目的。这是企业最常采用的公共关系策略，也是最省事的公共关系方式。其具体做法有两种形式：一种是公共关系广告，即把企业的形象塑为广告的中心内容，以提高企业形象的知名度；另一种是宣传报道，如新闻报道、经验介绍、记者专访等，这是一种不花钱的宣传，公众十分乐意接受，效果也比较好。

借助媒体吸引公众注意力

营销导图

消费者天生对广告的反感使得即使广告放在眼前，绝大多数人也会视而不见。在那些为了追求效果的广告被消费者过滤掉之后，新闻便成了最吸引人的地方。而企业要想获得新闻媒体的关注，就必须善于利用媒体报道来吸引公众的注意力。

案例实证

很多外国的啤酒商都发现，要想打开比利时首都布鲁塞尔的市场非常难，于是就有人向畅销比利时国内的某名牌酒厂取经。

这家叫“哈罗”的啤酒厂位于布鲁塞尔东郊，无论是厂房建筑还是车间生产设备都没有很特别的地方。但该厂的销售总监林达却是轰动欧洲的销售策划人员，他策划的啤酒文化节曾经在欧洲多个国家盛行。

林达刚到这个厂时只是个不满 25 岁的小伙子，那时的哈罗啤酒厂正一年一年地减产，因为销售不景气而没有钱在电视或者报纸上做广告。做推销员的林达多次建议厂长到电视台做一次演讲或者广告，都被厂长拒绝了，林达决定自己想办法打开销售局面。在为怎样去做一个最省钱的广告而发愁时，他来到了布鲁塞尔市中心的于连广场。这天正好是感恩节，虽然已是深夜了，但广场上还有很多欢快的人。广场中心撒尿的男孩铜像就是因挽救城市而闻名于世的小英雄于连。当然，铜像撒出的“尿”是自来水。广场上一群调皮的孩子用自己喝空的矿泉水瓶子去接铜像里“尿”出的自来水，然后用水来泼洒对方，他们的调皮启发了林达的灵感。

第二天，路过广场的人们发现于连的“尿”变成了色泽金黄、泡沫泛起的“哈罗”啤酒。铜像旁边的大广告牌子上写着“哈罗啤酒免费品尝”的字样。一传十，十传百，全市老百姓都从家里拿起瓶子、杯子排成长队去接啤酒喝。电视台、报纸、广播电台也争相报道。“哈罗”啤酒该年度的啤酒销售产量增长了 1.8 倍，林达也成了闻名布鲁塞尔的销售专家。

方法指导

人为制造新闻是很多企业进行广告宣传常用的一种方式。吸引媒体炒作只是一种提法，它的核心概念是先吸引媒体记者的眼球，才能吸引大众或者分众的眼球；花最少的费用，将消费者的注意力转化为记忆点，让企业知名度得到最大化的提升。每次吸引媒体炒作应有中心点，要以树立品牌理念为出发点，强化品牌文化，增加品牌亲和力。需要注意的是，吸引媒体炒作，如果片面盲目追求轰动效应，而忽视最本质的东西，是很难成功的。所以炒作要与其他营销动作相匹配，及时将公众的注意力转化为销售力。

纸上营销题

“好新闻都是被策划出来的”，请谈谈你对这句话的理解。

营销百科

活动性公共关系策略

这种策略是通过举办各种社会性活动，如庆祝会、纪念会、运动会等，扩大企业的社会影响，提高企业的社会声誉，获得公众的了解、信任和支持，为树立良好的企业形象创造条件。另外，还可与社会团体联系，参加或赞助一些社会活动，以提高企业的知名度和声誉、信誉。

将产品和名人联系起来

营销导图

在商品经济时代，任何厂家都担心自己的产品“藏在深闺无人识”，都不遗余力地宣传自己的产品。然而“王婆卖瓜”未必有人肯买账，那么如何做才能既吆喝自己的商品，又不让顾客忽视甚至抵触、厌恶呢？或者，如何做才能让顾客心甘情愿地打开自己的钱包，买完后依然笑逐颜开呢？将产品与名人联系起来就是一种好方法。

案例实证

20世纪50年代，法国白兰地酒打入美国市场的广告宣传是一则被广为传颂的MBA经典案例。

“白兰地长征”这一策划活动把一种产品和一个国家元首结合起来，确实是极其大胆而又富于想象力的。负责这次活动的有关专家经过详细策划，决定在法、美人民的情谊上做文章，他们选定的宣传时机则是当时美国总统艾森豪威尔的67岁寿辰。在总统寿辰一个月前，白兰地生产厂家在美国的新闻媒体上发表了如下消息：

法国人民为了表示他们对美国总统的友好感情，将选赠两桶极名贵的、酿造已达67年之久的白兰地酒作为总统寿辰贺礼。

贺礼酒将由专列从法国送到美国，白兰地公司已为此付出巨额保险费。

在总统寿辰之际，将举行隆重的赠送仪式，由两名身着法国宫廷侍卫服装的法国士兵抬着这两桶白兰地步行走入白宫。

盛装白兰地酒的酒桶亦是艺术家的倾心之作。

……

连续的报道吸引了千万读者。在总统寿辰前夕，关于这两桶白兰地酒的传说，已成了华盛顿市民的热门话题。

总统寿辰当天，为了观看这个送酒仪式，华盛顿市竟出现了万人空巷的罕见景象。关于名酒行踪的报道、专题特写、新闻照片挤满了当天各报版面。

而后，法国人又通过新闻媒介发出了这样一则消息："为使美国人民能够领略白兰地酒的浓郁醇香，专列还将带来一批白兰地酒，奉献给美国人民。"

借白兰地唱法美友谊，缩短了白兰地与美国公众的感情距离，这是法国白兰地制造商们举行的极为成功的公关活动，它直接地为白兰地进入美国市场扫清了道路。

赠酒仪式不久，一向不为美国人重视的白兰地酒，迅速成为市场上的抢手货。在人人以喝上法国白兰地为荣的背景下，法国白兰地成为供不应求的畅销产品。

方法指导

在如何将产品与名人联系起来方面，白兰地进军美国市场的做法有许多值得称赞的地方：

(1) 选择巧妙的公关切入点。白兰地巧妙地选择了法美友谊这根特殊的情感纽带。美国曾在诺曼底登陆中帮助法国扭转了战局，直接解放了法国。法国将美国总统作为表示感激的对象，直接切中和满足了美国人的救世主心理，使美国人在感情上顺利接受了白兰地。

(2) 精心设计礼品的形象。贺酒龄与艾森豪威尔同龄；请法国艺术家精心设计酒桶的造型和侍者的形象；用专列运送白兰地酒；精心设计赠酒仪式的全过程。

(3) 以法美友谊为由头，借新闻媒介大加渲染，为新闻“创造”的素材，使宣传活动可信度高，且花费很少。这一切，都无一例外地切中了美国潜在消费者的心理，也通过艾森豪威尔总统这么一个浑身充满光环的大名人将产品形象的光环放大到了最巅峰的状态。

纸上营销题

你有请名人做广告的经历吗？如果有，请总结出你的经验和教训。

营销百科

服务性公共关系策略

服务性公共关系策略是一种以提供优惠服务为主要方式的公共关系策略。它的特点是，企业通过向公众提供优质服务来宣传自己，以建立一个良好的公共关系。特别是在西方国家，顾客对服务看得越来越重，对服务的要求也越来越高。因此，这是一种十分有效的策略。但是，在采用服务性公共关系措施时，要明确服务方向、服务内容和服务设施，同时，还必须提高服务质量和服务成效，使顾客高兴和满意。

第二节 塑造好的企业形象就是最好的公关

营销一点通

✓ 企业的社会责任感越强越“长寿”。

✓ 企业公民形象塑造不好就创不出优秀品牌。

成为社区的好邻居

营销导图

在企业的社区关系中，企业与相邻的工厂、机关、学校、商店、旅馆、医院、公益事业单位以及居民等相互依存。这些社会单位虽然与企业不发生直接的经济、业务联系，但它们是企业外部经营环境的重要组成部分，对企业的生存与发展有着重大的影响。社区公关是影响企业公关绩效的最不容忽视的环节，只有与社区和谐发展，成为社区的好邻居，企业才能受欢迎。

案例实证

作为国内电力计量设备和家电行业的大型企业集团，奥克斯集团力求成为最优秀的企业，并以人为本，形成了共建共享的企业环境。奥克斯集团对员工的发展给予了相当程度的重视。集团中家住宁波市区的员工有数千名，为了使这部分员工能够方便地上下班，集团为他们提供了规模庞大的上下班接送车队，各项费用全部由企业承担。同样，对于家在外地的员工，奥克斯集团也给予他们足够的企业关怀，给他们安排集体宿舍。

饮水思源，这句话在奥克斯集团中得到了充分印证。在奥克斯的“诞生地”——宁波市鄞州区的樟村、龙观、鄞江等乡镇，当地居民提起奥克斯，说得最多的一个词就是感激。确实，从龙观乡走向世界的奥克斯在实现自身飞跃发展的同时，没有忘记自己的根本。为了改善龙观乡的村容村貌，促进当地和谐发展，奥克斯出资修建公路，结束了当地百姓“行路难”的历史。几年来，奥克斯在资助龙观乡的基础设施、改善民生方面投入的各项资金超过了200万元。奥克斯的发展壮大有力地促进了当地新农村、和谐农村的建设。

“办一家企业，富一方民众，兴一方经济”。奥克斯的发展壮大吸纳了家乡大量的剩余劳动力，加快了家乡新农村建设的步伐。同时，奥克斯集团还十分关心乡里教育的发展。后隆小学和龙观乡校教学楼重新修建的时候，奥克斯慷慨解囊，捐助百余万元。另外，为了让家乡贫困子女像其他孩子一样顺利完成学业，奥克斯主动长期资助数十名贫困学生。为促进慈善事业的发展，奥克斯建立了400余万元的慈善基金，为当地贫困群众求学、求医等提供帮助。

“和谐始于责任、止于责任”。奥克斯集团在保持自身高效、和谐发展的同时，不断丰富和完善“发展公司、回馈社会”的企业社会责任观，为支持农业、卫生、教育、基础设施、建设、开展帮助残疾人、老年人以及贫困户等各项社会公益事业作出了很大的贡献。因为奥克斯始终相信：只有“企业公民”具有高度的责任感，才能促进社会更和谐地发展，同时也才能使这个“企业公民”成为市场竞争中的赢者。

方法指导

开展积极的社区关系工作，采取“睦邻”政策是实现社区公关绩效的必然选择，企业可以从以下几方面来着手：

(1) 参与社区公益事业建设。社区的公益事业建设需要大量的资金，企业可以通过提供资金和劳务等形式来兴建和支持各种公益事业和公益活动，如集资、捐款兴建教育、医疗、体育、卫生、福利等设施，赞助某一项文化、体育娱乐活动，参加社区的各种义务劳动等。企业的公关部门应该结合本企业的实际情况，做好资助和捐款的预算，争取用最少的投资获得最大的社会效益。

（2）维护社区自然人文环境。企业作为社区的一员，应该自觉地保护环境。除此之外，企业还应进一步帮助社区美化环境，如文明生产、种植树木花草、搞好社区绿化、修建街心花园、创造美丽怡人的休闲场所、修桥筑路、改善社区交通等，这些活动势必会受到社区的欢迎。

（3）成为社区的荣耀。每一个社区都希望自己的区域中能出现一个夺人眼目的标志。如果社区中有成功的企业，如生产著名产品的工厂、不断创新的高科技企业、财力雄厚的银行、世人瞩目的高等学府、购物方便的百货公司等，都会令社区居民感到荣耀。企业应该努力为社区争得荣誉和骄傲，使社区居民为有这样的“家庭成员”而感到无比欣慰和自豪。

（4）维护社区安定。企业应尽力为社区提供就业机会，帮助社区消化失业人员，营造社区和谐亲善的气氛，减少不安定的因素。企业还可设立一些专门的治安保卫组织，如消防队、救护队等，协助和配合社区解决一些突发性的灾难事故，为社区救死扶伤，排忧解难。

（5）邀请公众参观。企业可以敞开大门，邀请社区各界公众前来参观。企业应使参观活动具有特色，能够给参观者留下深刻的印象，并且能通过开放参观树立本企业的良好形象，增进公众对企业的理解和支持，让参观者成为最具说服力的传播体。

（6）加强社区的情感交流。企业要同社区公众培养良好的感情，就必须通过有效的方式进行沟通，以便及时了解社区的意见和态度，同时使企业的意见迅速准确地传播出去。沟通方式多种多样，如邀请地方政府官员、各企业和社区中的领导人一起聚会，增进相互了解，赢得合作与支持；举办电影节、音乐会、舞会以及体育活动等，丰富社区的文化生活，扩大企业在社区的影响。

开展上述活动绝不是额外的负担，从长远的目标来看，处理和调节好同社区的关系，是一种战略性的投资活动，最终将为企业带来丰厚的回报。良好的社区与企业关系的实现是企业行政主管公共关系管理的绩效目标。

纸上营销题

请谈谈在社区公关上你是如何做的。

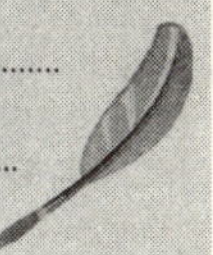

营销百科

社交性公共关系策略

社交性公共关系策略是不借助其他媒介，只在人与人之间的交往中开展公共关系的活动。这种方式实际上是感情投资的一种方式，即逐渐与有关人员发生联系，在建立一定感情的基础上，达到互助互惠的目的。个人与个人的关系如此，团体与团体的关系也如此，因此，企业人员应具有良好的公共关系素质，利用一切可能的机会开展社交性公共关系活动，建立和发展公共关系网。

始终与政府保持良好关系

营销导图

政府关系是指企业与国家管理机构及其人员的关系。任何企业都必须服从政府对社会的统一管理，都必须接受特定的政府机构的领导和监督。政府的各项政策对企业发展的影响十分深远，因而取得政府的信任与支持，协调企业与政府的关系是企业一项重要的公关工作。

案例实证

联合利华公司是世界上大型跨国公司之一。与大多数跨国公司不同，联合利华公司拥有两位总裁，截至1998年6月，两位总裁从来没有同时出访过一个国家。1998年，在联合利华公司进入中国市场的第十二个年头的时候，“本土化”问题不可避免地被提到了联合利华决策者的议事日程上。在当时的条件下，实现“本土化”的核心问题在于政府支持。

一场针对中国高层的政府公关计划正式启动。

1998年6月，联合利华两位总裁同时访问中国，并会见了国务院总理朱镕基、上海市市长徐匡迪，与他们进行了深入的沟通，以获得必要支持；同时宴请有关政府主管部门代表，进行必要沟通；宴请在华单位代表，维持长期稳定的合作关系；组织系列新闻宣传活动，宣传联合利华在华成就，形成有利于联合利华的社会舆论；参加联合利华支持中国公益事业的捐助仪式，获得社会赞誉和认同感。

这是一场非常成功的政府公关活动。联合利华与中国政府的公关活动，为其品牌在中国的发展创造了良好的环境，为品牌隐藏资源的爆发与提升奠定了基础。

方法指导

企业要想与政府公众保持良好的关系，做好政府公关，就需要不断与政府公众联系和沟通。企业与政府公众进行联系沟通的主要方法有如下几种：

(1) 游说。游说是一种通过私人访问形式，与政府公众进行联系沟通的方法。由于政府官员人数有限，所以人与人之间直接接触的方法既简单迅速，又灵活经济。因此，这也是企业与政府公众联系、沟通时最常用的手段。游说的主要目的在于影响行政决策和立法，使之能充分考虑企业的利益与处境，在体现国家利益的同时，又能照顾到企业的利益，创造有利于企业生存和发展的政策、法律环境，避免政府的政策和法规对企业的生存和发展造成威胁。

(2) 对话与讨论。通过正式或非正式的聚餐、圆桌会议等形式，与政府官员就双方感兴趣的生产、经营、税收、法律、政策、政府管理等问题进行对话，广泛交换意见，讨论有争议的问题，增进双方的相互了解。这一方面，有利于企业正确理解和协助政府推行各项政策与管理；另一方面，有利于政府了解企业的意见，以进一步调整政策，完善管理。

(3) 邀请与访问。由企业管理人员或行业协会负责人访问政府或立法机构，这是一种主动了解政府机构运作、与政府公众保持联系、向政府机构反映情况、争取支持的常用方法；而邀请政府公众访问企业，则是使政府官员能亲身了解、感受到政府的管理及各项政策法规对企业所产生的影响，亲眼看到企业的经营业务情况及对社会的贡献，体会到企业重要性的有效方法。

(4) 媒介传播。利用报纸、杂志、电视、广播等各种大众传播媒介，间接地把企业的经营状况、发展目标和计划、存在的问题报道给政府公众。在利用大众传播工具开展工作时，要特别注意分析政府公众在与媒介接触上的行为特点，做到有的放矢，这样才能收到实效。

(5) 影响社区舆论。利用各种大众传播媒介影响社区公众对企业的评价，呼吁他们支持或反对某项未决定的政策。通过形成有利的社区舆论间接影响政府对企业的态度和评价。

(6) 争取利益共同体的合作。争取具有相同利益的企业、社团及员工、股东、社区公众的支持与合作，号召他们通过正当渠道和程序向政府官员表达企业的看法，游说政府公众。

(7) 民意调查。针对具体问题对特定组织或目标公众进行民意测验或调查，将结果提供给政府官员，作为政府决策的依据。

纸上营销题

请谈谈你在政府公关上的做法。

营销百科

征询性公共关系策略

征询性公共关系策略是指听取、搜集、整理公众对企业的产品、政策等方面的意见和态度的公共关系活动，常采用的方式是信息采集、舆论调查和民意测验等。采用这种策略的目的在于让企业了解民情民意和市场发展趋势，使企业能适应市场的需要，顺应社会的发展。

勇敢担负起社会责任

营销导图

越来越多的实例告诉我们，企业，特别是沃尔玛、星巴克、耐克、麦当劳这种知名度较高的跨国企业，它们在品牌建设方面的路径，正在由传统的广告方式转型为履行社会责任的方式，也就是通过积极主动地履行社会责任来再造企业文化，重塑企业形象，并由此打造企业品牌影响力。所以，对于企业而言，承担社会责任，能增强企业的影响力。

案例实证

我们首先以沃尔玛为例。沃尔玛曾经主动采取两项举措：一是为了减少企业二氧化碳排放量，将其庞大的物流车队的效率提高100%；二是为达成节约利用资源的目标，将其各卖场的能源耗费量减少30%。沃尔玛这样做的动机很简单，因为有民意调查表明，由于公司以往在资源、环境等社会问题上的立场及做法，已经有8%的买主表示不再光顾沃尔玛。所以沃尔玛的举措是为了使自身的品牌力量不致因对资源与环境责任的缺失而受到削弱。

2008年1月，中国南方遭遇了50年一遇的罕见冰雪灾害。在温家宝总理看望严重受灾的京珠高速湖南路段受困群众后的几小时内，青岛啤酒紧急抽调湖南区域上百名员工，给上万名受困群众送去了面包、饼干、纯净水、棉大衣等救助物资。青岛啤酒公司员工与政府、媒体一线记者、广大部队官兵在刺骨的寒风暴雪中共同给受困数日的群众带去温暖。从1月29日早8点到30日凌晨2点，100多名青岛啤酒公司员工奔走在京珠高速上。在救灾物资都已发放完毕的情况下，青岛啤酒公司员工毫不犹豫地将自己身上的棉袄脱了下来，送给受困的司机和乘客，而他们穿着单薄的衣裳继续传递爱心。

在全国助残日活动期间，青岛啤酒公司特为残奥会捐赠150万元人民币，用于残奥会的筹备和赛事使用，支援中国残疾人体育代表团更好地备战残奥会，让更多的残疾朋友参与进来，感受奥运带给大家的激情与活力。青岛啤酒公司用爱心履行奥运公民的责任，尽显对推动全民奥运的关注。成为中国“最具社会责任感企业”之一和“中国最受尊敬企业”，青岛啤酒公司靠的是实实在在的行动，社会的认可和肯定是它“社会价值高于企业价值”的充分体现。

与青岛啤酒公司一样，一些低调的企业及其幕后的企业家在抗震救灾中也可谓“一鸣惊人”。2008年5月18日晚，在由多个部委和央视联合举办的募捐晚会上，“王老吉”背后的生产商广东加多宝集团因为1亿元的巨额捐款而“一夜成名”。加多宝集团代表阳先生手持一张硕大的红色支票说：“希望灾区人民能早日离苦得乐。”这1亿元的捐款成为当时国内单笔最高捐款，加多宝集团也顿时成为人们关注的焦点。

就在加多宝宣布捐款1亿元的时候，社会公益产生的口碑效应立即在网络上蔓延开来。消息传出10分钟后，许多网友第一时间搜索加多宝相关信息，加多宝网站随即被刷爆。接下来“要捐就捐1个亿，要喝就喝王老吉”、“中国人，只喝王老吉”等言论迅速得到众多网友追捧。

方法指导

企业要充分履行企业公民的责任，企业公民意味着企业是社会的公民，这一概念蕴涵着社会对企业提出的要求。企业应承担起对社会各方的责任和义务，例如，为消费者提供安全可靠的产品、为员工提供更好的工作环境和福利、同经营合作伙伴建立良好的关系、为社会创造就业机会、关注环境和社会公益事业、为社会发展作贡献等。

上述优秀企业的实践已经证明，履行社会责任可以彰显企业形象，提升企业品牌影响力；而社会责任缺失，则会丑化企业形象，令企业品牌蒙羞。企业履行社会责任与企业品牌建设有着直接的、深切的联系，履行社会责任已经成为企业品牌建设的新的路径。

海尔集团首席执行官张瑞敏曾说："利润和企业社会责任不是博弈关系。一般情况下，追求利润的最大化是企业的生存之本，也是企业应享有的基本权利；但同时，企业承担着必要的社会义务。这种权利和义务的对等关系构成了企业理念的基础。"

看一个企业是不是成功，不仅要看它的股东满不满意，它的客户满不满意，还要看一般社会公众满不满意。企业应该以强烈的社会责任感创立品牌，建立市场网络，参与国际合作。这样不仅保持了竞争优势，提升了社会形象，而且赢得了广泛尊重，有助于企业取得辉煌成就。

纸上营销题

"责任是企业立身之本"，请谈谈你是如何理解这句话的。

营销百科

矫正性公共关系策略

这种策略是在企业形象受到损害时，为挽回声誉所开展的公共关系活动。例如，企业在市场推销产品，公众可能对企业及其产品根本不了解或存在偏见，这往往是某种心理障碍造成的。对于这种情况，企业可通过当地的新闻媒介、外交机构、民间团体和专门的研究机构等，采取相应的公共关系行为来消除公众的消极心态和偏见，使其由不知到知，由有所了解到产生兴趣，进而产生信任，从而使企业的产品打入市场。

第三节
做好公关，危机亦是生机

营销一点通

✓ 不要被危机吓倒，危险之中有生机。

✓ 要学会用积极的心态看待和面对各种危机。

面对现实，转危为机

营销导图

危机发生后要果断处理，通过有计划的专业处理系统将危机的损失降到最低。积极的处理方案还能利用危机，使企业在危机过后树立更优秀的形象。

案例实证

1982 年 9 月 29 日至 30 日，美国各种媒体纷纷报道：芝加哥地区有人因服用“泰诺”止痛胶囊而死于氰中毒。一开始，报道死亡人数为 3 人，后又增至为 7 人。随着新闻媒介的广泛传播，传说在美国各地有 250 人因氰中毒死亡或致病。后来，这一数字又猛增至 2000 人（实际死亡人数为 7 人）。这些消息的传播，引起了约 1 亿个服用“泰诺”胶囊的消费者的极大恐慌。

事后，民意调查测验表明，94%的服药者表示今后不再服用“泰诺”胶囊，胶囊制造商约翰逊公司因此面临着一场生死存亡的巨大危机。实际上，约翰逊公司对回收的 800 万粒胶囊进行化验后，发现只有芝加哥地区的一批胶囊中有75粒胶囊受到氰化物的污染（事后查明是人为破坏）。

但是危机既然已经发生了就只有去面对，为此，约翰逊公司采取了以下措施来处理这次危机：

（1）成立由公司董事长伯克为首的7人危机处理小组，组员中有1名负责公关的副总经理。危机初期，危机处理小组每天开两次会，对处理“泰诺”事件进行讨论、决策。

（2）经过调查，虽然只有极少量药物受到污染，但公司管理者毅然决定5天之内在全国范围内立即收回价值近1亿美元的全部“泰诺”止痛胶囊。同时，还花费50万美元通知医生、医院、经销商停止使用该药。

这一果断决策表明约翰逊公司坚守自己的信条——公众和顾客的利益第一，不惜做出重大牺牲，以示对消费者健康的高度责任感。这一决策立即受到舆论的广泛赞扬，《华尔街周刊》在一篇文章中称赞：“约翰逊公司为了不使任何人再遇危险，宁可承担巨大的损失。”

（3）与新闻媒体密切合作，以坦诚的态度对待新闻媒介，迅速地传播各种消息，无论是好消息，还是坏消息。

（4）敞开公司大门，积极配合美国公众和医药管理局的调查。在5天时间内对在全国范围内收回的胶囊进行抽样检查，并向公众公布所有检查结果。

由于约翰逊公司在“泰诺”事件发生后果断地采取了一系列正确的决策，所以重新赢得了公众和舆论的支持，从而把公司信誉的损失降到最低。

“泰诺”事件后，美国政府和芝加哥地方当局发布了新的药品安全包装规定。约翰逊公司抓住这一良机，进行了重返市场的公关策划。公司为“泰诺”止痛药设计了防污染的新式包装，重新将产品推向市场。

为此，在公关公司策划下，1982年11月11日，约翰逊公司举行了通过卫星现场直播的大规模记者招待会。

会议由公司董事长伯克亲自主持，他感谢新闻界公正地对待“泰诺”事件，介绍该公司率先实施“药品安全包装新规定”，推出“泰诺”防污染止痛胶囊新包装，并现场播放了新包装药品生产过程录像。

这次招待会发布的“泰诺”胶囊重返市场的消息立刻传遍全美国。美国各电视网、地方电视台、电台和报纸广泛报道，轰动一时。

在短短一年的时间内，“泰诺”止痛药又占据了大部分市场，恢复了其发生危机前在市场上的领先地位，约翰逊公司及其产品也重新赢得了公众的信任。

方法指导

约翰逊公司的做法给了我们很多启示：遭遇危机时，最明智的做法就是面对现实，主动出击，这样才会化解危机，主动作出解释，消费者反而觉得企业更值得信赖。处理危机时，最重要的原则就是减少危机的程度，并尽可能地化危为机。综观约翰逊公司的危机公关过程，它体现了整个约翰逊公司良好的危机公关素质，将“泰诺”的负面影响控制在一定范围之内，使危机对于品牌和公司的危害降到了最低限度。

此外，要采用以下策略来转危为机：

(1) 追踪分析媒体的报道，分析媒体态度、立场和对问题的介入程度。

(2) 根据危机的程度，决定是否需要建立临时性的新闻机构。在没有专门的新闻发布机构时，要有专人负责与媒体联系。

(3) 及时向媒体提供关于危机发生原因的调查，以及公司将要采取或者已经采取的解决措施。因为任何封锁信息的举措，都将迫使媒体寻找其他信息来源，这极有可能产生很多的错误。

(4) 注意核查新闻稿，纠正、澄清不实报道，并比较各种报道的角度，从中把握公众和媒体关注的焦点，以分析危机事件的影响程度和范围以及组织危机处理的社会反响等。

纸上营销题

请讲述你所经历的危机公关，谈谈你当时采取的措施有哪些。

营销百科

权变计划方法

任何危机都具有不确定性，如火灾可能在不同地点发生；火灾发生时又有很多不同情况，如电气火灾、有毒气体火灾、易燃液体火灾等。危机处理计划应当做到在任何状况发生时都能有备而战，为此，权变计划就显得十分必要。权变计划方法就是全面地考虑每一类危机的可能状况，对每一种状况都提出相应的处理办法。权变计划实际上是由处理各种危机状况的具体计划有机组成的一个综合计划。

“亮”危为机

营销导图

危机发生后隐瞒真相，只会引起消费者更强烈的不满，最好的办法就是亮出事实真相，而且要尽快说出。如果企业能从积极的角度去看待危机，就能从中找到有利于企业的机会。聪明的企业在遇到危机时，会“亮”危为机。

案例实证

1988年4月27日，几乎全世界的人都从不同的传播媒介中了解到这样一条新闻：“美国阿哈罗航空公司的一架波音737客机从檀香山起飞后不长时间，巨大的爆炸就把前舱盖掀起一个直径足有6米的大洞。当时客机内的乘客惊恐万分，但驾驶员却临危不惧，沉着冷静地把飞机降在附近的机场上。机上除一名空中小姐在爆炸时被气浪从舱顶抛出以身殉职外，其余86人安然无恙。”

谁都知道“家丑”不可外扬，对于这次空难事故，人们都认为波音公司会沉默不语，不再报道，以免影响公司声誉。但让人意想不到的是，波音公司竟出乎意料地对这次空难事故所出的“丑”广为宣传。

他们在宣传报道中说:“这次事故主要是因为飞机太旧，金属疲劳过度。这架飞机已经飞行了20年之久，共起飞9万次，大大超过了保险系数。就是这样的飞机，还能确保乘客无一伤亡，由此不是从反面说明了波音公司的飞机质量十分可靠吗?”

波音公司实在是聪明绝顶，它这种坦诚亮“丑”的报道，使公司的形象不但没受到丝毫损伤，反而在亮“丑”过程中建立了更高的商业信誉和企业形象。事故后，飞机销量有增无减，各地订单源源不断地飞往波音公司。当年5月份的订货量竟是第一季度的2倍，其价值达到70亿美元。

方法指导

很多企业在遇到危机时往往会心存侥幸心理，能隐瞒就隐瞒，或是据理力争，殊不知这样更会引发消费者的不满。当今社会，信息科技越来越发达，企业出现危机是不可能隐瞒得住的，因此，企业在遇到危机时，做好公关的第一步骤就是快速处理，亮出真相。就像案例中的美国波音公司一样，从反面处理，既做好了公关，又做好了公司的宣传，使得企业的信誉度大大提升，营销业绩也得到了较大提高。可见，做好危机公关，就要学会“亮”危为机。既然火是包不住的，不如让火痛快地燃烧。

那么，在危机发生后，如何正确处理危机，通过亮出危机真相转危为机呢？企业应该遵循如下几点原则：

(1) 承担责任原则。危机发生后，公众往往关心两方面的问题：一方面是利益的问题，利益是公众关注的焦点，因此无论谁是谁非，企业应该承担责任。即使受害者在事故发生中有一定责任，企业也不应首先追究其责任，否则会各执己见，加深矛盾，引起公众的反感，不利于问题的解决。另一方面是感情问题，公众很在意企业是否在意自己的感受，因此企业应该站在受害者的立场上表示同情和安慰，并通过新闻媒介向公众致歉，解决深层次的心理、情感关系问题，从而赢得公众的理解和信任。

(2) 真诚沟通原则。企业处于危机旋涡中时，是公众和媒介的焦点。企业的一举一动都将接受质疑，因此千万不要有侥幸心理，企图蒙混过关。而应该主动与新闻媒介联系，尽快与公众沟通，说明事实真相，促使双方互相理解，消除疑虑与不安，做到诚意、诚恳、诚实。如果做到了这"三诚"，则一切问题都可迎刃而解。

(3) 速度第一原则。好事不出门，坏事行千里。在危机出现的最初12 ~ 24小时内，消息会像病毒一样，以裂变方式高速传播。因此公司必须当机立断，快速反应，果决行动，与媒体和公众进行沟通。从而迅速控制事态，否则会扩大危机的范围，甚至可能失去对全局的控制。

(4) 系统运行原则。在逃避一种危险时，不要忽视另一种危险。在进行危机管理时必须系统运作，做到：以冷对热，以静制动；统一观点，稳住阵脚；组建班子，专项负责；果断决策，迅速实施；合纵连横，借助外力；循序渐进，标本兼治，绝不可顾此失彼。这样才能透过表面现象看到本质，从而创造性地解决问题，化害为利。

(5) 权威证实原则。自己称赞自己是没用的，没有权威的认可只会徒留笑柄、在危机发生后，企业要曲线救国，请具有权威性的第三者在前台说话，使消费者解除对自己的警戒心理，重获他们的信任。

做到以上几点，才能够较快解决危机，安抚群众，扭转企业困境，转危为机。

纸上营销题

请从公关的角度谈谈你对"既然火是包不住的，不如让火痛快地燃烧"这句话的理解。

....

....

....

....

营销百科

部分计划方法

对于某一种将来可能发生的危机而言，其爆发时的具体情况虽然千变万化，但有些危机总能预先估计到。部分计划方法就是对事先可以确定的那部分情况制订计划。一旦预料的危机爆发，马上就可以按危机处理计划采取行动，这样，就可以省下宝贵的时间对当时出现的、事先未能预见的事态进行决策。

危机预警是最好的公关

营销导图

事后控制不如事中控制，事中控制不如事前控制。如果企业经过分析市场环境，能够调整经济形势，制定出一套完备的预警机制，就能及时有效地预防危机的出现，减少突发事件带来的一系列危机。

案例实证

2003年2月，国内某重要报纸发表文章质疑达菲的不良反应，并向当地公安机关举报。达菲的生产商罗氏公司在此次风波中，仓皇应战，连发五招，但招招落空，且产生了推波助澜的副作用，陷于空前被动之中。罗氏公司的危机管理步步是错棋：

第一步：拖延记者。面对记者的采访要求，罗氏公司把时间拼命往后面拖。结果错误地估计了事故规模，忽视了能够赢得公众同情和支持的可能性，从而错过了将危机消灭在萌芽状态的时机。

第二步：推卸责任。从危机爆发后公司在接受记者采访时的语言及致媒体的新闻稿来看，公司一直在转移注意力，推卸责任。

第三步：利益引诱。当媒体要求采访时，罗氏公司竟然以投广告为诱饵，企图以利益换利益。

第四步：威胁。在罗氏与媒体的沟通中，屡次出现“将保留追究其法律责任的权利”，企图吓退媒体。

第五步：利欲熏心。在危机发生后，罗氏公司不仅不反省产品本身的质量和功效，反而为了经济利益继续生产。

在此次危机公关中，罗氏公司既没有抓住危机管理的重点，也没有捕捉到扭转局面的良机；既没表现出一个大企业应有的魄力，也没表现出其一贯标榜的诚信。和强生公司比起来，罗氏公司输的根本就在于没有将公众利益放在最重要的位置上。公众就是一切，此次事件对罗氏公司的声誉是一个巨大的打击。

对于企业而言，危机意味着危险，也意味着契机。洛克希德－马丁公司前任 CEO 奥古斯丁认为，每一次危机本身既包含导致失败的根源，也孕育着成功的机会。事实上，并没有绝对失控的企业危机，只有不适当的危机处理方法。如果处理得当，危机完全可以演变为良机。

由于一家报纸记者的误报，导致全国媒体大量转载“恒源祥内衣有毒”的消息。事发一周内，恒源祥内衣可谓四面楚歌，市场滞销，顾客情绪激愤。恒源祥集团立即启动危机公关程序，首先主动和中国消费者协会进行沟通，并将有关内衣比较实验数据公布于众。其次，向各地工商部门发布告知信函，安抚经销商。恒源祥有限公司董事长刘瑞旗坐镇上海，亲自指挥处理这次危机事件，终于在一个月内平息了“恒源祥内衣有毒”事件。经过及时妥善的处理，恒源祥的企业形象不仅没有受到丝毫损害，反而因为实验数据的公示，获得了消费者的更大信任。

方法指导

处理企业危机其实和处理自然危机一样，能及早识别危机，采取措施将危机扼杀在摇篮中，是成本最低的危机处理方式也是最好的危机公关。能够从先兆中预测到危机，并提出防范危机的决策，比挽救危机更重要。因此，企业管理者要清醒地认识到，懂得在危机来临的时候正确、及时、妥当地处理固然重要，但要真正消除危机的隐患，还必须编写危机公关手册，建立企业危机预警机制，组建危机管理小组。

建立危机预警机制，首先，要组建危机管理机构，定期进行企业营运危机与风险分析，进行风险分级管理，将风险分级分类，并制订出解决方案；其次，不定期举行不同范围的危机爆发模拟训练；再次，确保企业内部对话渠道畅通，这样可以将一些危机消灭在萌芽状态；最后，与外部社会建立良好的协作、互动关系，改善企业外部的生存环境。

纸上营销题

你有为公司创建危机预警机制吗？如果有，请谈谈你的做法。

营销百科

危机隔离

企业危机往往首先在某个局部地区发生，但企业是个整体，各部分之间联系紧密。在这种情况下，第一步要做的就是隔离危机，以免造成更大损失。隔离危机一般包括人员隔离和事故隔离两个方面。人员隔离，即在人力上进行明确的分工，一部分处理危机，另一部分照常维持日常工作。事故隔离，即对危机本身的隔离。对危机的隔离应从发出警报时开始，报警信号应明确危机的范围，以便使其他部分的正常工作秩序不被影响，同时，也为处理危机创造有利条件。

后记

一本著作的完成需要许多人的默默贡献，闪耀的是集体的智慧。其中铭刻着许多艰辛的付出，凝结着许多辛勤的劳动和汗水。

本书在策划和编写过程中，得到了许多同行的关怀与帮助，及许多老师和作者的大力支持，在此向以下参与本书编写的人员致以诚挚的谢意：李文静、田宇、黄青翔、宋洁、邱霜、张彩彩、苏畅、李娟、姜雯漪、孙艳艳、曹营楠、刘茜、齐艳杰、李惠、李伟军、陆晓飞、何瑞欣、周珊、付玮婷、梁妤婷、李娟、黄克琼、谭慧、黄晓林、欧俊、杨云鹏、武敬敏、闫瑞娟、杨婧、许鸿琴、高榕ɑ、何艳丽、白雯婷、龚俊恒、张德华、王志敏、贾更坤、杨乔、宋瑞云、张志元、郑秀、涂画、李秀霞、张卉妍、张瑜等。

本书在编写过程中，借鉴和参考了大量的文献和作品，从中得到了不少启悟，也汲取了其中的智慧菁华，谨向各位专家、学者表示崇高的敬意——因为有了大家的努力，才有了本书的诞生。凡被本书选用的材料，我们都将按出版法有关规定向原作者支付稿酬，但因为有的作者通信地址不详，尚未取得联系。敬请您见到本书后及时函告您的详细信息，我们会尽快办理相关事宜。

读石油版书，获亲情馈赠

亲爱的读者朋友，首先感谢您阅读我社图书，请您在阅读完本书后填写以下信息。我社将长期开展"读石油版书，获亲情馈赠"活动，凡是关注我社图书并认真填写读者信息反馈卡的朋友都有机会获得亲情馈赠，我们将定期从信息反馈卡中评选出有价值的意见和建议，并为填写这些信息的朋友免费赠送一本好书。

《营销一本就够》

1. 您购买本书的动因（可多选）：

☐ 书名　☐ 封面　☐ 内容　☐ 价格
☐ 装帧　☐ 纸张　☐ 双色印刷
☐ 书店推荐　☐ 朋友推荐　☐ 报刊文章推荐
☐ 作者　☐ 出版社　☐ 其他______

2. 您在哪里购买了本书（若是书店请写明书店地址和名称）？

______ 购书时间______

3. 您是怎样知道本书的（可多选）？

☐ 报刊介绍______(报刊名称)　☐ 朋友推荐______
☐ 网站______(网站名称)　☐ 书店广告______
☐ 书店随便翻阅　☐ 其他______

4. 您对本书印象如何（可多选）？

封面：☐ 新颖　☐ 吸引眼球　☐ 一般，没创意　☐ 不适合本书内容
内容：☐ 丰富　☐ 有新意　☐ 一般　☐ 较差
排版：☐ 新颖　☐ 一般　☐ 太花哨　☐ 较差
纸张：☐ 很好　☐ 一般　☐ 较差
定价：☐ 太高　☐ 有点高　☐ 合适　☐ 便宜

5. 您对本书的综合评价和建议（可另附纸）：

______

______

● 您的资料：

姓名______ 性别______ 年龄______ 职业______
学历______ 电话(写明区号)______ 手机______
电子邮件______ 邮编______
通信地址______

● 我们的联系方式：

地　　址：北京安定门外安华西里3区18号楼1101　王 昕
邮　　编：100011　　E-mail：good9112@126.com
销售部电话：010-64523603　64252978　编辑部电话：010-64523616　64523611

智库成果出版与传播平台

长株潭城市群发展报告（2020）

ANNUAL REPORT ON DEVELOPMENT OF CHANGSHA-ZHUZHOU-XIANGTAN CITY CLUSTER(2020)

都市圈同城化发展

Urban Intergration Development of Metropolitan Coordinating Region

主　编／童中贤
副主编／刘　晓　罗黎平　熊柏隆

社会科学文献出版社
SOCIAL SCIENCES ACADEMIC PRESS (CHINA)

图书在版编目(CIP)数据

长株潭城市群发展报告．2020：都市圈同城化发展 / 童中贤主编．--北京：社会科学文献出版社，2020.12
（长株潭城市群蓝皮书）
ISBN 978-7-5201-7534-0

Ⅰ．①长… Ⅱ．①童… Ⅲ．①城市群-经济一体化-研究报告-湖南-2020 Ⅳ．①F299.276.4

中国版本图书馆 CIP 数据核字（2020）第 209169 号

长株潭城市群蓝皮书

长株潭城市群发展报告（2020）

——都市圈同城化发展

主　　编／童中贤
副 主 编／刘　晓　罗黎平　熊柏隆

出 版 人／王利民
责任编辑／桂　芳

出　　版／社会科学文献出版社·皮书出版分社（010）59367127
　　　　　地址：北京市北三环中路甲 29 号院华龙大厦　邮编：100029
　　　　　网址：www.ssap.com.cn
发　　行／市场营销中心（010）59367081　59367083
印　　装／天津千鹤文化传播有限公司

规　　格／开　本：787mm×1092mm　1/16
　　　　　印　张：20.5　字　数：304 千字
版　　次／2020 年 12 月第 1 版　2020 年 12 月第 1 次印刷
书　　号／ISBN 978-7-5201-7534-0
定　　价／158.00 元

主编简介

童中贤 湖南汉寿人，1962 年 7 月生。现任湖南省社会科学院社会学研究所所长、城市发展研究中心主任、研究员。兼任中国社会学学会理事，中国领导科学研究会理事，中国软科学研究会理事，湖南省长株潭城市群研究会常务副会长，湖南省社会学学会常务副会长等职。主要从事城市发展、区域经济、社会治理、公共管理等领域的研究，先后出版著作 20 多部，其中独著 4 部、合著 7 部、主编（包括执行主编）9 部，发表论文 200 余篇，其中有 30 多篇（次）被《新华文摘》、《中国社会科学文摘》、人大复印报刊资料等转载。主持国家社会科学基金课题 1 项、国家软科学研究计划项目 1 项、省部级课题 20 多项。获享受国务院政府特殊津贴专家等称号。

摘　要

2019 年是我国城市化进程中具有里程碑意义的一年：2 月 19 日，国家发改委出台《关于培育发展现代化都市圈的指导意见》；8 月 26 日，中央财经委员会第五次会议提出："当前我国经济发展的空间结构正在发生深刻变化，中心城市和城市群正在成为承载发展要素的主要空间形式"；年末，全国常住人口城镇化率达到 60.60%，以国际通行的城市化发展"诺瑟姆曲线"判断，我国开始从城市化加速阶段步入稳定阶段。2019 年被很多学者称为"中国都市圈元年"，中国迈进"都市圈时代"。鉴于此，2020 年度的长株潭城市群蓝皮书主题定格为"都市圈同城化发展"。

总报告：经过持续相向推进和建设，长株潭都市圈的设施辐射度、经济关联度、合作共生度以及社会响应度明显增强，但都市圈的整体功能构造及其集成竞争力尚有待提升。应抢抓当前诸多机遇，推动长株潭由"群"向"市"转变，在加快三市基础设施对接、产业互补发展、环境协同治理、公共服务整合的基础上，不断推进生产圈、生活圈、生态圈深度融合，形成整体优势。同时通过"合""加""减"等谋划城市合并预案，奋力建设国家中心城市，构筑新时代内陆地区改革开放新高地，奋力成为湖南经济社会发展重要引擎、长江经济带重要支撑和中部崛起先行区，为全国都市圈人本化、同城化、绿色化、现代化发展提供示范。到 2035 年，全面建成高质量发展、跻身世界先进文明、充满强劲活力、中心城区人口过千万的长株潭现代化都市圈。

综合篇：研究了长株潭城市群引领湖南创新发展的时代背景、现状问题，提出打造长株潭 2.0 版："智慧型大长沙城市圈"，引领湖南高质量发展。

针对长株潭开放发展的短板与差距，借鉴兄弟城市开放发展经验，加速壮大产业实力，建设开放通道，提升开发平台，优化开放环境，推进长株潭开放崛起。

抓住世界级城市群和国家中心城市建设以及城市群一体化发展机遇，通过引领城市协同发展、城市圈一体化发展和区域高质量发展，将长株潭打造成为中部崛起战略支点。

根据长沙市吸引力范围及其圈层构造，激发其内生动力，优化驱动政策，促进长株潭都市圈各圈层协调发展。

长株潭一体化篇：推进长株潭一体化高质量发展，打造国家中心城市，建议着力建立 1 + N 规划体系、推进现代综合交通一体化、打造世界级智能制造中心、培育创新共同体、推动公共服务共建共享、创建人才发展公园、建设生态“绿心”示范区、树立大都市品牌、构筑湘江智能经济带、创新一体化推进机制。

基于多中心网络化协同治理模型，在构建长株潭城市群一体化多中心网络化协同治理模式的基础上，提出应创新体制机制，形成新的合力和动力，推动一体化发展步入新阶段。

长株潭一城化面临终极成长机遇，实现三市一城化机不可失、失不再来！宜奋勇创建一城主体、全速扩大能级规模、聚力构筑开放高地、优配跨域战略资源、催化高能聚衍效应，加快造就国内中南部区域强势增长极。

立足国家战略谋划长株潭一体化发展，全力促进长株潭核心增长极高质量成长，辐射带动省域三大区域板块联动协同发展，深度融入长江中游城市群。

城市发展篇：在评价长株潭城市首位度的基础上，认为长株潭城市群已进入工业化快速推进期，相比沿海城市存在较大梯度级差，三市协同发展不平衡，建议进一步做强长沙、优化交通、科学定位。

长沙建设国家中心城市，需立足国家职能、跳出长沙再塑角色；增强集聚功效，提升长沙规模能级；加快三市融城，构建新的大长沙市。

长株潭已具备在更高起点上由“群”向“市”转变的基础条件，应加强顶层设计，争取在构建绿心生态友好样板区、湘江知识经济高地、市际合作试验区建设等方面取得突破。

产业经济篇：长株潭制造业发展需省市协同建设以研发为核心、以智能制造为主题的“湘江湾”，打造世界级“长株潭智能制造中心”。

湘江长株潭地区具有发展智能经济的共识动力、基础能力、生机活力，可通过组建大平台、共同体、科创园、体验区和博展馆，兴建长株潭湘江智能经济带。

长株潭城市群物流发展应完善一体化规划，构建交通网络体系，优化发展环境，提高运行质量，推进“智慧”物流，构建国际物流体系，加强标准化建设。

生态绿色篇：在一个快速城市化区域，协调保护与发展关系是紧迫而长期的问题，我们已进入更高质量保护的窗口期，推进长株潭绿色发展、打造长株潭绿心公园，应提升理念认识、推行绿心模式再造、创新体制机制、发展绿色产业。

新时代背景下，长株潭城市群农林生态特色产品发展需注重品牌培育，围绕重点产品、重点基地、重点企业，打造一批具有地域特色的农林生态产品，促进城市群农业高质量发展。

长株潭城市群景观格局演变对生态系统服务价值的影响表现在：建成区不断向外扩张，草地、水域、耕地的破碎化程度不断提升，生态系统服务价值不断减少，多个景观指数与生态系统服务价值变量投影重要性指标（VIP）大于1。

Abstract

2019 is a milestone year in the process of China's urbanization. On February 19, the National Development and Reform Commission issued the *Guidance on Fostering and Developing Modern Metropolitan Coordinating Region.* On August 26, the fifth meeting of the Financial and Economic Commission of the CPC Central Committee proposed that: "At present, the spatial structure of China's economic development is undergoing profound changes, and central cities and urban agglomeration carrying development factors are becoming the main spatial forms"; By the end of the year, the urbanization rate of China's permanent residents had reached 60. 6%. Judging by the internationally accepted "Northam curve" for urbanization development, China began to step into a stable stage from the accelerated urbanization stage. The year 2019 is called as "the first year of China's Metropolitan Coordinating Region" by many scholars, marking the beginning of China's "Metropolitan Coordinating Region Era". In view of this, the theme of the blue book of Chang - Zhu - Tan urban agglomeration in 2020 is "Urban Integration Development of Metropolitan Coordinating Region".

General Report. After sustainable promotion and construction, the radiation degree of facilities, economic correlation degree, cooperative symbiosis degree and social response degree of Chang - Zhu - Tan Metropolitan Coordinating Region are obviously enhanced, but the overall functional structure and its integrated competitiveness of Chang - Zhu - Tan still need to be improved. We should seize the current opportunities to promote Chang - Zhu - Tan's transformation from "cluster" to "city". On the basis of accelerating infrastructure connection, complementary development of industries, coordinated environmental governance and integration of public services, the three cities will work as a whole by deeply promote production circle, life circle and ecological circle integration continuously.

At the same time, by means of "integration", "addition" and "subtraction", Chang – Zhu – Tan will strive to build national center city, a new highland of reform and opening-up in inland areas in the new era, and strive to become an important engine of Hunan economic and social development, an important support for the Yangtze economic belt and a leading area for the rise of central China, which will be the demonstration plot for developing human-oriented, integrated, ecological and modern metropolitan coordinating region all over the country. By 2035, Chang – Zhu – Tan will be fully developed into a modern Metropolitan Coordinating region with high quality, world-class advanced civilization, strong vitality and a central urban area with a population of over 10 million.

Comprehensive Report. This report put emphases on the following studies: the background and status quo of Chang – Zhu – Tan urban agglomeration leading innovative development of Hunan Province, building Chang – Zhu – Tan 2.0 version: "Building Intelligent Greater Changsha Metropolitan Coordinating Region ", leading the high-quality development of Hunan. In terms of shortage of Chang – Zhu – Tan's open development, learning from the brother cities' experiences in opening-up development, speeding up the development of industries, building open channels, upgrading the development platform, optimizing the open environment and pushing forward the rise of openness. Seizing the opportunities for the integrated development of the World urban agglomeration, national central cities and urban agglomerations, building Chang – Zhu – Tan as a strategic fulcrum for the rise of the central region by leading the coordinated development of cities, the integrated development of city circles and the high-quality development of the region. Promoting the coordinated development of each layer of Chang – Zhu – Tan Metropolitan Coordinating Region by stimulating endogenous driving forces and optimizing driving policies according to the attraction scope of Changsha and its layer structure.

Report on CZT Integration This report put emphases on the following aspects: Pushing ahead integrated high-quality development of Chang – Zhu – Tan, building a national central city, establishing a 1 + N Planning System, promoting the integration of modern comprehensive transportation, building a world-class intelligent manufacturing center, fostering an innovation community, promoting the co-construction and sharing of public services, creating a talent park, building an ecological "green core" demonstration zone, establishing a metropolitan brand, building a Xiang River smart economic zone and creating an innovative integration promotion mechanism. Based on the multi-center networked Collaborative Governance Model, innovating the institutional mechanism, forming a new resultant force and impetus and promoting the development of integration into a new stage on the basis of constructing Chang – Zhu – Tan Urban Region integrated multi-center networked collaborative governance model.

Report on Urban Development Based on the evaluation of the urban primacy of Chang – Zhu – Tan, this report concludes that Chang – Zhu – Tan urban agglomeration has entered in a period of rapid industrialization, with a large gradient and extremely poor compared to the coastal cities, and that the coordinated development of the three cities is unbalanced, therefore, this report proposes to further strengthen Changsha, optimize traffic and position scientifically. In order to build Changsha into a national central city, it is necessary to jump out of the role of Changsha but from the perspective of state functions, enhance the agglomeration effect and the scale and level of Changsha, and speed up three-city integration to build a new great Changsha. Chang – Zhu – Tan has already met the basic requirements for the transformation from "Cluster" to "city" at a higher starting point, so the top-level design should be strengthened, we will strive to make breakthroughs in the construction of eco-friendly model zones with "green heart", Xiangjiang River's knowledge-based economy highlands and the construction of inter-city cooperation pilot zones.

Report on Industry Development The development of Chang – Zhu – Tan manufacturing industry requires the cooperation of provinces and cities to build "Xiangjiangwan" with r&d as the core and intelligent manufacturing as the theme, and to build a world-class "Chang – Zhu – Tan intelligent manufacturing center" . The Chang – Zhu – Tan area of Xiangjiang River has the common driving force, basic ability and vitality to develop the intelligent economy. It can be constructed through the establishment of a large platform, community, science and innovation park, experience area and exhibition hall. The logistics development of Chang – Zhu – Tan urban agglomeration should perfect the integrated planning, construct the transportation network system, optimize the development environment, improve the operation quality, promote the "smart" logistics, construct the international logistics system and strengthen the standardization construction.

Report on Eco-grean Development In a rapid urbanization region, the relationship between conservation and development is an urgent and long-term issue. We should promote the green development of Chang – Zhu – Tan and build the Chang – Zhu – Tan Green Center Park since we have entered a window period of higher quality protection. It is necessary to enhance the understanding level, carry out the reengineering of the green heart model, innovate the system and mechanism and develop the green industry. In the context of the new era, the development of agro-forestry ecological products in the Chang – Zhu – Tan urban agglomeration should focus on brand cultivation and build a number of agro-forestry ecological products with regional characteristics around key products, key bases and key enterprises, which will promote high-quality development of agriculture in urban agglomeration. In Chang – Zhu – Tan urban agglomeration, the impacts of landscape pattern evolution on ecosystem service value are as follows: forestland and built-up area are expanding continuously, the fragmentation degree of grassland, water area and cultivated land is increasing, the value of ecosystem services is decreasing, and several landscape indices and the projection importance index (VIP) of ecosystem services value are greater than 1.

目　录

Ⅰ　总报告

Ⅱ　综合篇

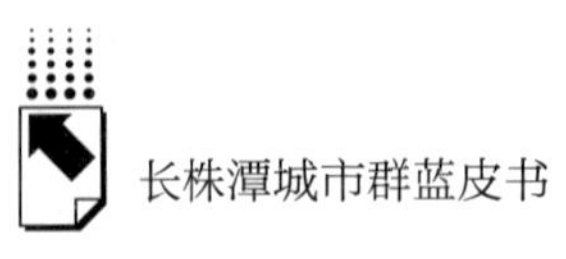

Ⅶ 附录

皮书数据库阅读**使用指南**

CONTENTS

I General Report

II Comprehensive Report

Ⅲ Report on CZT Integration

Ⅳ Report on Urban Development

Ⅴ Report on Industry Development

Ⅵ Report on Eco-green Development

Ⅶ Appendix

总 报 告

General Report

B.1 长株潭现代化都市圈发展报告

湖南省社会科学院课题组*

摘 要： 长株潭都市圈以长沙、株洲、湘潭城区为核心，以1小时通勤圈为基本范围，包括三市所辖县（市）为重要组成部分的城镇聚集空间。本文在对长株潭都市圈经济社会发展现状进行分析的基础上，提出了长株潭都市圈面临战略性新兴产业创新协同化不强、都市圈同城化有待提高、公共服务共建共享不够、低水平同质化严重等方面的问题，同时提出了推进长株潭由“群视角”向“市视角”转变的七大战略任务，从而不断推进生产圈、生活圈、生态圈深度融合。在此基础上还应加快推进湘江新区、国家级园区、国家自主创新示范区等重大平台开发建设，拓展现代化都市圈发展空间，引领长株潭一体化高质量

* 课题组成员：童中贤、刘晓、周海燕、李敏芳、刘艳文、李海兵、郭丹、熊柏隆，湖南省社会科学院城市发展研究中心。

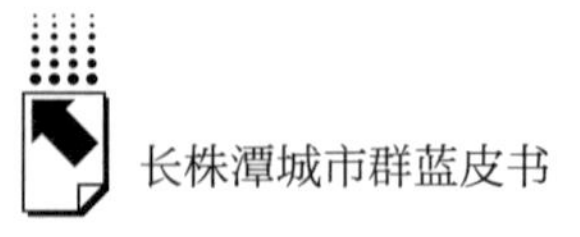

发展，力争早日迈进同城化并发展成为国家中心城市。

关键词： 长株潭都市圈　现代化　一体化　同城化

我国经济发展的空间结构正在发生深刻变化，中心城市、都市圈和城市群正在成为承载发展要素的主要空间形态。长株潭都市圈（严格意义上说应称为长沙都市圈，本研究仍按约定俗成称之），是环长株潭城市群的核心区域，也是全国“两型社会”建设综合配套改革试验区。经过持续推进和相向建设，长株潭都市圈的设施辐射度、经济关联度、合作共生度以及社会响应度明显提升，但都市圈的功能构造及其集成竞争力尚处于较低水平，亟待顺势创新升级。加快长株潭都市圈现代化进程，对强化“一带一部”国家区域总体战略地位，全面提升环长株潭城市群整体竞争力，推动湖南形成优势互补、高质量发展的区域经济布局，具有极其深远的战略意义与重大现实作用。

都市圈是城市群内部以超大特大城市或辐射带动功能强的大城市为中心、以 1 小时通勤圈为基本范围的城镇化空间形态。长株潭都市圈是以长沙、株洲、湘潭城区为核心，以 1 小时通勤圈为基本范围即以长沙市、株洲市、湘潭市所辖县（市）为重要组成部分的城市聚集空间。其区域范围主要包括长沙市（芙蓉区、天心区、岳麓区、开福区、雨花区、望城区、浏阳市、宁乡市长沙县）、株洲市（天元区、芦淞区、荷塘区、石峰区、渌口区、醴陵市、攸县、炎陵县、茶陵县）、湘潭市（雨湖区、岳塘区、韶山市、湘乡市、湘潭县）共 13 个市辖区和 10 个市县。

一　长株潭都市圈经济社会发展现状分析

（一）长株潭都市圈建设的主要进展

1. 经济总量质量协同增长

都市圈是全球城市发展的主流和趋势，也是我国新型城镇化的“主体形态”。2007 年 12 月，长株潭城市群“全国资源节约型和环境友好型社会建设综合配套改革试验区”获批后，长株潭都市圈融合进程逐步加快。近年来，随着长株潭都市圈一体化的持续推进，区域经济总量不断增长。2010～2018 年，长株潭都市圈 GDP 从 6716.55 亿元增长至 15796.31 亿元，年均增长 11.28%（见图 1）。长沙市 GDP 从 4547.06 亿元增长到 11003.41 亿元，年均增长 11.68%。株洲市 GDP 从 1275.48 亿元增长到 2631.50 亿元，年均增长 9.48%，湘潭市 GDP 从 894.01 亿元增长到 2005.25，年均增长 11.67%（见图 2）。

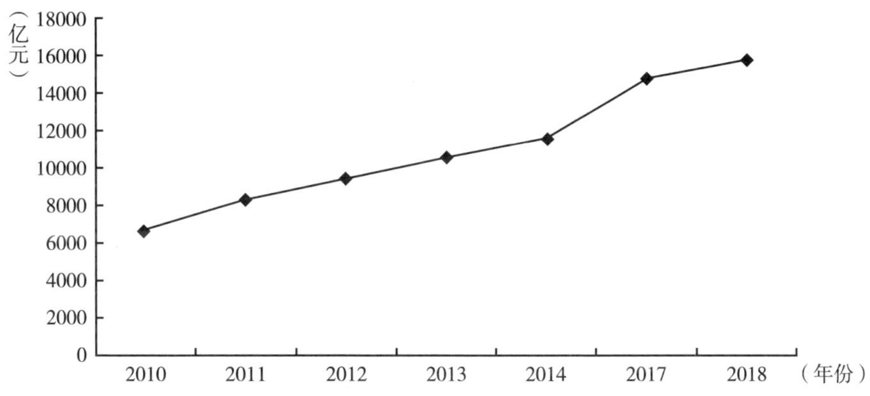

图 1　2010～2018 年的长株潭都市圈 GDP

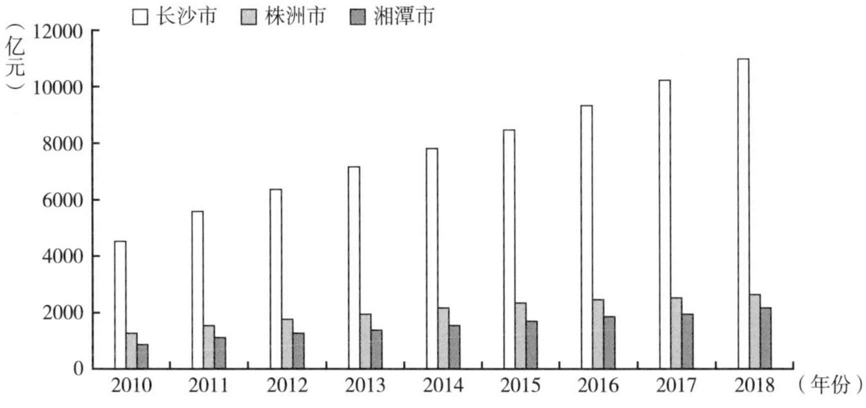

图 2　2010～2018 年长株潭都市圈主要城市 GDP

与此同时，长株潭都市圈经济增长质量也稳步提升，湖南省连续五年入围“全国百强”的县（市）均集中在长株潭地区。2018 年，长株潭经济总量在全国大都市排名中居 8 位，GDP 增长 8%，高于全国水平，在中部六省省会城市中排名第 1（见表 1）。长株潭地区也涌现了一大批高质量的知名企业，长沙市内的三一重工、中联重科等大型企业，分别位居机械工程行业第一和第二位，入围中国 500 强企业，辖区内的蓝思科技、中联重科、拓维信息、尔康制药等上市公司，市值均超百亿元。株洲市是“一五”“二五”时期全国重点布局建设的八个工业城市之一，诞生了中国工业史上 200 多个第一纪录，是“中国电力机车的摇篮”和全国最大的轨道交通装备生产基地，全市拥有 12 家上市公司，16 家新三板挂牌公司，企业上市、挂牌数量均居全省第二。湘潭市自古以来就是湖南重镇，明清时期即有“金湘潭”“小南京”之称，产业体系完备，是湖南乃至全国重要的工业基地，拥有的技术品牌、技术标准、科教资源、科技创新平台在省内仅次于长沙，辖区内的华菱湘钢是全国 500 强企业，湘潭电机被誉为全国“电工产品的摇篮”。此外，长株潭地区还集聚了汽车产业整车及零部件企业 300 多家，已形成年产 250 万台整车产能，是全国第六大汽车制造基地。

表 1　2018 年中部六省省会城市 GDP 及排名

城市	2018 年 GDP（亿元）	GDP 增速（%）	中部地区排名	全国排名
长株潭	15796.3	8	1	8
武　汉	14847.3	8.0	2	10
郑　州	10413.3	8.1	3	14
合　肥	7822.9	8.5	4	18
南　昌	5274.7	8.9	5	24
太　原	3884.5	9.2	6	27

2. 中心城市集聚效应增强

长株潭都市圈地处“一带一部”水陆双联的大通道、大枢纽、大市场，与省内湘、资、沅、澧四水互通达海，辐射湖南全省以及周边四省一市一区，人口近4亿，占全国的近1/3，“3小时高铁经济圈”覆盖的市场约占全国总人口的近一半，具有巨大的商圈辐射优势和产业投资的市场价值。作为国家战略示范区和湖南经济发展的核心增长极，长株潭在人流、物流、信息流等方面的集聚效应不断增强，助推湖南加速崛起的引领作用更加凸显。2018年，长株潭都市圈常住人口达1504.03万人，占全省的21.8%；GDP 15796.31亿元，占全省的43.37%，其中第二产业增加值为6851.4亿元，占全省的47.4%，第三产业增加值为8315.57亿元，占全省的44.02%。社会消费品零售额6498.62亿元，占全省的41.56%，进出口总额为255.41亿美元，占全省的54.89%，实际利用外资84.9亿美元，占全省的52.44%。此外，作为湖南省人才聚集高地，长株潭地区还集聚了丰富的人才和科技创新资源，拥有中部地位首屈一指的高校人才资源和为数众多且实力雄厚的科研机构，承担了大量的国家科技攻关项目和科技计划。截至2016年，湖南省共有湖湘青年人才89人，在湘院士71人，百人计划180人，千人计划91人，其中绝大多数都在长株潭地区就业创业。

3. 创新引领动能不断提升

长株潭国家自主创新示范区于2015年1月获批，是全国第6个国家级自主创新示范区和唯一具有军民融合创新特色的国家级示范区。2016年2月，《长株潭国家自主创新示范区发展规划纲要（2015～2025年）》正式获批，被纳入国家创新驱动发展战略，长沙·麓谷创新谷、株洲·中国动力谷和湘潭·智造谷先后启动建设，通过大力吸纳全社会创新投入、规范创新管理、强化成果转化，区域创新能力大幅提升。由长沙领衔的长株潭高端装备制造产业发展优势明显，形成了以三一重工、中联重科、山河智能、铁建重工和泰富重工等为龙头的工程机械产业群，并成长为世界级产业群。在株洲形成了以中车为龙头的轨道交通装备产业群，具有世界领先水平的核心技术优势和强大的市场竞争力，晋升全球同业排名前10位。此外，长株潭地区的汽车产业链已成为国内的高增长板块，南车株机、衡阳特变、湘电集团、铁建重工等企业正在从“单台产品供应商”向“成套设备供应商”和“服务供应商”转变。长株潭地区还拥有银河、天河系列高性能计算机，北斗系列关键技术，炭/炭航空材料，粉末冶金，高性能碳纤维复合材料，世界最大功率海上风力发电机，运行速度最快列车的牵引电传动系统等高科技创新产品，特别是激光烧结3D打印机、“神十”用传感器和特种电缆、中低速磁悬浮列车等产品，均已达到或接近世界领先水平，长株潭都市圈已跻身为我国创新驱动发展的重要试验场。

4. 都市圈一体化稳步推进

自1997年湖南省部署长株潭城市群经济合作战略以来，长株潭都市圈一体化进程不断提速。2000年，三市编制了以交通、电力、金融、信息、环保为主要支撑的城市群一体化基础设施网络规划。2006年，签署了《区域合作框架协议》，商定了致力于共同发展愿景的三市党政联席会议制度。2008年，编制完成了《长株潭城市群区域规划（2008～2020）》，2014年调整修编，极大地促进了三市跨域协调与合作。2009年6月，三市开启了同费同网的通信一体化时代。2010年9月，投资240.5亿元，兴建全程长达95.5公里的长株潭城际铁路，有力地推动了区域交通一体化进程。2013年，国家六部委批准印发《长株潭试验区金融改革发展专项方案》，统一了三市房地产市场准入标准、市场监管模式、产权登记体系和市场诚信体系等规范。2016年12月，长株潭城际铁路正式开通运营，打破了三市行政区划边界，实现了半小时通勤。2016年，湖南省第十一次党代会提出，大力推进长株潭一体化，增强长沙引领、辐射和服务功能，加快三市基础设施对接、产业互补发展、环境协同治理、公共服务融合，形成整体优势，以行政管理体制创新为重心的长株潭一体化发展迈进新阶段。2018年，《长沙南部片区规划纲要》发布，划定了核心功能承载区，新建三市同城共享的优质生活圈，打造长株潭一体化发展极核和战略引擎。至此，三市规划一体化、综合交通一体化、环保生态一体化、公共服务一体化、市场一体化的政策体系初步成型。此外，三市电视台、报纸以及网络均开设了与长株潭城市群发展相关的公共栏目，不断强化了三市市民对长株潭城市群发展的关注以及区域身份的认同感。

5. 两型社会建设显见成效

作为全国“两型”建设的示范区，长株潭在湘江水污染综合治理、全面加快清洁低碳技术的推广应用、构建城市群“两型”建设标准体系等方面实施了100多项原创性改革，形成了21个改革创新案例，积累的两型社会建设经验、两型采购、两型示范创建、两型标准体系、城乡环境同治等改革经验上升为全国经验。作为湘江污染治理的“一号工程”，长沙坪塘老工业基地、湘潭竹埠港重化工区、株洲清水塘老工业区等曾经的“污染大户”经历了一场重生式的大改造。坪塘21家企业全部退出，清水塘193家企业进行了退出、搬迁、升级，竹埠港28家化工企业全部关停，彻底切断污染源头，“退二进三”“腾笼换鸟”，三大工业区脱胎换骨，正朝着现代生态新城转变。为保护长株潭地区的生态绿心，先后编发了《长株潭城市群生态绿心地区总体规划》《湖南长株潭生态绿心保护条例》，在全国率先立法保护三市交界地区522平方公里的生态绿心，将90%以上区域划为禁止开发区和限制开发区。为推动大气污染联防联治，三市制定了共同的产业环境准入与退出政策，将每年10月至次年2月确定为长株潭三市大气污染防治特护期，形成了统一标准、统一预报预警、统一防治、统一执法的区域大气污染联防联控工作机制。

6. 城乡融合发展步伐加快

长株潭城市群自从获批“两型社会”试验区以来，逐步启动和推进了资源型产品价格、产业转型升级、排污权交易、农村环境污染治理、梯阶水价、新能源发电等改革，加快了城乡融合进程，长株潭地区城镇化水平明显提升，从2000年的35.41%提升到2017年的71.34%，18年时间里，城镇化率提高了一倍。三市城乡居民收入也得到很大提高，城乡居民消费水平得到不断提升，城乡居民收入差距呈缩小趋势，2010年，长株潭农村居民人均可支配收入为9296元，城镇居民人均可支配收入为21200元，城乡居民收入水平比值为2.28。2017年，长株潭农村居民人均可支配收入为23003元，为2010年的2.47倍，城镇居民收入为43185元，为2010年的2.05倍，城乡居民收入水平比为1.89。进入互联网时代后，长株潭地区居民的消费习惯、消费方式发生了极大的变化，海淘、淘宝、滴滴打车等诸多互联网平台应用不断涌现，推动着城乡一体化不断向纵深发展。

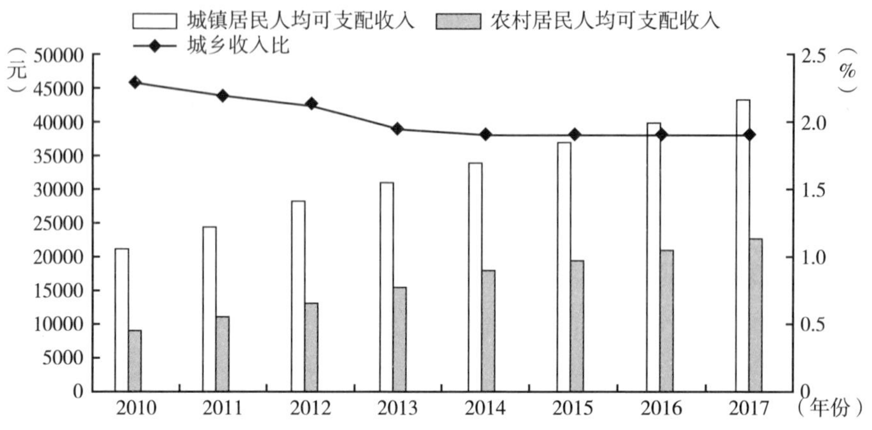

图3　2010～2017年长株潭都市圈城乡居民人均可支配收入变化

（二）长株潭都市圈发展中的主要问题

1. 现代产业创新支撑力尚需提升

经济学理论和发达地区的实践表明，技术创新是区域产业发展的主要推动力。同沿海发达地区相比，长株潭都市圈在世界500强企业、人才吸引力、专利数量等反映战略性新兴产业创新支撑能力的关键指标上还存在较大差距。一是都市圈具有全国或全球竞争力的企业和行业较少。与长三角、珠三角地区发达城市相比，2018年，上海、杭州、广州、深圳分别有7家、3家、3家、7家企业进入世界500强企业，长株潭地区无一家企业在列。在中国企业500强中，上海、杭州、广州、深圳分别有29家、24家、19家和26家企业，长株潭地区仅有6家企业入围。二是长株潭城市圈对高端人才缺乏吸引力。国内外顶尖人才前来工作意愿度不高。长株潭地区高等院校众多，但大量高校毕业生及高精尖优秀人才更倾向于去长三角、珠三角、京津冀等地就业创业，人才培养优势并未有效转化为人才竞争优势，人才流失导致科技创新基础薄弱，产业升级动能不足。三是长株潭都市圈专利申请量和授权量数量较少，高强竞争动能弱小。2018 年，上海专利申请 15.02 万件，专利授权 9.25 万件；广州全年受理专利申请 17.31 万件，专利授权 9 万件；深圳全年专利申请量与授权量分别为 22.86 万件和 14.02 万件；长株潭三市专利申请数与授权专利数仅为 5.5 万件、2.9 万件，支撑区域经济发展的带动能力有限，难以对中部地区乃至长江经济带产生较大的辐射引领作用。

2. 交通通道网络衔接存在差距

与长三角城市群相比，长株潭都市圈还存在路网密度小、直线和环线联系程度不高、市与县的直达交通网不够畅通等问题。一是公路路网密度不够，2017 年，长株潭地区路网密度为 1.36km/km^2，不及长三角地区 2009 年的公路密度（1.47 km/km^2），上海市 2009 年的路网密度为 2.36 km/km^2，长沙市 2017 年的路网密度为 1.37，远低于 8 年前的上海市水平。由于三市公路规划缺乏整体谋划和系统设计，次区域、农村、城乡接合部和行政区边界等地区仍有部分路网交通不畅通，存在“断头路”、交通分割等不良现象。二是高铁带动全省发展的能力不足，长株潭都市圈铁路形成了以武广高铁站点为中心，向沪昆高铁站点延伸，并向周边辐射的“十”字形轴线发展格局，都市圈辐射东南通达性较好，但辐射西北通达性差，长株潭至张家界、湘西州、常德、益阳仍无高铁贯通。三是机场对区域经济带动辐射能力弱，与发达地区相比，长三角地区拥有 23 处机场，未来可服务 3 亿人次；而长株潭都市圈仅有长沙黄花国际机场，2018 年旅客吞吐量为 2530 万人次，机场对省域外向性经济发展带动能力较低。总体而言，长株潭都市圈与现代化都市圈的交通要求差距较大，对腹地经济社会发展的影响较小。

3. “内耗式竞争”仍然存在

长株潭三市因各自利益驱动，在区域发展竞争中，“地方保护主义”依旧存在。受以行政区域为单位的政绩考核机制和数据统计机制所左右，长株潭区域整体长远发展目标同三市追求各自经济增速的矛盾十分明显，各级政府管理部门更多从本市和本部门利益出发制定工作规划，特别是株洲、湘潭两市的经济发展需求更加迫切。同时，三市产业比较优势不够突出，一些新兴服务业同构化严重，区域内的高新区、经开区和产业园区产业特色不鲜明，存在重复投资、产业类型重叠，内部不当竞争严重等突出问题。三市编制的“十三五”规划中，均将高端装备制造、汽车、新一代信息技术、新材料等制造业作为未来重点培育的支柱产业，因资源禀赋有限，难免出现恶性竞争、产能过剩和资源浪费。在各自为政过程中，必然出现产业重合度高、转型升级速度慢，从而导致产业结构不优，2018 年，长株潭第三产业占比仅为 52.64%，株洲和湘潭占比更低。

表 2　长株潭都市圈与国内主要发达城市的产业结构比较

城市	地区生产总值(亿元)	第一产业 GDP（亿元）	第二产业 GDP（亿元）	第三产业 GDP（亿元）	三次产业分别占比
长株潭	15796.31	629.33	6851.39	8315.59	3.98∶43.37∶52.64
北京	30320	118.7	5647.7	24553.6	0.39∶18.63∶80.98
广州	21503.15	233.49	6015.29	15254.37	1.09∶27.97∶70.94
上海	32679.87	104.37	9732.54	22842.96	0.32∶29.78∶69.9
杭州	13509	306	4572	8632	2.27∶33.84∶63.9
南京	12820	273.42	4721.61	7825.37	2.13∶36.83∶61.04
深圳	24221.98	22.09	9961.95	14237.94	0.09∶41.13∶58.78
天津	18809	172.71	7609.81	11027.12	0.92∶40.46∶58.63
武汉	14847.29	362	6377.75	8107.54	2.44∶42.96∶54.61
成都	15342	522.59	6516.19	8303.99	3.41∶42.47∶54.13
重庆	20363	1378.27	8328.79	10656.13	6.77∶40.9∶52.33

4. 都市圈同城化效应有待增强

在区域利益最大化动力驱使下，区域资源开放共享难以实现，尤其公共资源部门分割、条块分割问题尚未有效解决。此外，长株潭一体化在省级层面缺乏高位协调、高效协同，考核评估与监管问责机制不健全，统筹推进力度弱，区域一体化发展规划执行难到位，都市圈同城化效应不明显。公共服务体系缺乏协同，长沙公共服务设施处于绝对领先地位，株洲和湘潭处于从属地位。都市圈在教育、医疗、社保等公共服务方面差距明显且缺乏共享。长沙市的高校数量、毕业生数量、公共图书馆个数以及卫生机构个数、床位数均大于湘潭与株洲两城市之和。都市圈缺乏统一的公共产品与产权交易市场、广覆盖的产业互联网与政务网、共享的企业支持政策和区域创新环境，这些严重制约着都市圈人才、信息、资本、技术、项目、平台等资源的共享。

表 3 长株潭三市公共服务机构基本情况

地区	星级宾馆合计（个）	五星级宾馆（个）	普通高等学校数（所）	普通高等学校毕业生数（人）	公共图书馆（个）	公共图书馆藏书量（千册）	卫生机构数（个）	卫生机构床位数（张）
长沙	55	9	51	159359	12	9655	3194	73711
株洲	28	1	9	24210	8	3083	1203	26284
湘潭	14	2	10	34681	6	1490	936	18768

（三）长株潭都市圈发展面临的重要机遇

在我国经济社会加速向高质量发展的现代化进程中，城市化发展正从极核化步入都市化、集群化、连绵化的共融共强阶段，大型跨域、跨界的都市圈逐步形成，不同都市圈的竞争日趋激烈，将催生出全新的都市圈缔造及其能级攀升浪潮。

1. 我国建设世界级城市群将为长株潭都市圈发展提供新标杆

培育世界级城市群是提升我国未来竞争力的主要支撑。在中国特色社会主义进入新时代和国内经济转向高质量发展阶段背景下，“一带一路”建设、长江经济带发展、京津冀协同发展、长三角一体化、粤港澳大湾区建设等战略相继实施，为长株潭都市圈一体化发展注入了新活力。2016年出台的国家“十三五”规划提出，建设京津冀、长三角、珠三角世界级城市群，发展 16 个其他城市群和 2 个城市圈。国家在 2018 年批复实施的《粤港澳大湾区发展规划纲要》中，不仅明确提出了将粤港澳大湾区打造成充满活力的世界级城市群的首要战略定位，而且提出了具体战略目标要求。长株潭都市圈，毗邻珠三角城市群，拥有天然区位优势，在经济总量、产业层级、开放程度、创新能力等方面发展潜力巨大，对标借势，后发活力充沛。

2. 国家新型城镇化体系构建有利于长株潭都市圈提升新动能

在新型城镇化进程中，营建中心城市将在我国高质量城镇化战略中起到承上启下的关键作用。2010 年，住建部发布的《全国城镇体系规划(2010 ~ 2020 年)》中提出计划构建“十百千万”的城市体系，即 10 个全球与国家中心城市、100 个国家特色城市、1000 个中小城市、10000 个特色镇，现已确定北京、天津、上海、广州、重庆、成都、武汉、郑州、西安 9 个国家中心城市。国务院在相关城市群规划批复中明确，若干城市承担国家中心城市职能，进一步强化中心城市代表国家参与国际竞争和辐射带动周边区域发展的要求。长沙市 2015 年提出申报国家中心城市，但对标国家现有的中部两大中心城市，长沙仍面临城区规模和人口规模偏小、对外开放度和国际化水平偏低、服务业不发达等短板，将长株潭都市圈整合成特大型省会城市，实现三市同城化，长株潭中心城市就能突破短板、形成优势。2018 年，三市经济总量 15796. 31 亿元，高于武汉的 14847. 29 亿元；三市年末常住人口为 1504. 03 万人，高于武汉的 1108. 1 万人；地方财政收入 1195. 31 亿元，进入千亿级省会城市行列。通过整合、融合发展，去除三市行政貌合神离的顽疾，避免同质化恶性竞争，深化城际产业分工，形成具有国际影响力的高端装备制造、新一代信息技术和文化创意等支柱产业链，将大幅提升长株潭在国内外中心城市发展中的竞争力和影响力。

3. 中部崛起战略实施将给长株潭都市圈发展带来新契机

从建设武汉城市圈、长株潭城市群两型社会综合配套改革试验区，到进一步促进中部地区崛起和实施长江经济带发展战略，再到颁布《长江中游城市群发展规划》，国家对中部地区的改革发展提出了系列指导意见。长株潭地区是湖南省发展基础最好、资源最密集、创新最活跃的区域，拥有两型社会综合配套改革试验区、自主创新示范区、湘江新区三大国家级平台。历届省委、省政府对长株潭一体化发展寄予厚望，倾力把长株潭城市群建设成为具有影响力和竞争力的核心增长极。2019 年 5 月，习近平总书记在江西主持召开了推动中部地区崛起工作座谈会，并提出要在八个方面下功夫，全面开创中部崛起新局面，这为长株潭都市圈“力争在中部崛起中走在前列”提供了新契机，将全面推动长株潭三市规划、产业、交通、公共服务一体化，大力发展高新技术、智能制造、商贸金融等优势产业，长株潭都市圈已成为湖南率先崛起于中部的重要战略支点，也将在国家战略空间大格局中显现越来越重要的突出地位。

4. 推动基本现代化建设将为长株潭都市圈发展提供新活力

基本实现现代化是长株潭都市圈提前全面建成小康社会的重大战略安排，对于长株潭都市圈做好“两个一百年”战略对接意义重大。长株潭都市圈当前总体处于基本实现现代化的战略机遇期、发展关键期和攻坚期。现代化的终极目标是人的现代化和人民生活的现代化。加快推动长株潭基本现代化建设，有助于推动长株潭由传统发展方式向以人为本的可持续发展方式转型，实现长株潭经济发展由主要依赖自然资源向更加依靠人力资源转型，促进长株潭向现代化国际性城市迈进，进一步完善社会公平和增进人民福祉。基本现代化是“质”与“量”统一，包括“经济发展、社会发展、信息化、两型社会建设、人民生活、国际化”等六个维度，为推动长株潭地区高效政府、民主政治和法治建设，推动以信息化与工业化、城镇化融合为主的经济现代化建设，推动以改善民生为主实施社会现代化建设，推动以建设国际文化高地为主的文化现代化建设，推动以两型社会建设为主的生态现代化建设等都将提供新的活力。

5. “一带一部”建设将助推长株潭都市圈打造新引擎

2013 年，习近平总书记对湖南明确了“一带一部”的区域发展定位，湖南省第十一次党代会明确提出要把“一带一部”战略定位落到实处。省委、省政府确定要在“过渡带”上集聚创新资源，在“接合部”中打造开放高地，在新一轮全面深化改革中率先实现中部崛起。长株潭地区既是东部地区由中部内陆腹地通向两广等沿海地区的过渡地带，也处在长江经济带和华南经济圈的接合部，这使长株潭成为连南接北、承东启西的战略支点，是湖南实现中部崛起的重要引擎。把“一带一部”战略定位落到实处，需要实现湖南从“大通道”向“大枢纽”跨越，有助于长株潭打造国家级综合交通核心枢纽，全面实现高铁、航空、城轨和公路一体化，助推自贸区、国家新区、综合保税区、跨境电商、枢纽+贸易、枢纽+电子商务、枢纽+金融等新型业态做大做强。“一带一部”战略还将助推长株潭三市对接珠三角城市群、长三角城市群、中原城市群、武汉都市圈、成渝城市群、黔中城市群、北部湾城市群、海西城市群等区域，在区域协同、产业发展、制度创新、科技发展、信息共享、要素聚集等方面全方位、多领域深化合作，实现长株潭从“地理中心”向“开放高地”跨越，成为引领“一带一部”区域高质量发展的动力源。

二 长株潭现代化都市圈发展的总体思路

（一）基本要求

奋力实施长株潭一体化发展战略，以促进中心城市与周边城市（镇）同城化发展为方向，以创新体制机制为抓手，以推动统一市场建设、基础设施一体高效、公共服务共建共享、产业专业化分工协作、生态环境共保共治、城乡融合发展为重点，在更高、更强、更优层级上夯实省域发展新基础、优配城乡共生新资源、跃升集群竞争新能级、形成区域竞争新优势，为湖南形成优势互补高质量发展的区域经济布局和现代化建设提供重要支撑。

1. 尊重规律、顺势而为

顺应区域经济规律、城市发展规律，遵循未来新型城镇化产业升级、人口流动和空间演进的发展趋势，科学确定都市圈功能定位、发展目标和实现路径，积极探索大都市圈一体化发展示范区建设，设立跨界共治协调的联合机构，因地制宜推动都市圈同城化建设。

2. 创新共建、开放崛起

以强化制度、政策和模式创新为引领，科学构建都市圈协同发展机制，着力破除行政壁垒和市场分割等阻碍三市一体化融合发展的体制机制障碍，加快建成推进中部崛起和湖南高质量发展的创新引擎和开放高地。

3. 功能互补、协调共进

依托都市圈整体目标与三市资源禀赋、产业基础及其他比较优势，深化城际分工协作，促进城市功能互补、产业错位布局、基础设施和公共服务共建共享，在深化合作中实现互利共赢。

4. 统筹谋划、集聚发展

统筹都市圈建设的总体方向、战略布局和制度安排，强化分类指导，因地制宜推进都市圈一体化建设，促进三市规划对接、政策协同、相向融合、集聚发展，加快培育整体优势、共生活力。

5. 政府引导、市场主导

充分发挥市场配置资源的决定性作用，更好发挥政府在规划政策引领、空间开发管制、公共资源配置、体制机制改革等方面的助推作用，促进资源要素充分流动和高效配置，激发都市圈一体化建设的内生动能，高效释放跨域资源规模集成效应。

（二）战略定位

1. 充满活力的国家中心城市

依托长株潭国家平台和示范试点建设，积极担当国家职能，加快推进长株潭由“群”向“市”转变。充分利用长株潭城市群两型开放开发先行先试的政策条件和“一带一部”核心的区位优势，推动长株潭与长江经济带、长三角、粤港澳大湾区战略联动发展。加快推进行政区划调整，积极实施“强省会”战略，大力增强长株潭人口经济承载能力，在绿色城市、智慧城市、人文城市等新型城市建设方面走在全国前列，打造充满活力的国家中心城市。

2. 都市圈同城化发展示范区

同城化是都市圈成熟的重要标志，应重点探索推进同城化发展的体制机制创新，不断打破阻碍三地产业协同发展、区域协同治理、要素资源流动的体制机制壁垒，特别要在规划管理、土地管理、投资管理、要素流动、财税风险、公共服务等方面成为跨区域制度创新和政策突破的“样板间”，加快形成基础设施对接、产业互补发展、环境协同治理、公共服务共享、城乡一体发展的新格局，为全国其他都市圈推进一体化发展提供可复制、可借鉴、可推广的经验模式。

3. 率先建成中部崛起引领区

紧抓国家实施中部崛起战略机遇，立足“一带一部”区位优势，充分发挥长株潭一体化在国家区域总体战略和体制机制创新中的先行先试功能，着力构建一体化的现代经济体系、公共服务体系、基础保障体系、生态安全体系与先进文化体系，奋力打造世界级先进装备制造业基地、中部区域重要科技创新中心，构筑连接长江经济带、京广经济带与粤港澳大湾区的经济活动组织和资源配置中枢，全面提升长株潭都市圈要素集聚能力和综合竞争力，率先在中部地区实现崛起，大力发挥示范效应和带动作用，提高对中部地区经济增长的贡献率。

4. 宜居宜业宜游的优质都市生活圈

坚持以人民为中心的发展思想，践行生态文明理念，充分利用现代信息技术，实现城市群智能管理，优先发展民生工程，提高都市圈居民生活质量。综合考虑市民居住、创新创业、国际交流、商务服务、文旅休闲等多元复合城市单元需求，使配套更加完善、环境更加优美、生活更加舒适，把都市圈建成交通发达的方便之城、办事快捷的宜居之城、经济繁荣的崛起之城、山清水秀的生态之城，着力打造宜居宜业宜游的优质都市生活圈。

5. 新时代内陆地区改革开放新高地

坚持推进更高起点的改革和更高层次的对外开放，积极营造具有国际一流标准的营商环境，大力破除影响创新要素自由流动的一切条条框框，不断激发创新主体活力。遵循共商共建共享原则，坚持引进来和走出去并重，重点围绕培优开放主体、完善开放平台、拓展开放通道、优化开放环境等工作领域，加强创新能力开放合作，建设陆海内外联动、东西双向互济的开放型经济，推动形成更全面、更深入的开放格局，打造新时代内陆地区改革开放新高地。

（三）发展目标

2025 年，长株潭三市基本实现同城化，新型工业化、新型城镇化和都市圈一体化发展模式基本建立，现代产业体系、新型城镇体系日益健全，辐射带动支撑作用显著增强，创新驱动与对外开放高地效应日益突出，成为带动湖南省域经济社会发展的重要引擎、长江经济带建设的重要支撑和推进中部崛起的先行区，为全国新型工业化和新型城镇化融合发展树立新标杆。

1. 形成疏密有致的城市融合发展新格局

坚持有机疏散基本理念，以生态文明建设为重点，围绕长株潭“生态绿心”，聚焦城市更新和功能转型，合理配置城镇建设和产业用地。依据各地自然地理条件特点，突破行政界限，综合谋划人口、产业、生态和城乡空间格局，形成以基本生态空间为底线，以市域“多极、开敞”空间结构为导向，以全域覆盖政策体系为保障的集约型、开放式、网络化的城市空间格局。提高土地综合开发利用水平，促进生产空间集约高效、生活空间宜居便利、生态空间物景秀美，形成疏密有致的城际融合、产城融合、城园融合、城景融合发展新格局。到 2025 年，长株潭都市圈常住人口城镇化率达到 85%，都市圈城乡居民收入差距控制在 1.7∶1 以内，5G 网络覆盖率达到 100%；圈内森林覆盖率达到 60% 以上，空气优良率达到 85%。

2. 形成创新引领的产业协同发展新局面

将创新驱动放在突出位置，鼓励技术创新、机制体制创新、管理创新和商业模式创新。促进传统产业转型升级、新兴产业培育壮大，以推进智能制造为重点，打造世界级优势产业集群，夯实实体经济发展基础。突破科技成果转化、科技人才激励、科技企业融资等制度瓶颈，充分提高劳动、资本、技术三要素协同投入的质量和效率，使科技创新在实体经济发展中的贡献份额不断提高，现代金融服务实体经济的能力不断增强，人力资源支撑实体经济发展的作用不断优化，形成创新引领的实体经济、科技创新、现代金融、人力资源协同发展新局面。到 2025 年，长株潭都市圈高新技术产业增加值占 GDP 的比重达到 1/3 以上。

3. 形成现代化都市圈共享发展的新机制

从高层决策机制、专项推进机制、工作落实机制三个层面建立起三市全面合作框架，构建共享发展的多元主体联动机制、完善共享发展的利益调节机制、优化共享发展的制度保障机制，阻碍生产要素自由流动的行政壁垒和体制机制障碍基本消除，形成现代都市圈市场一体化、公共服务共建共享、生态共建环境共保、成本共担利益共享的新机制。

2035 年，全面建成高质量发展、跻身世界先进文明的充满强劲活力的现代化都市圈，长株潭都市区基础设施完备、公共服务体系完善，各项经济社会发展指标达到国内先进水平，成为区域高度协同、生境品质一流、居民幸福美满的创新之都、智慧之城和宜居宜业宜游、中心城区人口过千万的现代化巨型城市。

三　长株潭现代化都市圈发展的主要任务

推进长株潭由“群视角”向“市视角”转变，在加快三市基础设施对接、产业互补发展、环境协同治理、公共服务整合的基础上，形成整体优势，不断推进生产圈、生活圈、生态圈深度融合，加快向同城化目标迈进。

（一）着力推进基础设施一体化

以增强长株潭都市圈基础设施连接性、贯通性、便捷性为重点，以推动一体化规划建设管护为抓手，织密网络，优化方式，畅通关口，加快构建都市圈综合交通网、信息通信网、能源保障网、水利安全网。

1. 共建现代化综合交通运输体系

构建市域轨道交通网络。充分发挥铁路服务城市客运交通的功能，构建轨道交通城际线网络。编制、实施《长株潭都市区轨道交通线网规划》，强化长株潭城区快速联系和对外辐射能力。积极推进规划长沙地铁向株洲、湘潭延伸，构建以长沙站、长沙南站、湘潭北站、株洲西站等为核心节点的长株潭地铁环线。推进长浏快线、长株快线、长潭快线、长株潭城际轨道交通西环线工程等城际轨道建设，形成长沙南站、长沙西站、长沙火车站、长沙黄花机场站、湘潭站、湘潭东站、株洲站、株洲南站等主要交通枢纽的轨道交通串联，打造轨道上的“长株潭”。

打造便捷高效的公共交通体系。在既有市域轨道交通和常规公交系统基础上，构建地铁、公交、城巴、出租车等多种交通方式相融合的都市圈公共交通服务体系。依托长株潭城铁等轨道交通连接线路，在主要站点周边推进大型 P + R（Park + Ride）停车场建设，为群众提供更加高效便捷的出行方式。研究新设长株潭相邻区、镇、街之间的公交线路，填补运输服务的空白区域，满足长株潭产业合作区的公交出行需求。强化长沙汽车南站、汽车西站、株洲汽车站、湘潭汽车站等客运枢纽站场间的衔接，优化完善各主要站点间的公交线路。加强公交信息数据的交流共享，推动智能调度合作，探索互联网定制巴士新型运输服务，提升智能化公交服务应用水平。

优化干线道路交通。推进“三干”项目，完成洞株路、芙蓉大道、潭州大道快捷化改造，完善城际干道系统。加快“四连线”项目建设，完成潇湘大道—滨江路、新韶山路—昭山大道、昭云大道—云峰大道、湘潭大道—铜霞路等连接线建设，打通交界区域的交通瓶颈。超前规划地下快速道路系统。

构建现代化的货运枢纽体系。以打造全国区域性物流枢纽为契机，合理规划布局货运场站，充分发挥铁路、内河航运等联运方式，减少区域货运交通对城市交通的影响。按照“口岸物流互联”原则，统筹长株潭航空货运口岸、高铁口岸、铁路口岸、综合保税区等口岸资源，推进岳塘国际商贸城、株洲北站、长沙港等项目建设，做好货运通道基础设施建设，加强各平台之间的信息联通共享。争取国家支持在长株潭都市圈内设立自由贸易区，充分发挥服务贸易对区域经济的开放引领与辐射作用。

2. 统筹市政和信息网络建设

统筹推进市政建设。以打造长株潭湘江湾为契机，统筹长株潭都市圈市

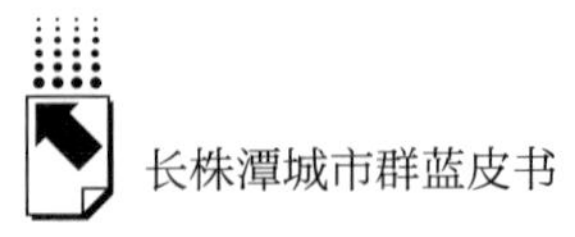

政设施建设，通过规划对接、科学统筹、有序安排，实现功能优配、设施共享、产城融合、景观协调。构建市政设施综合管理平台，实施长株潭都市圈交通、环保、园林绿化、水电气等基础设施和市政设施一张网、一体化建设，全面提升设施运行能效。

打造先进的信息通信网络。积极推广新一代通信技术，构建多网协同的泛在无线网络，建设长株潭枢纽型国际信息港、新一代互联网示范城市。持续推进“云网端”新基础设施建设，打造一批政务数据中心和基于云计算的创新服务公共平台。积极推动已有数据中心升级改造。加强区域合作，研究数据中心异地布局服务，推进长株潭三市数据中心的合作。优化信息通信网络结构，加强信息基础设施与城市公共设施的融合发展。实施“宽带中国”战略，建设光网城市，实现无线局域网（WLAN）全覆盖，百兆光纤到户、到村。

强化信息安全保障。建立网络与信息安全联合监管和协调机制，推动网络安全与信息化同步设计、同步建设、同步运维。建设政务信息安全监管平台，完善政府信息技术服务外包安全管理。增强电信网、广播电视网、互联网以及无线宽带网络的安全防护能力，加大无线电安全管理和重要信息系统无线电频率保障力度。鼓励信息网络安全技术研发，大力发展物联网、远程移动互联网、大数据及其相关服务产业。

协同推进智慧都市圈建设。拓展、深化新一代信息技术在都市圈建设管理中的智慧应用，推进在长株潭一体化规划、土地利用、基础设施、公共管理、产业发展、生活出行等方面的信息化应用，整合网络资源，搭建统一、安全、共享的政务云、物流云、公共服务云、环境监测云和电子商务云，提升综合信息服务水平。全面推进智慧市政、智能交通、智慧园区、智慧社区建设。

3. 建设能源安全保障体系

完善能源供应体系。积极拓宽煤炭外输通道，加快健全储配体系，保障煤炭稳定供应。加强煤炭产业优化布局和结构调整，发展煤炭洁净转化和高效利用技术。大力发展以天然气和可再生能源为重点的清洁能源。推进分布式能源建设，重点依托工业建筑和公共建筑屋顶实施分布式光伏发电工程，完善太阳能利用。

确保城市电力供应。完善外电供应格局，推进湘东500千伏双环网、酒泉—湖南特高压直流工程建成投运，提高供电可靠性。继续发展完善都市圈内电源基地，做好电源优化调整工作，新建一批燃机机组，同时加强新能源和分布式供能系统的建设。

稳定城市天然气供应。加快推进“气化湖南”工程建设，推进天然气管网、储气库等基础设施建设，提升天然气供应保障能力。积极争取新气源，主动参与国家气源引进和通道工程建设，尽快建成入湘油气管网。建设“多源互补、四方贯通、多级并行、两环相连”的主干管网输配系统。强化油气管道保护，保障油气安全供应。

4. 强化长株潭水资源安全保障

加强区域水资源合作。统筹长株潭水源一体化布局，推行统一的水资源合理利用（包括再生利用）、水环境保护、水污染治理、水生态修复体系，确保“一龙管水、团结治水、合力兴水”。落实最严格的水资源管理制度，严守水资源开发利用控制、用水效率控制、水功能区限制纳污控制三条红线，强化规划和项目水资源论证，严格水功能区监督管理。

保护区域水源地安全。强化区域水资源管理，统筹水资源总量管理和水资源流域调配。大力推进湘江流域污染企业的搬迁工作，继续推进湘江治理一号工程。统筹长株潭都市圈水源建设，在株洲以上集中建设湘江水源地，做好重点饮用水水源保护。建设互联互备供水联络管网，推进城市备用水源工程建设。

统筹区域防洪体系建设。全面推进“海绵城市”建设、雨污分流体系建设，着力解决中心城区重点易涝区域排水问题，切实提高城市排水、防涝、防洪和防灾减灾能力。以提高水利保障能力为核心，统筹建成区域内主要江河防洪（潮）减灾体系。

（二）着力强化城市产业分工协作

以推动长株潭都市圈各城市间专业化分工协作为导向，推动中心城市产业高端化发展，夯实中小城市制造业基础，促进城市功能互补、产业错位布局和特色化发展。

1. 构建分工协作的现代产业体系

共同培育壮大战略性新兴产业。依托国防科大、中南大学、湖南大学、湘潭大学等著名高校以及科研院所的科研优势和高新技术产业基础，充分发挥湘江新区、长沙高新区、湘潭高新区、株洲高新区等高端要素集聚平台作用，完善以企业为主体、市场为导向、产学研相结合的技术创新体系，集中力量打造新材料、电子信息、新能源与节能环保、生物健康、移动物联网等一批产业链条完善、辐射带动力强、具有国际竞争力的战略性新兴产业集群。

协同做强先进制造业产业链。重点围绕轨道交通、工程机械、智能制造、航天航空、新能源汽车、工业机器人等优势产业，培育一批具有系统集成能力、智能装备开发能力和关键部件研发生产能力的智能制造骨干企业，打造轨道交通、工程机械、航天航空装备、汽车制造等若干万亿产业集群和产业链，建设具有国际竞争力的先进装备制造业基地。推动服装、陶瓷等传统制造业从加工生产环节向研发、设计、品牌、营销、再制造等环节延伸。

合力发展高品质现代服务经济。大力推进总部经济集聚区建设。重点瞄准产业链金融、物流供应链金融和互联网金融，大力发展以银行、证券、保险为主体的现代金融服务业。加快发展以黄花国际机场、长沙港为龙头，以长沙黄花综合保税区、湘潭综合保税区等为网络的现代物流服务业，合理布局建设一批物流集聚区，打造全国物流创新发展示范区、国际多式联运中心、全球供应链管理中心。加快推进文化、旅游、餐饮、健康、体育、养老产业等六大生活性服务业向高品质转变，加快重点文化创意园建设，提升长株潭国内外知名度与影响力。

2. 推动中心城市产业高端化发展

建设要素服务高地。发挥长株潭“两型”社会试验区、国家级湘江新区、国家自主创新示范区的政策优势，统筹发展碳排放权、排污权、水权等交易平台，建设面向湖南、辐射全国的要素集中交易场所，引导发展资源环境交易、信息数据交易、农村产权交易、知识产权交易等市场业务，建设具有全国影响的新型要素交易平台。探索发展面向全国的大宗商品现货交易平台与物流服务平台。

建设生产服务高地。以提供知识密集型的高端共享服务为重点，建立针对共性基础技术的科创服务平台，建设智慧网络、孵化中试、产业基金等高水平服务体系，精心打造法律服务、财务服务、研发服务、信息服务等产业专业服务平台，为都市圈内园区、企业提供高质量配套服务。

建设文旅服务高地。加快湘江文化旅游区、浏阳河文化旅游产业带、昭山全国全域旅游发展示范区、大王山旅游度假区等建设，推进旅游资源大整合、旅游景区大提质、旅游品牌大宣播、旅游市场大开拓。积极促进文化和旅游融合，推动特色文化产业园区和基地建设，推进数字技术、信息技术在文化旅游产业中的应用，提高文化旅游产业的创新能力，打造中西部文化旅游产业发展新高地。

建设国际服务高地。规划建设国际街区、国际社区和国际园区，完善国际教育、医疗、生活服务等配套设施，吸引外国政府领事机构、国际组织驻华机构、国际商务服务龙头企业等集聚，集中提供签证办理、国际咨询服务、国际项目服务、国际交流服务、国际金融服务、国际劳务服务、国际休闲服务等功能服务。

3. 促进中小城市产业特色化发展

充分利用中小城市在地理空间、自然资源、劳动力等方面的比较优势，优化营商环境，积极承接中心城市的产业分工和功能疏解。在明确自身定位、特色资源和主导产业的基础上，适时推动产业结构调整，积极对接中心城市产业规划，加强产业链上下游合作，推进产业规模化、特色化、集群化发展，与中心城市形成具有合理地缘经济关系的产业分工体系，提高产业发展的专业化水平和经济效率。适度提高制造类企业集中的开发区配套用地比例，采取整体出让、集中开发等方式，推动生产制造和生活服务等功能适度混合。积极借势中心城市的技术、人才、创新平台等资源，强化与中心城市公共服务连通共享，提高中小城市对工程师、技术工人、高校毕业生等人才的吸引力。

（三）着力建设统一开放市场

以打破地域分割和行业垄断、清除市场壁垒为重点，加快清理废除妨碍统一市场和公平竞争的各类地方规制，营造规则统一、标准互认、开放包容、高效有序、要素自由流动的统一市场。

1. 加快人力资源市场一体化

全面放开长株潭都市圈城市落户限制，推进户籍准入年限累积互认，加快消除城乡区域间户籍壁垒，统筹推进长株潭户籍同城化管理，促进人口有序流动、合理分布和社会融合。推动人力资源信息共享、公共就业服务平台共建。

2. 推动技术市场一体化

建设长株潭科技资源共享服务平台，共同培育技术联盟、孵化器等创新组织，鼓励共建科技研发和转化基地。探索建立企业需求联合发布机制和财政支持科技成果共享机制。清理城市间因技术标准不统一形成的各种障碍。建立长株潭技术交易市场联盟，构建多层次知识产权交易市场体系。鼓励发展跨地区知识产权交易中介服务，支持金融机构开展知识产权质押融资、科技型中小企业履约保证保险等业务。

3. 推动金融服务一体化

加强金融基础设施、信息网络、服务平台一体化建设，推进金融监管和风险防控一体化，鼓励金融机构在都市圈内协同布局，探索银行分支机构在都市圈内跨行政区开展业务，加快实现存取款等金融服务同城化。强化金融监管合作和风险联防联控，建立金融风险联合处置机制，合力打击非法集资等金融违法犯罪行为。

4. 统一市场准入标准

全面清理和废除妨碍统一市场形成和公平竞争的各种地方性法规和政

策，通过行政许可、工商登记、消防安全、食品药品检验、知识产权、金融等领域的信息资源共享与关联标准对接，建设统一开放、竞争有序、充满活力的长株潭都市圈市场。探索“一照三市、一证三市”企业开办经营模式，取消具有相应资质的设计、施工企业异地备案手续。建立都市圈市场监管协调机制，统一监管标准，推动执法协作及信息共享。加快完善都市圈信用体系，实施统一的守信激励和失信惩戒制度。

（四）着力共建宜居宜业宜游都市圈

坚持以人民为中心的发展思想，以都市圈公共服务均衡普惠、整体提升为导向，统筹推动基本公共服务、社会保障、社会治理一体化发展，共同打造公共服务优质、宜居宜业宜游都市圈。

1. 促进优质公共服务资源共享

加强全域教育深度合作。鼓励开展多种形式的跨地区教育合作，支持优质中小学校推进集团化办学，支持高校跨地区共建共用院校科研实验室和实训基地。构建教育交流沟通平台，建立高校专家资源交流合作和教师培训交流合作机制。

推进医疗卫生资源共享。鼓励医疗机构通过远程诊疗、派驻专家、交流进修等方式加大交流合作。探索建立标准统一、接口统一的医疗信息化平台。推动病历跨地区、跨机构互通共享以及医学检验检查结果跨地区、跨机构互认。深化医疗卫生体制改革，建立健全分级诊疗制度。共同推进医联体建设。

促进公共文化设施共建共享。推动图书馆、文化馆、博物馆、旅游景点等公共服务设施共建共享，对都市圈市民免费开放。搭建“长株潭文献资源共享”平台，实现都市圈内图书资源借阅“身份证通”的通借通还普惠服务。

2. 强化社会保障和社会治理合作

加快社会保障接轨衔接。建立社保关系跨地区转移接续机制。优化完善异地就医结算机制，健全基本医疗保险、大病保险、医疗救助等“一站式”

即时结算机制。完善跨部门社会救助家庭经济状况信息核对平台。统筹推进社会保障等领域信息化建设，形成一体化的信息化应用支撑体系。

推动公共事务协同治理。建立社会治理一体化的权责机制、联动机制与共享机制，跨行政区设立协调管理机构，铺设全局性的社会服务管理网络，联动应对突发事件、防范社会风险。建立重大传染病疫情和突发公共卫生事件防控联动机制。建立社会综合治理联动机制，有效打击跨省市犯罪活动。加强城乡公共消防等防灾减灾基础设施及装备建设，加快发展专业灭火救援队伍，提高各类灾害事故的预警预防与应急处置能力。

3. 推动政务服务联通互认

优化完善统一身份认证平台。探索智慧城市建设标准规范，共建时空信息云平台和空间信息服务平台，在都市圈内加快实现数字证书应用互认，推进网络可信身份在相关领域互联互通。

推动政务信息共享。探索建立统一政务数据管理机构，实现都市圈内跨部门、跨区域、跨层级政务信息资源共享和业务协同，并依法依规向社会开放。建设人口、法人、地理空间、电子证照等基础数据库，扩大共享覆盖面。

强化政府服务运行机制建设。全面取消没有法律法规规定的证明事项。除法律法规另有规定或涉密等外，将政务服务事项全部纳入平台办理，全面实现同城化“一网通办”。进一步便利跨市户口迁移网上审批，居民身份证、普通护照、机动车驾驶证异地申领，异地驾考和机动车异地年检、违章联网办理。建立健全民生档案异地查询联动机制。

4. 共建独具魅力的人文都市圈

构建复合共享的半小时都市生活圈。综合考虑市民居住、创新创业、国际交流、商务服务、文旅休闲等多元复合城市单元需求，按照城市组团、城市社区和邻里单元三级体系，依托路网、水网、绿网进行有机串联，分级分区合理配置科教文卫、体育休闲、商贸流通、社区服务等公共设施，实现5分钟安全舒适邻里单元、15分钟多元活力交往街区、30分钟职住平衡城市组团生活圈100%全覆盖。

加强风格独特的文化和自然资源保护。推进历史文化资源整体保护，按照“应保尽保”的原则，加强各级文物保护单位、历史文化名城名镇名村街区和传统村落的保护。健全城乡历史文化风貌保护体系和机制，促进优秀历史文化遗产资源的活化与传承。加大自然保护区、风景名胜区、森林公园、湿地公园等重要生态保护地的立法保护，科学统筹规划，严格开发性建设管理。加快推进长株潭绿心公园建设。

塑造特色凸显的城乡风貌。加强都市圈城乡景观设计引导，促进城乡规划与建筑设计的衔接融合，将建筑风格、色彩材质、绿化美化、景观灯等方面的要求纳入规划条件。保护山水自然景观格局，对湘江沿岸等重要地段，严格控制建筑密度容量，重点构建、保护水域天然岸际线与优美天际线，凸显“一江两岸、望山见水”的城市特色风貌。营造更多富有人性关怀的公共活动空间，培育和发展高品质文化休闲功能和旅游服务功能，为市民和游客提供便于进入的休闲休憩场所。

培育多元包容的文化氛围。倡导开放、合作、互信、互补、公平的都市圈文化，提升都市圈内在品质。激发全社会的文化活力，鼓励城市文化进一步包容开放，将长株潭地区建设成为区域性文化创意中心、东亚文化之都和世界媒体艺术之都，彰显湖南悠久而深厚的历史底蕴，让全体市民和国内外来湘人士感受到湖湘文化的独特神韵和魅力。

（五）着力强化生态环境共保联治

以推动长株潭都市圈生态环境协同共治、源头防治为重点，强化长株潭绿心联保共建，创新绿色低碳发展模式，在一体化发展中实现生态环境质量同步提升，共建生态绿色美丽都市圈。

1. 保育长株潭自然生态绿心

严格保护绿心区生态空间。执行《湖南省长株潭城市群生态绿心地区保护条例》和《长株潭城市群生态绿心地区总体规划》，严格按照禁止开发区、限制开发区、控制建设区“三区”管控要求，对禁止开发用地的建设活动严厉管制，加快迁出占用禁止开发用地的各类建设项目，逐步恢复美丽自然生境。

加强绿心区森林、湿地等资源保护。建立长株潭三市绿心资源保护联系沟通机制和共同治理机制，组建绿心联合执法队伍，禁止采挖林木、采集国家保护的野生植物以及不当开垦、采石、取土、筑坟等行为．加强对森林、湿地资源的动态监测与森林防火、林业有害生物的防控。

全面修复绿心区生态系统。积极推进天然林抚育、低产林改造、退化林修复、被毁林复绿，适度调整树种、改造林相，培植多树种、多层次、乔灌草相结合的中亚热带植物群落。利用湘江支流、区内山体和丘陵分布的空间组合，串联城镇绿化隔离带、农田耕作区等网络状生态廊道。合理构造主要交通干道、铁路两侧的绿化带以及山水廊道生态景观系统，促进生态“斑块”间、“斑块”与“种源”间的生态联系，维护区域生态系统稳定代谢和可持续繁衍。

2. 创新绿色低碳发展模式

合理优化能源结构。构建清洁低碳、安全高效的能源体系，大力发展太阳能、生物质能、地热能等可再生能源，大力推进风电、光伏等新能源装备研发。稳步推进地热能开发利用，在长沙滨江新城、洋湖垸等地区开展可再生能源区域供冷（供热）示范工程。推进城市废弃物的能源化利用，在浏阳、宁乡、醴陵、湘乡等地区规划建设与固废物综合利用相结合的生物质发电项目。进一步提高可再生能源占一次能源供应的比重。

降低产业和建筑能耗。核定工业碳排放阶段减排目标，严格控制高耗能、高排放的产业发展。通过科技创新建构低碳化、高附加值的新型产业体系，推行城市管理引领建设的低影响开发（LID）理念，创建绿色生态示范城区，降低城市的综合碳排放。依托大河西、云龙、昭山、天易、滨湖绿色生态示范城区，推进绿色建筑规模化高星级发展，全面推广绿色建筑，扩大装配式建筑及其在市政基础设施领域的技术应用。

发展绿色交通。推动轨道交通引导的轴向发展，构建复合型、立体化交通廊道和集约紧凑的城市生境空间，促进职住平衡，缩短居民出行距离，降低城市运行成本。鼓励公共交通、自行车等绿色出行方式，加强交通需求管理。

3. 建立生态环境协同共治机制

共同维护生态基底。严格保护跨行政区重要生态空间，加强中心城市生态用地维护与建设，编制实施都市圈生态环境保护管控方案，联合实施生态系统保护和修复工程。共同完善绿心生态区域的保护，严格控制湘江沿岸的产业岸线，严格限制沿江新增钢铁、重化等高耗能与污染型工业，完善污染企业的退出机制，保护湘江及主要支流水系，整体提升区域生态环境品质。

健全跨区域环保联防联治。加强生态环境监测网络一体化建设，协商建立都市圈大气污染、流域水污染、土壤环境、噪声污染综合防治和利益协调机制。以都市圈为单位制定城市空气质量达标时间表，强化工业源、移动源和生活源排放污染治理，实现核发机动车注册登记环保标准互认与车用燃料标准统一。建立环境污染应急联动机制，重点做好重污染天气应急联动。

（六）率先实现城乡融合发展

以促进长株潭都市圈城乡要素自由流动、平等交换和公共资源合理配置为重点，建立健全城乡融合发展体制机制，构筑功能一体、空间融合的城乡体系，在长株潭率先实现省域城乡融合发展。

1. 完善全民覆盖、普惠共享、城乡一体的基本公共服务体系

推进城乡基本公共服务均等化。加快补齐农村民生短板，在基础设施、公共服务等方面不断缩小城乡差距。支持完善公共文化服务体系，重点向基层公共文化服务体系建设倾斜，繁荣、兴盛农村传统文化。均衡农村公共文化服务布局，支持加强农村群众文化团队建设，合理优化布局农村体育设施建设。统筹城乡教育资源，持续推进优质教育资源向郊区农村辐射，重点加强农村师资队伍建设与师生生活服务设施配置。统筹教育经费，将增量部分优先用于远郊农村地区发展基础教育。提升普通高中和中等职业教育质量，做强做优职业院校涉农专业。

完善覆盖城乡的社会保障体系。贯彻广覆盖、保基本、多层次、可持续原则，进一步完善城乡居民基本养老保险制度、基本医疗保险制度和大病保险制度。全面实施特困人员救助供养制度，做好农民重特大疾病救助工作。

支持促进农村劳动力转移就业和农民增收，持续提高城乡居民养老保险基础养老金水平。推动涉农区镇通过政府购买服务，为农村儿童和妇女、老年人以及残疾人提供关爱服务。支持推进健康乡村建设，提升农村养老服务能力。

建立城乡一体化的财政保障机制。以增强区县（市）、乡镇（街道）两级公共服务能力为重点，改革完善财政资金稳定增长机制。规范财政转移支付制度，加大对公共服务领域的投入，重点支持农业绿色生产、可持续发展、农村人居环境整治、基本公共服务等领域和薄弱环节。采取设立产业投资基金、先建后补、以奖代补等方式，引导社会资金投向公共产品和公共服务。

2. 建立健全城乡融合发展体制机制

完善城乡要素合理配置体制机制。深化户籍制度改革，支持中小城市、县城和重点镇就地落户，促进农民工由就业型转移向居住型转移转变。创新土地管理制度，明晰农村土地产权，推动土地承包经营权和集体建设土地使用权流转，开展以宅基地换商品房、承包地换社保的“两换”试点。创新城镇投融资体制，建立与省统一的基础设施建设投融资平台，对分散在各部门的城建资产和其他政府性资产及权益实行集中管理，鼓励运用发行企业债券、股票上市、信托计划等融资渠道，进行城建项目的融资创新，为新型城镇化提供可持续的资金保障。

完善城乡基础设施一体化发展体制机制。将基础设施建设重点放在郊区农村，持续加大投入力度，改善城乡路网结构，突出公共交通核心地位，加强城乡引水、污水处理、垃圾发电等设施建设，提高设施利用率。创新城镇投融资机制，鼓励社会资本和外资参与城乡基础设施、公共设施、公益设施的投资运营，为城镇化建设和城乡融合发展提供多元资金支持。探索城乡基础设施统一管护运维模式。

完善乡村经济多元化发展体制机制。促进农产品加工业提质升级，统筹推进初加工、精深加工、综合利用加工和主食加工协调发展。培育农业农村新产业、新业态，引导休闲农业与特色产业、资源环境、农耕文化等资源要素深广融合，促进组织优化与发展升级。探索农产品个性化定制服务、会展农业和农业众筹等新模式，完善农村电子商务支持政策，实现城乡生产与消费多层次对接。

完善农民收入持续增长体制机制。进一步改善农民工资性收入增长环境，扩大就业岗位，提高劳动者素质。健全农民经营性收入增长机制，完善财税、信贷、保险、用地等政策，加强职业农民培训，培育发展新型农业经营主体。建立农民财产性收入增长机制，以市场化改革为导向，深化农村集体产权制度改革，推动资源变资产、资金变股金、农民变股东。

3. 创新城乡融合发展载体

培育宜居宜业特色小镇。摒弃传统的行政建制镇发展理念，突出业态和模式创新，加快建设特而强、聚而合、精而美、新而活的特色小镇。中心城市和都市圈周边村镇积极吸引高端要素集聚，发展现代服务业和新产业、新业态，建设产城有机融合、创新创业活跃的特色小镇。自然环境秀丽村镇，充分利用山水风光，保持原真性、生态性，发展旅游、运动、康养等产业，建设人与自然和谐、宜居宜游的特色小镇。历史文化积淀深厚村镇，延续文脉、挖掘内涵，做强文化旅游、民族民俗体验、创意策划等产业，建设保护文化基因、兼具现代气息的特色小镇。

推动现代农业产业园区建设。科学规划、差异化发展现代农业产业园，有效发挥技术集成、产业融合、智能化管理、创业平台、核心辐射等功能，聚集现代生产要素，促进农业生产、加工、物流、研发、示范、服务等功能相互融合，造就现代农业产业集群。分类建设现代农业科技园，突出科技创新、科技应用、实验示范、科技服务与专业培训等功能，打造现代农业创新高地。积极扶持乡村创业园，整合创建一批具有区域特色的返乡下乡人员创业创新园区（基地），促进示范引领和融合带动。支持有条件的乡村建设以农民合作社为主要载体、让农民充分参与并分享收益，集循环农业、设施农业、创意农业、农事体验等业态于一体的田园综合体。

打造城乡融合发展示范区。以培育新产业、建设新农村为目标，在长株潭实验区建设都市农业公园集群，打造环长株潭生态农业经济圈。坚持以农为本，推动种植、养殖等产业向二、三产业延伸，实现三次产业良性互动。坚持以科技为手段，提升产品附加值。坚持文化引领，突出农耕文化、民俗文化和民居文化等文化传承。按照“产区变景区，田园变公园，产品变礼品”的原则，积极开发休闲农业与乡村旅游，建设农村美丽家园。

（七）发挥长株潭都市圈支撑作用

对照习近平总书记在推动中部地区崛起工作座谈会上提出的八点要求，落实国家关于都市圈发展的战略部署和同城化要求，研判长株潭同城化存在的问题和差距，加快推进长株潭都市圈空间布局、科技创新、产业发展、市场开放、生态环保、基础设施和公共服务一体化，不断增强综合实力，为中部崛起和湖南现代化建设做出更大贡献。

统筹长株潭一体化空间布局。长株潭三市要发挥优势、聚焦优势产业，结合“十四五”规划研究编制，明确各自产业发展的基础优势和主攻方向，发挥浏阳、宁乡、醴陵、湘乡等城市的支点作用，进一步优化长株潭新型城镇体系，探索特别合作试验区建设，推进绿心生态绿色一体化发展，统筹推进产业布局、项目建设、科技创新、人才引进和招商引资，做到各展所长、错位发展，推动形成 1 + N 规划和政策体系。

放大长株潭集聚带动效应。充分发挥市场和政府“两个作用”，营造良好营商环境，多引进有利于提升产业链水平、增强创新能力的产业项目，加快发展总部经济。推动制造业与现代服务业深度融合，加快发展金融、现代物流、咨询信息、工业设计等与制造业相关的服务业，构建现代产业体系。加快数字化、网络化、智能化技术应用，促进创新链、产业链、人才链、资金链深度融合，引领湖南制造业高质量发展。

做强长株潭整体创新品牌。以长株潭国家自主创新示范区和湘江新区建设为载体，加快岳麓山国家大学科技城、马栏山视频文创产业园等重大创新平台建设，落实和完善支持创新的政策措施，加大科技研发投入，培育和引进更多创新团队、创新人才和研发机构，加快把科研成果转化为现实生产力，培育更多高新技术企业，统筹“科创谷”“动力谷”“智造谷”建设，切实做优做实长株潭整体创新品牌。

构建极点带动、轴带支撑的网络化空间格局。发挥长沙－岳阳、长沙－益阳、长沙－萍乡、株洲－衡阳、株洲－萍乡、湘潭－娄底、湘潭－衡阳合作的引领带动作用，推动四大板块联动发展，加快长株潭同城化建设，提升整体实力和全球影响力，引领湖南参与国内外区域合作。依托以高速铁路、城际铁路和高速公路为主体的快速交通网络与港口群和机场群，构建省域经济发展轴带，形成主要城市间高效连接的网络化空间格局。

四 共建长株潭都市圈一体化发展平台

加快推进湘江新区、国家级园区、国家自主创新示范区等重大平台开发建设，充分发挥平台在进一步深化改革、扩大开放、促进合作中的驱导作用，拓展都市圈发展空间，引领长株潭一体化高质量发展。

（一）优化提升湘江新区引领功能

适应新时代发展需要，对湘江新区发展规划进行战略性扩规，进一步优化新区空间布局，着力培育新产业，加强科技转化，狠抓项目建设，培育新区发展新动能，加强湘江新区的引领作用，辐射带动周边市县共同发展。

1. 对湘江新区规划实施战略性提升

认真贯彻落实习近平总书记就湖南要发挥“一带一部”区位优势的重要指示，在原有的岳麓区、长沙高新区以及望城区、宁乡市部分地区空间规模控制基础上，对湘江新区发展规划进行“北上、南延、西进”战略性扩规。北上，主要兴建自湘江新区核心增长极金桥市场集群至岳阳长炼的陆城，营造一条极富投资吸引力的未来新兴港口经济带；南延，主要对接湘潭高新区，营造一条智能制造经济带；西进，主要沿长张高速一路向西纳入宁乡、对接益阳，建立一条现代知识经济带。通过扩规组建包括天下洞庭和长江港岸资源在内、跨地市级的、享有省级开放政策和审批权的高强度聚集辐射型湘江新区。

2. 着力培育湘江新区发展新动能

高标准建设湘江新区，一是发展新产业。围绕先进储能材料、高端装备与人工智能、基因工程和生命技术、信息终端、3D 打印和工业机器人等五大高端制造业，以及移动互联网、现代金融、文化旅游等三大现代服务业，加快构建“5 + 3”产业发展格局。二是促进科技成果转化。大力推动国家自主创新示范区和大众创业、万众创新示范基地建设，重点打造由麓谷创新谷、岳麓山大学城、岳麓工业集中区组成的“创新三角”，积极把创新成果转化为生产力。三是推进项目建设。坚持项目首席制、产业链长制、领导联点制“三制联动”，聚焦重大产业项目、首席项目和产业链建设，积极开展招大引强、招新引优、招才引智等工作，引进一大批高、精、尖的优质产业项目，推动新区产业转型、动能转换，走在高质量发展前列。

3. 发挥湘江新区的辐射带动作用

遵循产业辐射、政策辐射、机制辐射原则，以产业协同互补、发展平台共享、基础设施互联互通为重点，着眼高远，谋划湘江新区辐射空间扩展。作为与湘江新区地缘相邻、交通相连、产业互补的株洲、湘潭、益阳、宁乡、湘阴、汨罗、平江、浏阳等市县，要充分发挥湘江新区国家级平台的引领作用，通过空间拓展和基础设施互联互通，实现长株潭城市群和环洞庭湖生态经济区的关联对接，加快扩展长沙产业与城市辐射面域，切实推动湘江新区周边区域经济社会发展。省直有关部门要会同长沙市，将湘江新区周边市县纳入其辐射区范围，推动形成以长沙中心城区为核心，株洲、湘潭、益阳为副中心城市，宁乡、湘阴、汨罗、平江、浏阳为节点的新格局，并将其纳入规划视野，积极统筹编制融合周边发展的城市规划与经济社会发展规划，完善互联互通组织体系，共同谋划和推进一批重大建设项目。

（二）共建长株潭国家自主创新示范区

围绕“麓谷”“动力谷”“智能制造谷”统筹发展，全面整合三市资源，以国家级高新区、经开区以及省级产业园区、集中开发区为重点，积极推进技术研发平台、创新创业孵化平台等载体建设，营造国内一流、国际知名的协同创新共同体。

1. 加强区域协同创新顶层设计

以国家和省市中长期发展规划、主体功能区规划、区域发展规划、产业转型升级规划等为指导，强化规划引导和制度保障，推进长株潭城市群协调创新的顶层设计。完善部际协调小组和省自创区建设领导小组工作机制，加强部省对接。强化省直相关部门及长株潭三市之间的沟通协调，建立定期会商制度，协同推进工作落实和目标完成。支持组建区域企业联盟，引导企业协力推进供给侧改革，提高全要素创新能力。编制实施自创区空间发展规划，按照“一区三谷多园”架构，逐步优化自创区整体空间布局，将自创区范围辐射拓展到国家新区、其他省级及以上开发区、工业园区、新型工业化产业示范基地，在创新协同、产业协同、区域协同等方面先行示范。

2. 构建开放型区域协同创新共同体

坚持长株潭三市“一盘棋”思想，全面强化“共同体”理念，按照“产权多元化、使用社会化、营运专业化”原则，鼓励各类创新服务平台开放共享，积极向社会提供研发、科学仪器和数据、检验检测等科技服务。充分发挥长株潭自主创新示范区科技和产业优势，主动吸纳、对接全球创新资源。围绕重点产业、关键共性技术，引导院士专家、科研院所、政府部门、产业投资集团共同组成产业创新研发机构，完善以重大创新研究支撑战略性产业发展、以重点产业需求牵引创新能力提升的协同创新体系。建立以企业为主体、市场为导向、产学研融合的技术创新体系，支持长株潭高等院校、科研院所与地方企业联合共建高水平的协同创新载体，加速科技成果转化，提高应用绩效。

3. 实施科技带动转型升级行动

大力实施创新驱动发展战略，加快构建以市场需求为导向、以企业为主体、产学研用相结合的转型升级企业创新体系。引导和支持企业建立多种形式的研发机构。支持转型升级企业大力开展基于用户需求的新产品开发，不断增加优质新型产品的有效供给，大力开发并推广应用一批具有自主知识产权、技术国内领先、市场影响力和竞争力强的工业新产品。鼓励转型升级企业参与国家重大专项研发，在尖端技术领域实现创新突破。支持企业主动承接高校、科研院所的技术成果，加速实现产业化。鼓励企业申报国家级和省级技术创新示范企业、质量标杆企业。支持企业创建驰名商标、省著名商标、省中小企业名牌产品，落实好资金奖励政策。

（三）统筹推进国家级园区发展

构建长株潭都市圈园区协调发展机制，统筹推进三市国家级园区统一规划，优化整合园区发展空间，推动国家级园区产业高端化发展，夯实装备制造业、动力产业、生物医药等优势产业基础，促进各园区功能互补、产业错位布局和特色化发展。

1. 建立统一的园区规划协调机制

由湖南省长株潭一体化领导小组牵头，组织省直相关职能部门及三市对应职能部门负责人定期召开协商会，商讨三市国家级园区的发展规划、产业定位、数量规模、管理体制及未来发展方向，引导园区科学有序、协调发展；统筹发挥长株潭国家级园区在“制造强国”试点示范城市群、长株潭军民融合创新示范区建设中的核心作用；分类推进世界级工程机械产业集群、轨道磁浮产业集群、新能源汽车、生物医药等产业集群建设，避免三市园区结构同质化的恶性竞争。

2. 推进园区调整优化空间开发格局

开展开发区整合优化试点，重点对同一地域内存在的多个开发主体、未纳入国家级开发区公告目录的开发园区实行功能整合。鼓励以国家级开发区和发展水平较高的省级开发区为主体，整合或托管区位相邻、产业相近的开发区，优先对小而散的各类开发区进行清理、合并、撤销。推进开发区空间整合和体制融合，按照“一个主体、一套班子、多块牌子”的管理体制和统一规划、统一招商、统一协调的管理机制，建立统一机构，实行集中管理。被整合开发区地区生产总值、财政收入等经济统计数据，可按属地原则分别计入。对位于中心城区、工业比重低的开发区，积极推动向城市综合功能区转型。

3. 构建园区有机分工协作体系

以长沙高新区、长沙经开区、株洲高新区和湘潭经开区等为核心，整合工程机械、轨道交通、汽车制造、航空航天、工业机器人等产业集群，促进各市在研发设计、关键零部件生产、一般零部件制造、产品组装、检验检测、市场营销等产业链环节进行协同分工。长沙高新区、湘潭经开区位于长潭西经济走廊，依托廊内高等院校、科研机构优势，重点布局高端装备制造、新材料、能源及矿山装备、信息技术、军工装备和节能环保等产业。长沙经开区、株洲高新区位于长株东经济走廊，依托廊内航空港、高铁和高速公路等交通设施，重点发展中央商务、轨道交通、航空航天、新能源装备、空港物流等高端产业。

（四）合力打造世界动力谷

积极推动动力谷、创新谷、智造谷统筹协调发展，加快建设现代动力之都。充分发挥工程机械、轨道交通、航空、汽车四大产业优势，扩大国际视野，推进集群发展，打造先进制造业研发、生产、孵化集聚区，合力把长株潭建成世界知名动力谷。

1. 实施中国动力谷战略提升

围绕动力谷发展目标，引导四大动力产业集群化发展，实现动力产业规模的结构升级，推进长株潭“三谷”动力产业融合发展。株洲是中国动力产业发源地之一，并在动力发展领域做出了创造性成绩，要以株洲为核心，整合长株潭都市圈大空间，实施动力谷战略提升。随着动力谷建设的加快，还将有新的产业业态和增长点出现，并成为中国动力谷的重要组成部分，拉长动力谷核心产业链。要立足长株潭，瞄准衡阳、娄底、益阳等市，以制造业提质增效为主线，以新一代信息技术与制造业发展深度融合为突破口，以智能制造为主攻方向，全力构建世界动力谷产业发展的新生态。

2. 集聚国际动力要素资源

把中国动力谷打造成世界动力谷，关键是要营造优良环境，进行平台整合创新，通过新的平台建设聚业、聚智、聚财等。长株潭都市圈动力产业要积极参与“一带一路”建设，加快走出去步伐，开展优势动力产能对外投资合作，把产能压力转化为合作优势。坚持“开眼看世界，开放迎世界”，依托多年积累的动力产业优势，积极主动构建开放型经济新体制，不断提升优质动力产业要素集聚能力和产业竞争力。进一步扩大工程机械、交通轨道制造业、航空发动机产业的对外开放，力争在若干产业领域的重大外资项目引进上取得新突破。

3. 建设世界动力产业重要策源地

在重点发展工程机械、轨道交通、航空、新能源汽车四大动力产业的基础上，加快引进其他动力产业及其关联产业和研究机构、企业与要素交易平台。加强技术创新，着力实施航空发动机和燃气轮机重大专项、中车电器技术与材料工程研究院等重点项目，在轨道交通、航空、新能源汽车等重点领域突破一批关键核心技术，取得一批标志性、原创性的技术成果。深化园区体制机制改革，赋予园区人、财、物、审批等方面更大权限。激活人才体制机制，设立全球动力产业专家人才库。健全要素市场体制机制，优先保障产业用地指标和产业资金，为产业发展提供坚实保障，加快建设制造强市。

（五）协同建设都市圈特色平台

共同构建长株潭绿心生态友好样板区、湘江湾区知识经济高地、文化创意产业园、市际合作试验区等特色平台，进一步深化跨域合作，整体提升发展竞争力。

1. 打造绿心生态友好样板区

发挥三市共有“绿心”相融、碧水串联的先天优势，探索生态友好型高质量发展模式，以高质量发展为引领，以生态文明建设为重点，以推进全面深化改革为契机，创新长株潭“生态绿心”保护模式，以分散在三市的绿心区域载体，打造长株潭绿心特别合作示范区，或创建国家公园或省级公园——长株潭绿心公园，打造绿心生态友好一体化发展样板，为长株潭大都市区留住青山、美化绿水、洁净蓝天，不懈营造长株潭绿色发展标杆、城市群生态空间建设典范、生态资本创新利用示范窗口，建成世界上最辽阔、最开放、最优雅的第一都市“绿色客厅”。

2. 营造湘江知识经济高地

湘江由南往北，在长沙、株洲、湘潭三市形成了 S 形湾区，孕育了“品”字形城市群，客观上为滨江经济融合发展提供了便利。应以自贸区建设为契机，从尖端科技产业、文化艺术、城市品质发展等方面筹谋顶层设计与空间规划，整合现有企业、人才、技术等优势资源，以新能源汽车及零部件产业、尖端医学与生物医药产业及军民融合、艺术创意等战略性新兴产业为发力点和突破口，重点建设集尖端研发中心、研发性大学、核心企业、上下游产业链、创新孵化、并购基金等于一体的产业生态圈，把湘江湾区打造成为现代知识经济高地，成为引领高质量发展的先导区、一体化发展的核心功能区、高端服务经济集聚区、湖南省创新引领示范区。

3. 共建长株潭文化创意产业园

依托长沙文化创意产业优势，整合三市广播影视、动漫、音像、传媒、视觉艺术、表演艺术、工艺与设计、雕塑、环境艺术、广告装潢、服装设计、软件和计算机服务等方面的创意资源，积极探索人无我有、人有我优、人优我特、人特我先的发展路径，以湖南广电为龙头，拓宽招商引资视野，创设品牌活动，聚集视频文创龙头企业、创新创意企业，打造长株潭文化创意产业园。加大教育人才引进力度，筹划兴建文化创意产业学院、新型智库以及文创投资公司，完善产业基金、产业开发、产业孵化链条，培育一批具有卓越竞争力的优势创新企业和著名创客群体。

4. 协同建设市际合作试验区

根据国家和省市主体功能区规划要求，高效利用国土空间，优化城乡建设布局，促进产业集聚和人口集中，以区域合作试验区建设为切入点，构建开放合作、协同发展的空间格局。发挥三市接壤区、县、市地缘文化相近、经济联系密切的优势，强化区县市层面次区域合作，加强规划衔接和合作平台建设，促进基础设施、产业布局、公共服务、生态环境一体化，按照全面融合、重点突破原则，探索建设长潭、长株、株潭次区域合作试验区，为长株潭融合发展提供重要支撑。

五 长株潭都市圈一体化发展对策措施

全面加快长株潭三市在组织调控、重点合作、合城预案、风险应对、社会参与等方面的都市圈一体化进程，力争长株潭早日迈进同城化并发展成为国家中心城市。

（一）创新组织调控机制

创新协商合作机制。成立由省长任组长，省政府常务副省长、省委常委长沙市委书记任副组长的湖南省长株潭一体化领导小组，统筹研究解决长株潭都市圈一体化发展重大问题。建立三市市长联席会议制度和多层面城际合作协商机制，定期召开联席会议，共同确定都市圈发展方向及其重大事项，突破行政区划分割阻碍，全面推进生态环境、产业发展、文化教育、卫生医疗、金融投资、社会保障等领域的多边协商与深度合作。

健全规划协调机制。围绕提升长株潭都市圈发展质量、现代化水平及一体化水平，由省会城市长沙市牵头编制长株潭都市圈整体发展规划和重点领域专项规划，制定长株潭都市圈整体发展目标及思路，明确关系长株潭都市圈发展质量的重点领域，规划都市圈建设的重要任务。强化长株潭都市圈整体发展规划与长株潭城市群规划、各个城市的发展规划及各城市各类规划的有机衔接，确保协调配合、相向发力，整体激发同城效应。

强化政策协同机制。三市共同商定推进都市圈建设的政策举措，统筹制定并实施税收、土地、金融、人才等可全域覆盖的易操作政策。积极构建都市圈互利共赢的税收分享机制和征管协调机制，加强城际税收优惠政策协调。鼓励社会资本参与都市圈建设与运营。支持都市圈内城乡建设用地增减挂钩节余指标跨地区调剂。健全都市圈商品房供应体系，强化城际房地产市场调控政策协同。引导金融投资向规划目标与重点领域倾斜。

（二）推进重点协同合作

成立长株潭都市圈建设合作办公室。建立由长沙市政府牵头，三市发展改革、自然资源管理、生态环境管理、经济信息化管理、科技管理、金融管理等相关部门组成的重点合作办公室，下设重点合作项目用地供给办、重点合作项目跟踪服务办、重点合作项目风险评估办等职能机构，分别具体协调推进长株潭都市圈建设的重点合作工作与重大工程建设，及时协理各种矛盾、困难和问题，加快同城化步伐。

建立长株潭都市圈合作项目咨询机制。组织省内外智库与业界专家等智力资源，就长株潭都市圈一体化发展的规划引领、圈层构造、产业培育、设施配置、公共服务、民生保障、生态保护、社会安全、文化传播以及重大同城化建设工程等问题，展开前期深入、细致的决策调研和可行性、不可行性充分论证，确保科学发展、有序发展、优宜发展、持续发展。

建立长株潭都市圈合作项目建设跟踪机制。明确重点合作项目建设主体，制定科学合理可行的年度、季度项目实施进度表，由合作办及时组织跟踪督导、现场检查各建设主体完成目标任务的进度，研究调控和推进措施，有效防范、化解潜在风险。

（三）共同防范化解风险

共同防范长株潭都市圈建设规模失控风险。科学编制长株潭都市圈整体发展规划，依规推展空间开发与项目建设。严格土地用途管制与功能分区。加强长株潭都市圈地产项目论证，积极避免出现有“地产”无产业的空心城。加强三市一体化基础设施项目建设与其他公共产品配置的科学论证，根据居民空间分布和人口流动方向，组织城市运行与公共服务，杜绝高大上的不适宜需求性闲置浪费。

共同防范长株潭都市圈建设金融债务风险。加强长株潭三市工商、税务、银行等部门的服务合作，推进相关数据库的开放共享，联合评估都市圈建设项目主体的建设能力与还款能力，联合开展固定资产抵押贷款，有效化解并积极防止政府借贷性金融债务风险。

共同防范长株潭都市圈建设生态环境风险。严格实施《中华人民共和国土地管理法》，严防任何个人、企业单位肆意侵占耕地，从事违法违规的非农产业开发建设。加强昭山绿心区保护，严厉打击非法开发开建行为。加强三市生态环境与各类污染的共防共治，共建生活垃圾统一收运处理体系。共同开展三市水体保护和湘江流域治理，大力植树造林，有效防范水土流失。

（四）凝聚社会参与力量

引导社会智库参与长株潭都市圈建设。鼓励本外地智库参与长株潭都市圈建设的决策咨询服务和发展规划编制，充分吸收智库专家意见，制颁长株潭都市圈建设相关配套政策。鼓励智库研究长株潭都市圈发展面临的重大问题，依托智库资源，深入调研社会各界特别是各利益相关方的意见建议，及时回应社会关切。建立第三方评估机制，发挥第三方社会公信力优势，引入第三方适时评估长株潭都市圈建设成效，帮助发现问题，及时调整发展策略。

引导社会资本参与长株潭都市圈建设。创新融资模式，建立风险共担-利益共享机制，引导社会资本进入都市圈基础设施建设领域，参与一体化重大公共工程建设。创新产业项目建设奖补机制与市场回报机制，吸引社会资本参与长株潭都市圈产业建设、资源开发以及产城融合项目建设。

引导社会公众参与长株潭都市圈建设。充分利用各种媒体手段，加强舆论引导，特别是新媒体，采取短视频、电视特别栏目、小手册、街头广告等多种宣传方式，向党政机关、企事业单位、学校、社会组织等各行各业宣传都市圈建设政策与法规制度，树立长株潭三市“一盘棋”思想，营造有利于长株潭都市圈同城一体化建设的优良环境氛围，增强长株潭都市圈内社会各方的认同感，汇聚强大社会合力，共同促推长株潭一体化高质量发展。

（五）谋划城市合并预案

第一种预案，合新城。消除行政区划的现实阻隔，将长沙、株洲、湘潭三市整体合并为一个城市。启动制定时间表、路线图、任务书，有条不紊地推进城市合并工作。整体合并长株潭三市，有利于统筹决策、长远安排三市的经济社会发展事项，扩展公告政策全域覆盖面，优化行政运行机制，提升民生服务效能，全面加快同城化进程，促进社会资源整合，实现公共发展利益的最大化。

第二种预案，加进来。交通干道深刻影响着区际经济社会联系。长株潭地区布局的国家级及省级交通干道不仅促进了三市之间的联系，还促进了和周边地区之间的联系。往北，长沙市和益阳市城区、岳阳湘阴县、汨罗市不仅有着密切的经济社会联系，而且处在 1 小时通勤圈辐射的都市圈范围内，可顺势并入长沙市。

第三种预案，减出去。株洲市南部的攸县、茶陵、炎陵三县距离长株潭都市圈核心地区较远，与核心地区的经济社会联系偏弱。建议长株潭在区划调整时，将攸县、茶陵、炎陵三县与衡阳、郴州的毗邻县整合成立新的地级市，带动湘东广大地区发展，以便在长株潭一体化推进过程中集中力量建设国家中心城市。

参考文献

刘茂松：《创建长株潭国家中心城市战略研究（下）》，《中国经济时报》2018 年 6 月 29 日。

周国华、陈炉、唐承丽、贺艳华、冉钊：《长株潭城市群研究进展与展望》，《经济地理》2018 年第 6 期。

张衔春、吕斌、许顺才、龙迪、陈鹏：《长株潭城市群多中心网络治理机制研究》，

《城市发展研究》2015 年第 1 期。

张骁西：《长沙在“长株潭”城市群建设中如何发挥区域增长极作用》，《经济导刊》2012 年第 5 期。

童中贤：《加快推进长株潭一体化纵深发展》，《长沙晚报》2019 年 4 月 4 日。

中国发展研究基金会：《中国城市群一体化报告》，2019。

人民网舆情数据中心：《长株潭城市群消费活力指数研究报告》，2018。

《长株潭城市群区域规划（2008～2020）》（2014 年调整）。

《长株潭城市群生态绿心地区总体规划文本（2010～2030 年）》（2018 修改）。

《长株潭自主创新发展规划纲要（2015～2025 年）》。

《长沙南部片区规划纲要（2019～2035）》。

《长株潭国家自主创新示范区建设三年行动计划（2017～2019）》。

曾银松：《长株潭区域科技创新引领产业转型升级的机制优化研究》，《湘潭大学》2017。

张春保、刘良恒：《做大做强湖南发展“火车头”——长株潭城市群一体化建设渐入佳境》，《发明与创新（大科技）》2018 年第 4 期。

《国家发展改革委关于培育发展现代化都市圈的指导意见》。

《湖南省乡村振兴战略规划（2018～2022 年）》。

《长沙南部片区规划纲要（全文）》。

冒蕞、刘笑雪：《加快长株潭城市群一体化发展，打造中部地区崛起的重要支撑》，《湖南日报》2019 年 7 月 6 日。

综　合　篇

Comprehensive Report

B.2
长株潭城市群引领创新型省份实现高质量发展报告

湖南省政协课题调研组 *

摘　要： 我国经济已由高速增长阶段向高质量发展阶段转变，创新成为引领经济发展的第一动力，是区域实现高质量发展的根本。长株潭城市群具有湖南省最好的经济基础和最强的产业创新能力，在我国区域发展进入创新引领、城市群为主要载体、智能支撑和高质量发展的新时期、新阶段，长株潭一体化发展成效显著，但引领创新型省份建设能力依然不足，主要表现在：见事早、探索新，得到了中央充分肯定；单体发展快、一体化进程慢、极化能力不强；产业集聚加快，但“内耗”

* 执笔人：吴金明（湖南省政协经科委主任），文灵敏（湖南省政协经科委办公室副主任）。2019 年 9 月湖南省政协专题协商通过。

式竞争加剧；科创有特色，但省内辐射带动作用不够。长株潭需要“建设智慧型大长沙城市圈”，引领创新型省份实现高质量发展：（1）建设大长沙城市圈，承载和支撑创新型省份建设；（2）构筑高水平特色自创区，引领创新型省份建设，保护好“绿心”；（3）聚焦大数据与人工智能，以“智慧制造”与数字经济共推创新型省份建设；（4）全域开放，分类对接，加快开放崛起步伐。

关键词： 长株潭城市群　创新型省份　高质量发展

我国经济已由高速增长阶段向高质量发展阶段转变，创新成为引领经济发展的第一动力，是区域实现高质量发展的根本。长株潭城市群具有湖南省最好的经济基础和最强的产业创新能力，在全球经济、科技竞争日益激烈的今天，长株潭城市群应抓住机遇，结合实际，发挥优势，以创新型城市群建设为重要抓手，引领创新型省份建设，推动经济结构优化升级，实现高质量发展。

一　区域发展进入创新引领、城市群为主要载体、智能支撑和高质量发展的新时代

受国际国内百年未有之大变局的影响，我国发展进入历史新时期、新阶段，并凸显如下四大特征。

创新成为主引擎。新中国建设的头 28 年，我国经济发展选择的是资源依赖与自主创新相结合的路径；十一届三中全会之后，我国走上了资源依赖与技术依附相结合的道路；党的十八大以来，我国才真正进入创新驱动与高质量发展的轨道。今天，科技发展迎来四大趋势：一是移动互联网、智能终端、大数据、云计算、高端芯片等新一代信息技术带动众多产业变革和创

新；二是围绕新能源、气候变化、空间、海洋开发的技术创新更加密集；三是绿色经济、低碳技术等新兴产业蓬勃兴起；四是生命科学、生物技术带动形成庞大的健康、环保、生物能源、生物制造等产业。适应这一科创新变局，全国步入新理念、新动力、新动能“三新”引领新时代，按照“发展是第一要务，创新是第一动力，人才是第一资源”的要求，牢牢把握“五大发展理念”，以科技创新、人力资本和大数据“新三要素”逐步替代土地、资本、劳动力“老三要素”，增长动力从资源依赖转向创新驱动，推动增长动能从主要依靠“出口、投资、消费”“三驾马车”拉动转向新供给驱动。

城市群成为主载体。目前，我国新型城镇化进入大城市圈主导的时代，国家中心城市和城市群正成为区域发展的核心载体与关键支撑。中财委第五次会议明确指出：“经济发展的空间结构正在发生深刻变化，中心城市和城市群正在成为承载发展要素的主要空间形式”，明确要求“增强中心城市和城市群等经济发展优势区域的经济和人口承载能力”。事实上，2018 年，百强城市以全国 13% 的土地，集聚 50% 的人口，创造了约 73% 的 GDP；19 个城市群以 25% 的城镇面积，集聚了 75% 的城镇人口，提供了 88% 的城市 GDP。结论是城市群的示范引领作用大幅提升，首位城市的带动作用不断增强。据预计，到 2030 年，我国增长动能的 60% ~70% 将落入大城市圈，新增 2 亿城镇人口中的约 80% 将分布在 19 个城市群，中国南部正在形成世界最大的城市圈。在已有百座城市人口出现收缩的基础上，我国人口会继续沿着北往南、农村往城镇、单一城市往城市群的方向流动，人口收缩城市会进一步增多，而在国家中心城市和城市群，则相应显露出特大型城市人口不断加密和“城市群 + 特色小镇 + 乡村振兴”不断走向融合的双重特征。

智能成为主支撑。改革开放 40 年来，我国消费实现了从“小三件”“中三件”到“大三件”的三次升级，目前已进入“人本消费时代”，形成以“文化、健康、智能”“新三件”为代表的第四次消费升级。随着新一代计算技术的出现，人类迈入智能社会。智能社会的最大特点是“信用社会、数字人生”，最大功能是通过普惠性“赋能”让世界变得没有边界，并开启人类一场永不停止的进化。比如，5G 开启了机器人进化和城市进化，互联网让无生命物体变得有生命价值，特别是智能制造、智能服务、智慧城市等正在彻底颠覆传统社会组织，改变传统生产生活方式，人类从“土地掘金、资本生财”迈入“数字掘金、智慧生财”新时代。在这一时代，产品变服务，专用变共享，封闭变开放，局部优化变整体优化；在这一时代，知识的保质期越来越短，思想的折旧速度越来越快，但传统行业、传统企业、传统人士基于互联网和人工智能的普惠性“赋能”则可以获得新生。

高质量发展成为主战略。按照马克思的劳动价值论，经济高速增长是物化劳动消耗主导的经济增长，具有高资源消耗、高环境污染、高负债拉动和高速度增长的“四高”特征；而高质量发展则是活劳动消耗与创造主导的经济发展，具有“三需求”拉动、“三新”引领、“新三要素”支撑、“三软”驱动的发展特征。传统的基于土地、资本、劳动力“老三要素”支撑的高速式“学习型成长”已渐行渐远，而通过科学技术、人力资本和大数据“新三要素”支撑的高质量与“原创式成长”正成为主导；而且，这种增长是“软价值驱动”的增长，更多的是依靠活劳动创造的价值，不以消耗地球物质资源为主要财富源泉，因而可打破资源环境的瓶颈制约，实现可持续发展。因此，全面实施产品产业价值提升工程，围绕实体经济，构筑软价值驱动的产业新体系，建设“制造强国”与“质量强国”，就成为深化供给侧结构性改革、推进高质量发展的战略选择。

二　长株潭一体化发展成效显著，但引领创新型省份建设能力不足

（一）见事早、探索新，得到了中央充分肯定

见事早。作为湖南人数十年的梦想和追求，长株潭一体化终于从 20 世纪中后期的“纸上谈兵”进入 21 世纪初的“落子推进”。从 20 世纪 50 年代“毛泽东城”的提出，到张萍在省政协四届六次全会上“长株潭经济一

体化”的提案，再到1984年省政府长株潭经济区建设方案和1997年省委长株潭一体化发展战略的提出，前后经历了40多年；直到2007年获批“两型社会综合配套改革试验区”，长株潭城市群建设才正式落地。十余年探索的结果，是长株潭先后获批“中国制造2025”试点示范城市群、国家自主创新示范区和创新型省份建设。随着2019年10月首届联席会议和2020年年初的省委常委专题会议的召开，“三干两轨四连线”、社会服务“一卡通”等一系列项目的建设拉开序幕，长株潭城市群建设进入发展新阶段。

探索新。经过10多年的探索，国务院批复的《改革试验总体方案》和《长株潭城市群区域规划》的“三个率先”要求，现已基本实现。先后出台了推进长株潭试验区三个阶段改革建设的专门文件，编制了14个专项规划10个专项改革方案、17个示范片区规划和87个市域规划组成的多层次、全覆盖的改革建设规划体系，形成了改革试验的“行动路线图”和“建筑施工图”。党的十八大后，根据习近平总书记对湖南“一带一部”的新定位，修订完善了长株潭城市群区域规划。颁布实施了《城市群区域规划条例》《生态绿心保护条例》《湘江保护条例》等70多部地方法规、规章和制度，在全国率先出台《湖南省生态文明体制改革方案》，就两型产业投资基金、城市群低碳经济试点、国家生态试验区、绿色金融改革、生态红线划定、区域系统性融资规划等方面开展探索，形成了长沙湘江新区综合生态补偿、长株潭绿心生态补偿、韶山绿色GDP、畜禽养殖强制性第三方治理等经验；推出51个改革案例，创制了两型产业、两型企业、两型产品、两型社区、两型学校、两型园区等70多项标准、规范、指南，形成涵盖资源节约、环境友好和经济社会三大领域，具有29项具体指标的绿色评价体系，每年发布省市两型综合评价报告，被国家发改委称为“诊断书经验”；湘江治理省政府“一号工程”成为全国江河治理的典范，长沙坪塘、株洲清水塘、湘潭竹埠港等昔日环境污染重灾区旧貌变新颜，生态“绿心”成为长株潭城市间绿色发展的新样板。

获认可。2011年3月，习总书记指出，建设生态绿心，是保值增值的，是长株潭与其他城市群的一个重要区别。湖南保护好这个生态绿心，50年后，将在全国、全世界都有重要影响。且对湖南的做法给予了肯定：“长株潭城市群两型社会建设，你们抓得早，抓得主动，抓出了效果，走出了一条自己的路子”。后又指示湖南：“继续探索，为全国提供借鉴和经验”“谱写建设美丽中国湖南新篇章”。李克强总理也肯定：“湖南在推进两型社会建设中，不仅理念有创新，而且实践上有行动”，并批示湖南：“望坚持问题导向，持续不断推进改革，取得更多实实在在的成果和经验，向更大范围推广”。2018 年，中改办《改革情况交流》第 39 期、国家发改委专文（发改经体〔2018〕481 号），建议向全国推介经验，并指出“在全国范围内总结推广长株潭经验，对于加快推动生态文明体制改革、建设美丽中国具有重要现实意义”。

（二）单体发展快、一体化进程慢、极化能力不强

单体发展快。党的十八大以来，三市主动适应经济发展新常态，积极转变发展方式，大力推进质量变革、效率变革、动力变革，继续高位引领全省高质量发展。从 2013 年到 2018 年，长沙 GDP 从 7153.13 亿元跃升到 11003.41 亿元，增长 53.8%；常住总人口从 722.14 万人增长到 815.47 万人，增长 12.9%；城镇化率从 70.6% 提升到 79.12%；建成区面积由 316 平方公里拓展到 434.82 平方公里，增长 37.6%；形成了现代服务业与先进制造业共同主导和“一主两副六大片区”的发展格局与产业布局。株洲 GDP 从 2013 年的 1948 亿元增长到 2018 年的 2631.5 亿元，增长 35.1%；主城区面积增长一倍多；形成了轨道交通、航空动力、硬质合金、新能源汽车等优势产业。湘潭 GDP 从 2013 年 1438.1 亿元增长到 2018 年的 2161.4 亿元，增长 50.3%；汽车及零部件、军工、宽厚板材等产业优势明显。

一体化进程慢。尽管实施“五同”已有 10 年，但受行政体制制约，三市“各吹各的号”，产业政策协同性较差，要素市场与产业协作体系尚未形成，城市规划、基础设施、公共服务等领域一体化进程缓慢，加之株洲、湘潭的合并经济总量与均量不到长沙的一半，其不匹配的政治经济地位使其难以实现真正意义上的一体化。调查中市民与企业目前最关心的问题有三个：

一是“低价高密”的城际公交一体化问题，二是教育、医疗、人社等优质公共资源共享问题，三是统一的公共产品与产权交易市场、广覆盖的产业互联网与政务网、共享的企业支持政策和区域创新环境。上述难题破解慢，明显制约了三市人才、资本、信息、技术、项目、平台等资源的共享。不过，随着2019年底省委政府铺排的14大项20分项的一体化项目落地建设，上述问题有望得到部分缓解。

极化能力不强。据中发基金会《中国城市群一体化报告》，12个城市群占全国总人口和GDP的比重分别从2006年的61.12%和70.56%上升至2015年的63.07%和82.03%，其中大多数城市群占其所在区域人口与GDP的比例超过35%和40%。长株潭城市群在2018年集聚的人口为1479.1万人，GDP为1.64万亿元，分别占全省的21.6%、41.2%，其中，首位度城市长沙人口815万人、GDP为1.1万亿元，分别占全省的11%和31.6%。尽管长株潭已成为湖南省发展最好的区域，其经济、人才和科技资源的集聚度都超过了40%，与其他城市群水平持平，但人口集聚度明显偏低，只占全省的1/5，不到12个城市群平均水平的2/3，成为明显短板。城市不仅是空间概念，更是一种机制、一种社会互动协作的方式。今天，大城市及其城市群因其规模经济效应、要素集聚效应以及高水平的专业化分工，已经成为经济活力的源泉和区域竞争力的高地。长株潭人口集聚度低，已明显制约城市群的继续做大和增长极极化能力的做强。

（三）产业集聚加快，但“内耗”式竞争加剧

产业发展集群化。经过多年的努力，长沙已培育出集工程机械、智能制造、工业互联网于一体的世界级产业集群，并成功造就了新材料、北斗运用、电子信息等战略性新兴产业。2018年全市22条特色优势产业链产值增幅达30%以上。其中工程机械实现营收1600多亿元，三一重工、中联重科、铁建重工和山河智能跻身全球工程机械50强。株洲打造中国“动力谷”，形成了轨道交通、航空、汽车等先进装备制造产业集群，巩固发展了硬质合金、陶瓷等传统优势产业。2018年，轨道交通装备产业链实现营收

790多亿元，增长10%；航空产业实现营收410多亿元，增长25%。湘潭大力发展装备制造、汽车及零部件、军工产业，钢铁、电线电缆等传统行业转型升级步伐加快。总体来说，三市产业特色突出、优势明显，集聚化、国际化发展加快，为引领全省高质量发展奠定了基础。内耗式竞争加剧。三市产业外在链接多，内在链接少，产业协作程度低，甚至出现“挖墙脚”、同质化等竞争。调查中发现，轨道交通制造本是株洲的强项，但其他城市也在搞轨道交通产业，导致出现争资源、争人才、争项目，造成资源浪费。又如汽车产业发展同质化：长沙有吉利、大众、比亚迪、长丰汽车等，株洲有北汽新能源、时代电气、株洲汽车配件厂，湘潭则有吉利等，企业之间缺乏分工与协作；在文旅产品提供上，株洲的云龙滑雪和水上主题项目与长沙的大王山和湘潭的昭山城市海景等项目趋同。

（四）科创有特色，但省内辐射带动作用不够

科创有特色。长株潭立足国家自创区建设契机，聚焦湖南省“十三五”科技创新规划确定的“大领域”，取得了超高产杂交稻、超级计算机、超高速列车、中低速磁浮等一系列在国内外有重大影响的创新成果，这些成为闪耀着自主创新光芒的“湖南名片”；同时在科研院所改制、军民融合创新、清洁低碳技术推广等方面积极探索，走出了后发地区科技经济融合发展的新路子，保持了“自主创新长株潭现象”。2018年，长株潭高新技术企业达3046家，占全省的65.36%，高新产业增加值占全省的70%左右。其中，移动互联网企业突破5000家，实现营收350亿元；军民融合产业总产值突破300亿元。2018年，长株潭地区新增11家国家级科技企业孵化器、众创空间，总数达53家；拥有全国首个低碳技术交易中心、全国唯一的IGBT国家级技术创新战略联盟和全国首批基因检测技术应用示范中心等，省科研仪器设施和检验检测资源开放共享服务平台正式建成，入网仪器7700余台（套），总价值47.82亿元，累计提供服务70余万次。人才引进力度加大，共引进70余个省外院士创新团队1100多名高层次专家来湘创新创业。

“虹吸效应”显著。总体看，长株潭科创依然处于“虹吸效应”阶段，

难以产生省内“溢出效应”。不仅城市群对全省人才和科技资源的虹吸效应显著，而且长沙对株洲、湘潭的人才和科技资源的虹吸效应也较明显。这也说明：长株潭城市群自身发展不充分，仍有较大提升空间。例如，湖南省跻身国际一流和国内领先的学科偏少，进入的国家重大战略研发平台不多，国家大科学装置尚属空白。2018 年，长株潭地区研发经费投入占 GDP 的比重为2.49%，长沙也只占2.6%；而苏南自创区研发投入强度为2.86%，深圳为4.2%，武汉为3.2%。

省内“溢出”不足。长株潭的“溢出效应”不是没有，而是没有“梯度式溢出”到省内，却“蛙跳式溢出”到了沿海。武汉大学毕业生的40%留在武汉，而长沙只有20%，绝大多数到了沿海特别是大湾区就业；同时，湖南省高校、科研院所和国有企业每年都有一大批高端优秀人才转业、退休，但留在本地继续创新创造的不多，多数进到沿海，出现青丝、银发“并肩东南飞”的现象。出现这种状况的原因是多方面的，既有东部沿海省市优厚政策的吸引，也与本地不重视、缺乏有效政策支持有关。

三　打造长株潭“2.0”版：建设智慧型大长沙城市圈，引领创新型省份实现高质量发展

经过10多年的探索，长株潭城市群一体化发展的确有了很大起色，但总体看依然属于1.0版，随着“三干两轨”等系列项目建设和5G商用的落地，我们应适时打造长株潭城市群升级版，建设大长沙城市圈，引领创新型省份建设，实现高质量发展。

（一）建设大长沙城市圈，承载和支撑创新型省份建设

1. 确立建设“大长沙城市圈”发展战略

由于三市政治经济地位差距短期内难以缩小，长沙独大的趋势还会继续保持。因此，明确提出和构筑“大长沙城市圈”的时势已至。建议在湖南省“十四五”规划纲要与《“十四五”规划》中，明确打出“大长沙城市

圈”旗号，替代“长株潭城市群一体化”称谓，将打造“大长沙城市圈”定位为长株潭城市群建设的升级版，并且突破长株潭三市的行政区划边界，在范围上扩大到南抵衡阳、北达岳阳城陵矶港在内的“大湘江湾区域”，包括长株潭和衡、岳、娄、益、常五个市的大部分地区，为湖南省下一步申建国家中心城市和自贸区奠定基础。

2. 启动智慧型城市圈发展规划

2021 年是 5G 商用元年，随着 5G 赋能，数字经济与实体经济深度融合不断加快，智能社会加速来到。据专家预测，2020、2025 和 2030 年，全国 5G 商用的直接产出将达到 4840 亿、1. 3 万亿和 6. 3 万亿元，间接带动产出将达 1. 2 万亿、6. 3 万亿和 10. 6 万亿元，年均复合增长率分别达到 29% 和 24%。建议制定智慧型大城市圈发展规划，为打造长株潭城市群 2. 0 版做好顶层设计，正确处理好当前和长远、局部与全局、政府和市场、数字化与实体的关系，立足“大湘江湾区”，既注重湾区内各市发展特色，又充分考虑区域协同发展的要求，确保规划融合、智慧覆盖、无缝对接，实现创新驱动、开放发展。

3. 进一步做大首位城市和大城市圈体量

一个缺乏特大城市或城市群作支撑的区域，恐怕连竞争的资格都没有。最近几年的国家大战略、重大产业和科技装置布局，无不围绕着特大城市和城市群展开。因此，无论如何，我们必须做大做强大长沙城市圈，并尽最大可能把长沙建设成国家中心城市。针对首位城市长沙和大长沙城市圈人口规模不大、经济体量较小、增长极的极化作用较弱等短板，加大招商引资、引智、引人力度，力争 2035 年，长沙市和大长沙城市圈人口与经济体量分别突破 1500 万人、2. 5 亿元和 4000 万人、5 万亿元的规模，将大长沙城市圈打造成支撑中部崛起的、“中三角”城市群的强有力支撑之一。

4. 进一步做强产业，以“一带三廊”构筑智能制造和科创文创产业新高地

湖南省对装备制造业 31 个大类都有布局，工程机械、轨道交通、航空航天、专用设备制造等一批具有优势或特色的行业成为工业的主导，并在国家制造业体系中占据重要位置。长株潭衡在装备制造方面拥有较强的优势，

并且各自都有自己的主业、优势、特长，能够优势互补，错位发展。这就要加强产业分工协作，在产业“内链接”“外链接”上下功夫，做大做强做优产业链条与产业价值网络。在各自聚焦主业、强化链接的基础上，以“三干两轨”等交通一体化项目为骨架，启动推进“大长沙城市圈”的“一带三走廊”建设：“一带”即沿湘江北达岳阳城陵矶港口南抵衡阳的“大湘江湾经济带”；“三走廊”即湘江西岸科创走廊、芙蓉大道两厢制造业产业走廊和长株干线两厢临空经济走廊。通过“一带三走廊”建设，构筑湖南“大湘江湾区”产业高地，进一步提升大长沙城市圈产业融合与经济一体化发展水平。

5. 进一步做优服务，加快“三干两轨”等项目和5G商用基础设施建设，构筑1小时经济圈、交通圈、生活圈

一方面，交通是城市圈的骨架、主动脉，只要交通路网通了，公共服务和基础设施一体跟进，要素就流通了；要素一流通，活力就迸发了。建议按照“四完善、两加快”的要求，以“三干两轨”等交通一体化项目为骨架，立足自身实际，加强衔接汇报、研究论证，着力打通一批城市圈内的断头路、瓶颈路，畅通互联互通的融城骨干路网。要以城际客运班线公交化运营为目标，建设便捷高效的公共交通系统，不断优化线路、增加车次，方便快捷运营。通过构建域外联通、域内便捷的大长沙城市圈一体化综合交通网络，进而拉动人流、物流、信息流、资金流在城市圈内顺畅流通、密切往来，通过大“长沙城市圈1小时交通圈”带动“1小时经济圈”“1小时生活圈”。另一方面，尽快启动5G商用和智慧型城市圈基础设施建设，包括基站系统+天线、微基站、射频模块、网络建设+核心网、承载网、传输网、网络规划及维护等，加快完善数字基础设施，形成万物互联、人机交互、天地一体的网络空间，推进数据资源整合和开放共享，保障数据安全，加快建设“数字城市圈”，加快智慧城市圈建设步伐。

（二）构筑高水平特色自创区，引领创新型省份建设保护好“绿心”

加快自创区和湘江新区“两区”发展步伐，着力构筑湘江西岸科创走

廊、芙蓉大道干线产业走廊和长株干线临空经济走廊“三大走廊”，聚焦打造岳麓山“科创谷”、马栏山“视频谷”、株洲“动力谷”和湘潭“智造谷”以及衡阳军工城、岳阳口岸城“四谷”“两城”，持续扩大科技企业、科技园区、科技产业、科创县区和科创城市“五科”占比，引领创新型省份建设。

1. 建好“绿心”中央公园和湘江17个绿岛，构筑森林城市圈

绿心保护不是包袱，而是赢得世界尊重的特质。坚决摒弃那种建设就是盖房、发展就是占地、同城化就是摊大饼的思维。在严格绿心生态管控基础上，用科技手段与创新思维推进绿心发展公园化、智慧化、品质化、品牌化，按照生态客厅、中央公园的定位，叠加布局人才公园和银发科创园，服务于城市圈；构建市场化、多元化的生态补偿机制，开展发展权市场、湿地林地银行等试点，有效保护本地生态资源权益，完善产业退出机制，引导产业绿色转型；提供更多惠民生态产品。建设石燕湖、九郎山、昭山、金霞山、法华山等森林公园和株洲云峰森林植物园等大型生态休闲场所，推动大湘江湾区17个洲岛和湿地公园建设，串联各类生态服务空间，提升公共服务水平。

2. 设立人才共享公园，构筑“银发科创园”

放大长沙人才产业园或组建绿心人才共享公园，建设服务于大长沙城市圈、覆盖全省的人才公园，打破行政区划形成的利益藩篱，统一人才落地政策，在落户、子女就学、就医、养老等方面促进优质资源群内共享，并逐步推进省域共享。设立“银发科创园”，延长人才资源的“黄金寿命”。设置弹性编制，成建制承接国防科技大学转业与退休人才，选择性承接其他高校、科研院所和大型国有企业退休人才，主动承接海外科学家，实施60~80岁再创新与再创造工程，服务于大长沙城市圈和创新型省份建设。

3. 申建国家大科学装置，打造湘江西岸科创走廊

明确“以湘江新区、岳麓山大学科技城为轴心，北接国防科大，南连湘潭大学、南华大学，沿湘江西岸地铁、高速、潇湘大道交通干线两边打造

湘江西岸科创走廊”的战略，形成“一区一廊三谷”叠加开放的创新发展新格局：以湘江新区为载体，以“双一流”建设为牵引，整合湘江西岸高校、科研院所的科创资源，向国家申请组建国家大科学装置——岳麓山实验室，构筑“长江经济带岳麓山科创谷”；面向全球工业创意与设计领域引进专门人才与团队，以民办公助、混合所有的方式打造工业创意与设计城，建设“长江经济带岳麓山设计谷”；深度开发利用湖南大学国家“超算中心”，加快北斗导航和5G商用步伐，实施数字经济、创意经济与银发经济融合发展工程，打造“长江经济带岳麓山智慧谷”。联合“一区一廊三谷”组建“政产学研用”新型联合体，优选意愿强烈、潜力巨大、处于产业核心关键环节的企业为主体，引导组建联合工程技术研究中心，探索多主体共同创新的协作、激励机制，协调引进或建设有产业金融背景、行业资源能力的科技孵化器、加速器专业运营机构。

4. 大力发展科技服务业，促进科技成果转化

强化标准、计量、认证认可、检验检测等质量技术基础建设，重点发展研究开发、技术转移、创业孵化、知识产权、科技咨询、科技金融、科学技术普及等专业科技服务和综合科技服务，提升科技服务业对科技创新和产业发展的支撑能力。健全覆盖科技创新全链条的科技服务体系，服务能力大幅增强，服务的市场化、国际化水平明显提升，培育一批拥有知名品牌的科技服务机构，涌现一批新型科技服务业态，形成一批科技服务产业集群，推进高科技服务业与先进制造业的深度融合。

5. 构筑城市圈区域创新生态，形成创新支撑发展的氛围

加大政策融通与普惠力度，设立大长沙城市圈知识产权法院，建立一体化的技术市场与知识产权保障体系，打造共享人才公园，开设“科创专版”，完善科技金融体系。深入实施人才优先发展战略，构筑人力资本、科技创新和大数据“新三要素”支撑的新供给体系，深化教育体制改革，创新教育方法，提高教育质量；全面推进“三评一加大”，建立科学的人才评价体系与管理机制，优化创新市场环境，营造公平环境，释放企业创新活力；建立政府参与、市场主导的科技项目与成果评价标准体系，构筑创新诚

信体系，形成鼓励创新、宽容失败的氛围，保护和调动创新主体的积极性、主动性、创造性；加大全社会科技创新投入，建立面向科创、面向人力资本的财税金融政策体系与机制，为建设创新型省份提供有力支撑。

（三）聚焦大数据与人工智能，以“智慧制造”与数字经济共推创新型省份建设

1. 巩固制造业地位，建设智能制造强省

作为立国之本、强国之基，制造业是工业化和现代化的核心支撑。作为制造大省，湖南省必须长期保持住制造业及其强省的地位，以智能制造为主攻方向，推动人工智能与制造业深度融合，实现制造业的数字化、网络化、智能化。建议：按照“优存量拓增量”的要求和“整体转移、集群引入”的方式，采用“数字产业化，产业数字化”的逻辑，通过5G商用赋能改造提升传统制造业，发展壮大新兴产业；建设一批国家级智能制造中心，整体提升湖南省20个及更多优势产业链的产业价值，推进产业迈向中高端；将智能制造和人力资本投入视同科技投入，享受税收加计扣除政策；聚力打造工程机械、轨道交通、航空航天、材料四大世界级产业集群，打造一批影响世界的湖南制造品牌。

2. 培植根技术，发展根产业

当今世界，大国较量特别注重根技术与根产业。所谓根技术是指支撑一个技术群或多个技术群的共同技术，例如量子技术、移动互联网、大数据、云计算等；所谓根产业是指依据根技术建立的产业链“头部”模块，如高端芯片、北斗系统、物联网、5G网络、智能终端、人工智能等。建议：筑基养生，培育长株潭城市群和省域创新生态，让科创市场茁壮成长和发育；寻根育根，向国家申请组建国家大科学装置——岳麓山实验室，重点研发根技术，培育根产业，从而实现国家重大产业部署落子湖南的突破，强健湖南省“工业的脊梁”。

3. 力推人工智能，发展智慧产业与服务

立足军民融合与跨界融合双融合，加快5G下游产业链的构建，促进终

端设备、智能手机、智能家居、智能网联汽车、物联网、工业互联网、智能医疗、智能教育、智慧金融、智慧旅游等的发展；发挥长沙超算中心、电子信息、智能网联汽车、移动互联网等方面的产业优势，抢占集成电路、新型显示、智能硬件、高端软件等核心领域技术制高点，推动人工智能产品规模化应用，把大长沙城市圈建设成中部领先的人工智能产业示范区；依托科技孵化器、专业化众创空间，加强应用场景建设，聚焦 IA、5G、智能制造、功能材料等领域新技术新产品新模式的应用和推广，助力增加“独角兽”和科创板上市企业；鼓励民间资本加大 5G 应用领域的设备投入，发挥多层次资本和资金市场的作用。

（四）全域开放、分类对接，加快开放崛起步伐

1. 聚力对接“一带一路”

设立湖南香港联络处，有效对接香港商事机构与质检机构，推动产品、技术、人才、资本、平台、模式进出国门。

2. 全域对接大湾区

一是立足自创区和湘江新区，以高水平创新发展对接大湾区。在长沙设立对接大湾区“改革试验区”，架起湖南对接深圳中国特色社会主义示范区的政策之桥；在岳麓山“科创谷”设立“飞地科创园”，架起湘江新区与“大湾区”科创之桥；在马兰山“视频谷”设立“飞地文创园”，架起湖南“芒果台”与“凤凰卫视”文创之桥；在株洲“动力谷”和潭衡“智造谷”设立“飞地制造园”，架起湘深“质造”之桥。二是湘西湘南两大片区立足加工贸易和全域旅游，设立“跨省加工贸易飞地产业园”，打造承接产业转移新高地，以开放发展对接大湾区。三是洞庭湖生态经济区立足“一江一湖四水”水体产业和岸线资源开发，以绿色发展对接大湾区。

3. 选择性对接北部湾

推进永州、怀化对接“中新经济走廊”建设，积极主动和选择性融入北部湾开放经济区。

4. 深度融入长江经济带

以 163 公里岸线资源为轴，以岳阳为桥头堡的洞庭湖生态经济区和大长沙城市圈整体融入长江经济带，成为长江“中三角”城市群的“一足”以及促进中部崛起的核心支撑。

B.3

长株潭开放崛起面临的难点与对策研究

湖南省社会科学院课题组*

摘　要： 随着中央"一带一路"倡议、长江经济带战略的提出，中西部内陆地区的开放发展迎来了极好的机遇。长株潭开放型经济总体上面临体量不大、结构不合理、与中西部主要城市的差距比较大的现实困境。本报告着重从开放经济结构、开放通道、开放平台、开放环境四个方面，分析长株潭开放发展过程中面临的主要难点及成因。针对长株潭开放发展的短板与差距，着重从壮大产业实力、建设开放通道、提升开发平台以及优化开放环境四个方面，提出促进长株潭开放崛起的思路与对策。

关键词： 长株潭　开放崛起　经济结构

近年来，随着中央"一带一路"倡议、长江经济带战略的提出，中西部内陆地区的开放发展迎来了极好的机遇。在中国新的区域发展格局和新一轮开放发展浪潮中，处于中西部内陆地区的重庆、郑州、西安、武汉等城市，其开放发展大有"内陆"变"前沿"之势。这些兄弟城市已经创造许多开放发展的宝贵经验，但同时也对长株潭开放崛起形成了压力与优势挤出效应，长株潭开放发展当前正处于"不进则退、缓进亦

* 课题执笔人：罗黎平、肖琳子、曾召友、高立龙，湖南省社会科学院区域经济与绿色发展研究所。本报告系湖南省长株潭两型试验区管委会 2018 年委托课题组成果。

退”颇为尴尬且被动的现实境地。在此背景下，长株潭开放发展既需要从兄弟城市汲取开放发展的有益经验，更需要从自身查找原因，剖析开放发展中存在的难点、差距与短板，尽快提出新时期开放发展的新思路、新对策并付诸实践，引领全省开放崛起，为全省改革、发展、创新做出新的更大贡献。

一　长株潭开放发展的总体概况分析

自从湖南省十一次党代会提出“创新引领、开放崛起”战略以来，长株潭经济开放规模与水平逐步提升，区域开放合作进程不断加快，营商环境不断优化。但是，长株潭的开放崛起仍然面临一些阶段性局限与结构性矛盾，且与重庆、武汉、郑州、西安等中西部主要城市相比，仍存在一定的差距。

（一）长株潭开放发展的历史纵向比较：地位下降

2010 年以来，长株潭进出口贸易实现较快增长，进出口总额由 2010 年的 664 亿元增长至 2017 年的 1270. 9 亿元。其中，出口总额由 2010 年的 342. 8 亿元增长至 2017 年的 806. 0 亿元，进口总额由 2010 年的 321. 1 亿元增长至 2017 年的 464. 9 亿元。

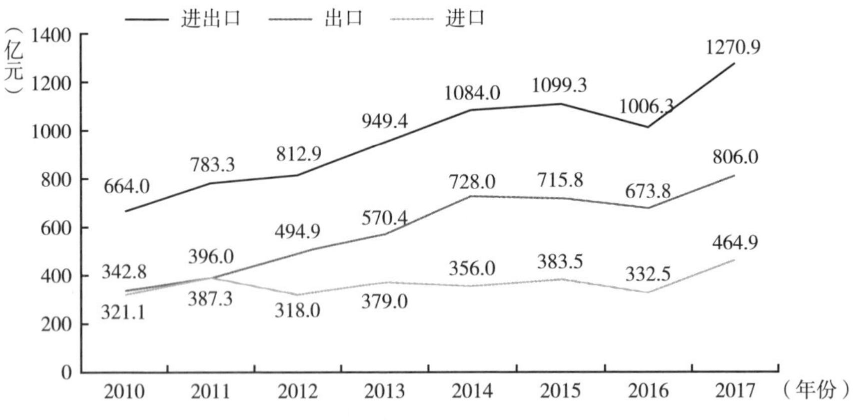

图 1　2010 ~ 2017 年长株潭进出口贸易走势

外贸依存度和外资依存度是反映开放型经济发展的两个主要结构性指标。首先，外贸依存度是反映一个地区的对外贸易活动对该地区经济发展的影响和依赖程度的经济分析指标，外贸依存度的计算方法和名称依分析问题的角度不同而有所差异，本报告采用外贸出口依存度指标，即基于进出口总额与国内生产总值之比来计算，该值越大表明该地区经济发展对国际市场的依赖程度越高。图 2 数据显示，自 2010 年以来，长株潭外贸依存度呈整体下降趋势，外贸依存度由 2010 年的 9.9% 下降至 2017 年的 8.4%，平均每年下降 0.2 个百分点。

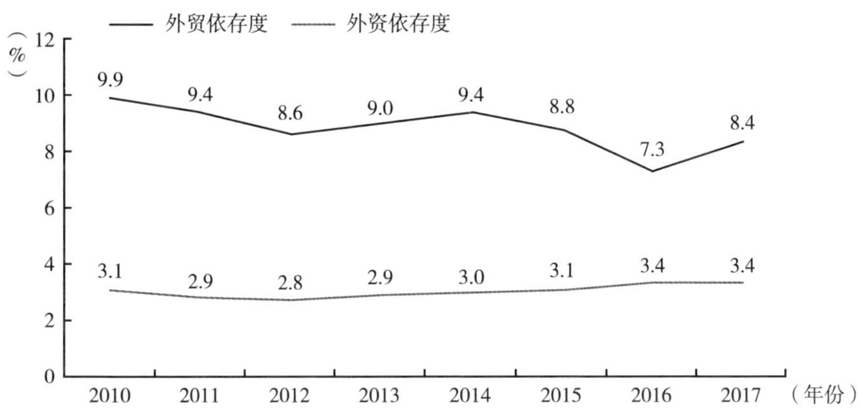

图 2　2010 ~ 2017 年长株潭外贸依存度、外资依存度走势

其次，外资依存度是一个地区当年实际利用外商直接投资额与同期该地区生产总值的比值，是衡量一个地区资本开放程度的重要指标之一。比重越高说明该地区开放型经济发展对外资依赖性越强，国际资本在该地区开放型经济发展中的作用越大。图 2 数据显示，自 2010 年以来，长株潭外资依存度整体呈缓中有升的趋势，外资依存度由 2010 年的 3.1% 下降至 2012 年的 2.8%，此后几年呈现连年递增态势。

长株潭作为湖南经济发展的重心，也是开放型经济发展的重点区域。2010 年以来，长株潭进出口总额、出口额、进口额在全省总量中的比重均在一半以上。但是图 3 数据也显示，自 2010 年以来长株潭进出口贸易在全省的分量呈总体下降趋势，由 2010 年的 66.2% 下降至 2017 年的 52.2%，平均每年下降 2 个百分点。

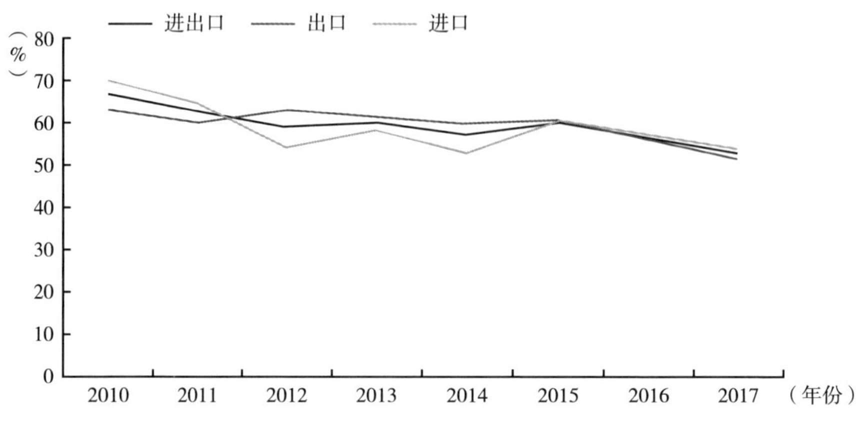

图 3　2010～2017 年长株潭进出口贸易在全省占比走势

通过历史纵向数据分析可见，长株潭作为湖南经济发展的重心，也是开放型经济发展的重点区域。2010 年以来，长株潭开放型经济实现较快发展，但是外贸依存度以及进出口总额在全省总量中的占比整体呈“双下降”趋势。

（二）基于中西部主要城市的横向比较：差距较大

根据数据的可获得性，本报告选取了进出口总额、出口额、进口额以及实际利用外资等指标作为开放发展的衡量指标，与此对应，还选取了地区生产总值、常住人口规模以及人均地区生产总值衡量城市经济发展的规模与水平。

从城市经济、人口发展规模看，2017 年长株潭的经济总量、人口规模分别为 15171.71 亿元和 1479.16 万人，在规模上均仅次于重庆市，超过武汉市、郑州市和西安市。其中，经济总量分别是武汉市的 1.13 倍、郑州市的 1.66 倍以及西安市的 2.03 倍；人口总量分别是武汉市的 1.36 倍、郑州市的 1.50 倍以及西安市的 1.63 倍。

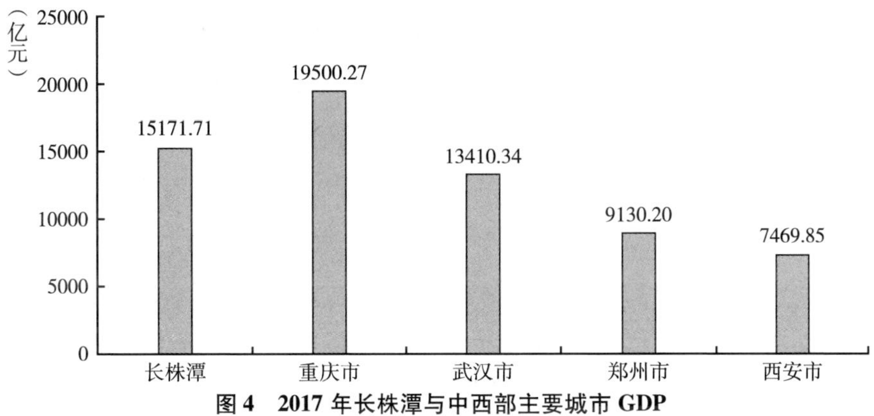

图 4　2017 年长株潭与中西部主要城市 GDP

人均地区生产总值反映一个城市的总体经济发展水平。2017 年，长株潭人均 GDP 达到 102569.76 元，仅次于武汉市，分别是重庆市的 1.61 倍、郑州市的 1.10 倍以及西安市的 1.31 倍。

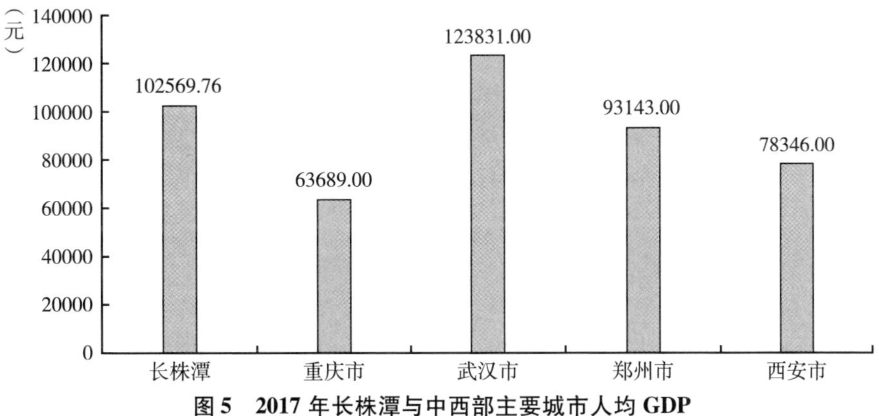

图 5　2017 年长株潭与中西部主要城市人均 GDP

从开放型经济发展的主要规模指标看，2017 年长株潭三市的进出口总额为 1270.9 亿元，远远低于重庆、武汉、郑州和西安等城市，分别约为重庆、武汉、郑州和西安的 28.19%、65.64%、31.55% 和 49.93%。其中，2017 年长株潭出口总额 806 亿元，分别约为重庆、武汉、郑州和西安的 27.95%、69.63%、34.52% 和 51.92%；长株潭进口总额 464.90 亿元，分别约为重庆、武汉、郑州和西安的 28.62%、59.71%、27.44% 和 46.82%。

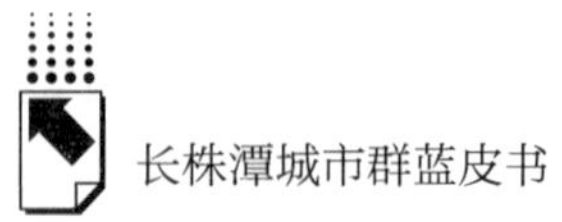

表1　2017年长株潭与中西部主要城市进出口规模比较

单位：亿元

城市	进出口总额	出口总额	进口总额
长株潭	1270.9	806	464.9
重庆市	4508.3	2883.7	1624.6
武汉市	1936.2	1157.6	778.6
郑州市	4028.8	2334.6	1694.2
西安市	2545.4	1552.4	993

数据来源：根据各城市2017年统计公报整理。

从实际利用外资情况看，2017年长株潭实际利用外资规模为76.70亿美元，比重庆市、武汉市分别少25.1亿美元和19.8亿美元，比郑州市、西安市分别多36.2亿美元和23.6亿美元。单就长沙市而言，2017年长沙市实际利用外资规模为52.5亿美元，与郑州市、西安市大致相当，但与重庆市和武汉市相差较大，大约仅为以上两市的一半。

外贸依存度和外资依存度是反映开放型经济发展的两个主要结构性指标。图6数据显示，在中西部几个主要城市中，2017年长株潭外贸依存度最低，仅为8.4%，其他四座城市从低到高依次是武汉市14.4%、重庆市23.1%、西安市34.1%和郑州市44.1%。

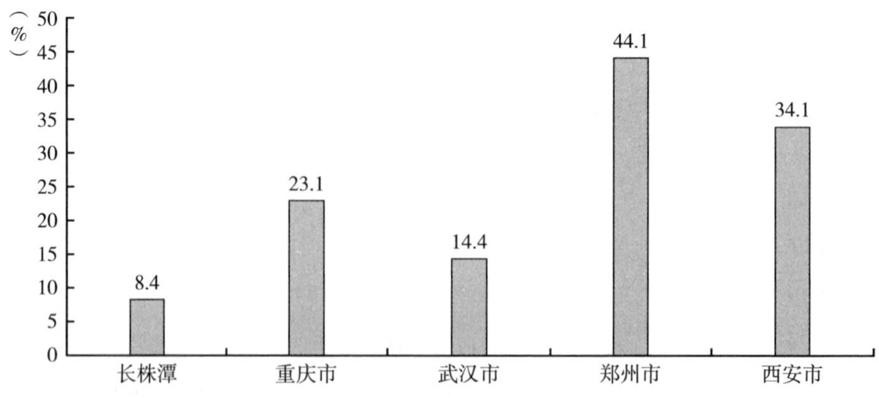

图6　2017年长株潭与中西部主要城市外贸依存度比较

图7数据显示，在中西部几个主要城市中，2017年长株潭的外资依存度为3.4%，仅比郑州市高0.4个百分点，与重庆市基本持平，但低于武汉市1.5个百分点和西安市1.4个百分点。

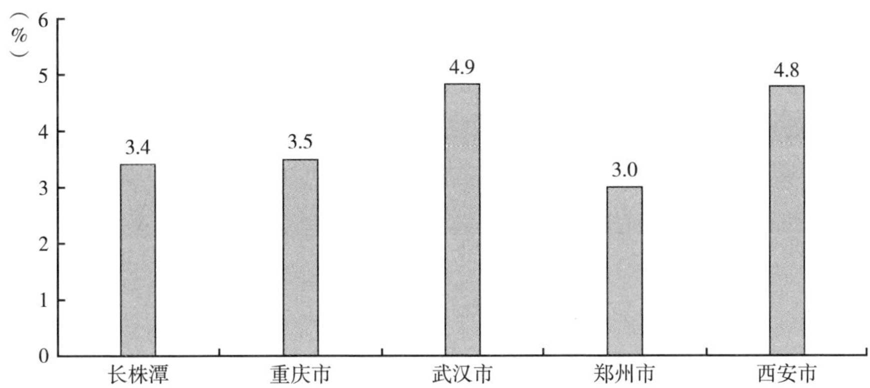

图7　2017年长株潭与中西部主要城市外资依存度比较

基于长株潭与中西部几个主要城市的横向比较分析，长株潭开放型经济发展与兄弟城市存在较大差距，特别是外贸发展严重滞后于地区经济发展，与城市经济、人口总量规模严重不匹配，成为长株潭开放型经济发展中的一大短板。

二　长株潭开放发展面临的主要难点及成因分析

以上初步分析表明，当前长株潭开放型经济总体上体量不大，结构不合理，与中西部主要城市的差距比较大。总体而言，地位下降、差距较大是当前长株潭开放发展的最大现实困境。以下着重从开放经济结构、开放通道、开放平台、开放环境四个方面，分析长株潭开放发展过程中面临的主要难点及成因。

（一）关于开放型经济结构方面

一是从全省开放型经济发展的区域结构看，2010年以来，衡阳市、岳阳市和郴州市开放型经济发展加快，特别是进出口总额实现快速增长，规模在全省总规模中的占比大幅提升，一定程度上导致长株潭进出口总额在全省总量中的占比下降。从全省 14 个市州的开放经济发展走势看，2010 年以来，衡阳、岳阳以及郴州进出口总额增长较快，在全省进出口总额中的占比由 2010 年的 5.4%、2.6%、6.7% 分别上升至 2017 年的 12.4%、6.3% 和 10.8%，占比平均提高接近 2 倍或 2 倍以上，三个市共计提高 14.8 个百分点。

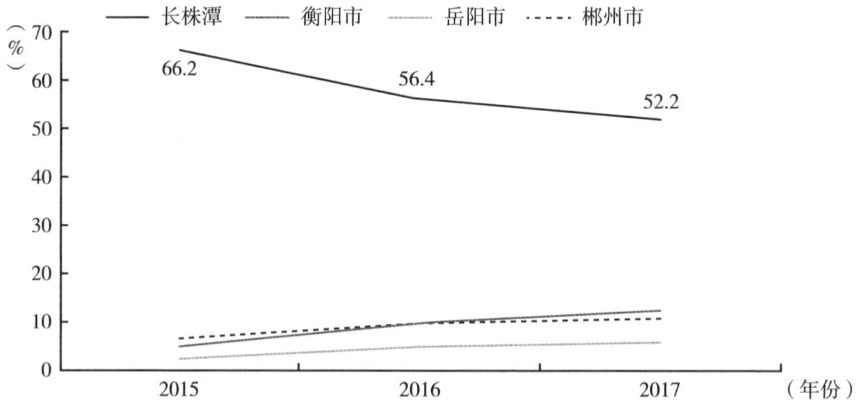

图 8　2015～2017 年长株潭和省内主要市州进出口在全省总量中占比情况

二是从长株潭开放型经济结构看，进出口结构、外商投资结构、开放主体结构均有待进一步优化，这是导致长株潭外贸发展滞后于经济发展的主要原因。产业结构决定外贸结构，产品比较优势决定外贸竞争优势。从出口商品结构看，长株潭出口产品仍然以大宗商品为主，2017 年机电产品出口在出口产品价值中的占比，长沙市、株洲市、湘潭市分别为 54.8%、59.0% 和 38.9%，产品类型较为单一，抵御国际贸易市场风险能力有限，导致进出口总额的波动幅度相对较大。一个地区具有国际竞争力与比较优势的商品出口占比高低，也一定程度上反映了一个地区开放型经济发展水平的高低，长株潭出口商品中高附加值商品占比不高，2017 年长沙市高新技术产品出口占比仅为 24.8%，远低于郑州市的 50.1%。从外商投资结构看，长株潭地区外商直接投资主要集中在一般加工工业、一般性技术和劳动密集型产业，跨国公司特别是总部、研发中心战略性投资较少。从开放主体结构来看，与重庆、郑州、武汉等城市相比，长株潭开放型经济“少、小、弱”现象比较突出，缺乏像郑州富士康（500 亿美元）、武汉联想（50 亿美元）等这样具有强劲带动力和辐射力的龙头企业，重庆这方面优势更为明显，截至 2017 年重庆仅落户两江新区的世界 500 强企业就达到 147 家。

（二）关于开放通道建设方面

开放通道建设对开放型经济发展至关重要，它关乎地区内外的人流、物流能否顺畅、高效地流进和流出，关乎开放型经济发展的质和量。这些年，长株潭在开放通道建设方面步伐不断加快，如长沙中欧班列的运力已被列入全国中欧班列中“第一梯队”行列，目前全国排名第五。但同时，长株潭在推进开放通道建设、服务开放发展方面，仍然存在许多难点与短板。

一是碍航因素突出，水运通道能力不足。长江、湘江每年 11 月到次年 4 月为枯水期，5 月和 10 月为中水期，6 月到 9 月为洪水期，且枯水时间有逐年加长的趋势，使航道变浅，制约霞凝港、城陵矶港江海直达运输。特别是长沙霞凝港，在枯水季节，进出港货物均需在岳阳城陵矶中转，使长沙到上海的航行时间增加 3 天左右，虽然水运费用比铁路等其他运输平均低 15%，但由于时间延长，不少企业选择到外地报关。此外，运输企业普遍反映长江湘江航电枢纽工程实际通航能力有限，从 2012 年 8 月起，所有过往船只需要排队等候过闸，增加 1 天左右时间，增加驳船经营成本。据中远洋公司介绍，排队等候过闸实施后，该公司驳船周转率已由之前的 23 航次/月，下降到之后的 17 航次/月。

二是航空货运能力不足，航空通道建设亟待提速。长株潭国际直达货运航线少，目前长沙黄花国际机场的航线主要集中在港澳台、东亚、东南亚地区，与其他各国的主要城市的直达航线尚未形成网络，通常需要经香港、广州、上海等地中转，既延长了运输时间，又增加了物流成本。目前，黄花机场国际货运仅开通长沙至越南胡志明市全货运定期航线，与郑州、重庆分别拥有29条、22条国际货运航线的货运实力相差太大。此外，由于长沙临空经济示范区空铁陆一体化综合交通枢纽（GTC）尚未形成，无法实现城铁、地铁与机场的互联互通和货运集装箱与公路、铁路、水路的无缝对接，航空货运保障建设滞后。而与此形成鲜明对比的是，中西部其他城市航空开放通道建设步伐明显加快，如2017年郑州旅客吞吐量首次突破2400万人次，首次位居中部机场第一位，而货运量也突破50万吨，首次成为全球货运50强机场。由此，郑州机场的年客货运规模首次实现中部机场“双第一”，而2017年长沙黄花机场监管货运量仅为2.4万吨，长沙长期位列客运规模中部机场第一的地位也丧失了。

三是铁路、公路网络尚不完善，陆路通道建设亟待加强。目前，湖南铁路主干线运力不足，主要干线运能紧张，季节性运输能力不均衡。受铁路行政体制限制，运力调配、运价审核和政策优惠等得不到保障。南下连接周边省份的快速铁路网络还不完善，增加了运输时间和成本。公路方面，跨省高速公路网络尚未形成，部分通道由于建设时间久远，已经不能满足当前的运力需求，需要进行道路改建和升级。

（三）关于开放平台建设方面

开放平台是开放崛起的重要支撑。2017年以来，长沙临空经济示范区成功获批，黄花综保区封关运行，长沙跨境电子商务综合试验区获批，“湘企出海+综合服务”平台、中国（湖南）-波兰工业合作园等众多境外园区建设加速推进。长株潭各类开放平台提档升级，为高质量开放发展提供了坚实的平台支撑。但是，与重庆、武汉、郑州、西安等城市相比，长株潭的国家级开放平台建设、平台功能作用的发挥均需进一步提升。

一是开放平台的类型与数量存在一定差距。目前重庆、武汉、郑州、西安均已获批国家自贸区，而长株潭地区国家自贸区平台缺失。从保税区的建设情况来看，长株潭有黄花综合保税区、湘潭综合保税区、金霞保税物流中心和株洲铜塘湾保税物流中心，重庆有2个综合保税区、1个保税港区和3个保税物流中心，武汉有2个综合保税区和1个保税物流中心，郑州有2个综合保税区和 1 个保税物流中心，西安有 3 个综合保税区和 1 个保税物流中心。

表 2　2018 年长株潭与中西部主要城市开放平台

城市	国家级开放平台
长沙市	黄花综合保税区、金霞保税物流中心（B 型）、湖南湘江新区、长沙临空经济示范区、长沙国际邮件监管中心、长沙跨境电子商务综合试验区、长沙出口加工区
株洲市	株洲铜塘湾保税物流中心（B 型）、株洲出口加工区
湘潭市	湘潭综合保税区
重庆市	重庆自贸试验区、重庆两路寸滩保税港区、重庆西永综合保税区、重庆江津综合保税区、重庆铁路保税物流中心（B 型）、重庆南彭公路保税物流中心（B 型）、重庆万州保税物流中心（A 型）、重庆临空经济示范区、重庆跨境电子商务综合试验区、重庆两江新区、重庆出口加工区
武汉市	湖北自贸区武汉片区、武汉新港空港综合保税区、武汉东湖综合保税区、黄石棋盘洲保税物流中心（B 型）、武汉跨境电子商务综合试验区、武汉出口加工区
郑州市	河南自贸区郑州片区、郑州航空港经济综合试验区、郑州新郑综合保税区、郑州经开综合保税区、河南保税物流中心（B 型）、郑州跨境电子商务综合试验区、河南郑东新区、河南郑州出口加工区
西安市	陕西自贸区西安片区、西安综合保税区、西安高新综合保税区、西安航空基地综合保税区、西咸保税物流中心（B 型）、西安国际港务区、西安临空经济示范区、西安跨境电子商务综合试验区、陕西西咸新区、西安出口加工区

二是开放平台功能作用发挥尚不充分。长株潭开放平台建设整体上缺乏战略性规划，存在多头申报、重复建设的情况。平台门类不全，有些功能性平台缺失，如国家自贸区平台的缺失对长株潭开放型经济发展存在很大的制约影响。此外，现有平台功能发挥不充分，知名度、应用度不高，同时受经济总量和产品结构的影响，平台综合效能难以发挥，一些政策优惠难以显现。如湘潭综合保税区是全国获批的第 32 家综合保税区，也是湖南省最大的综合保税区，2017 年（大约封关运行两年）湘潭综保区完成技工贸收入 220.11 亿元，进出口额 11.25 亿美元；而西安高新综合保税区 2015 年[①]进

① 选取 2015 年是为了与湘潭综合保税区比较，到 2015 年西安高新综合保税区刚好也是封关运行两年左右。

出口总额达197.8亿美元，达到陕西省进出口总额的65%以上，年度进出口总额是湘潭综合保税区的17.6倍，平台功能发挥作用的差距非常之大。

（四）关于开放服务环境方面

全球经济竞争日趋激烈，营造公平透明、法治化、可预期的营商和服务环境，是培育开放发展竞争新优势的重中之重。当前，长株潭开放发展的服务与环境存在以下几方面的问题：一是开放发展的保障机制相对落后，从相关政策看，以外贸为例，郑州、武汉、合肥安排资金规模过亿元，而长沙外贸资金预算仅1000万元，远不能满足外贸发展需要。二是开放发展总体缺乏战略规划，引进项目存在重引进轻服务、重出口轻进口、重货物贸易轻服务贸易的状况。三是人才政策不活，受制于地理位置、软环境以及财政投入等因素的影响，长株潭的创新创业环境与发达地区比还存在较大差距，导致部分人才外流。四是相关政策透明度、经济自由度、营商便利度等软环境建设相对滞后，管理不规范等问题不同程度地存在，综合服务配套功能较为薄弱。五是海关监管服务优化和口岸通关便利化等方面还存在诸多问题，“一次申报、一次查验、一次放行”的“大通关”机制，在改善长株潭通关环境、提升通关效率方面的作用还没有充分发挥出来。

（五）关于开放的思想认识方面

除以上原因外，笔者认为还有一个需要特别强调的关键因素，即地方政府官员甚至智库学者对新形势下开放发展的本质及目标缺乏清晰的认知和把握，导致长株潭在推进开放发展实践中抓不住重点、找不到主线、理不清头绪。在地方调研及与政府工作人员座谈过程中，如果你问开放发展的本质是什么或者被调研者所在的政府是怎么推进开放发展这类问题时，你会发现对方要么是答不上来，要么是长篇大论。这种情况其实可以理解，因为开放发展原本就是一个非常笼统的概念，涉及经济社会发展的方方面面，要做的事情太多太杂，一般很难用一两句话精准地概括本地区开放发展的思路、目标以及具体内容。但正是这种概念上的模糊以及政府工作人员思想理论认识上的不到位，导致目前关于开放发展政府自上而下各个部门之间缺乏一条清晰的、能够统揽全局凝聚各方的工作主线，这延展到具体推进开放发展的实践中，就必然会造成政府工作的“碎片化”，以及各地方政府、各职能部门的“各自为战”，缺乏协同推进开放发展的全局观、系统性以及向心力。

三　兄弟城市开放发展的经验与启示

本部分选取重庆、武汉、郑州、西安四个内陆城市作为研究对象，着重从开放通道建设、开放平台构建、开放动力提升以及开放环境优化等四个方面，系统梳理这四个城市开放发展的思路和举措①，归纳提炼出可供长株潭开放发展借鉴的经验与启示。

（一）重庆市开放发展的思路和举措

1. 开放通道建设：着力打造内陆国际开放枢纽

连通“渝新欧”国际物流通道，突破通关便利化等多个难题，打造“五定”班列。推动中新互联互通南向项目建设，常态化运行“重庆—东盟公路班车项目”。开通“沪万”集装箱班轮和渝沪外贸“五定”快班轮，直通上海港，再经海运实现与全球互通。在全国率先运行国际行邮班列。推进江北国际机场运载能力提升成为“双百机场”，增开国际货运航线。已建成航空、铁路、内河港三个国家级交通枢纽和三个国家一类开放口岸。

2. 开放平台构建：搭建“1 +2 +5 +7”的开放平台体系

搭建起“1 +2 +5 +7”的开放平台体系（包括 1 个国家级新区、2 个国家级特色开放创新区、5 个国家级开发区、7 个保税区和保税物流中心），基本实现平台功能全覆盖。

3. 开放动力提升：建设西部现代产业高地

加强与全球跨国公司、中国大经济区的产业合作，加快建设 5 个千亿

① 由于涉及较多文献资料的综合与梳理，限于篇幅，文中不一一列示参考引用的文献。

级、10 个百亿级重点产业园区，大力扶持发展物流产业、信息产业、生产性服务业等。按照加快建设长江上游地区经济中心要实现“六大功能”领先西部的要求，以产业链为主线，加快产业集聚发展和产业结构、产业布局和企业组织结构的战略性调整，把重庆建设成为西部现代产业高地。

4. 开放环境优化：以平台建设带动服务提升

健全投资准入及服务机制，积极争取全国首个国检综合试验区，推动果园港开展启运港退税试点，深入推进跨境电商综合试验区、服务贸易创新发展、贸易多元化、开放型经济新体制综合试点试验等国家级改革试点。围绕“投资自由化、投资便利化，贸易便利化，金融服务现代化、金融结算便利化”，深化“放管服”改革。创新跨境电商监管模式，试点外商投资“单一窗口”，实施外商投资准入特别管理措施和外商投资备案制。搭建“渝贸通”外贸综合服务平台，为中小微外贸企业提供全流程服务。完善“3 + N”合作机制，探索物流金融创新，降低企业融资成本。

（二）武汉开放发展的思路举措与经验做法

1. 开放通道建设：打造国际性现代化综合交通枢纽

一是陆路方面，以“中欧（武汉）班列”“近海近洋航线”建设为重点，建设铁水公运输大通道，构建西中东三大出境通道，打造内陆主要货源节点、主要铁路枢纽节点、沿海重要港口节点和沿边陆路口岸节点等中欧班列枢纽节点。二是航空方面，依托湖北国际航空物流核心枢纽和武汉天河机场，全面放开国际客货运航权，完善国内航线体系，加快航空枢纽站国际化建设，开建天河机场第四期和第二机场，增开洲际直达航班，实现航空线路通达全球。机场口岸实现 7 × 24 小时常态化通关，确立国际门户机场地位。三是水运方面，按照“三中心、一门户”的战略定位，打造武汉长江中游航运中心。

2. 开放平台构建：快步进入“三区叠加”时代

继国家自主创新示范区落户之后，武汉先后获批国家创新型城市建设、全面创新改革试验试点、国家自贸试验区，尤其是自贸试验区建设将武汉推上全球化平台，武汉发展得以在全球发展版图上定位。此外，中法武汉生态示范城是中法两国“元首项目”，也是武汉市开展国际合作的重要平台。

3. 开放动力提升：建成具有全球影响力的产业集聚区

以武汉市钢铁、建材、铁路、电力、化工、汽车等行业为重点，采用境外投资、工程承包、技术合作、装备出口等方式，开展国际产能和装备制造合作，推动装备、技术、标准、服务走出去。充分发挥武汉市工程设计、电子信息、装备制造等产业优势，鼓励企业组团参与“一带一路”沿线国家交通、通信、能源等互联互通基础设施建设；引导企业集群式“走出去”，探索与当地共建境外产业集聚区。快速发展外向型高新产业，带动传统企业技改、升级。通过打通内外双向发展的要素联系，加快产业转型升级，形成助推经济提质增效的整体合力。以信息技术、生命健康、智能制造为立足之基，通过芯片、基因工程、金融等新技术要素重造城市品质。

4. 开放环境优化：大力推进投资贸易便利化

深化与沿海、沿边口岸的通关协作，实现信息互换、监管互认和执法互助。发挥湖北电子口岸功能，搭建公共服务平台体系，推进通关一体化，构建电子政务、电子商务与海关电子口岸“三位一体”的航运公共信息服务平台，将汉江生态经济带纳入平台体系。继续完善检验检疫分类管理、绿色通道、直通放行、电子监管、出口免验等制度，加快国际贸易“单一窗口”建设，推进长江经济带、汉江生态经济带通关一体化进程。试行企业自主报税、自助通关、重点稽核的通关征管作业。提高审批效率，创新监管模式，试点简化生物医药研发所需特殊物品出入境审批手续。

（三）郑州开放发展的思路举措与经验做法

1. 开放通道建设：三条“丝路”通世界

一是陆上丝路建设。中欧班列（郑州）实现每周“去八回八”常态化运营，形成“境内境外双枢纽、沿途多点集疏”格局，网络遍布欧盟、俄罗斯及中亚地区的 24 个国家 121 个城市。桂郑欧班列将打通中原腹地至西南的出海通道，形成21世纪海上丝绸之路和丝绸之路经济带的有机衔接。开通第三条铁海联运班列——“郑州—天津港”铁海联运班列，该班列的开通为郑州铁路口岸和圃田一级物流基地建设汇集了更加丰富的市场资源。

二是空中丝路建设。加快与国外重要枢纽城市的协同联动，“双枢纽”城市数量不断增加，已形成横跨欧美亚三大世界经济区、覆盖全球主要经济体的枢纽航线网络布局。郑州机场拥有进口水果、冰鲜水产品、食用水生动物、冰鲜肉类、澳洲活牛、国际邮件经转等6个指定口岸和跨境电商业务，成为国内进口指定口岸数量最多、种类最全的内陆机场。目前，经由郑州机场的美洲水果进口量占据全国市场份额的70%以上。

三是网上丝路建设。作为国家跨境电商综合试验区，郑州创新监管服务，实行保税备货模式，有效地解决了跨境电子商务的关务申报、税收征管、质量监督、物流服务等系统性难题，探索出了一条货通天下的“网上丝绸之路”。

2. 开放平台构建：围绕“三大一中”搭建平台

围绕推进“大枢纽、大产业、大都市和建设中心城市”的“三大一中”战略实施，以郑州航空港经济综合试验区建设为统揽，推进开放平台建设。一是建设河南自贸试验区，打造多领域制度创新高地，使其成为服务于“一带一路”建设的现代综合交通枢纽、全面改革开放试验田和内陆开放型经济示范区。二是建设郑州跨境电商综试区，形成经济发展新动能。加快建设跨境电商全球网购商品集疏中心、跨境电子商务大数据服务中心、跨境电子商务创新创业中心和跨境电子商务带动产业转型升级新高地。三是推进海关特殊监管区整合提升，加快新郑综合保税区扩区建设。完善研发、制造、销售、物流、维修、结算等功能，提升综合实力。加快完善经开综合保税区基础设施，完成卡口监控信息化系统等软硬件的互联互通。四是推进国际物流中心建设，实现从“国际枢纽”向“国际商港”的转变升级。加快郑州国际陆港建设步伐，申报平行进口车试点，把郑州打造成内陆地区最大的平行进口车贸易中心。五是建设国际高端产业集聚中心，加快服务外包示范城市建设。推动打造“一带一路”核心节点城市，打造产业转移、要素集疏平台，打造完整产业链和生态圈。

3. 开放动力提升：建设国际高端产业集聚中心

重点发展智能终端、高端装备及汽车制造、生物医药等先进制造业以及现代物流、国际商贸、跨境电商、现代金融服务、服务外包、创意设计、商务会展、动漫游戏等现代服务业、总部经济、现代商贸业。促进国际医疗旅游产业融合发展，鼓励从事出境旅游业务。推进内陆口岸经济创新发展，依托自贸试验区带动郑州航空和铁路国际枢纽口岸建设，提升口岸运营水平，促进各类口岸与物流、贸易联动发展，形成辐射全球主要经济体、带动区域产业升级的格局。培育“一带一路”合作交流新优势，建立健全与“一带一路”沿线国家的合作机制，重点在农业、矿业、装备制造、物流、工程承包、科技教育等领域开展国际合作。

4. 开放环境优化：打造公平便利的营商环境

深化“放管服”改革，推进审批规范化、标准化、信息化建设。大力推行“互联网＋政务服务”。营造法治化、国际化、便利化的营商环境。搭建信息服务平台，完善政策促进、服务保障和风险防控体系及境外资产和人员安全风险预警与应急保障体系。创新内陆地区开放发展新机制，构建口岸经济体系，加强跨区域关检合作，提升通关效率，打造外贸竞争比较优势。探索建立自贸试验区重点产业专利导航制度和重点产业快速协同保护机制。依托电子口岸公共平台，形成贸易便利化创新举措的标准化制度规范。搭建先进制造业加工贸易公共服务平台和产品内销后续服务基地。

（四）西安开放发展的思路举措与经验做法

1. 开放通道建设：搭建海陆空网“立体丝路”

一是构建陆海直达国际多式联运新通道。加速打通北线、西线及南线国际通道，完成国际铁路联运网络布局，连接国内“米”字形高铁大通道。织密高速公路通道，加强与周边城市的互联互通，增强枢纽功能，完善国际、国内、区域三层级通道体系。二是构建面向全球的国际航空枢纽。织密国际航线网和国内干线网，强化以西安为国内中转枢纽，至欧、美、澳、非、亚五大洲的国际国内航线衔接网络。推进航空货运发展，壮大临空经济，提升西安“丝路联通、欧亚加密、美澳直航、货运突破”的枢纽功能。三是建成开通国际通信专用通道。实现光网西安、无线西安、物联西安，加强数字经济、人工智能、量子通信等前沿领域合作。四是“海陆空”多式联运。构建“陆空联运”桥梁，打通陆海国际货运通道，实现“通道+口岸”功能叠加，由公路、铁路、空中、网络共同组建起的“立体丝路”已然成型。

2. 构建开放平台：构建多元协同发力的开放平台

一是依托国家自贸试验区，建设国际内陆中转枢纽港和商贸物流集散中心、开放型金融产业创新高地和国际文化体育交流新平台。依托浐灞生态功能区，建设丝路金融创新合作试验区、丝路国际交流示范区、丝路会展及总部聚集区、国际商品贸易交易区。二是推进西咸新区省级数字经济示范区建设，推进网上自贸试验区发展。三是推进综合保税区建设，完善西安港口岸配套功能，建设国家多式联运示范工程，构筑“一核七区+西咸新区”西安服务外包产业发展格局。四是打造丝路跨境电商大平台，加快丝路电子商务示范基地、国际大宗商品电子商务交易基地、西部电子商务创新创业基地以及跨境电子商务综合试验区建设。

3. 开放动力提升：构建产融服融合的现代产业体系

一是构建产融服融合的现代产业体系，打造面向全球的高新技术产业基地、金融贸易中心、先进制造创新中心和“一带一路”创新之都。重点发展先进制造业、新金融产业、制造服务业、战略性新兴产业和高新技术产业，探索以创新驱动、绿色发展为引领的先进制造业发展新模式，着力发展国际贸易、现代物流、临港产业、金融服务、文化体育等产业。二是构建多元化国际服务外包市场。实施“倍增计划”，积极发展特色服务外包，重点发展高技术、高附加值、新兴服务外包等业务，并支持外包企业挂牌上市。三是积极承接国际和东部沿海加工贸易产业转移，通过打造和培育外向型特色园区，吸引东部沿海加工贸易产业转移至西安。

4. 开放环境优化：打造内陆改革开放新高地

建立与国际投资贸易通行规则相衔接的制度体系，营造和完善国际化、市场化、法治化营商环境，建成投资贸易便利、高端产业集聚、金融服务完善、人文交流深入、建管高效便捷、法治环境规范的高水平、高标准自由贸易试验区。推进政务服务创新，深化商事制度改革，不断优化营商环境。复制推广证照分离试点等其他自贸试验区最新制度创新成果。

（五）兄弟城市开放发展的经验启示

上述兄弟城市的开放发展实践表明，内陆城市要实现开放崛起，必须全面对接国家发展战略，完善开放布局，着力在开放通道建设、开放平台搭建、开放动力提升、开放环境优化上狠下功夫。这对于同为内陆城市的长株潭实现开放崛起，无疑有着重要的启示和借鉴意义。

启示一：通道建设是打造内陆开放新高地的基础支撑。要按照完善网络、扩大能力、提高水平、构筑枢纽的思路，提升通道建设水平，拓展国际通道，着力推进高铁、高速公路、港口、航道、机场等重大基础设施建设，加快构建多层次、大容量的综合立体化交通运输体系，全面提升与目标国家和地区的互联互通水平，构建立体开放通道，完善多式联运体系。

启示二：平台是实施开放发展的重要载体，是构建开放型经济和招商引资的前沿阵地，直接关系到对外开放的水平。应着力构建多元开放平台，积极争创国家自由贸易试验区，加快提升各类开放平台的功能，发挥各类平台的牵引作用。

启示三：推动产业繁荣发展是实现开放崛起的根本途径。产业结构决定外贸结构，产品比较优势决定外贸竞争优势。应把做强做大实体产业作为促进开放崛起的头等大事，通过产业发展带动资金、人才、商品等要素资源的区域集聚与流动。

启示四：优良的营商环境是实现开放崛起的根本保障。应着力营造便利化、国际化、法治化营商环境，为企业、个人的创新创业提供更多的选择权和更大的便利性。

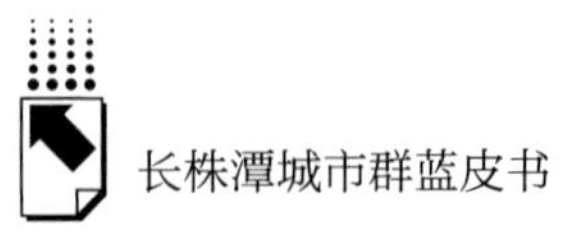

四　促进长株潭开放崛起的对策与建议

针对长株潭开放发展的短板与差距，下文着重从壮大产业实力、建设开放通道、提升开发平台以及优化开放环境四个方面，提出促进长株潭开放崛起的思路与对策。

（一）壮大产业实力，增强出口国际竞争力

1. 积极建设全国先进制造业中心

一是抓住长沙国家成套智能制造装备区域集聚试点建设的契机，依托中联重科、三一重工、山河智能、泰富重工等核心企业，建立和完善面向全球的技术创新、产业配套、社会化服务和人才培育体系，形成全球智能制造装备产业区域创新中心和工程机械制造中心。二是依托中车株机所、中车株机、中车电机等龙头企业，以及机车和动车组牵引与控制国家重点实验室、国家级企业技术中心和国防科大磁悬浮研究中心，加强技术创新和系统集成能力建设，形成全球领先的高端轨道交通装备研发与制造中心。三是依托上海大众、湖南吉利、广汽菲亚特、长沙比亚迪等骨干企业，提高整车和关键零部件及总成的自主研发能力，建成更加完善的生产、研发、营销服务和供应链体系，建成重要的汽车及零部件制造基地①。

2. 打造加工贸易“产业转移走廊”

湘南地区是湖南省承接加工贸易转移最早最快的地区，但是受湖南目前的物流成本和产业配套能力所限，转移来的只是工厂或者车间，加工商品大多回流至广东，原材料采购、产品深加工、总装销售环节仍留在珠三角，没有在湖南形成产业链的延伸。目前，长株潭地区有空港、码头、高铁、铁路、公路，工程机械、智能装备、汽车产业优势明显，蓝思科技、介面光

① 《湖南省人民政府关于依托黄金水道推动长江经济带发展的实施意见》（湘政发〔2015〕15号）。

电、长城信息和红太阳光伏等一批企业正在形成集群效应。长株潭应抓紧重点布局加工贸易，大力引导加工贸易产业链由湘南延伸至长株潭地区，形成由低端到高端加工贸易产业链条，形成分工明确、错位互补的产业体系，打造由南向北的“产业转移走廊”，这样湘南地区的产品就不会都回流至珠三角，而是转至长株潭的下游企业。

3. 促进出口企业梯度发展

一是培育“大龙头”。针对长株潭外向型企业整体规模偏小、带动作用有限等薄弱环节，加快培育和引进一批规模档次高、品牌影响力大、市场竞争力强的外向型大企业。充分发挥龙头企业的进出口带动作用，对年均出口额在5000万美元以上的骨干企业给予政策支持，实行“一对一”的帮扶、指导，带动上下游企业实现可持续发展。二是扶持“小巨人”。加大对年均出口额1000万美元以上的成长型企业扶持力度，建立中小微企业孵化基地，增强对长株潭进出口可持续发展的支撑作用。三是促进“零突破”。选择100户以上年无出口或出口在50万美元以下的企业，与专业孵化器建立孵化合作关系，引导其扩大合作领域、深化合作关系，在孵化出口中实现共赢，对企业进行外贸政策和外贸实务的全方位指导和服务①。

（二）建设开放通道，构筑内陆开放新优势

1. 着力推进航空货运能力建设

加快长沙临空经济示范区建设，构建中部国际航空枢纽。参照郑州标准，加大航线补贴支持力度，积极引导各大航空公司在长沙设立基地、分公司、全资子公司，争取开通更多客运（腹舱）航线、中转航线、国际全货机航线。引进国际航空物流巨头，同步建设航空物流基础设施，针对高端物流客户，积极探索国际通行的陆空联运和“卡车航班”模式。近期重点推进长沙物流中心和黄花机场综合客运枢纽项目建设，尽早实现快速路、公

---

① 长沙市统计局：《长沙市开放发展指标体系研究及实证分析》，2017-08-031，http://tjj.hunan.gov.cn/zjti/tjxh/kycg/201708/t20170831-4483828。

汽、地铁、高铁、磁浮、机场的无缝换乘，形成机场至全省乃至周边省市的快速交通网络。加快实施机场扩建和货运仓储设施建设，尽快建成黄花综保区 10 万平方米的进出口商品展示交易中心和冷链仓库，完善各类平台设施，打造中部地区功能最全、品质最高的进口商品展销和分拨中心，全面增强货物集散、航空货运国际中转能力。

2. 积极推进陆上开放通道建设

加强国际性通道建设，以湘欧快线“一主两辅”陆桥大通道为重点，统筹湘粤桂和湘滇跨境出海大通道国际联运，打造中欧班列南方区域核心枢纽。加快 G59 呼和浩特至北海南北向运输大通道和呼南高铁通道建设，畅通西南出海通道。加快桑植至龙山高速公路建设，强化与成渝方向的连通对接；加快黔张常、长益常、襄阳至常德铁路建设，形成通往中西亚的便捷路桥新通道；推进蒙西至华中煤运通道、怀邵衡、安张衡等铁路建设，打通面向西北的铁路通道；加快焦柳铁路怀化至柳州段、湘桂铁路衡阳至柳州段电气化改造及张吉怀铁路等项目建设，打通面向中国—东盟经济走廊和北部湾地区的通道①。

3. 全面推进航运通道扩容提质

重点加快湘江航道以及长江干线航道整治工程，持续推进“畅通湘江”工程、内河船型标准化工程，大幅提升长株潭通江达海能力。进一步完善港口基础设施和集疏运体系，改善港口配套服务，将长沙霞凝港区打造成专业化运输核心港区，将岳阳城陵矶新港打造成为长江中游重要的航运物流中心，提升株洲、湘潭港口功能。大力发展现代航运服务业，积极培育港口龙头企业，鼓励物流向港口码头集聚。推进内河船型标准化，鼓励发展江海直达船型②。

（三）提升开放平台，打造对外开放集聚区

1. 充分发挥现有平台功能

一是强化核心引领。利用国家级湘江新区作为中部开放高地的定位，重

① 《湖南省实施开放崛起战略发展规划》（2017～2021 年）（湘政发〔2017〕35 号）。

② 《湖南省实施开放崛起战略发展规划》（2017～2021 年）（湘政发〔2017〕35 号）。

点发展智能装备、新材料、电子信息、生物医药等货物贸易，医疗健康、文化旅游、工程外包、研发设计等服务贸易，创新覆盖生产加工、物流运输、销售服务、国际结算及相关增值业务全产业链的贸易方式，形成中部地区国际贸易中心。二是发挥临空带动。综合保税区叠加了保税区、出口加工区和保税物流中心的全部功能和优惠政策，是国内目前开放层次最高、政策最为优惠、功能最齐全的海关特别监管区域，要充分利用好黄花综合保税区这一平台，在政策、机制、方式上先行先试，积极引进一批有影响力的企业落户，努力将其打造成长沙对外开放的“核心”。三是整合园区资源。整合长株潭各类园区，以园区为载体，着力引进一批世界500强、国内100强及央企区域总部基地，特别是加大战略性新兴产业的引进力度，争取在长株潭地区打造1～2个具有国际化水平的专业园区①。

2. 加大口岸平台建设力度

一是推动长沙航空口岸拓展功能和提质升级，实现湘欧快线双向、多线稳定运营，畅通国际物流大通道。推进综合保税区、保税物流中心和重点口岸建设，推动有需求的县市、园区建设保税仓等对外贸易平台。加强跨境电商平台、邮快件运营平台、进出口商品展示中心、国际会展平台等平台建设。二是提高口岸通关效率。积极融入全国一体化通关格局，全面推进“信息互换、监管互认、执法互助”工作，积极推行关检一站式查验模式。推进长株潭地区口岸与沿海沿边口岸之间的通关协作、物流合作和联动发展，实现与长三角、珠三角、环渤海、成渝、海西等国内主要经济区的高效物流对接。三是加快申报国家自由贸易区。全方位对接国家自贸区，推广复制自贸区经验，全面深化贸易、金融、投资、通关等领域改革，统筹协调开放平台建设，强化口岸、综合保税区、园区等各类平台的支撑作用，全力申报中国（湖南）自贸试验区。

3. 强化贸易平台和服务平台建设

一是打造一批具有带动力和国际影响力的龙头型贸易平台企业，建设

① 长沙市统计局：《长沙市开放发展指标体系研究及实证分析》，2017－08－031，http：//tjj. hunan. gov. cn/zjti/tjxh/kycg/201708/t20170831－4483828。

省级外贸综合服务平台，推动操作流程标准化和程序化。加快国际会展、跨境电子商务、进出口通关代理、内外贸结合商品市场、进出口商品展示交易等贸易平台建设。二是加快构建长株潭企业国际化经营综合服务平台。借鉴欧盟国家做法，针对企业投资贸易的双向需求，整合涉外部门的公开信息数据，连接职能部门的服务平台，加强对“一带一路”沿线国家和湖南引进来、走出去重点区域的经贸信息研究，为企业国际化经营提供具有便利化服务的国际性平台。三是加快境外商务代表处、商会、国际友好城市建设。发挥境外商务代表处海外工作基地和平台的作用，将境外商务代表处和商会作为长株潭对外交流与合作的“信息员”“联络员”“宣传员”和“服务员”。积极争取外国政府在长沙设立领事机构或签证办事处，争取更多国际会展、机构、人才和项目落户湖南。加强长株潭与国外城市政府间的合作交流，激活友好城市存量，扩大友好城市增量，优化友好城市布局。

（四）优化开放环境，提升开放崛起保障力

1. 启动一次开放崛起大讨论

针对当前长株潭开放发展主线不明、合力不足的问题，本报告认为长株潭应当明确以发展枢纽经济为主线和统揽推动开放发展，这样做有三个方面的战略意义：一是有利于统一思想，凝聚开放合力。相对开放型经济庞杂的内容和兼顾八方的表述，枢纽经济的发展目标指向、推进实施路径更为直接、更为明确、更能让广大干部群众入脑入心，有利于在长株潭开放崛起的实践中统一广大干部群众的思想认识，凝聚开放崛起的强大合力。

二是有利于拓宽视野，提升开放水平。全球基础设施建设和互联互通正在加速，世界经济发展格局和产业布局面临深刻调整。长株潭发展枢纽经济，就是要突破当前既非国家区域中心城市，也没有如武汉“九省通衢”那种先天区位优势的局限，通过枢纽构筑开放门户和合作平台，利用“互联网+”等现代信息技术，提升长株潭的要素配置功能，促进资源要素集

聚、转化和价值创造，提升开放发展的层次和水平。

三是有利于融入全球，提升开放能级。枢纽城市（或城市群）是一个地区的增长极，具有极化效应和辐射效应。长株潭发展枢纽经济就是要改变当前城市体量小、辐射带动能力弱、国际竞争力低的现状，通过枢纽网络搭建不同枢纽城市之间的桥梁与纽带，全面融入全球城市经济网络，结合枢纽功能特征，构建分工合理、特色鲜明的枢纽产业体系，支撑城市经济快速转型升级，提升枢纽城市（或城市群）在全球产业分工体系中的地位和城市群的国际竞争力，进而增强城市（或城市群）的开放发展能级。

为此，建议围绕长株潭开放崛起、发展枢纽经济，在广大干部群众中开展一次思想解放大讨论，通过思想解放大讨论，系统学习理解新形势下开放发展的目标及其内在运行规律，深刻认识长株潭发展枢纽经济的重要战略意义，重新调整开放思路、整合开放资源、凝聚开放合力。

2. 优化开放发展的营商环境

除长株潭正在推行的一系列营商环境优化措施外，本报告认为还应借鉴香港特区政府的“精明规管”理念，进一步提升政府效率、透明度及营商便利程度，持续改善营商环境，提升营商环境的国际竞争力，重点还须进一步强化以下三方面的工作。

一是突出“精细”与“精心”，推动建立成本核算与核减机制。精细、精心地管控规管成本是香港“精明规管计划”① 的最大特色。在当下中国地方政府优化营商环境的实践中存在着两种倾向：一是更多考虑的是如何降低企业营商的直接成本，而忽视了对降低企业营商间接成本的努力；二是更多考虑的是如何降低企业的遵规成本，而忽视了对政府自身监管成本的有效管控。为此建议：其一，建立企业遵规成本核算机制。具体可参照香港特区政

① 香港特区政府历来十分重视优化营商环境。2004 年 6 月，特区政府在财政司办公室下设了经济分析与便利营商处，专门负责统筹政府相关决策部门的营商环境优化工作，协助进行营商环境的规管、检讨与评估。自 2007 年开始推行“精明规管计划”，该计划涵盖了 29 个政府部门，目标是提升政府效率、透明度及营商便利程度，推广便利营商文化，持续改善营商环境，提升香港营商环境的国际竞争力。

府的“遵规成本架构”，基于企业遵规的行政成本、实际开支以及收费三大主要类别的遵规成本，结合长株潭实际，构建一个简单可行且可让各部门统一采用的企业遵规成本核算框架和方法，并将这个成本作为地方政府或部门营商环境综合测评以及目标责任制考核的核心指标。其二，建立政府监管成本核减机制，一方面要严格执行地方财政预算管理制度，倒逼政府精心地选择、优化服务方案，降低营商服务成本；另一方面要实施成本核减激励，以各级政府、各部门营商环境考评结果作为产出，对行政成本投入较少者实施相关激励措施。

二是突出“透明”和“智慧”，推进政务服务管理更深层次改革。“透明”与“智慧”是精明规管计划的另一大特色。当前，我国中西部地区的政务服务普遍存在规则不透明、权责不清晰、市场边界模糊以及政务流程分割且复杂等弊端，这极大地增强了企业营商的不信任感、不安全感和制度性交易成本。为此建议：其一，全面推行清单透明管理，向社会公开权力清单、责任清单、市场准入负面清单、行政事业性收费清单、财政专项资金清单、证明事项取消清单、人才公共服务清单、建设项目环保分类管理清单（名录）等8张清单，并建立健全清单动态调整公开机制。其二，不断升级优化“智慧政务”，以“信息技术+制度创新”推动政务流程再造、政府管理体制变革，重构行政审批和政务服务流程及标准。通过建立全省统一的智慧政务平台，实现与身份信息识别、银行信息、社区网格化、空间地理等信息系统的衔接融合，除特殊规定外，推动企业开办、施工许可、税费缴纳、用电报装、不动产登记、水气供应等事项实现“一网通”办理，达到国内一流水准。

三是突出“适度”与“有效”，推动建立“五环相扣”的链条式监管体系。精明规管计划强调适度和有效地执法，即在确保执法达到预期效果的前提下，鼓励遵守而不是仅惩罚违法者，将有限的行政资源用于监管风险最大的领域。为此，建议长株潭借鉴天津市的做法，建立信息公示、风险分类、随机联查、结果告知、联合惩戒“五环相扣”的链条式监管体系，具体包括：实现信用信息公示全覆盖，为企业编制“信用名片”；实施信用风险分类，对企业作出“信用评价”；开展双随机抽查，严格约束联合检查活动，有效避免选择性执法，清除多头执法；主动告知检查结果，引导企业家诚信经营；加强信用激励约束，点亮企业经营的“红绿灯”①。

3. 创新人才引进与培养机制

深化拓展“3635 人才计划”，针对开放型经济专业人才制定更具针对性、市场化的政策。以企业需求为导向，大力引进企业紧缺的电子商务、外贸等战略性新型人才，着力突破长株潭开放型经济发展人才瓶颈。与国内外顶级科研院所、高新技术企业等展开多种形式的国际交流合作，培育本土精英人才。全面启动企业家开放型经济能力素质提升工程，培育和打造一批高素质企业家群体②。

在具体战略举措层面，本报告建议长株潭加快打造海外人才离岸创新创业基地，推动形成创新创业高潮，开创长株潭开放崛起的人才引进与汇聚的新局面。具体建议是：紧紧抓住湘江新区、湘潭高新区等国家双创示范基地以及长株潭国家自主创新示范区建设等政策机遇，按照“不求所在、所有，但求所用”的原则，以湘江新区及长株潭三市的国家级高新区、经济开发区、综合保税区③等国家级平台为依托，面向海外人才，通过市场化手段，构建低成本、便利化、全要素、开放式、配套成熟完善的空间载体，探索建立与世界接轨的柔性人才引进机制以及“海外站点 + 国内载体 + 政策服务”双向离岸创新创业新模式④，打造离岸与落地相结合、立足长株潭、服务全国的海外创新资源聚集平台，建设具有国际影响力的海外创新资源汇聚中心、创业项目加速中心、创客人脉交流中心。

---

① 罗黎平：《如何借鉴香港特区优化营商环境之道》，《湖南日报》2019 年 3 月 11 日。

② 长沙市统计局：《长沙市开放发展指标体系研究及实证分析》，2017 - 08 - 031，http：//tjj. hunan. gov. cn/zjti/tjxh/kycg/201708/t20170831 - 4483828。

③ 范围可扩大涵盖衡阳综合保税区与郴州综合保税区。

④ 即一方面通过基地吸引海外人才的创新成果回湘落地产业化；另一方面走出去，让湖南省本土企业以海外站点为桥头堡，实现海外创新资源为我所用。

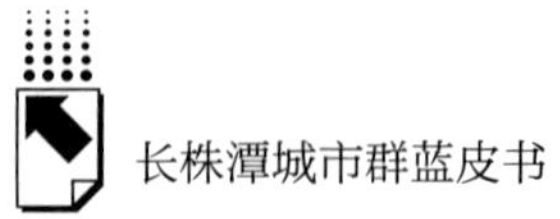

参考文献

《湖南省人民政府关于依托黄金水道推动长江经济带发展的实施意见》（湘政发〔2015〕15号）。

长沙市统计局：《长沙市开放发展指标体系研究及实证分析》，2017-08-031，http：//tjj.hunan.gov.cn/zjtj/tjxh/kycg/201708/t20170831-4483828。

《湖南省实施开放崛起战略发展规划》（2017~2021年）（湘政发〔2017〕35号）。

罗黎平：《如何借鉴香港特征优化营商环境之道》，《湖南日报》2019年3月31日。

B.4

大长沙都市圈在中部崛起的支撑引领作用研究

朱有志*

摘　要： 长株潭城市群是湖南省发展基础最好、资源最集中、产业创新能力最强、对外开放程度最高的地区，做大做强长株潭城市群，应抓住建设世界级城市群的机遇、国家中心城市建设的机遇、促进城市群一体化的机遇，推动全省进一步增强整体竞争力。通过引领城市协同发展、引领城市圈一体化发展、引领区域高质量发展等措施将长株潭打造成为中部崛起战略支点。最后，通过规划引领、强化体制机制衔接、统筹协商决策部署推进长株潭一体化发展。

关键词： 大长沙都市圈　中部崛起　城市群一体化

长株潭城市群是湖南省发展基础最好、资源最集中、产业创新能力最强、对外开放程度最高的地区。抓住机遇，做大做强长株潭城市群，是推动全省进一步增强整体竞争力，站位世界产业链高端，建设富饶美丽幸福新湖南的关键举措。

* 朱有志，湖南省政协原常委、湖南省社会科学院原院长、湖南省长株潭城市群研究会会长。

一　打造大长沙城市圈的新机遇

（一）建设世界级城市群的机遇

在全球化背景下，国家对区域发展的政策导向开始由“从区域论城市”向“从全球论区域、城市”转变，提出了“一带一路”建设、长江经济带发展、京津冀协同发展、长三角一体化、粤港澳大湾区建设等国家战略，其中，粤港澳大湾区世界级城市群的提出为长株潭做大做强创造了新契机。一方面，就全球经济和世界格局而言，太平洋沿岸正成为世界经济发展的热点，以粤港澳为中心的大湾区国际地位将进一步提升，成为21世纪世界经济增长的重点地区之一。另一方面，新国际劳动分工理论、全球区位论、全球城市体系、全球网络、新相互作用理论等，极大拓宽了城镇体系的内涵与外延，粤港澳大湾区世界级城市群正在形成多层次的集聚与扩散效应，人流、物流、资金流、信息流、技术流等突破行政区划的制约而自由流动，有利于促进跨域经济社会要素资源的优化配置，有利于推动长株潭城市群对接大湾区，实现协同发展、错位发展、共享发展。

（二）国家中心城市建设的机遇

目前，国家已批复9个国家中心城市，但中国地域广阔，人口众多，9个国家中心城市难以担负起引领、辐射、带动全国全面发展的重任。在中部地区，与邻近的国家中心城市武汉相比，长株潭三市大部分指标更具优势，2018年，长株潭三市经济总量1.58万亿元，高于武汉的1.49万亿元；三市年末常住人口为1504万人，高于武汉的1108万人；地方财政收入1195亿元，跨入千亿俱乐部。因此，整合长株潭三市优势资源，共同建设国家中心城市，一方面可以克服长沙单独申报势单力薄的短板，迅速提升整体实力。另一方面，长株潭和武汉构成“双核驱动”模式，与国家以中心城市引领中部崛起的战略并不矛盾，反而有助于中部发挥优势，迅速崛起。

（三）促进城市群一体化的机遇

大长沙城市圈是湖南省发展基础最好、资源最密集、创新最活跃的区域，拥有两型社会综合配套改革试验区、自主创新示范区、湘江新区三大国家级平台，含金量很高。历届湖南省委、省政府都对长株潭一体化发展寄予厚望，但经过10年的探索，长株潭城市群一体化发展虽然大有起色，便总体看依然属于1.0版，随着“三干两轨”等系列项目建设和5G商用的落地，我们应适时打造长株潭城市群的升级版，建设大长沙城市圈，引领创新型省份建设，实现高质量发展。省长许达哲在2017年湖南省“两会”的政府工作报告中提出“力争在中部崛起中走在前列”，大长沙城市圈已成为湖南率先崛起于中部的重要战略支点。

二　把长株潭打造成中部崛起战略支点

（一）引领城市协同发展

大长沙城市圈协同发展面临的核心问题是产业协同。参考世界高水平发育的城镇群体，长株潭城市群协同发展的近期目标应是，从整体发展的高度对近域恶性竞争作出限制，将三市封闭经济发展模式引导为开放性合作，将城市圈的“地理”优势转变为“整体”优势。在远期，城市圈内的竞争会逐渐表现为对区域组织地位的竞争，各市需要进一步明确各自定位，通过群体内的有序竞争与合作建立起区域整体优势，以其更具实力的城镇群体区域参与到各层次的发展空间竞争中去。

（二）引领城市圈一体化发展

大长沙城市圈一体化需要有整体思维，在一体化过程中要把技术、生态、经济、社会、空间环境等方面有效地结合起来，在地域规划上要把国家规划、区域规划和地方规划结合起来。当前，大长沙城市圈一体化的关键是空间形态的一体化，然后是附加在空间形态上的制度、文化、社会经济活动的一体化。现在的首要任务是落实顶层设计，引导城市圈的空间演化方向，比如有意识地调整交通线的配置，调整城市发展方向，使区域群体空间形态发生改变；其次是通过三市统一的决策机制，限制群体空间的不合理演化趋势，如制定各种限制性的规划条例等，通过空间规划实行必要的空间管制，与法律、税收等一起，共同调控长株潭城市群经济、社会及环境可持续发展，有序推进大长沙城市圈崛起。

（三）引领区域高质量发展

从世界主要城市群发展的经验来看，当生产要素在区域间的流动越来越强时，区位替代的可能性变得越来越大，地区间的竞争会愈演愈烈。目前，国家确定的“19 +2”城市群中，除长三角城市群和珠三角城市群外，其余城市群均处于发展阶段或培育阶段，大长沙城市圈如何在国家城市群规划中脱颖而出？关键在于高质量发展，目标就是培养自己的核心竞争力，即自己拥有的、别人难以模仿的优势。全球化背景下，长株潭城市群需要尽快适应国际经济一体化、信息技术的飞跃，以及环境的持续发展，在培育区域创新环境和创新网络、打造优势产业集群、积极引进人才并使之本地化、不断提高本地劳动力素质、培养企业家精神等方面下功夫，引领区域高质量发展。

三　着力推进长株潭一体化发展

（一）强化一体化规划引领

大长沙城市圈规划的核心思想就是把握城市群开发的空域、程度和时序，实行三市一张图，重点从两方面入手。一是在城市群不该生长的地方坚决制止生长；二是在城市群可以生长的地方，控制开发量度与节奏，严格按规划的城市化地区、不可开发地区和有条件开发地区有序开发。

（二）推动体制机制衔接

一是坚持全面深化改革，着力破除制约一体化发展的行政壁垒和体制机制障碍，建立健全大长沙城市圈体制机制。二是建立运行有效的一体化合作体系，建立协调决策机制，完善协同推进机制，优化评估监督机制。三是加快建设统一开放市场，加快人力资源市场一体化，推进技术市场一体化，推进土地市场一体化。四是完善多层次多领域合作机制，建立健全重点领域合作机制，建立各类市场主体协同联动机制，建立区域间成本共担利益共享机制等。

（三）统筹协商决策部署

借鉴高水平城市圈、群建设经验，强化调控的规划管理模式是推动区域经济一体化的有效手段。建议大长沙城市圈成立高规格、强有力的推进领导小组，统筹指导和综合协调一体化发展战略实施，研究审议重大规划、重大政策、重大项目和年度工作安排，协调解决重大问题，督促落实重大事项。完善城市圈联席会议制度，建立常态化、高效化的对接协商机制，每年推动一批重大规划、重大项目、重大政策和重大平台取得实质性进展。共建市场化的建设投资平台，负责年度跨区域重大项目建设。

简言之，湖南要实施好追赶超战略，要在世界产业链高端存一席独特地位，必须做大做强以长株潭为基础的大长沙城市圈。建设大长沙城市圈应成为全省干部群众工作、生活的新的兴奋点。

B.5
基于断裂点模式的长沙都市圈构造报告

叶晓莹　罗　熙*

摘　要：　都市圈是我国经济社会持续发展最重要的地理空间形态之一，对都市圈进行空间范围的界定是目前研究都市圈空间构造的重要基础。本文基于断裂点理论，以长沙都市圈为研究对象，试图对长沙都市圈圈层结构进行定量研究。首先，运用断裂点理论模型计算长沙市到周边相邻24个地区的断裂点位置，以此确定长沙的吸引范围。其次，将确定的长沙都市圈断裂点距离划分为三个圈层：核心圈层、中核圈层、外核圈层。最后，根据长沙市吸引范围与划分的圈层构造，对长沙都市圈各圈层内的基础设施、产业整合、生态构建、协调机制的完善提出优化建议。

关键词：　断裂点理论　长沙都市圈　空间构造

引　言

都市圈或大都市区是一个经济社会高度一体化的地理空间单元，在目前国内外关于都市圈或大都市区的研究中，把都市圈界定为以大城市为依托，

* 叶晓莹，南宁师范大学硕士研究生；罗熙，邵阳学院城建系讲师。

以极为便捷的交通体系为纽带，以城市职能的空间聚集与扩散为条件，以核心城市与外围地区有效的资源整合为结果，以生活圈的空间范围为界限，超越行政区划发展的高度一体化的地域形态①。国内外学者依据区域发展的不同阶段与特点，形成多种理论研究方向，提出许多较为相近的城镇空间形态的概念②。20 世纪 50 年代，日本学者富田和晓、Glickman 与川岛、山田浩之与山岗一幸提出了“都市圈”概念，该概念分别以 30 万、10 万、5 万以上的中心城市人口标准和 10%、5%、10% 的外围地区到中心城市的通勤率等为基本条件，界定了都市圈的地域范围③。“二战”以后，世界逐渐形成了东京、纽约、芝加哥、伦敦和巴黎等世界级的五大都市圈④。随着我国城镇化步伐的加快，京津冀、长三角、珠三角、武汉、厦门等都市圈已经形成，并正在形成一批初具规模的都市圈。早先的学者对都市圈的空间界定大部分停留在定性层面，方法较为单一。如姚士谋等从城市群的角度来判定都市圈，主要指标是范围内的总人口在 1500 万到 3000 万之间，城镇人口比例超过 40%⑤。我国采用定量分析方法进行断裂点的研究起步较晚，杨开忠等学者在都市圈的空间界定中引入引力模型、场强模型等定量方法，并采用了城区市区人口、城市时间距离等指标对北京都市圈进行定量研究⑥。

湖南省的都市圈研究主要集中于长株潭城市群的空间界定⑦，对长沙都市圈空间范围界定的定量研究相对较少。中国宏观经济学会提出过长沙都市圈的概念，主要由长沙、湘潭、株洲、娄底、益阳、衡阳、常德

---

① 袁家冬、周筠、黄伟：《我国都市圈理论研究与规划实践中的若干误区》，《地理研究》2006 年第 1 期。

② 张伟：《都市圈的概念、特征及其规划探讨》，《城市规划》2003 年第 6 期。

③ 洪世键、黄晓芬：《大都市区概念及其界定问题探讨》，《国际城市规划》2007 年第 5 期。

④ 张强：《全球五大都市圈的特点、做法及经验》，《城市观察》2009 年第 1 期。

⑤ 姚士谋等：《中国等著城市群》，中国科学技术大学出版社，1992，第 128 ~ 130 页。

⑥ 杨开忠、李国平等著《持续首都：北京市世纪发展战略》，广东教育出版社，2001，第 150 ~ 170 页。

⑦ 陈群元、宋玉祥：《城市群空间范围的综合界定方法研究——以长株潭城市群为例》，《地理科学》2010 年第 5 期。

以及江西省的萍乡等城市构成。史永铭、谈文胜等提出了“环长沙一小时经济圈”的概念，主要是以长沙市为中心，及其周边的株洲、湘潭、益阳、娄底、常德、衡阳等组成的1小时经济圈[①]。本研究采用公路里程、断裂点理论模型等定量方法对长沙都市圈进行地域范围界定，为长沙市作为湖南省省会以及长株潭城市群核心城市的战略发展提供科学依据和政策支持。

一　都市圈辐射半径与长沙都市圈概况

（一）都市圈辐射半径的选取

都市圈一般是由一个核心城市和经济联系密切的吸引区以及内部的主要交通线路组成，目前都市圈的平均辐射半径一般是以“一小时经济圈”或“一小时生活圈”即一小时之内人们可以到达的地方为依据。2019年2月，国家发改委发布的《关于培育发展现代化都市圈的指导意见》指出，“都市圈是城市群内部以超大特大城市或辐射带动功能强的大城市为中心、以1小时通勤圈为基本范围的城镇化空间形态”。湖南省内经济联系是以公路运输为主，随着各地城市高速公路运输体系的进一步完善，公路交通综合运输以高速公路联系为主，平均时速可达到90～120km。从这种交通数据来看，“一小时高速公路经济圈”辐射半径在100km左右，本研究参考了国内其他多个省会城市的都市圈相关研究，发现大多数省会城市都在100km左右。如武汉在都市圈发展方面明确提出半径为100km的辐射范围、根据《兰州都市圈规划纲要》，兰州以兰州西站为中心，以辐射半径100km为空间范围等。综合考虑经济、社会、交通距离等因素，本研究的长沙都市圈的研究半径在100km较为合理，研究对象为15个市辖区和9个市县。

---

① 许均、周国华、唐承丽、高静：《长沙都市圈空间界定的定量研究》，《安徽师范大学学报》（自然科学版）2016年第2期。

（二）长沙都市圈概况

长沙是湖南省的省会城市，国务院批复确定的中国长江中游地区重要的中心城市之一，也是我国长株潭城市群的核心组成城市，是中部地区经济发达的区域城市，是具有区域影响力的城市，一直发挥着良好的集聚与扩散作用。

长沙都市圈是目前国家重点规划的重要综合发展型都市圈。不仅是长江中游城市群的重要核心组成部分之一，也是长江经济带的重要驱动增长极，更是“一带一部”发展战略的核心驱动引擎。长沙都市圈处于湖南省东北部，位于长江经济带的中部，已建成由铁路、公路、航空、水运、电信等组成的综合交通通信体系，是承东启西、连接南北的中心枢纽，也是促进东西部地区文化交流的桥梁和纽带，对于带动中部地区经济发展，推动长江经济带跃升，稳定对接粤港澳大湾区具有重要意义。

长沙都市圈是湖南省经济发展基础最好、资源最集中、产业融合和产业创新能力最强、对外开放程度最高的地区。近年来，长沙都市圈建设正稳步向前发展且建设速度在加快，经济实力、区域竞争力、创新活力以及对外联系显著增强，在国内的战略地位和国际影响力明显提升，为在更高起点和更高阶段上打造“一带一部”引擎、推动高质量一体化发展创造了非常良好的条件。

据2018年统计，长株潭地区生产总值15796.3亿元，比上年增长8.3%；长株潭地区规模工业增加值增长7.9%；长株潭地区投资增长9.7%；长株潭地区消费品零售总额6498.6亿元，增长9.9%；长株潭三市用全省1/7的国土面积、20%的人口，提供了全省40%的经济、50%的财政、60%的三甲医院、60%的创业平台和80%的高校科研，是湖南省发展最快的城市密集区。

二　长沙市引力范围的界定

（一）数据来源

本研究内容的城市质量研究数据来源于湖南省 2019 年统计年鉴及相关县、市、市区国民经济和社会发展统计公报，包括长沙市 2018 年国民经济和社会发展统计公报，湖南省 2018 年国民经济和社会发展统计公报和各县、市、市区 2019 年统计年鉴。空间直线距离数据和公路信息来源于高速公路里程数网站、全国城市里程在线查询网以及 arcgis 软件。

（二）断裂点理论的概念与应用

断裂点理论是研究城市与区域相互作用的一种理论①。该理论最早是由赖利（W. J. Reilly）于 1931 年根据牛顿万有引力理论提出“零售引力规律”后②，由康维斯（P. D. Converse）于 1949 年对赖利的“零售引力规律”加以发展后得出的③。该理论的核心内容为：城市的吸引范围是由城市的规模和相邻城市间的距离两个因素共同决定的④。一个城市对周围地区的吸引力，与它的规模成正比，与距中心城市距离的平方成反比⑤，彼此相邻的两个城市之间的吸引力达到平衡的点就是断裂点⑥。相邻两个城市之间的吸引

---

① 鲍玮婷、左晓慧：《上海市对长三角经济圈的经济影响力研究》，《嘉兴学院学报》2016 年第 3 期。

② 唐颖：《宁沪杭甬高速公路走廊及其城市联系特征研究》，上海师范大学，2014。

③ 李小建：《经济地理学》，高等教育出版社，2006。

④ 梁旺兵、徐彤、张毓利：《基于断裂点理论下的甘肃省城市旅游吸引范围研究》，《资源开发与市场》2015 年第 2 期。

⑤ 董海涛、刘京伟、林章琦等：《黔中城市群重点城市间经济辐射的实证分析》，《科技经济导刊》2016 年第 24 期。

⑥ 刘梦丽、王伟、刘静玉等：《中原城市群城市引力范围界定及演变格局》，《地域研究与开发》2017 年第 4 期。

力由断裂点公式得出，其数学表达式为①：

$$d_A = \frac{D_{AB}}{1 + \sqrt{\frac{P_B}{P_A}}}; d_B = \frac{D_{AB}}{1 + \sqrt{\frac{P_A}{P_B}}} \tag{1}$$

式中：d_A 、d_B 分别为断裂点到 A 、B 两城的距离；D_{AB} 为 A 、B 两城的直线距离；P_A 、P_B 分别为 A 、B 两城的人口规模。

断裂点理论目前可广泛地应用于国内外城市规划领域对于相邻城市空间吸引力的计算，基于断裂点理论计算得到的空间范围的相关数据有一定的科学依据．因此，在实际的研究应用过程中，可以充分利用断裂点公式，分别计算每一座城市与相邻城市之间的断裂点位置，之后将中心城市周围的断裂点依次连接起来，就可以确定出中心城市的空间吸引范围。

（三）长沙都市圈各区县综合规模计算

考虑到式（1）中我们是以一个城市的人口规模来代表城市综合规模的，这必然存在一定的缺陷，因此，在这里可以选取一个城市的市区人口和经济实力两个主要因素来表示城市综合规模。即以市区内非农业人口规模来代表城市的人口规模 X_1 ，以一个城市的地区生产总值 X_2 来代表城市的综合经济发展实力。在一定程度上，一个城市的经济社会发展水平可以从该城市的人口规模和地区生产总值中体现，人口密度较大、地区生产总值较高的城市经济社会发展水平亦相对较高。人口密度较小、地区生产总值较低的城市社会发展水平亦相对较低。因此城市规模就是由上述两项指标综合而成的城市综合规模，并采用几何平均值方法，每座城市的两个指标的几何平均值就是该城市的综合规模 Y，数学表达式为：

$$Y = \sqrt{X_1 X_2} \tag{2}$$

式中：Y 指某城市的综合规模指标；X_1 、X_2 分别指某城市内市区非农业

① 许学强、周一星、宁越敏：《城市地理学》，高等教育出版社，2009。

人口和地区生产总值。由此，根据式（2），分别计算长沙市及周边地区的城市综合规模，具体计算结果如表1所列。

表1　长沙市都市圈各区县综合规模计算

项目	区县人口(万人)	GDP(亿元)	综合规模
天心区	64.71	1019.15	265.72
岳麓区	79.39	1120.23	298.22
芙蓉区	58.95	1326.73	279.66
开福区	65.05	1045.19	260.75
雨花区	90.64	1888.15	413.69
望城区	42.83	671.42	169.58
浏阳市	89.26	1342.08	346.11
长沙县	74.52	1509.33	335.37
宁乡市	79.85	1113.74	298.21
天元区	27.28	374.57	101.09
芦淞区	25.07	380.72	97.70
荷塘区	28.11	219.39	78.53
石峰区	34.80	301.54	102.44
渌口区	15.02	136.39	45.26
醴陵市	61.53	611.21	193.93
雨湖区	51.21	610.27	176.78
岳塘区	45.76	600.08	165.71
韶山市	6.08	94.44	19.79
湘乡市	37.28	445.90	128.93
湘潭县	39.82	446.46	133.33
资阳区	24.81	176.53	66.18
赫山区	58.86	566.88	182.67
汨罗市	41.25	464.19	138.38
湘阴县	36.30	331.82	109.75

长沙市的市区人口有645.23万人，地区生产总值达11003.4亿元，位列第一，城市综合规模大，经济社会发展水平比其他区域也高。靠近长沙市地区的周边城市由于自身竞争力的增强和基础设施的完善以及长沙市经济辐射的影响。天心区、岳麓区、开福区、雨花区、浏阳市、长沙县、宁乡市市

区人口分别为 64. 71 万人、79. 39 万人、65. 05 万人、90. 64 万人、89. 26 万人、74. 52 万人、79. 85 万人，地区生产总值分别为 1019. 15 亿元、1120. 23 亿元、1045. 19 亿元、1888. 15 亿元、1342. 08 亿元、1509. 33 亿元、1113. 74 亿元，因而城市综合规模也较高，社会发展水平也高。但韶山市、渌口区、天元区、芦淞区、资阳区、荷塘区主要是因为市区人口较少，分别为 6. 08 万人、15. 02 万人、27. 28 万人、25. 07 万人、24. 81 万人、28. 11 万人，所创造出来的地区生产总值较低，分别为 94. 44 亿元、136. 39 亿元、374. 57 亿元、380. 72 亿元、176. 53 亿元、219. 39 亿元，社会发展水平也低。当然，一个地区的综合规模也并不单单取决于以上两个因素，但它们是重要的评判因素。因此，我们知道一个地区的人口能带动经济的发展，反之亦然。

（四）长沙市都市圈区县经济距离确定

相邻城市间的吸引范围在极大程度上是直接取决于两个城市间的空间直线距离，为了更加科学地准确划定长沙市最真实的引力范围，因此测算的起始点为长沙市政府，终点为周边各地区的政府所在地，通过导入各个地区政府所在地的经纬度，在 arcgis 中进行直线距离的计算。故分别计算出长沙市政府与其周边 24 个地区间的空间直线距离如表 2 所列。

基于上文中表 1 和表 2 的计算结果，利用断裂点理论来确定长沙市政府与周边 24 个地区（芙蓉区、天心区、岳麓区、开福区、雨花区、望城区、浏阳市、宁乡市、长沙县、天元区、芦淞区、荷塘区、石峰区、渌口区、醴陵市、雨湖区、岳塘区、韶山市、湘乡市、湘潭县、资阳区、赫山区、汨罗市、湘阴县）之间的断裂点。首先，通过前面的分析将式（1）中的 P_B 和 P_A 分别替换为 Y_B 和 Y_A，之后可再结合式（2）以及表 2 中的相关数据分别计算出长沙市至其周边 24 个地区的断裂点位置如表 3 所列。

表 2　长沙市政府至各区县的直线距离

单位：公里

区县	直线距离	周边城市	直线距离
芙蓉区	11	石峰区	44
天心区	14	渌口区	64
岳麓区	1	醴陵市	87
开福区	6	雨湖区	42
雨花区	15	岳塘区	41
望城区	18	韶山市	55
浏阳市	71	湘乡市	70
长沙县	14	湘潭县	51
宁乡市	39	资阳区	74
天元区	47	赫山区	69
芦淞区	55	汨罗市	67
荷塘区	48	湘阴县	52

表 3　长沙市政府至各区县断裂点计算

单位：公里

区县	城市综合规模	直线距离	断裂点距离
芙蓉区	279. 66	11	10
天心区	265. 72	14	13
岳麓区	298. 22	1	1
开福区	260. 75	6	5
雨花区	413. 69	15	13
望城区	169. 58	18	17
浏阳市	346. 11	71	62
长沙县	335. 37	14	12
宁乡市	298. 21	39	35
天元区	101. 09	47	45
芦淞区	97. 70	55	53
荷塘区	78. 53	48	47
石峰区	102. 44	44	42
渌口区	45. 26	64	62
醴陵市	193. 93	87	81
雨湖区	176. 78	42	39
岳塘区	165. 71	41	39
韶山市	19. 79	55	55
湘乡市	128. 93	70	67
湘潭县	133. 33	51	49
资阳区	66. 18	74	72

续表

区县	城市综合规模	直线距离	断裂点距离
赫山区	182. 67	69	65
汨罗市	138. 38	67	64
湘阴县	109. 75	52	50

依据表3计算得出的断裂点距离，并充分结合各区域的自然界线、交通界线、行政界线等主要特征的地理要素。岳麓区、开福区、长沙县、芙蓉区、雨花区、天心区、望城区属于都市圈的核心经济腹地，使得它们与其他地区相比，数据相差非常大，为了更加科学地划定长沙都市圈的范围，我们在此基础上进行进一步的修正和规划，将岳麓区、开福区、长沙县、芙蓉区、雨花区、天心区、望城区这七个地区直接纳入都市圈的范围，不进行断裂点的取值。

三　长沙都市圈圈层划分

都市圈是城市发展到一定阶段的必然趋势，主要推动力在于科技的不断进步、交通网络通信条件的改变、经济综合实力的提升等。都市圈的不断形成与快速发展，促进了要素在区域之间的流通，降低了市场资源配置的交易成本，从而推动了区域一体化的发展。通过应用断裂点理论，根据长沙市与其周边24个地区的断裂点距离，对长沙都市圈圈层结构进行了等级划分，最终形成了三个圈层结构：核心圈层、中核圈层和外核圈层。综合考虑各个要素，划分标准设定为：断裂点范围在0～28km，为核心圈层，29～56km为中核圈层，57～84km为外核圈层。其划分结果如表4所示。

表4　长沙都市圈圈层结构划分

圈层	核心圈层（0～28km）	中核圈层（29～56km）	外核圈层（57～84km）
区/市/县	芙蓉区、天心区、岳麓区、开福区、雨花区、望城区、长沙县	宁乡市、湘潭县、天元区、湘阴县、芦淞区、荷塘区、雨湖区、岳塘区、韶山市	资阳区、赫山区、汨罗市、湘乡市、浏阳市、石峰区、渌口区、醴陵市

（一）核心圈层

这个圈层是长沙都市圈最核心的部分，包括长沙市中心城区在内的7个区、县，具体包括芙蓉区、天心区、岳麓区、开福区、雨花区、望城区、长沙县。这7个地区的城市人口密度和地区生产总值在圈内较高，经济实力强，竞争力强。这些地区大部分都有良好的交通条件、经济条件和社会条件，地区活跃度很高，地区之间各方面交流甚多，能够为长沙都市圈的发展提供强有力的支撑，是都市圈发展的重中之重，但同时我们应该看到其不足之处，长沙产业关联度仅排名全国第25位，在中部地区仅略高于南昌。可以看出，虽然长沙已进入全国万亿俱乐部，但在全国产业体系中的参与度和融合度不高。

长沙与国家对外开放首位城市（上海）、长江中游中心城市（武汉）产业联系偏弱。此外，外向关联度不高，长沙在产业网络体系中的关联方向指数仅列第30位，低于武汉、西安、郑州、南昌、合肥等城市。

（二）中核圈层

这个圈层包括了9个市、区、县，具体包括宁乡市、湘潭县、天元区、湘阴县、芦淞区、荷塘区、雨湖区、岳塘区、韶山市。这部分地区人口相对密集，地区生产总值相对较高，数量占比较大，这些地区的经济对长沙市的依附程度较高，与长沙地区的联系相对密切，是长沙都市圈的重要腹地，与长沙地区的距离适中，仍然能够紧跟长沙地区的发展，随着交通条件的改善，高铁陆续开通，交通也变得越来越通畅和便捷，有助于加强联系，同时大部分地区能够为长沙市区提供广大的市场。这些地区的经济发展潜力有待进一步挖掘，应积极与内核圈层城市进行合作与交流，特别是在产业发展这一方面，应在产品供求信息、产业分工等方面做出积极的调整。

（三）外核圈层

这个圈层涵盖了8个市、区、县，具体包括资阳区、赫山区、汨罗市、湘乡市、浏阳市、石峰区、渌口区、醴陵市。由于距离长沙市区较远且公共交通受限，再加上自身经济发展不足，且缺少与长沙市区的紧密联系，因此位于长沙都市圈的最外缘地区。距离长沙地区较远的地区，如醴陵市、汨罗市等彼此之间的交流还不深入，合作缺少实质性的进展，还存在着交通枢纽体系尚不完善，城市发展不均衡、中心城市带动作用不突出，职能分工不明确、专业化程度不明显，区域经济发展差距较大、时空分布不均等问题。这些地区需要不断提升综合实力，加强与长沙地区的联系，从而弥补不足，发挥自身的潜力与优势。

四　长沙都市圈发展建议

目前，都市圈在资源集聚和基础设施建设一体化方面具有显著优势，如区域组合竞争力强、区域腹地发展条件好、区域组合优势逐渐显现、产业集群形成一定的分工特色、同城一体化协同发展成效初显、品牌效应逐渐显现、示范效应与日俱增、带动效应显著增强。但由于都市圈内各城市的资源禀赋和发展基础各不相同，区域组合能级横向国内对比尚存明显差距、尚未形成快速便捷的都市圈一体化交通体系、尚未构建都市圈协同治理的一张网、城市间交通一体化水平不高、分工协作不够、低水平同质化竞争严重、协同发展体制机制不健全等问题依然突出，从而不断积累一些矛盾和不协调的问题并偏离健康发展的轨道。因此我们针对都市圈内的问题提出针对性建议，希望能够为长沙都市圈发展提供政策参考。

（一）完善交通体系，推进空间一体化

落后的基础设施往往被视为都市圈空间结构优化的重要障碍和瓶颈，综合化、网络化基础设施的构建能有效加速区域间资源流动与整合，可促成都市圈内部人流、物流、资金流和信息流的协作，提升都市圈整体的经济实力。加强基础设施建设是建设长沙都市圈的重要任务之一，根据对都

市圈中心城市主要经济联系方向与城市流的相关研究，重点构建交通的高速化和网络化。第一，①公路：高速公路加快向北与湘阴、汨罗的联系，东连浏阳的通道建设和推进长沙中心城区西接宁乡的通道建设。构建“四横三纵四射”高速外环线。四横为北横高速－长益复线、南横高速、沪昆高速、沪昆高速复线，三纵为岳临高速、长攸高速（京港澳高速东绕）、平汝高速；四射为长张高速、长韶娄高速、京港澳高速、长浏高速，在此基础上进一步建设城市区与县城的联系网。②铁路：大力推进长赣高铁、常益长高铁等线路的建设，在长沙都市圈内率先形成1个国际级综合枢纽即黄花机场枢纽，3个国家级综合枢纽分别为长沙西站、长沙南站、长株潭站枢纽；3个区域级综合枢纽分别为湘潭北站、株洲西站、长株潭二机场，促进区域铁路交通可达性与外延性，为中部崛起提供强有力的运力保障。③航空：加快推进长沙机场改扩建，进一步增加国际、国内航线，加快推进渝长厦高铁引入黄花机场建设，打造空铁一体化的国际航空枢纽，促使常德桃源机场升级和扩建，大力促进韶山等机场建设。第二，打造综合交通枢纽城市，长沙、株洲、湘潭建成为区域内综合交通骨架网最高层次节点，浏阳、宁乡等城市建成为综合交通骨架网上第二层次节点，韶山、汨罗等城市建成为地区性综合交通枢纽第三层次节点。第三，加快城际铁路、轨道交通等建设，加快长沙市与圈内各城市运输通道建设，以长沙、株洲、湘潭站为核心，建设多个城际铁路站点；提升长沙站、湘潭站、株洲站的利用，提高与湘潭机场的连通水平，构建都市圈一体化道路网系统，长株潭都市区构建同城同网的高快速路体系。

（二）产业整合发展，推进产业一体化

区域产业整合是指区域内各地域单元的产业间通过整顿整理实现重新组合。长沙都市圈的产业结构仍不合理，是“二三一”型的格局。因此，应充分考虑区域所处阶段和产业基础，以市场为导向，以培育产业园区和龙头企业为突破口，以延伸产业链和发展产业集群为主体，不断优化产业结构，做优第一产业，做强第二产业，确保一、二、三产业协调发展。第

一，优化产业结构，①第一产业：发展绿色、有机和无公害农产品及生产基地，采用高新技术改造传统农业，推进农业与文化、旅游、商贸的融合，挖掘农业资源的旅游功能，因地制宜、适当集中，例如益阳、常德等环洞庭湖地区大力发展淡水产品农业；娄底、岳阳等粮食主产区加速发展优质水稻产品农业；长沙、株洲、湘潭等区域地形以山地丘陵为主，宜发展林农牧复合生态农业。②第二产业：利用粤港澳大湾区进行产业转移的时机，主动承接有发展前景的产业，充分利用劳动力和资源优势；运用高新技术和先进技术实现产业结构的升级，形成一批新的经济增长点和新技术产业集群，如打造长沙航空科技产业园，重点发展民用航空、新材料、物流业；在产业之间形成自然生态产业链，充分利用资源、减少环境污染、循环利用物质，如汨罗的长江铜业、广友不锈钢、平桂制塑等公司开展再生资源综合回收，发展循环经济。③第三产业：着重扶持一些对区域经济结构优化具有重要意义的行业的发展，如教育、科学研究、高科技产业等，同时应注重基础科学研究和创造性开发；加快发展信息服务和软件业、现代金融保险业和现代物流业等附加值高的生产性服务业；依托交通干线枢纽，大力培育和引进竞争力较强的大型商贸物流企业集团，形成专业物流中心、配送中心相结合的现代物流园区；发展都市文化旅游、红色文化旅游、湖湘文化旅游为特色的旅游产业。第二，构建产业分工协作体系，大力发展航空经济、高铁经济、航运经济、公铁经济等枢纽经济；对接中国制造 2025，发挥现有产业优势，重点打造高端装备、智能制造、新材料、生物医药等引领全省制造业转型升级的优势产业集群；瞄准未来产业方向，通过跨区域协作、构建产业联盟等，整合长株潭优势产业链生态体系，构建都市圈产业协同格局；重点打造差异化的十四大产业基地，其中长沙突出综合与多元。重点建设铜官 - 循环经济产业基地、金霞（霞凝）保税物流现代商贸基地、望城信息技术与医疗产业基地、白箬铺高端装备与新材料产业基地、临空高端制造产业基地和高新区新材料和制造产业基地。株洲突出三大动力，重点建设粟雨新能源汽车产业基地、董家塅通用航空产业基地田心轨道交通装备基地、株洲南现代物流电子商务产业

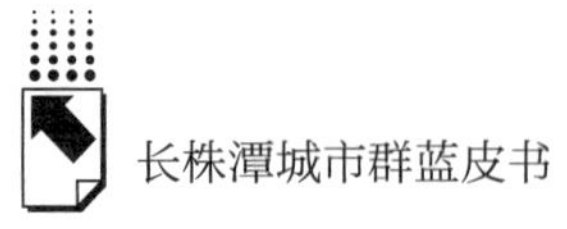

基地。湘潭突出智能制造，重点建设九华能源矿山及海工装备、高新区智能制造及机器人基地和天易矿山装备和绿色食品产业基地。

（三）构建生态网络，推进生态一体化

当前长沙都市圈内的环境问题有：长沙市岳麓区、雨花区等核心圈层由于人流、车流大，产生大量二氧化碳，空气污染严重；株洲、湘潭冶金、火电等产业污染较大，同时三废问题导致土壤污染严重，肥力严重下降。当前环境问题不容乐观，环境整治时不我待。第一，构建“一江八水，一心十楔”的都市圈生态格局。“一江”即湘江，“八水”包括浏阳河、捞刀河、沩水、靳江河、渌江、龙母河、涟水、涓水等湘江主要支流；“一心”即长株潭绿心，“十楔”包括长沙的黑麋峰生态绿楔、捞刀河生态绿楔、大围山－浏阳河生态绿楔、岳麓山生态绿楔、谷山生态绿楔、大王山生态绿楔，株洲的仙庾－大京生态绿楔、渌江生态 8 绿楔以及湘潭的涓水生态绿楔和涟水生态绿楔。第二，建设绿心国家公园。2000 年的第五次空间规划中，明确提出了谨慎发展绿心，提倡留白，以核心保护区为底，非核心地带点状镶嵌休闲、旅游等功能。以此为鉴，绿心应在保护为主的基础上适当植入一些绿色产业功能，丰富绿心的功能，让其更具魅力与活力。绿心是推动三市一体化高质量发展的重要抓手，内、中、外圈层可分别以“生态之芯”（禁建区）、“户外趣园”、“融城小镇”为主题开展保护与建设。通过省域绿道的规划建设来串联长株潭三市的生态旅游观光资源，打造环绿心的国家公园。第三，建设湘江活力带。目前长沙主城区内湘江两岸的改造空间有限，应着力打造解放垸以南的滨水空间，开展国际化的城市设计与策划，将百里画廊与活力带结合，既有形又有神。将绿心与湘江打造成为长沙都市圈最美会客厅。第四，要充分利用市区周边的地形、水系和道路，建设市区上风向的防护林带、道路轴间绿楔和湘江绿化带，加强长株潭绿核建设；积极调整产业结构，加快对传统产业的改造升级，实施污染物排放管理制度，加大对污染严重的有色金属冶金、化工、制造等行业的污染监督。

（四）制定配套政策，促进协调机制一体化

都市圈的空间组织管理比较复杂，行政主体、利益主体多元，受行政分割的影响，都市圈城市间或多或少都存在着相互污染、重复建设、恶性竞争、缺乏合作等情况，这不利于都市圈的发展。可通过区域协调制度的构建，运用相关政策机制与协调机构去平衡各种利益关系，调控各城市空间发展节奏与方向，进而为都市圈空间结构优化提供政策与制度的保障。构建长沙都市圈协调机构与机制。第一，通过机构重点完善议事协调规则，明确议事协调的作用地位、组织架构、人员构成、工作职责、议事程序与规则等；制定配套政策与规则，制定一体化的空间管制规则；促进长沙都市圈内的“多规合一”，协同编制长株潭的国土空间总体规划；在都市圈范围内划定三区三线，明确空间管控的强制性要求，将其作为都市圈发展的底线以资共同遵守。对各个重要的功能区及景观区（如湘江两岸、生态绿心）制定相应的空间发展指引，引导功能区的空间功能结构布局与特色形态风貌的形成。制定一体化的产业管理准则。共用一张产业准入“正面 + 负面”清单，主要用于新项目的落地指引。开展全生命周期的产业用地管理，结合用地弹性出让和退出制度，以包含履约监管标准的土地出让合同为平台，对项目在用地期限内的利用状况实施全过程动态评估和监管，包括定期评估和关键节点（达产、使用权转让等）评估。对于低效用地进行认定与整治，统一评价体系，加强用地核查，实行与资源配置挂钩的分级奖惩措施。第二，制定一体化的户籍与公共服务政策。为将更多人才吸纳到长沙都市圈，为促进人口就地就近城镇化，需要具有一体化的公共服务政策（保险、公积金、教育、医疗等）与户籍政策来保障人口与人才的自由流动。进一步增加长沙市公共服务资源，尤其是促进四大名校及“三甲”医院到株洲、湘潭落户，促使公共服务资源能在都市圈范围内更为均衡分配。第三，搭建长沙都市圈综合信息便民服务平台。该平台基于都市圈“多规合一”，可实现都市圈内政务与公共服务一体化以及便民信息查询，提供规划、交通、公共服务、文化旅游、招商引资、相关政策

等多种信息查询功能。该平台能与都市圈内各城市的平台实现数据的互联互通与交换。第四，制定都市圈“十四五”发展规划。统一思想、统一行动，明确“十四五”期间都市圈的发展目标、主要任务及项目库资金预算及责任主体。第五，构建监测、预警、评估、发布与绩效联动机制。对于都市圈的建设实施效果及生态、自然资源保育效果进行动态的监测、预警与评估，每年度发布《长沙都市圈发展报告》。将实施情况纳入省政府考核地方政府的内容之一，与绩效关联。第六，建立多渠道融资的都市圈项目扶持基金。通过政府引导、市场主导来推进都市圈建设，充分发挥市场经济的杠杆作用。通过制定项目激励政策如设定项目扶持基金来引导市场主体参与建设。

五 结论与结语

本研究依据断裂点理论模型确定了长沙都市圈引力范围，较为精确地界定了长沙都市圈空间范围，在此基础上对都市圈进行了圈层的划分，最后对长沙都市圈提出了具有实践意义的建议，对以后长沙都市圈经济社会发展和规划具有较为基础的指导作用，也为将来我国其他地区都市圈的区划界定提供了可借鉴的研究方法和思路。

参考文献

袁家冬、周筠、黄伟：《我国都市圈理论研究与规划实践中的若干误区》，《地理研究》2006 年第 1 期。

张伟：《都市圈的概念、特征及其规划探讨》，《城市规划》2003 年第 6 期。

洪世键、黄晓芬：《大都市区概念及其界定问题探讨》，《国际城市规划》2007 年第 5 期。

张强：《全球五大都市圈的特点、做法及经验》，《城市观察》2009 年第 1 期。

姚士谋等：《中国城市群》，中国科学技术大学出版社，1992。

高汝熹、罗明义：《城市圈域经济论》，云南大学出版社，1998。

陈群元、宋玉祥：《城市群空间范围的综合界定方法研究——以长株潭城市群为例》，《地理科学》2010 年第 5 期。

许均、周国华、唐承丽、高静：《长沙都市圈空间界定的定量研究》，《安徽师范大学学报》（自然科学版）2016 年第 2 期。

鲍玮婷、左晓慧：《上海市对长三角经济圈的经济影响力研究》，《嘉兴学院学报》2016 年第 3 期。

唐颖：《宁沪杭甬高速公路走廊及其城市联系特征研究》，上海师范大学，2014。

李小建：《经济地理学》，高等教育出版社，2006。

梁旺兵、徐彤、张毓利：《基于断裂点理论下的甘肃省城市旅游吸引范围研究》，《资源开发与市场》2015 年第 2 期。

董海涛、刘京伟、林章琦等：《黔中城市群重点城市间经济辐射的实证分析》，《科技经济导刊》2016 年第 24 期。

刘梦丽、王伟、刘静玉等：《中原城市群城市引力范围界定及演变格局》，《地域研究与开发》2017 年第 4 期。

许学强、周一星、宁越敏：《城市地理学》，高等教育出版社，2009。

梅志雄、徐颂军、欧阳军：《珠三角城市群城市空间吸引范围界定及其变化》，《经济地理》2012 年第 12 期。

B.6 长株潭都市圈发展的内生动力与驱动政策报告

姚 文*

摘 要： 作为国家首个自觉进行区域一体化的区域，长株潭都市圈有着其独特的内生发展动力，本文旨在研究如何在新形势下加强区域政策引导，其驱动政策有以下几方面的内容：做大做强长株潭都市圈，进一步弱化政府行政力量控制，破除行政阻隔；比照国内都市圈发展，在金融支持、产业发展、土地、人才等方面出台相应的配套措施和一体化发展的推进机制；扬长避短，长株潭都市圈走差异化发展道路。

关键词： 长株潭都市圈　内生动力　驱动政策

引 言

城市是政治、经济、文化集散地，是人类最伟大的创造，是彰显人类文明的坐标，也是人们生活和工作的主要载体。现代社会里，城市相较乡村而言，可以为人们实现梦想、创造个人价值和社会价值提供更多的可能。长株潭城市群2005年被写进国家"十一五"规划；同年，湖南省府发布《长株潭城市群区域规划》，并编制施行《长株潭经济一体化"十一五"规划》。

* 姚文，中共衡阳市委党校讲师，硕士研究生，研究方向为马克思主义基本原理、管理学、档案学。

2006 年，湖南方面对长株潭城市群进行扩容，即以长株潭三市为中心、1.5 小时通勤里程为半径，把岳阳、常德、益阳、娄底和衡阳划入其中，这被称为“3 +5”格局，原交通同环、电力同网、金融同城、信息共享和环境同治“五网规划”内容，变成了“交通同网、能源同体、信息同享、生态同建、环境同治”。新形势下，把握好机遇，实现长株潭都市圈的融合，从而带动长株潭周边城市的发展，是目前长株潭都市圈在后期发展的主要任务。

长株潭都市圈的提出，意味着三市的一体化发展慢慢变得理智，从大范围摊开转向集约化发展路径，从原来追求规模化，转向追求高质量的发展。从长株潭城市群到长株潭都市圈，是崭新的战略升级。正在把“贪大求全”换成集约发展、集中发力，区域经济的发展模式变得更加科学合理，更加尊重规律。首先，从长株潭城市群到长株潭都市圈的转变，并不是放弃周边城市发展，而是以长株潭都市圈发展为重点，带动周边城市发展，形象说来，可以理解为“先富带动后富”，毕竟，长株潭三个城市已经在产业、市场方面，有着相当程度的融合，长株潭三个城市之间的要素流动壁垒较之其他周边城市而言相对较少，经过政府多年的政策引导，这三个城市之间的产业关联大，现阶段三个城市形成都市圈的基础已经初步具备。另外，在区域协调发展中，中心城市起着最主要的龙头带动作用。城市群是由都市圈构成的。都市圈中形成一体化，再在城市群中形成一体化，一个都市，首先要和周边的城市建立密切联系，然后在城市群之间发生联系。①

2019 年 2 月 21 日，国家发改委网站正式公布了《关于培育发展现代化都市圈的指导意见》，针对城市群和都市圈之间的有机关系，该意见阐释：城市群是新型城镇化主体形态，是支撑全国经济增长、促进区域协调发展、参与国际竞争合作的重要平台。都市圈是城市群内部以超大特

① 国家发展改革委:《国家发展改革委关于培育发展现代化都市圈的指导意见》,《城市轨道交通》2019 年第 3 期。

大城市或辐射带动功能强的大城市为中心、以 1 小时通勤圈为基本范围的城镇化空间形态。从发改委给出的意见不难看出，城镇化发展的结果必然是城市群、都市圈的兴起。长株潭都市圈要做到高质量发展，要注重市场主导和政府引导相结合。长株潭都市圈在中国众多都市圈中，有其特殊性，特别是在地理区位、人文环境、历史基础和城市基础设施建设方面和其他都市圈相比较而言，都有较大不同。基于此，本文主要立足于长株潭都市圈自身发展区别于其他都市圈发展的几个方面进行探讨，旨在解读长株潭都市圈发展的内生动力，以及对长株潭都市圈发展的驱动政策提出建议。

一　长株潭都市圈发展的内生动力

长株潭都市圈的协同发展，较之于三个城市的单打独斗，抑或联合周边五个城市组成城市群共同发展，更为合理，更具可行性，符合城市发展的理论逻辑，也符合湖南地区城市发展的现实客观情况。

（一）都市圈首先是一个空间概念

长沙、株洲、湘潭三个城市在空间上紧密相连，三市城区最远不过 40 多公里，产业经济和城市规划日趋融合，作为湖南经济最活跃的区域，长株潭三个城市是整个湖南省经济发展的核心增长极。经过多年努力，长株潭三个城市的发展已取得长足进步，无论是经济总量还是增长速度和发展质量，都位居全省前列，成为带动全省经济发展的“领头雁”。随着地铁、公交线路不断与长株潭城际铁路实现互联互通，长株潭三城的一体化正加速推进。

随着长株潭公交线路、地铁、城际铁路的不断拓展延伸，三个城市之间的通行时间变得更短，以道路交通为纽带的联系更紧密，三个城市之间通行时间的缩短，意味着三个城市产业布局更为合理，在地域空间上已经形成具有紧密经济联系的功能性区域。而长株潭“三干两轨”项目于 2020 年完成整体建设后，长株潭将实现“半小时经济圈”，进一步缩短城市通行时间，“半小时交通圈”融合发展。

（二）都市圈是一个制度性概念

长株潭地区经济建设取得的成就是基于制度上的解放和创新，通过制度的解放和创新降低了成本，从而释放发展动能。长株潭三城市为了减少区域性内耗，例如，在2020年年底，长株潭三市的社会保障卡将实现一卡通办。2020年5月长株潭三市确定了长株潭人社服务一体化工作方案、联席会议制度。三个城市在发展规划方面的统筹同进，让长株潭都市圈制度建设更为协调，这种经济、政治、文化等各方面的正式性制度，都会对长株潭都市圈的发展形成影响。医保异地联网结算、区号统一固话升位、公积金异地互贷、公交卡互刷乘车等，各项举措都让长株潭市民“同城感”增强。长株潭三市产业协调势头良好，联合拥有长株潭“两型社会”综合配套改革试验区、长株潭国家自主创新示范区等国家级政策平台，是中部崛起重要战略支点之一。

（三）都市圈是一个时空动态发展的必然结果

长沙作为一座历史名城，联合株洲、湘潭形成都市圈，不仅具有空间距离上的优势，还有文化融合的优势，最具代表性的可能属于语言融合，长株潭三市的调查表明，长株潭三市融合后青少年选择的第一语言是普通话，其次为长沙话。① 长沙、株洲、湘潭的文化产业相对全省乃至全国都是走在前列的，“一核两圈三板块”的文化产业发展格局的形成，基于《湖南省“十三五”时期文化改革发展规划纲要》推进长株潭、大湘西、大湘南、环洞庭湖等四大板块差异化、特色化发展的文化产业规划。其中“一核”就是指长株潭文化产业核心区，近年来，随着梅溪湖项目的成功建成，称霸全国

① 李晖旭：《从青少年的语言态度看长株潭地区融合后的语言发展》，《山西能源学院学报》2015年第2期。

文娱市场的湖南节目不断推陈出新，长株潭地区的文化影响力、传播力、保障力、竞争力、创新力和凝聚力不断增强，长株潭地区离建成区域性文化创意中心、东亚文化之都和世界媒体艺术之都的目标越来越近。

作为我国第一个自觉进行区域一体化的区域，30 多年来，长株潭在交通一体化发展、产业一体化发展、信息一体化发展、城市群绿心保护与发展以及湘江风光带建设方面都取得了令人瞩目的成就。《湖南省 2018 年国民经济和社会发展统计公报》显示，长株潭三市经济总量约为 1.58 万亿元，比上年增长 8.3%。总体看来，发展形势喜人。在转型——升级——创新“三大法宝”的作用下，长株潭城市群继续充当支撑湖南省经济发展的“核心增长极”。

二　长株潭都市圈发展的驱动政策调整

（一）“有所为有所不为”

进一步弱化政府行政力量控制，破除行政阻隔。消除行政阻隔也是为了减少区域内耗、防止都市圈内部联系不紧密、协同发展体制机制不健全等问题。从长株潭实际出发，科学规划、稳步推进都市圈行政区划优化设置，避免都市圈内城市发展各自为政、自成体系的现象，防止出现核心城区发展空间受限所带来的“大城市病”，进一步完善长株潭都市圈城镇化总体格局、全面贯彻落实新发展理念、实现长株潭区域经济社会转向高质量发展。

制定科学合理的城市发展规划，保障长株潭都市圈产业协调发展。长株潭都市圈可以借鉴京津冀的建设模式，组建长株潭城市群管理委员会。目前，还只是在 2006 年成立湖南省长株潭城市群研究中心，这一研究机构还不能担负行政职能，不能对区域内的战略规划、产业配置、基础设施建设市场体系以及社会保障工作等方面进行有效干预。将长株潭区域规划充分融入长江经济带国家战略，充分发挥长株潭区域的经济扩散效应，将格局放大，这样才能带动长株潭周边城市充分利用资源禀赋优势，发展地方特色优势产业，将区域市场扩大至全国乃至全球市场。

弱化行政力量控制，不是指不进行行政力量控制，而是在发展道路上要注意科学合理性，掌握好度，大的方向就是要对标中央、省市部署，坚持新发展理念，深化供给侧改革，加快产业发展步伐，合理布局产业体系，优化长株潭都市圈及周边城市产业结构。长株潭周边城市应进一步提升产业集中度，促进经济社会全面协调可持续发展。长株潭三城在产业优化过程中，应根据周边城市经济发展规划，加大精准扶贫工作力度，在打赢脱贫攻坚战的同时，发展周边城市产业经济，长株潭都市圈的发展不能脱离周边城市的发展，要互相配合，实现技术和资金良性互动。周边城市做大做强产业经济，加快发展特色产业，补齐制约自身经济发展的“短板”。以益阳为例，可以着力打造黑茶、竹木、面食等优质农副产品供应基地，积极主动对接长株潭都市圈发展，抓住长株潭汽车制造业蓬勃发展的机遇，加快发展汽车零部件等配套产业；进一步深化现代农业综合配套改革。

（二）“他山之石可以攻玉”

比照国内都市圈发展，比如京津冀、南京、武汉都市圈，在金融支持、产业发展、土地、人才等方面出台相应的配套措施和一体化发展的推进机制。目前，长株潭城市群在人才引进、户籍制度改革方面已经做出一些改革，但是还有差距，应该全方位出台各方面跟进措施，积极引导长株潭都市圈发展壮大。

积极建立长株潭都市圈生态环境保护体系。都市圈主要是靠市场力量推动形成的，在政府行政干预制定区域发展规划的同时，也要注意自然资源的保护利用。例如水资源，长株潭都市圈的成熟，意味着越来越多的人口会聚集在以长沙为中心城区的城市群，人口越多，意味着消耗的资源越多。自然资源承受的压力也会更大，要做到都市圈内的人都能享受到“青山绿水”，单纯靠市场作用是不够的，还需要自然资源环境保护部门提出相关政策，拟定对应措施，提早规划，在长株潭都市圈的发展过程中，要注重对湘江流域水资源的保护和治理。城市因水而兴。凡是大江大河流域，往往都会形成相对适宜人类聚居的平原地带。对于湖南省而言，真正的母亲河是湘江。在发展长株潭都市圈的同时，更要注重对湘江流域的科学合理规划。

（三）“求同存异，因地制宜”

扬长避短，长株潭都市圈应该走差异化发展道路。长株潭都市圈中，长沙作为省会城市，要一如既往加快国际化进程，不断提升城市品位和城市影响力。作为湖湘文化的策源地、国家历史文化名城，长沙要以此为基础，继续大力发展高新技术产业、先进制造业和高水平优质的第三产业。大力引进高精尖人才，将长沙文化创意产业做大做强。株洲基于其交通优势，应抓紧发展物流产业和来料加工产业，注重与长沙、湘潭的分工协作。依托轨道交通产业优势，构建轨道交通示范城。把烟花爆竹、陶瓷等传统优势产业做得更优，把轨道交通、航空动力、硬质合金、玻璃等特色产业做得更强，推动株洲整体产业高质量发展。湘潭作为老工业基地，应根据湘潭市委市政府制定的《“智造谷”产业规划》《军工城建设规划》《汽车发展产业规划》，着力打造好三个“千亿产业”；红色资源丰富，应继续大力发展红色旅游。

在差异化发展过程中，加强城市群内基础设施与公共服务的规划与建设。加大城市基础公共设施的供给，以满足城市人口增长、产业发展、社会文化传承需要，提高经济社会活动的承载量。[①] 以最大诚意打造各项民生工程，不断增强长株潭都市圈人民群众的获得感和幸福感，这才是城市发展的最终目的。

（四）“戒骄戒躁，伺机而动”

2019 年 6 月 20 日，恒大经济研究院院长任泽平将国内最具发展潜力都市圈进行排名，长株潭都市圈入选前十名。长株潭都市圈的快速发展，得益于国家中部崛起战略的实施，在好的政策引导下，长株潭作为老工业基地的

---

① 张学良：《中国区域经济发展报告》，人民出版社，2016，第 326 页。

优势凸显。目前，长株潭都市圈的低房价优势是国内其他都市圈不能比拟的，低房价意味着同等发展规模下，对人才等资源更具吸引力。2019 年 9 月 20 日，《长株潭城市群生态绿心地区总体规划（2010～2030）2018 年修改》发布，将生态与产业深度融合，发挥生态优势。规划修改版在管制分区方面进一步明确，绿心建设对象、范围以及行动的内容都更加明确，在什么范围内可以做什么事，都说得很清楚，不仅更加严谨也更加明确、规范，可操作性更强。长株潭都市圈规划的前瞻性已然走在全国前列，后期需要的是严格按照规划执行，上述绿心总规将各方面都考虑到了，但在深度和精度上还需进一步满足绿心地区行政管理的需求，要与相关规划进行有效协调。要在发展城市群的同时，保护湖南地区的绿肺，随着湖南人民不断开拓创新，长株潭城市群在实践中必能实现融城的目标。

结　语

长株潭都市圈的形成与发展是城市群发展的必然趋势，把握好城市化进程中的规律（即从城镇化到城市群，都市圈是中间阶段），立足湖南实际，打造具有地方特色的都市圈是湖南发展长株潭都市圈的出发点。新形势下，作为“一带一路”的重要节点城市，要紧跟国家发展规划方向，合理协调省内产业布局，积极稳妥推进城乡改革，注重自然资源环境保护，避免区域内城市各自为政，优化省内营商环境，根据实际情况推动“两型”社会建设。

参考文献

国家发展改革委：《国家发展改革委关于培育发展现代化都市圈的指导意见》，《城市轨道交通》2019 年第 3 期。

李晖旭：《从青少年的语言态度看长株潭地区融合后的语言发展》，《山西能源学院学报》2015 年第 2 期。

张学良：《中国区域经济发展报告》，人民出版社，2016。

长株潭一体化篇

Report on CZT Integration

B.7
新时代推进长株潭一体化发展对策报告

湖南省社会科学院课题组 *

摘　要： 长株潭一体化由来已久。新时代如何进一步推进一体化高质量发展？应着重从十个方面入手：着力建设“1+N”规划政策体系、着力推进现代综合交通一体化、着力打造世界级智能制造中心、着力培育长株潭创新共同体、着力推动公共服务共建共享、着力创建人才发展公园、着力建设“绿心”生态绿色发展示范区、着力强化长株潭大都市品牌建设、着力共建长株潭湘江智能经济带、着力创新长株潭一体化推进机制。

---

* 统稿：童中贤；撰稿：尹向东，童中贤，罗黎平，刘晓，肖琳子，马骏，周海燕，周静，谢瑾岚，马美英；审稿：朱有志。

关键词： 长株潭一体化　城市“绿心”　湘江智能经济带

近些年来，国家政策层面除了把推进城市群发展和培育现代化都市圈作为新型城镇化的重点任务外，还陆续推出了京津冀协同发展战略、粤港澳大湾区战略、长三角一体化战略等，无一不是致力于打造世界级城市群、大湾区和都市圈，以此带动城镇化高质量发展和在更高层面参与国际竞合。这也表明我国城镇化进入城市群和都市圈时代，并成为支撑经济增长的主阵地、主平台。推动长株潭一体化发展，对引领中部地区高质量发展、对接京津冀、长三角、粤港澳等大战略以及推动湖南形成优势互补、高质量发展的区域经济布局等都具有十分重要的战略意义。为此，特提出新时代推进长株潭一体化发展、把长株潭打造成国家中心城市的十条建议。

一　着力建设“1 + N”规划政策体系

长株潭城市群规划的核心思想就是把握城市群开发的空域、程度和时序，实行三市一张图。按照国家中心城市和现代化国际大都市定位，跳出三市“就城市论城市”的视角，避免传统的从区域层面来考察城市的发展、规划。将城市群的发展战略、功能定位、区域协调等置于全球开放的语境中进行考察，研究视野向“从全球论区域、城市”拓展，助推长株潭城市群融入全球网络，参与国际竞争。

（一）编制长株潭“十四五”发展规划

围绕提升长株潭城市群发展质量、现代化水平及一体化程度等问题，寻求上位支持。由省发改委统筹，整合三市资源，编制长株潭“十四五”发展规划和重点领域专项规划，形成“1 + N”规划政策体系，强化长株潭“十四五”发展规划与长株潭城市群规划、各个城市的发展规划及专项规划的有机衔接，确保协调配合、相向发力，整体激发同城效应。

（二）大力推进多规合一

长株潭在融合上已做了多项规划，出台了产业规划、土地利用规划、城镇体系规划、城市群规划、绿地规划等，但也形成了“群规并起”的混乱现状，导致存在规划主体不统一、规划目标不一致、规划空间相矛盾等问题。因此，长株潭城市群的多规合一工作要解决区域层面规划编制、实施与管理混乱的问题，响应中央提出的“一张蓝图干到底”的要求，在规划组织形式、规划内容体系以及技术方法等方面进行较大的创新和突破。

（三）切实提升规划执行力

当前阻碍长株潭“多规合一”工作的症结并不在于技术方面，而是在于部门之间的权职划分以及利益协调，长株潭城市群需要在发展权利、资源分配、制度红利等区域公共政策领域进行重大的制度创新，落实责任机制，提升规划的严肃性，避免“规划规划，墙上挂挂”的现象。建立三市常态化、高效化的规划重大项目的对接机制，每年推动一批重大项目、重大政策和重大平台取得实质性进展。

二　着力推进现代综合交通一体化

2020 年 2 月国家发改委发布《关于培育发展现代化都市圈的指导意见》，该意见提出要“以增强都市圈基础设施连接性贯通性为重点，以推动一体化规划建设管护为抓手，织密网络、优化方式、畅通机制，加快构建都市圈公路和轨道交通网”。当前，长株潭一体化呈现较快发展态势，但内外交通网络还不完善，城市间交通一体化水平不高，必须协同推进综合交通一体化。

（一）共同打造国家现代综合交通枢纽

以提升国际服务功能为导向，充分发挥长沙国家综合交通枢纽城市的战略作用，整合三市铁路、公路、航空、内河航运和运输管道等，优化中转设施和集疏运网络，促进各种运输方式协调高效运作，扩大辐射范围。培育本土航空公司，构建长沙四小时航空经济圈，辐射全国和东南亚大部分区域。打造以长沙港、株洲港和湘潭港为主体的组合港口，形成合理分工、相互协作的区域性组合港。

（二）畅通互联互通的融城骨干路网

大力打造核心区“半小时通勤圈”，以当前推动的“三干两轨”等交通一体化项目为骨架，着力打通一批城市群内的断头路、瓶颈路，实现路网互通、无缝对接。对连接三市的主要城市干道（如芙蓉路、潭州大道等）加快实施快速化改造。逐步取消三市之间区间高速收费。推进磁悬浮产业化发展。

（三）建设便捷高效的公共交通体系

以城际客运班线公交运营为目标，不断优化线路，增加车次，方便快捷运营。加快探索成立合资公司等合作模式，以潇湘一卡通为承载，三市交通部门共同制定互认优惠政策，确保市民持一卡通在三市乘坐公共交通时享受优惠待遇。

三　着力打造世界级智能制造中心

制造业是长株潭城市群的主导产业，目前长株潭制造业的基本特征是竞争大于协同、割据大于集中、自我大于共享、同质大于差异。长株潭制造业发展需要在省委、省政府主导下，走一条集聚、集群、协同、创新发展的道路，省市协同打造国家级“长株潭智能制造中心”。

（一）务必立足于军民融合和产研融合优势，建设一个具有全球影响力的智能制造研发、转化平台

通过引入大型央企、国内外知名高校及科研院所，建设军民融合平台和产研融合平台，并结合本土产业与人力资源优势，建设尖端科技成果的落地

研发和转化、交易等平台，打造全球创新创业高地；以“研发与设计能力”优势，为全球创新创业提供“技术供给”。

（二）务必围绕长株潭建设“智能制造中心”目标，以军民融合和产研融合平台为引擎，以智能制造总部基地产业园为载体，推动传统制造业迈向智能制造产业

积极支持军民融合及产研融合平台参与智能制造总部基地发展，重点围绕智能制造服务体系、产业链条和人才高地，推动长株潭制造业率先向高端、智能、绿色转型升级，率先建成智能制造强省。

（三）务必以信息产业的产研融合平台为依托，以移动互联网信息产业园为载体，推动电子信息产业大发展

重点围绕市场对移动互联网数字内容的需求，积极引入龙头企业，大力发展移动互联网数字内容展现技术、数字内容大数据研发，大力推进移动互联网产业发展。

（四）务必总体上实施“省市共建”、建设上实施“省统筹、市为主”，规划、布局、政策上实施“省主导、市协同”，形成长株潭打造“世界级智能制造中心”的合力

建立省市政府支持“世界级智能制造中心”建设联席会议制度，协调解决建设智能制造中心过程中遇到的重大问题。建议省政府与三市政府要用特殊的手段与政策，支持世界级智能制造中心建设。建议三市政府形成具体的、有效的支持政策和措施，并切实抓好落实工作，形成打造“世界级智能制造中心”的合力。支持与帮助三市引进或培育超级先进制造业产业集群与巨型企业，形成研发航空母舰、企业航空母舰。

四　着力培育长株潭创新共同体

当前，我国已经步入新理念、新动力、新动能“三新”引领的新时代，正以科技创新、人力资本和大数据“新三要素”逐步替代土地、资本、劳动力“老三要素”。在这种新的发展背景下，长株潭城市群应加快培育区域创新生态，打造高水平特色自创区，引领创新型省份建设。

（一）共同提升科技创新动能

强化科技创新前沿布局和资源共享，共同营造有利于提升自主创新能力的创新生态，集中突破一批卡脖子核心关键技术。加强科技创新合作，依托国家自主创新示范区政策优势，共同争取国家重大战略项目、重大科技专项布局。围绕超高产杂交稻、超级计算机、轨道动力控制系统、中低速磁浮和IGBT芯片等相关领先技术，开展关键技术、知识产权等领域的自主可控和国产化替代研究。加强创新基础能力建设，支持先进装备制造、新材料、新能源以及区块链等方面不断提高产品研发和应用水平，加强原创关键技术、自主可控信息技术等领域的基础研究。加强产教研深度融合，支持设立长株潭产教研创新联盟。

（二）加快推进智慧长株潭建设

加快构建新一代信息基础设施，推动信息基础设施建设走在全国前列，建设安全、高速、泛在、智能的信息网络，打造智慧长株潭。尽快启动5G商用和智慧型都市圈基础设施建设，包括基站系统、网络规划、网络建设、网络维护等。推动区块链产业发展，加快完善数字基础设施，形成万物互联、人机交互、天地一体的网络空间。推进数字资源整合和开放共享，保障数字安全，加快建设“数字长株潭”。

（三）打造产、教、城融合示范区

以湘江新区、岳麓山大学科技城为轴心，北接国防科大，南连湘潭大学、湖南科技大学、湖南工业大学等，沿湘江西岸地铁、高速、潇湘大道、潭州大道交通干线两厢打造湘江西岸科创走廊，形成“一区一廊三谷”叠加开放的创新发展新格局。重点以湘江新区为载体，整合湘江西岸高效、科

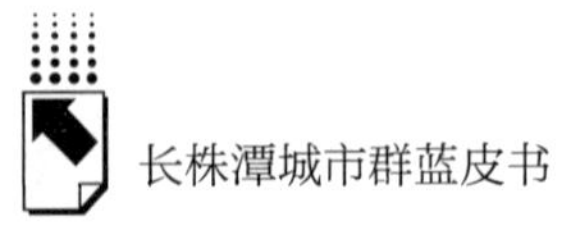

研院所等科创资源，深度开发利用湖大国家“超算中心”，加快北斗导航和5G商用步伐，大力推进“北斗+”，打造产教融合示范区。

五 着力推动公共服务共建共享

坚持以满足人民对美好生活的需求为中心，突出共建共享，统筹推动基本教育资源、医疗资源、社会保障、社会治理一体化建设，共同打造广大人民群众满意的现代公共服务体系。

（一）推动优质教育资源共享

鼓励开展多种形式的跨地区教育合作、共享。建立教育教学资源共享机制，推动中小学校校长、教师跨域交流，开展学前教育、义务教育、职业教育、高等教育等方面的合作。鼓励中小学名校推进集团化办学，支持网络在线教学平台建设，实现名师远程网络教学。搭建职教一体化发展平台，支持高技能人才教育培养，统筹建设三市职教基地，共推株洲职业教育大学城建设，共申国家产教融合实训基地。建立高校专家资源交流合作平台，支持高校跨地区共建共用院校科研实验室和实训基地。

（二）推动优质医疗资源共建

深化医疗卫生体制改革，建立健全分级诊疗制度。探索建立标准统一、接口统一的医疗信息化平台，推动病历跨地区、跨机构互通共享以及医学检验检查结果跨地区、跨机构互认。鼓励大型综合医疗卫生机构跨区域布点，扩大优质医疗资源覆盖范围，鼓励医疗机构通过远程诊疗、派驻专家、交流进修等方式加强交流合作。支持三市共同申请创建国家医学中心、国家区域医疗中心、长株潭区域医联体。

（三）加快社会保障接轨衔接

探索建立社保关系跨地区转移接续机制、优化完善异地就医结算机制，健全基本医疗保险、大病保险、医疗救助等“一站式”即时结算机制。完善跨部门社会救助家庭经济状况信息核对平台。统筹推进社会保障等领域信息化建设，形成一体化的信息化应用支撑体系，推动三市健康、社保“一卡通”。

（四）推动社会治理体系共建

加强城市管理和社会治安防控体系建设，建立社会治理一体化的权责机制、联动机制与共享机制，设立跨行政区协调管理机构，铺设全局性的社会服务管理网络，联动应对突发事件、防范社会风险。建立重大传染病疫情和突发公共卫生事件防控联动机制。建立社会综合治理联动机制，有效打击跨省市犯罪活动。加强城乡公共消防等防灾减灾基础设施及装备建设，加快发展专业灭火救援队伍，提高各类灾害事故的预警预防与应急处置能力。

六　着力创建人才发展公园

习近平总书记强调“发展是第一要务，创新是第一动力，人才是第一资源”，省委书记杜家毫指出“所有工作所有发展中最核心最关键的就是人才”。人才是产业、资本、技术的主要物理载体与运营者。现在，人才争夺战已经在全国范围内打响，每个城市都面临着人才竞争的威胁，长株潭城市群应加强人才工作政策与机制的创新，吸引人才、培养人才、留住人才，打造优秀人才的聚集地与辐射源。

（一）制定长株潭人才一体化战略规划

长株潭城市群是全省的核心增长极，其各方面发展包括人才一体化领域应着眼于全省的发展，做好顶层设计。构建长株潭城市群多层面、多部门、多领域的协调合作系统，在人才的基本理念、指标体系、激励机制等方面既要制定共同规范，又要根据三市实际情况，差异化发展；在人才配套政策方面，三市组织、财政、教育、科技等相关部门配合，共同推进。协同实施“银发人才”开发战略工程，激发其再创造潜力。

（二）实施更具竞争力的人才集聚制度

深入推进中央和长株潭城市群人才计划，开展人才计划创业园建设，加大对紧缺急需的高层次人才尤其是知名专家的引进力度，优先引进重大科学工程、重要科研公共平台、大科学研究中心、重大科技基础设施建设等领域高层次人才。提升城市群健康和医疗机构服务能力与管理水平，扩大优质教育资源供给，为人才集聚提供生活工作的基本所需。健全人才引进的便利化服务机制，扩大人才国际交流与合作。

（三）创新科学高效的人才管理制度

建设长株潭城市群高层次人才试验区，推进人才政策先行先试，为城市群人才工作体制机制创新突破提供可复制、可推广的经验。试点建立与国际规则接轨的高层次人才招聘、薪酬、考核、科研管理、社会保障等制度，支持高校、科研院所、园区等试点建立“学科（人才）特区”，构建灵活的用人机制。开展针对科技型中小企业的金融服务创新，支持高层次人才创新创业。积极引导高层次人才参与到本地创新创业项目当中，通过政策引导与财政补贴等措施吸引院士、专家等高层次人才支持本地产业与企业的发展。保障和落实用人主体自主权，给人才松绑，破除一切制约人才发展的观念与体制障碍，不断提高人才的满意度与获得感，帮助更多的人才在本地实现商业目标、人生目标与价值。

（四）完善长株潭人才平台的共享与建设

加强长株潭城市群内部人才资源数据库建设，构建覆盖党政干部、职业经纪人、科研技术人才、工程技术人才、教育培训人才、企业经营管理人才以及“银发人才”等数据库，同时健全以人才供求为主的信息发布机制，实现区域内的人才信息的互联互通。鼓励支持一批影响大、覆盖广、运营效果好的中介平台，开展跨区域服务，拓展类似于高级人才援助、人才租赁、人才信用担保等业务，促使人才服务与国际接轨，依靠市场机制对人才进行有效配置。建立人才共享机制，三市的组织部门和人社部门可共享各类专家库资源，便于开展科研、教学、调研、技术攻关等方面的合作，更好地发挥人才效用。积极发挥区域内各大院校以及社会培训机构的作用，形成区域内统一规范的教育培训市场，从而满足区域内各大城市、各类人才在教育培训方面的需要。

七　着力建设生态绿心绿色发展示范区

近年来，在省委、省政府的坚强领导下，社会对长株潭试验区生态绿心保护关注的力度、共识的程度、自觉性责任感的强度、保护工作的力度前所未有，成效十分显著。但随着长株潭三市经济的发展以及城市的扩张，如何协调保护与发展之间关系，依然是我们面临的问题，应大力谋划高质量推动绿心发展与保护。

（一）创新绿心保护发展模式

借鉴长三角生态绿色一体化示范区的做法，以绿心为主体，在三市结合部建设绿色发展示范区。将绿心高强度保护与相邻地域高密度开发相结合，在禁止区及限开区部分区域，以自然公园建设为平台，按照生态客厅、中央公园的定位，整合现有保护管理机制，进行单元设计管控与保护建设。

（二）走出绿心保护发展新路子

绿心地区的建设与发展一定要走出房地产开发的舒适区，要围绕提升都市生态农业，推动生态旅游、医疗健康、文化创意、体育休闲、教育科技等服务业发展，研究出台一揽子政策措施，规划实施一批重大提质工程，开发引进一批重点产业项目，促进绿心生态优势向高质量发展优势顺利转化。

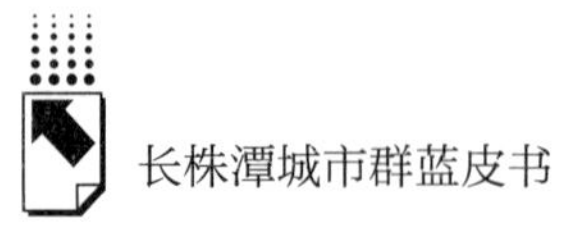

（三）构建绿心保护发展新机制

构建市场化、多元化的生态补偿机制，在三市进行发展权市场、湿地林地银行等试点，创新林地流转机制和投资回报机制，不断拓宽“绿水青山”转化为“金山银山”的通道。

八　着力强化长株潭大都市品牌建设

打造城市群品牌，不仅可使城市群环境得到美化，而且更能使中心城市综合实力得以增强，使城市群经济发展质量得到提升。经过多年的发展，长株潭目前仍没有形成具有标志性意义的城市品牌，这在一定程度上制约了长株潭经济社会的进一步发展。要通过打造长株潭大都市品牌，为长株潭经济社会发展创造良好的平台，提升中心城市竞争力。

（一）立足长株潭特色，精准定位大都市品牌

长株潭城市群尚未形成一个统一的定位语，使得城市品牌塑造缺乏整合性、持续性，没有在利益相关者内心产生一个稳定、积极的认知。因此，应对长株潭城市群进行 SWOT 分析，了解机遇与挑战，把握优势与劣势，确立一个最能体现长株潭城市群特色、最能代表长株潭发展方向的品牌，凸显现代语境下城市群品牌的个性特征和传统张力，能给外界留下深刻的印象，使长株潭形象璀璨夺目，城市群品位和价值日益提升。

（二）立足美好形象，建立长株潭品牌识别系统

清晰、可信、有吸引力、有特色的城市群品牌识别系统对于成功的城市群品牌管理过程至关重要。聘请专业的设计公司为长株潭城市群设计一个浓缩了长株潭形象、特征以及文化的 logo，增强品牌的信赖感和权威感。设计整套的城市品牌视觉识别系统来体现城市群的定位内涵，展现大都市的特色，并且正式注册其品牌标识。

（三）立足资源共享，整合长株潭发展平台

长株潭城市群内的平台和资源目前暂难共享，出现了重复建设的现象。考虑发展不是从大都市优势和整体出发，而是立足于部门利益，这些都制约了长株潭的发展。加强长株潭大都市品牌建设，对城市群内国家级园区、湘江新区、长沙临空经济示范区、国家级保税区等发展平台和资源进行整合，减少行政干预、重复建设、资源浪费，实现资源共享，发挥平台和资源的最大效用。

（四）提高知名度与美誉度，加强长株潭品牌宣传

在完成长株潭大都市品牌规划后，可以在各主要商业活动场所开展系列性的大规模推广活动。充分发挥媒体的力量，可以利用湖南卫视以及每届的金鹰节制作专题城市形象片来打响长株潭品牌，同时在机场、旅游大巴、主要街道、公共场所等张贴长株潭大都市品牌标志，建立专门的大都市形象网站。全方位、立体式、持续性地有效宣传大都市品牌，使城市品牌形象传播达到“一种形象，一个声音”的效果。

九　着力共建长株潭湘江智能经济带

湘江从入湘潭到进洞庭湖，全长 281.2 公里。这一段流经地区是湖南发展基础最好、资源最密集、创新最活跃的区域。要打造长株潭湘江智能经济带，推动形成优势互补、高质量发展的区域经济布局，提升产业基础能力和产业链水平。

（一）组建长株潭湘江智能经济大平台

以国家自主创新示范区为主导，充分发挥长株潭科技和产业优势，积极吸引和对接全球创新资源，建设开放互通、布局合理的区域创新体系。推进长株潭湘江智能经济创新走廊建设，探索有利于人才、资本、信息、技术等

创新要素跨境流动和区域融通的政策举措，共建长株潭湘江智能经济大数据中心和国际化创新平台，高水平做好前期规划和顶层设计，并向全球招募智能经济研发、生产、营销、运营、管理、维护专业团队，共同打造长株潭、湖南乃至中西部经济第一心——长株潭湘江智能经济带。

（二）创建长株潭湘江智能经济共同体

大力加强创新基础能力建设，汇集并整合湘江新区、湘江智谷·人工智能科技城、岳麓山大学城、国防科大、株洲高新区、湘潭高新区等平台的产学研优质资源，共同创建长株潭湘江智能经济共同体，聚焦并研发国际顶尖智能经济技术，着力开发国内、国际智能经济市场，重点在 AI、VR、云服务、区块链、智能交通解决方案等领域开展研发与应用，形成强有力的创新和研发能力。

（三）建设长株潭湘江智能经济科创园

在三市结合部位选址建设智能经济创新创业产业园，形成智能经济生产力。根据智能经济发展的不同领域，分别设立包括智能环保、智能建筑、智能交通、智能教育、智能医疗、智能金融保险等在内的重点子园，完善院士工作站、重点实验室、知识产权保护、科技成果转化、产业孵化等相关配套设施和工作保障，鼓励高校、企业参与智能公共服务应用的开发，将长株潭湘江智能经济科创园建成国内一流、国际领先的创新创业园。

（四）建设长株潭湘江智能经济体验区

充分利用串联三市的湘江风光带，大力实施智能化改造，建设智能经济实体体验走廊，打造自动驾驶汽车体验区、智能交通运管区、智能住宅体验区、智能城市防控区、智能垃圾收储、智能电网、智能通信、智能穿戴、智能环保检测、智能地图与搜索、智能公共服务等体验，分享智能经济的超前性与便利性，将智能经济切切实实融入参与体验人们的生产、生活，让人看得见摸得着。

十 着力创新长株潭一体化推进机制

长株潭一体化建设虽然取得了突出成效，但在纵深推进的过程中，仍遇到一些瓶颈因素，需要完善过去“省统筹、市为主”的推进机制，以同城化为目标、以一体化为主导，切实完善推进机制，尽快建立“省市共建、三市协同”机制。

（一）完善领导科学决策机制

成立高规格、强有力的推动长株潭一体化发展领导小组，统筹指导和综合协调长株潭一体化发展战略实施，研究审议重大规划、重大政策、重大项目和年度计划安排，督促落实重大事项，协调解决重大问题，逐步突破行政区划分割给长株潭一体化带来的阻碍，在基础设施、科技创新、产业发展、文化教育、医疗卫生、社会保障、人才开发、劳务合作、生态环境等领域达成共识、共建共享。

（二）完善好三市联席会议制度

由长株潭一体化发展领导小组办公室组织，建立三市常态化、高效化的对接协商机制，每年推动一批重大规划、重大项目、重大政策和重大平台取得实质性进展。三市共同组建市场化的长株潭一体化建设投资平台，负责年度跨区域重大项目建设。共同研究制定一体化政策支撑机制，省市相关部门共同制定推进三市一体化的政策，消除有户口限制的地方政策，凡是有利于推进三市一体化的政策领域，逐步实现三个城市一个政策。

（三）完善多层次多领域合作机制

在建立健全重点领域合作机制、各类市场主体协同联动机制、区域间成本共担利益共享机制下功夫。加强地方立法、政务服务方面的合作。共同推进数字政府建设，强化公共服务领域的数据交换共享。加快实现民生保障和企业登记事项异地受理和办理。充分发挥市场机制的作用，进一步释放市场主体活力和创造力。鼓励民营经济跨城市并购重组和参与重大基础设施建设。鼓励行业组织、协会、商会、产学研联盟等开展多领域跨区域合作。

（四）完善社会力量参与机制

社会智库参与长株潭一体化建设。鼓励本外地智库参与长株潭一体化建设决策咨询，参与长株潭都市圈整体发展规划编制，评估长株潭一体化建设成效，研究长株潭一体化发展中面临的重大问题。社会资本参与长株潭一体化建设，参与长株潭一体化基础设施建设、产业一体化建设开发、产城融合建设。充分发挥社会资本的自主权，在参与产业建设的同时，参与城市建设，实现产城融合。社会公众参与长株潭一体化建设。树立长株潭三市“一盘棋”思想，汇聚形成一体化建设的强大合力。

B.8
新时期长株潭城市群一体化发展存在的问题及对策报告

张 旺　徐习军　曹 峰*

摘　要： 作为新时期建设长江中游城市群的重要支撑与湖南经济社会的核心增长极，长株潭城市群发展进入了率先从全面小康迈向基本实现现代化的新时代，长株潭一体化经过30多年的演进也已取得较大成效。但同时，也存在规划难以实施、动力不足、一城独大、简单行政化、全盘市场化等现实问题。在创建和引入多中心网络化协同治理理论的基础上，构建长株潭城市群一体化多中心网络化协同治理模型，并提出解决上述问题的体制机制创新对策：基于约束刚性化，构建落实联合执法机制；基于整体最优化，建立健全统筹协调机制；基于主体多元化，创立全员共建共享机制；基于引导弹性化，完善强化资源共享机制；基于功能多样化，健全完善政策协同机制；基于风险共担化，完善绩效考核评价机制。

关键词： 长株潭城市群　一体化　多中心网络化　协同治理

《国家新型城镇化规划（2014～2020）》将城市群作为优化我国城镇化布局的主体形态，以之为主体构建大中小城市和小城镇协调发展的城镇格

* 张旺，副教授，湖南工业大学城市与环境学院；徐习军，湖南城市学院；曹峰，湖南省建筑设计院有限公司。

局，将成为我国新型城镇化发展的重要空间组织形态。城市群一体化是指在城市群区域空间中，人流、物流、技术流、信息流和资金流所构成的区域流不断加速对流，如同一只“看不见的手”，将各城市整合为一个整体。① 在当前新科技、新产业、新业态、新模式发生颠覆性变化的时代背景下，由于城市群之中资源要素的同城化和成本梯度的差别化，随着城市群发育的日趋成熟，原来较多地依靠经济集聚和基础设施共建共享的城市群一体化传统格局，逐渐转化为不断拓展广度和深度的一体化发展格局，这种一体化发展格局需要更多地依靠区域内经济的均等化和制度的协同化。

然而，由于诸多要素的制约，我国一些城市群一体化在新时期没能朝着正确的方向演进，暴露出一些现实问题，如：一体化程度偏低，缺乏城市间的合作和分工，产业结构趋同无序竞争现象突出，② 资源环境负荷增加，交通堵塞等。这些现实问题主要是由行政区划和管理体制造成的。③ 如 Meijers 认为在资源和市场限制的前提下，城市群内部各城市间存在相对独立性和竞争性，再加上地方政府的绩效考核制度，若缺乏有效的调控指引，必然导致无效无序的恶性竞争；④ 肖金成等人指出行政体制下的组织机构和管理机制分割使得统一市场难以形成，资源得不到优化配置，城市间的竞合关系也难以有效形成。⑤ 因此，在推动城市群生态、交通、基础设施、公共服务、重大项目建设等一体化的基础上，创新一体化的组织管理模式，才能避免本位主义和市际壁垒，推进城市群内城市之间的分工协作，调整产业结构，合理配置资源，优化空间布局。⑥ 作为我国发育较为成熟的 15 个城市群之一，

---

① 汪波：《论城市群生态一体化治理：梗阻、理论与政策工具》，《武汉科技大学学报》（社会科学版）2015 年第 1 期。

② 樊杰：《城市群规划要科学》，《光明日报》2014 年 3 月 27 日第 13 版。

③ 陈湘满、刘君德：《长株潭城市群的形成及其行政组织与管理模式研究》，《邵阳师范高等专科学校学报》2000 年第 5 期。

④ Meijers E.，Polycentric Urban Regions and the Quest for Synergy：Is a Network of Cities more than the Sum of the Parts?［J］. *Urban Studies*，2005，42（4）：765 – 781.

⑤ 肖金成、刘保奎：《首都经济圈规划与京津冀经济一体化》，《全球化》2013 年第 3 期。

⑥ Healey P.，The Treatment of Space and Place in the New Strategic Spatial Planning in Europe［J］. *International Journal of Urban and Regional Research*，2004，28（1）：45 – 67.

长株潭城市群是最早自觉实行一体化的区域，从理论提出到付诸实践再到2018年的多点示范，已经历36年。但在当前时代背景下，长株潭城市群一体化发展也遇到了上述系列问题。如何在新理念、新思路的指引下，克服不足，创新体制，进一步推动长株潭城市群一体化向纵深方向发展，也为国内其他类似城市群一体化发展提供经验借鉴和启示，就成为学界和业界面临的现实而紧迫的重要课题。

一　长株潭城市群一体化发展存在的问题

虽然长株潭城市群在资源集聚和基础设施建设一体化方面取得了明显成效，如同城效应初步形成、叠加效应正在凸显、品牌效应逐渐显现、示范效应与日俱增、带动效应显著增强，但区域内城市的资源禀赋和发展基础各不相同，从而会自发地形成城市发展效率水平的空间分化，不断累积一些矛盾和不协调的问题，使得城市群一体化出现离心分散化趋势，偏离健康发展的轨道。[①] 长株潭城市群一体化发展过程中，主要存在以下几个方面的问题。

（一）规划难以实施

早在1993年12月，《长株潭区域开发总体规划（1991～2010）》就通过了专家鉴定；2009年，相关部门又出台了《长株潭城市群区域规划（2008～2020年）》；2015年2月，湖南省人民政府印发了《长株潭城市群区域规划（2008～2020）》（2014年调整）。目前，长株潭城市群已建立由总体区域规划、18个专项规划、40多个项目规划、100多个示范片区规划和市域规划所组成的全方位、多层次的一体化建设规划体系，还进行了相关规划立法。但由于长株潭一体化规划缺乏执行检查主体和权威性行政手段，因而缺乏必要的行政约束力，尤其在省级层面上缺少高位的领导协调、统筹推进和考核评估机制，这导致统筹协调和推进力度不够；且省与市、市与市

① 焦竑：《长株潭城市群：亟须主攻行政一体化?》，《中华建设》2013年第2期。

之间仍未建立起协调与协商机制，规划也就无法得到全面和准确的落实，执行情况也难以监管到位和落实问责。这又造成长株潭三市在招商引资、产业布局、项目建设、科技创新、人才吸引等诸多方面不是协同共进、互利共赢，而是相互竞争、同质竞争，甚至是恶性竞争，金融服务同质化竞争现象较为激烈，特色化、差异化服务很少。同时，因为长株潭区域在经济社会的许多领域存在立法空白，[①] 三市在招商引资时存在相互拆台的恶性竞争现象，争项目、争投资，这不仅会造成三败俱伤，打乱原有产业规划的整体布局，而且会损害整个城市群的全局利益。

（二）动力不足

长株潭三市按照区域一体化规划，在原“电力同网、交通同环、信息同享、金融同城、环境同治”的基础上形成了“新五同”，即交通同网、能源同体、信息同享、生态同建、环境同治（见图1），公共服务上的“三通四化”（公交、健康、社保一卡通和户籍、交通、信息、规划一体化）也正在推行中。但由于统筹协调机制不够给力，长株潭三市融易合难、融而未合，产业融合不够，未能成链成群；同时受到以分税制为核心的地方财政预算管理体制制约，存在“肥水不流外人田”的地区保护主义观念和行政行为，城市群一体化缺乏动力，因而资源整合不够，没能全局化一体化。例如工程机械和汽车制造等产业没有形成分工配套的优势产业链，企业之间也未形成紧密联系的协作关系，产业集群内龙头企业的带动作用不强，各地政府为做大做强和兼并重组出台的融合性优惠政策不多，刺激作用不够明显。又如“阻碍”融城的长潭西高速、长株高速两个收费站仍未撤销，对保税物流园区、保税区等开放性平台的统筹利用不足。

（三）简单行政化

虽然长株潭城市群创造了“两型社会”的长株潭模式、自主创新的

① 周雄文、周凌：《论长株潭区域法治保障机制的意蕴与创新》，《湖南工业大学学报》（社会科学版）2017 年第 6 期。

长株潭现象、自主开展区域经济社会一体化的长株潭样本，争取到了长株潭“两型社会”综合配套改革试验区、长株潭自主创新示范区、长株潭衡“中国制造2025”试点示范城市群、湘江新区共4块“国字号”金字招牌，但相当部分激进的学者甚至官员主张应“先行政一体化”，认为在现行体制下，当行政区域利益与横向经济联合发生冲突而又无法调和时，可借鉴大部分发展中国家所采取的“墨–印”模式。“不以政府的主导和行政区划的调整为前提，要加快经济发展、激活区域热点、抢占改革先机将成为一句空话，一体化也将成为没有真实存在地点的‘乌托邦’。”于是，“要搞长株潭经济的一体化，就得先搞行政的一体化。否则，一体化永远只能是‘隔靴搔痒’。”[①] 这样简单的行政一体化、一致化往往被理解为将长株潭三个城市扭成一个“大长沙”“长株潭城”或“毛泽东城”。

（四）一城独大

目前，长沙与株洲、湘潭之间的空间分异明显，经济发展实力、居民生活水平、社会保障程度的差异都呈加大之势，长沙正在努力打造国家中心城市，有成为长株潭城市群核心城市的倾向。2017年，从人均GDP来看，长沙高达135388元，而株洲、湘潭两市分别只有64165、72256元，后二者仅约相当于长沙的1/2。从城镇居民人均可支配收入来看，长、株、潭分别为46948、39787、34167元；从农村居民人均可支配收入来看，长、株、潭分别为27360、18340、17885元，在城镇居民和农村居民人均可支配收入上长沙都高于株洲、湘潭。从第三产业的比重来看，长沙、株洲、湘潭分别是49.0%、44.0%、43.1%，长沙比后二者高了5%及以上。

长此下去，长沙将积累先发优势，株洲和湘潭则会形成后发劣势。于是长沙将集聚更多的优质资源，如雄厚的资本、发达的科技、便捷的交通、高端的人才、集中的消费市场和完备的公共服务等，多重要素的叠加

① 焦竑：《长株潭城市群：亟须主攻行政一体化?》，《中华建设》2013年第2期。

必将导致其集多种经济社会功能于一身，规模和范围也会急速扩张，“一城独大”将有可能导致所谓的“大城市病”，导致规模不经济。而株洲、湘潭却只能在长沙这个核心城市最优化的限制下，寻求外围城市相对最优的发展路径。此时，长株潭城市群就不可避免会出现重复建设、结构趋同、大而全、小而全等功能上的三城各自大包大揽现象，从而造成一体化定位不清、专业化分工不明、城市群一体化偏离整体最优的市场失灵等问题。

（五）全盘市场化

市场一体化下，受市场这只无形之手的巨大主导作用，城市群分工更趋专业化，资源和产业更趋集聚化。产业集聚化和专业化也具有负面影响，专业化驱动下的城市扩大和分工精细化必然伴随交易效率的下降。①

在这种极化效应的负面影响下，长沙因将成为核心城市而处于个体最优状态，其政府有较强的财力提供优质教育、医疗、养老和环境等公共服务；同时通过设置户籍制度等障碍及服务差别化等措施，尽可能“阻碍”这些资源向株洲、湘潭等地扩散，这将导致长株潭三市公共服务设施、公共服务平台和优质资源配置的“玻璃墙”现象，形成自我封闭、各自为政的局势，缺乏共建共享机制，不均等、不共享的问题会愈加突出。三市实行户籍制度的具体标准不一致，目前居民健康卡仍没能实现跨城市、跨机构就医，三市仍不能共享科研、医学和卫生等资源；科技资源的联动共享也做得不够，没能有效发挥在重大科技攻关和成果转化方面的联盟作用；人才配置难以协同，尚未建立起三市共同的人才需求发布平台和人才需求动态信息数据库，已有各类人才的作用也未充分发挥出来；失业保险的三市征缴部门不同，参保信息未能共享，待遇发放标准不同，跨市认证的领取方式也各不相同；缺乏区域性统筹的社会救济制度设计，保障模式也不同；生态协同难度大，大气及水污染等区域联防联控治理机制还未形成，

① 杨小凯：《发展经济学：超边际与边际分析》，社会科学文献出版社，2003，第419页。

信息共享、环境执法等未实现协同，生态补偿、激励性环境治理的财政转移支付制度也未建立起来。

上述五个方面的现实问题，究其原因主要是市场失灵、政府调控不足造成的，这也是城市群一体化发展阶段难以避免的。纵观当前的成熟城市群，一般都会经历由市场主导的初级阶段出现市场失灵，因核心城市产业集聚过多而出现“大城市病”。城市群一体化出现的上述问题，需由较高层级政府或中立第三方介入，进行整体规划，且应注重政府调控与市场机制二者的协调统一。① 城市群一体化初级阶段是城市空间的布局与合作，中级阶段是生产要素的流通与合作，高级阶段则是政策制度的创新与合作。因而在城市群进入中高级阶段的成熟期时，为跳出上述误区，体制机制改革是当务之急，例如长三角城市群市场和产业一体化程度相对较高，基础设施和公共服务一体化有待继续推进，政策和体制机制一体化仍然有待探索和创新。② 珠三角城市群发展“五个一体化”的目标远未实现，推进一体化的整体性机制尚未建立，制约一体化的体制瓶颈尚需突破。③ 综上所述，城市群在走向一体化的成熟阶段中，存在的主要问题是体制性障碍、结构性矛盾和政策性问题，故从长株潭城市群的个体特征出发，提炼出行之有效、具有普世价值的共性解决之道，就具有较强的理论意义和实践价值。

二　多中心网络化协同治理理论的创建和引入

（一）多中心治理理论

20 世纪 70 年代，美国学者埃莉诺·奥斯特罗姆（Elinor Ostrom）与其

① 徐璐、贺京同：《京津冀一体化中的市场失灵与去功能化：对成熟城市群发展经验的借鉴》，《当代经济管理》2016 年第 6 期。

② 顾海兵、张敏：《基于内力和外力的区域经济一体化指数分析：以长三角城市群为例》，《中国人民大学学报》2017 年第 3 期。

③ 王玉明、王沛雯：《珠三角城市群一体化发展：经验总结、问题分析及对策建议》，《城市》2015 年第 1 期。

丈夫文森特·奥斯特罗姆（Vincent Ostrom）共同创立了多中心治理理论。在市场失灵和政府失灵都有可能出现时，他们认为，公共事物的治理需摆脱单方面仅依靠市场或政府的“单中心”治理模式，应建立市场、政府、社会三维框架下的“多中心”治理方式。在某种程度上，需要考虑处于竞争关系中的其他参与者，需要各式各样的契约与合作，需要诉诸中央机制来解决冲突。[①] 埃莉诺·奥斯特罗姆还提出，多中心系统存在于多个层级中，每个层级都有一些自治权。可以设想一个区域，存在着对其负责的政府机构，但也有许多地方自治组织管理那个区域的地方资源。[②] 城市群中有多个城市也即多个中心，每个城市也有多个层级，还有企业、市民和非政府组织等，因而多中心治理理论可用来指导城市群一体化的体制改革。不过该理论并没有深入探索多元化的治理主体，以及如何处理主体相互间的关系问题。

（二）网络城市理论

网络城市的概念可溯源到 Geddes 提出的“城市区域”[③] 或 Stein 提出的“区域城市”[④]。当前许多学者已从不同角度描述或界定了网络城市及类似现象。李国平等人将网络城市的特征总结为：具有多中心空间结构；功能一体化方面，具有完善的职能分工或网络整合体系；由实体（快速交通系统）和虚拟联系（实时通信系统）网络支撑；是分散化、有竞争力及经济、社会和环境可持续发展的城市形态。[⑤] 走向成熟的城市群或发达的大都市区正具有上述特征。Docherty 等人认为城市群形成全面战略性合作城市关系的重点是：第一，达成共识，建立信任；第二，明确利益分配；第三，确立共同

---

① 埃莉诺·奥斯特罗姆：《超越市场与政府：复杂经济系统的多中心治理》，清华大学出版社，2017，第 3～34 页。

② 埃莉诺·奥斯特罗姆：《公共资源的未来：超越市场失灵和政府管制》，中国人民大学出版社，2015，第 44 页。

③ Geddes P.，Cities in Evolution：An Introduction to the Town Planning Movement and to the Study of Civics［J］. *The Geographical Journal*，1916，47（4）：309.

④ Stein C. S.，*City Patterns*，*Past and Future*［M］. Juni：New Pencil Points，1942：248.

⑤ 李国平、孙铁山：《网络化大都市：城市空间发展新模式》，《城市发展研究》2013 年第 5 期。

的竞争对手；[①] 第四，形成合力。网络城市理论强调，城市群及大都市区一体化发展的关键在于整合和协调好政府、社团组织和个人之间的利益关系，从不同社会集团利益协调的角度来构建城市群一体化的协调发展机制。

（三）协同学理论

协同学理论是1977年由德国物理学家赫尔曼·哈肯在研究激光理论时正式提出的。它揭示出物态变化的一个普遍方程式为：旧结构—不稳定性—新结构，即随机状态参量和控制变量二者间的相互作用，将系统从其旧结构状态驱动到新结构状态，并确定应实现的那个新结构状态，[②] 即“协同”，亦指大系统中诸多子系统实现了相互协调、合作或同步的联合作用。协同学是一门自然、经济、社会、政治等多领域中，由普遍规律支配下的集体行为科学，运用这种系统内在的自动机制，能使系统中各子系统（或要素）很好地配合、协同，多种力量集聚成一个总力量，形成远远超越原有系统功能总和的新功能。城市群一体化所形成的大系统综合体，也可通过其子系统即所属城市之间的资源共享、市场共分、规模经济、分工协作、文化辐射、知识外溢、产业转移等取得协同效应。

（四）多中心网络化协同治理理论

将多中心治理、协同学和网络城市三种理论有机结合起来，创建多中心网络化协同治理理论。该理论的要义是：在尊重各个子系统（要素）目标多样化的基础上，通过实体和虚拟网络连接，寻求实现各个子系统（或要素）之间目标与手段的协同、合作，在它们的相互博弈过程中，构建起不同行为个体均能接受的共同规则、契约，从而实现各不同行为个体之间的共赢。多中心网络化协同治理，从政府部门角度，是从统治者到掌舵者的角色转换；从市民、社会组织等非政府部门角度，是从被动参与者到主动参与者

① Docherty I., Gulliver S., Drake P., Exploring the Potential Benefits of City Collaboration [J]. *Regional Studies*, 2004, 38 (4): 445-456.

② 赫尔曼·哈肯：《协同学：大自然的奥秘》，凌复华译，上海世纪出版集团，2001，第7页。

的变化。这种多中心、多主体合作过程，以公共整体利益最优化为目标，政府在此过程中起到的不一定是支配性作用，却是最关键的作用，它是政府、市场、市民和非政府组织等共同行动的结果。多中心网络化协同治理模式是指在处理国家或区域内的公共问题、公共事务时，政府、政党、社会组织和公民个人等多元化治理主体，注重市场机制与政府调控二者的协调统一，通过对话、沟通、协商、谈判等方式展开协同合作，基于物质或者虚拟网络而采取统筹行动，以实现共同目标的过程。

国内城市群要走出前文所述的种种误区，可在多中心网络化协同治理理论的指导下，兼顾各利益相关体的多元化诉求，借助高效便捷的虚实网络，综合采取市场机制和政府调控手段，探索和创新体制机制，协同共进，最终实现真正的高级阶段的一体化。

三　长株潭城市群一体化多中心网络化协同治理模式

针对长株潭城市群一体化发展中存在的现实问题，运用上述相关理论，笔者构建出长株潭城市群一体化多中心网络化协同治理模式，其制度框架结构如图 1 所示。

在构建长株潭城市群一体化多中心网络化协同治理模式的基础上，创新一体化体制机制的制度取向，是推动一体化纵深发展的必然手段，也是实现长株潭城市群体制创新的必然要求。为了在体制机制上取得新突破，应依靠新的体制机制，形成新的合力和动力，推动一体化发展步入新阶段。

（一）基于约束刚性化，构建落实联合执法机制

针对城市群一体化规划难以落地的问题，按照多中心网络化协同治理模式，构建起系统中不同行为个体均能接受的共同规则、契约，即建立强有力的法律制度，为一体化保驾护航。为此，首先，应加强规划的法定性，强化规划的约束刚性，制定出台相应的法律规范，以打破各市各级的地方保护和

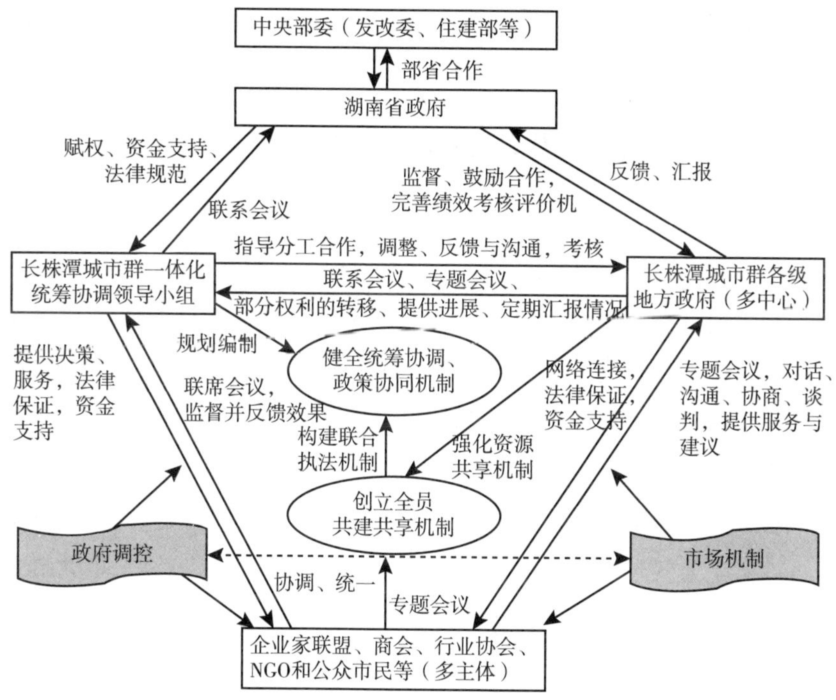

图1　长株潭城市群一体化多中心网络化协同治理模式

行政壁垒。其次，应规范地方规章，衔接好长株潭三市法律法规制度。尽快制定三市共同遵守的行动准则，制定相应的管理契约。① 最后，可探索由省直相关执法部门牵头，整合长株潭三市执法队伍和力量，建立一定区域、一个流域、多个领域的联合执法机制，即在长株潭城市群一体化统筹协调领导小组组织下，设立长株潭城市群巡回法院，实施联合综合巡回执法，受理跨市法律案件和纠纷。在生态环保一体化方面，环境监管实施联动执法，统一执法标准，健全跨三市的环境治理跟踪、协商和仲裁机制，构建由环保部门统一监管、相关部门各司其职的环境执法机制。在劳动保障监察协查方面，建立跨三市区域的联动执法机制，切实维护区内劳动者的合法权益。在健全公共安全体系方面，跨三市开展联合执法、警务协作与协同处置，实现处置

① 赫尔曼·哈肯：《协同学：大自然的奥秘》，凌复华译，上海世纪出版集团，2001，第7页。

突发事件、打击违法犯罪、维护社会稳定、监督食品安全等方面的区域联动。

（二）基于整体最优化，建立健全统筹协调机制

针对城市群一体化动力不足的问题，依据多中心网络化协同治理理论，需实现各不同行为个体之间的共赢，最终达到公共整体利益最优化的目标。为此，在当前试行“省统筹、市为主、市场化”的推进机制成效不够显著的情况下，必须建立健全决策层、协调层、执行层三个层面上的高层次、常态化统筹协调机制，加强对长株潭城市群一体化发展的统筹协调、组织实施。湖南省委常委会每年应至少召开一次专题会议，研究探讨长株潭一体化发展的有关规划编制、政策实施、项目安排、体制创新等重大问题。成立由省委省政府主要领导牵头、省直有关部门主要负责人及长株潭三市党政主要负责人参加的长株潭一体化统筹协调领导小组，健全定期会商及工作推进机制，协调解决长株潭一体化发展过程中的重大问题，推动实施重要改革、重大项目、重大工程和重点工作。建立长沙、株洲、湘潭三市联席会议及工作协调联络机制，一个季度召开一次联席会议，落实湖南省委省政府重大决策部署，加强沟通联络，强化合作协同，推动重大项目和重大工作的任务落实。

（三）基于主体多元化，创立全员共建共享机制

针对城市群一体化存在简单行政化问题，根据多中心网络化协同治理理论，应尊重各个子系统（或要素）目标多样性，即考虑各利益共同体的诉求，调动长株潭城市群政府、社会、市民等各个方面的积极性、主动性和创造性，尽最大可能推动各方同向合力行动，使得政府有形之手、市场无形之手、市民灵巧之手同向发力。注重政府调控与市场机制二者的协调统一，健全城市群内基础设施建设以政府投资为主、公共服务以社会服务为主、产业发展以企业投入为主的多元化投入机制。推动政府和社会资本合作等新型投融资模式，破解城市群建设的资金困境。

吸引社会资本参与城市群的建设、管理和经营。在基础设施和公共服务供给方面，凡社会组织和企业有积极性、适合承担的，尽量推行政府和社会资本合作的模式，完善价格调整、政府补贴及监管机制，兼顾公共利益与投资收益二者间平衡。总之，通过协同合作来实现各利益相关者的共享整体利益。

（四）基于引导弹性化，完善资源共享机制

针对城市群一体化中一城独大的问题，针对市场失灵有可能导致交易效率的下降问题，为实现整体最优，政府应适当进行调控，完善资源共享机制，从单中心发展，通过对话、沟通、协商、谈判等形式展开协同合作，从而走向多中心网络化的协同发展。为此应基于调控引导的弹性原则，大力破除限制资本、土地、产权、技术、人才等生产要素自由流动和优化配置的各种体制性障碍，全面清理生产要素和商品不能自由流动的各种不合理政策；破解制度藩篱和利益羁绊，打破三市行政界限和市场分割格局，消除市场壁垒，构建无缝对接的府际合作机制，加快建设区域统一的商品和要素市场体系，规范和整顿市场秩序。探索构建长株潭城市群统一的土地利用、金融投资、技术研发、产权交易、财政税收、创新创业等政策，健全资源共享、协作配套、统筹互助的机制。既通过基础网络连接相互协同合作，推动各要素根据市场规律在长株潭城市群内的自由流动、优化配置，又对城市群进行柔性动态调整，构建一个专业化明显的梯度、能级型突出的城市体系。

（五）基于功能的多样化，健全政策协同机制

针对城市群一体化中全盘市场化问题，应打破长株潭三城各自为政的博弈格局，引导各城市开展专业化分工，专注于各自单一功能，集聚资源，发展城市群整体多样化的功能，最终达到多中心合作的公共整体利益最优化。为此，需要制定一套统一协调的有效竞争规则，即采取政策适当调控手段，探索建立政策协同机制，强化改革和政策协同，增强工作的系统性、整体性、协同性，就长株潭城市群内相关政策、规划实施加强协调、监督；加强

各级、各部门联动，对三市规划、国土、环保、住建等部门开展区域性治理,[①] 以统一的制度架构和实施细则，来统筹长株潭三市不同程度的地区政策效应行为，使得各项改革发展措施在政策取向上互相配合、在执行过程中相互促进、在实施效果上相得益彰，以产生共振效应，形成整体绩效。打破三市行政区划界限，在用地、财税、人才引进培养等方面，赋予长株潭三市同等的行政权限和先行先试权、改革自主权和市场要素配置权。凡是国家批准开展的改革试点和实施的重大政策，在长株潭城市群可同步开展、同步实施。

（六）基于风险共担化，完善绩效考核评价机制

考虑到多中心网络化协同治理模式复杂的外部环境及内部系统条件，现状的自愿合作及相关协议一般只建立在不完全合同制上，责权不分，政府或领导失信可能发生，因而需要在当前三市政府合作协议的基础上建立争端处理机制，在政府间制订处罚办法及“避免诈骗”的合同条款。[②] 为此需整合政府绩效考核、全面小康考核、全面深化改革考核和领导班子政绩考核等制度，在长株潭城市群探索构建一套基本实现现代化建设的考核评价体系，做到科学、规范、可量化，并强化对创新发展、体制改革、产业升级、民生改善、生态环保等目标和指标的考核，加强约束性指标的考核，形成合理的约束机制。健全监测评估制度，加强跟踪分析和督促检查，推动长株潭一体化发展。考核城市群内政府官员的政绩，不仅要考评其所主政的地方经济社会发展成效，更要着眼于城市群一体化发展大局，建立广大公众为评价主体、自下而上的考评体系。建议引入政绩成本收益分析法来开展绩效考核，计量分析为取得政绩而付出的投入或代价。打破传统由主管部门单方面考核政绩的办法，创建常规化的公民定期评价政府制度，并将其纳入干部政绩考核

① 易石宏、刘瑛：《城市群一体化管理体制创新的制度安排：基于长株潭“两型社会”建设的视角》，《南方论刊》2010 年第 8 期。

② 张衔春、吕斌、许顺才等：《长株潭城市群多中心网络治理机制研究》，《城市发展研究》2015 年第 1 期。

中。对不符合长株潭城市群一体化发展要求，导致资源浪费、重复建设和环境破坏等情况的，需追究其直接责任人的行政责任和主管领导的连带责任，但也要健全完善相关激励探索、容错纠错、能上能下的改革容错机制。

参考文献

汪波：《论城市群生态一体化治理：梗阻、理论与政策工具》，《武汉科技大学学报》（社会科学版）2015 年第 1 期。

樊杰：《城市群规划要科学》，《光明日报》2014 年 3 月 27 日第 13 版。

陈湘满、刘君德：《长株潭城市群的形成及其行政组织与管理模式研究》，《邵阳师范高等专科学校学报》2000 年第 5 期。

Meijers E. Polycentric Urban Regions and the Quest for Synergy：Is a Network of Cities more than the Sum of the Parts? ［J］. *Urban Studies*, 2005, 42 (4)：765 – 781.

肖金成、刘保奎：《首都经济圈规划与京津冀经济一体化》，《全球化》2013 年第 3 期。

Healey P. , The Treatment of Space and Place in the New Strategic Spatial Planning in Europe ［J］. *International Journal of Urban and Regional Research*, 2004, 28 (1)：45 – 67.

焦竑：《长株潭城市群：亟须主攻行政一体化?》，《中华建设》2013 年第 2 期。

周雄文、周凌：《论长株潭区域法治保障机制的意蕴与创新》，《湖南工业大学学报》（社会科学版）2017 年第 6 期。

杨小凯：《发展经济学：超边际与边际分析》，社会科学文献出版社，2003。

徐璐、贺京同：《京津冀一体化中的市场失灵与去功能化：对成熟城市群发展经验的借鉴》，《当代经济管理》2016 年第 6 期。

顾海兵、张敏：《基于内力和外力的区域经济一体化指数分析：以长三角城市群为例》，《中国人民大学学报》2017 年第 3 期。

王玉明、王沛雯：《珠三角城市群一体化发展：经验总结、问题分析及对策建议》，《城市》2015 年第 1 期。

埃莉诺·奥斯特罗姆：《超越市场与政府：复杂经济系统的多中心治理》，清华大学出版社，2017。

埃莉诺·奥斯特罗姆：《公共资源的未来：超越市场失灵和政府管制》，中国人民大学出版社，2015。

Geddes P. , Cities in Evolution：An Introduction to the Town Planning Movement and to the Study of Civics ［J］. *The Geographical Journal*, 1916, 47 (4)：309.

Stein C. S. , City Patterns, Past and Future [M] . Juni: New Pencil Points, 1942: 248.

李国平、孙铁山:《网络化大都市:城市空间发展新模式》,《城市发展研究》2013 年第 5 期。

Docherty I. , Gulliver S. , Drake P. , Exploring the Potential Benefits of City Collaboration [J]. *Regional Studies*, 2004, 38 (4): 445 -456.

赫尔曼·哈肯:《协同学:大自然的奥秘》,凌复华译,上海世纪出版集团,2001。

易石宏、刘瑛:《城市群一体化管理体制创新的制度安排:基于长株潭“两型社会”建设的视角》,《南方论刊》2010 年第 8 期。

张衔春、吕斌、许顺才等:《长株潭城市群多中心网络治理机制研究》,《城市发展研究》2015 年第 1 期。

B.9 长株潭一城化共融发展报告

熊柏隆*

摘　要： 城市的发育成长动能一般源于族聚动能、区位动能、军事动能、行政动能、产业动能、市场动能以及社会动能等，当代城市及其圈群繁育主要依靠多样性综合动能。随着当代区域竞争模式与城市圈域集群势能的不确定性嬗变，在城市群竞相崛起的加速大势中，长株潭一城化发展正越来越多面对同类城市圈群的资源竞争性挑战，压力越来越大。历史与现实正热切期待我们的胆识、气度、抉择与行动，应抢抓优势和机遇积极作为，加速长株潭由三市聚群演进为一城发展，促升长株潭一城化竞合能级。

关键词： 长株潭　一城化　共融发展

自20世纪50年代倡建三市合一的“毛泽东城”开始，近70年来，长株潭三座近邻城市一直沿着各自行政主体选择的路径似是而非地前行着。2005年，长株潭城市群列入国家“十一五”规划，成为国家战略层面的城市化重点关注区。2006年，长株潭城市群跻身为促进中部崛起重点发展的城市群之一。2007年12月，经国务院同意，国家发改委批准长沙、株洲、湘潭城市群为全国资源节约型和环境友好型社会建设综合配套改革试验区。全面审慎观察，不难辨识，这些年中，长株潭三市的一体化与同城化共融发

* 熊柏隆，湖南省社会科学院城市发展研究中心特约研究员。

展似乎总在蹒跚徐行，虽然三市一城化共融发育明显进步，但横向比较国内同类城市群竞相崛起的加速大势，长株潭一城化共融进程无疑已坐失优势赋能期的最佳成长机遇。前瞻未来，随着当代区域竞争模式与城市圈域集群势能的不确定性嬗变，长株潭三市走向圈群共融一城的探索有可能继续丧失后成长机遇。历史与现实正热切期待我们的胆识、气度、抉择与行动，亟须我们拷问失落、审视进展、前瞻跨越！

一　长株潭一城化临界终极成长机遇

尽管不同城市及其圈群发育成长具有不同的自然条件、历史背景、现实基础与其他比较优势，但无不受重要时间节点或重大事件性机遇的激励影响，不同激励机遇对城市圈群发展的馈赠红利悬殊。抢抓优势机遇积极作为，加速长株潭由三市聚群演进为一城发展具有重大历史意义。

（一）城市圈群衍生机遇诱导规律

世界城市及其圈群发育成长史昭示，承载着浩繁人流、物流与信息要素以及财富的城市衍变，均受到无形的时间机遇与显明的事件机遇的诱导驱动，但在不同时期的城市与城市圈群构造、文明成就及社会风尚演化中，事件机遇最表象也最易被人们感知，而时间机遇的贡献最平凡、最巨大也最易被人们所忽视，一定时间机遇期内的城市及其圈域的物质与人文创造会永久地定格为历史经典。不论城时代的单元主体作为，还是圈群时代的多元竞合作为，抑或融城时代的一体共生作为，无不需要时间的浸润与事件的推动，但平淡且不可逆的时间机遇并不具有恒久延展性。事件机遇则具有可复制性与可传导性，对城市及其圈群衍变具有强作用力甚至转折性质变影响。时间机遇与事件机遇大多平行并存于城市文明进程中。机遇诱导规律启示人们，城市及其圈群发展必须前瞻地抢抓先期机遇、锐意成就优势机遇、奋勇追逐后发机遇，才能不落伍、不退步、不遗憾。助力城市圈群兴盛的某些时间机遇或事件机遇可能转瞬即逝，通常最长的时间机遇也往往不过30～50年，事件机遇则更短暂，在机遇期内成就的历史优势会永久地积淀为更大更多的后续优势，这些不断累积的各类历史优势具有不完全消弭性——即使在遭战争毁败后也会浴火重生、自我修复。城市及其圈群发展的时间机遇重要而稀少、短暂且游离，不可复制、不可再生、不可回转！但事件机遇则可争取、可分享、可竞合。

（二）中国城市化中后期量能预判

改革开放以来，随着社会人口流动、城市产业结构与居民比较收益及其边际效用递增的变化，国内城市化全面、持续提速，城市急速扩容、普遍提质，驱动着多类型城市及其圈群不断发育、日渐成型，城市、城市圈群之间的经济联系升级为新的区域、跨域竞合关系，开始演绎出国际化、全球化的资源虹吸、资本导流、市场竞争、人才集聚与科技创新活动，出现了后发渗融趋势、合纵连横趋势、优势强胜趋势、阻滞积弱趋势与生境重组趋势，考验着弄潮这些趋势的城市政府或城市群联盟主体不同的运营智慧、竞争策略与创新主张。毋庸置疑并不容忽视的是，当代中国城市化进程已渐入中后期，2019 年全国常住人口城镇化率已达 60.60%①。1978～2014 年，国内常住人口城镇化率年均提高 1.02 个百分点②；2014～2019 年，国内常住人口城镇化率年均提高 1.15 个百分点。基于国内自然地理环境、生产力组织结构、主体功能区建设状况、国家人口基数、城市承载容量与经济发展成长性需求以及农村现代化建设支持动能等诸多因素考量，排除非和平发展因素的干扰阻滞，按年均提高 1 个百分点左右的正常城市化增长率判断，我国城市化总体水平有可能在未来 15～20 年达到 75%～80% 的极限峰值，即接近或达到发达国家 80% 的城镇化平均水平。未来 20 年间，国内城市化率的提升水平可能只有最高约 20 个百分点的增长空间，城市圈群的缔造也只能在这个转化空间内展开资源组合迭变。因此，长株潭三市一城化

---

① 张萍：《长株潭城市群经济一体化历史进程》，《中国区域经济发展报告（2007～2008）》，社会科学文献出版社，2008。

② 童中贤：《加快推进长株潭一体化纵深发展》，《长沙晚报》2019 年 4 月 4 日。

只可能在20年里的这个人口极限峰值内奋力参与多边竞合，这是长株潭一城共融现已临界的终极发展时间机遇。如何在20年内打造长株潭三市一体的国家中心城市，构筑中南部区域的省际强势增长极，实现湖南长株潭一城化发展的大都市战略跃升愿景？现实正强烈呼唤并殷切期待省级高层与社会各界凝聚共识、只争朝夕、奋力作为。

（三）实现长株潭一城化机不可失

回溯历史，清康熙年间因“土苗战事”屯道垦田需要实行湖广分治，以洞庭湖为界建置湖南省。湖广析分后，长期以来，湖南沉湎于“鱼米之乡”的孤傲中踌躇满志，腹地封闭保守观念始终是禁锢湖南发展的思想桎梏。即使一度出现过郭嵩焘、魏源等近代最先“睁眼看世界”的有识国士，但社会层面大多封闭如旧、观念如古、落后如故。1936年9月，北起武汉徐家棚、南至广州黄沙的粤汉铁路建成通车后，湖南才开始改变内陆型发展格局，逐步从传统农业社会艰难而缓慢地向近代多元社会转型。改革开放后，全国工业化、城市化、信息化、市场化日益深入，城市与城市圈群推进效应急速蔓延，湖南逐渐沦为人口输出大省，即使获得了国家级战略规划指引与“两型社会”试验区建设的最佳先期机遇，但长株潭城市群的一体化至今未能取得实质性突破。未来20年间，全国将达到75%～80%左右的常住人口城市化目标，基本实现城市化，城市化后期发展机遇，对各地大都市圈群的缔造与成长无疑特别珍贵。《国家新型城镇发展规划（2014～2020年）》提出，培育发展中西部地区若干新的城市群。2018年11月，中共中央、国务院发布的《关于建立更加有效的区域协调发展新机制的意见》明确指出，以京津冀城市群、长三角城市群、粤港澳大湾区、成渝城市群、长江中游城市群、中原城市群、关中平原城市群等城市群推动国家重大区域战略融合发展，建立以中心城市引领城市群发展、城市群带动区域发展新模式，推动区域板块之间融合互动发展。至2019年2月，国务院已先后批复长江中游城市群、哈长城市群、成渝城市群、长江三角洲城市群、中原城市群、北部湾城市群、关中平原城市群、呼包鄂榆城市群、兰西城市群、粤港澳大湾区10个国家级城市群发展规划，另有京津冀城市群、海峡西岸城市群等发展规划待国务院批复，辽中南、山东半岛等城市群正在竞相兴起。中央提出："十四五"期间，要以新型城镇化带动投资和消费需求，推动城市群、都市圈一体化发展体制机制创新①。足可预见，未来城市与城市圈群的跨域竞合之争将更趋激烈，错失终极发展机遇，势必导致长株潭一城化目标愿景永久地沦为历史梦呓，作为引领省域经济社会发展的极核也将黯然失色。催生区划功能优化、组织结构再造、人口规模增长、产业创新升级、承载服务扩容、人文生境融合等新动能，加速长株潭三市由独立单元城市向同城共生都市乃至现代化大都市圈群转型升级，当代湖南人已责无旁贷、时不我待！

二　长株潭一城化共融发展赋能导向

在历史终极机遇期内，长株潭一城化发展面对同类城市圈群的资源竞争性挑战正越来越多、压力越来越大，必须奋勇担当，积极作为，科学调适战略导向，在升级赋能中实现积厚流广、后发跨越、强势崛起。

（一）城市赋能承载叠加递延规律

从城市规模势能扩张效应观察，举凡拥有一定基础规模的城市，其发展赋能与承载能量大多具有叠加递延的正相关性，即城市扩张、繁衍、辐射速度因赋能叠加呈现载荷增容和多维递延传导特征。当城市核心资源或优势要素外向推衍时，其在辐射空间上必定会横向绵延，致使近邻地域的经济社会生活边界逐渐模糊；在时间序列上，城市载荷功能日渐强大并不断被叠加递延——人口容量更大、产业业态更复杂、基础设施更稠密、文化形态更繁华、生活方式更多元，这种城市发展的线性外衍规律，从本源上追溯是基于人——城市常住人口与外来流动人口的生活

① 《长株潭城市群一体化发展行动计划（2018～2019年）》，《长沙晚报》2018年12月7日。

需求、发展需求、享受需求的社会演进结果。但并非所有城市均具备这种社会性内生动能，只有当某城市的自然资源禀赋、地理区位、经济基础、公共设施、社会福利达到足够强大的吸聚辐射力时才能滋长并释放出这种成长动能，即人在与自然的相适相生中推进一定地域的城市或城市圈群发育成长，而被辐射区域的纯自然生境则会在人们的群体活动中被改造、融合为同化的城市社会形态，通过文明延续的世代赋能，不断拓展城市空间与社会功能。由此观之，适宜的地理空间、足量的社会人口及其他各类关联资源要素的承载叠加与递延能量决定着城市的影响力、竞争力与辐射力。

（二）区位极化汇聚城市外部动能

城市内部动能在于人口规模需求与文明创造的滋衍能量，但只有优越地理区位才能激发并拥有极化能量，传导这种内部能量的积极因素主要是城市交通延伸与空间扩张。区位是空间节点、功能组合点、要素聚集点和能量源基点，即城市生长发育的核心极点。受自然因素制约，不同自然环境内的城市区位作用各不相同，历代人们社会生活密度及其活动强度在不同的地理空间具有非均衡性。在相对优越区位——诸如水、物产、气候等适宜条件基础上，相对富足文明——诸如物资丰富、设施精美、生活便利、社会安全、文化活跃等地域空间最易汇聚人流、物流、商流、信息流等社会资源，城市的区位极化效应由此演化并表现为外部非原住民的多元需求与意趋选择，正如亚里士多德所说："因为向往，人们来到城市；因为生活，人们居住在城市。"城市区位空间价值跃升，导致城市人口增加；城市成长加速，城市物态聚变越快、财富积淀越多。区位极化效应消失将导致城市发展停滞，于是，一些城市便走向衰落、颓废直至败亡。可见，区位效应既是城市发展动力，也是城市消亡动力。

（三）优势禀赋决定城市发展命运

从城市赋能递延与区位效应解析中，可以明显发现人口因素与空间因素对城市发展的直接影响，但适宜人口结构、规模人力存量和优异生境资源——诸如富水区、绿生态、宜产业、新文化等优越禀赋，决定着城市及其圈域集群的进程、规模、成长性、竞争力与生命力。一定的城市资源禀赋既有天然馈赠型，也有社会创造型。不同城市在不同时代不仅为其增量禀赋打上独特表征符号，而且为城市兴荣厚植发展基础、提供丰富营养、激荡发展活力。当代中国的城市文明升级及其城市圈群的衍生，归因于优势禀赋资源开发的行政化、市场化、社会化力量同频共振，促推着异质地域自然、社会、经济、文化等基础资源柔性分配的实际绩效差距日益扩大，呼应了非均衡化都市区与圈域集群区的发育成长。强大的城市集群体或圈域共生体依赖城际行为的相向赋能、叠加赋能与优异赋能支撑，构筑更加丰厚的物质基础，勃发出旺盛的城市生命活力。

（四）长株潭共融一城赋能大趋势

城市赋能具有内生性与外聚性。当城市发展至一定规模，其内生动能便滋衍出聚融共群赋能——诸如市场活力与竞争力、产业基础支撑力与异质发展竞争力等势能外溢，核心城市首位效应与周边近邻城市关联度急速上升。赋能聚融是核心城市自发的主体能量，也是助推城市圈群成长的亲和力量，城市以及城市圈群的发展红利主要源于人口聚能、产业聚能、交通聚能与技术创新聚能。当城市某种特质功能禀赋趋向高强化时，外聚赋能随即纷至沓来，如人才、资本、技术、信息等要素资源逐步汇聚，城市共同体便从资源洼地跃升成为发展高地。推动长株潭一城化聚融共生，既需核心城市——长沙市的边际空间再造与发展取向调整，更需要株洲、湘潭两市的和合共生、组团连接、深广融聚。长沙作为核心城市应继续增强规模竞争力，扩放外溢能量，株洲、湘潭两市需加快相向发展与融合对接。在未来 20 年内，三市须在一城化发展中，整体共融现代化都市圈，加快联构边际城市群，多维创造跨域合作区，全力缔造国家中心城市与中南部强势增长极，打造富民强省大载体，带动乡村文明新进步。

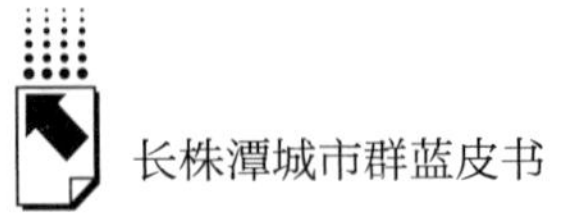

三　加速促升长株潭一城化竞合能级

（一）长株潭一城化动能甄别

一座城市的发育成长动能一般源于族聚动能、区位动能、军事动能、行政动能、产业动能、市场动能以及社会动能等，当代城市及其圈群繁育主要依靠多样性综合动能。引领并促进长株潭三市一城化圈群成长的可辨识动能，从基础优势上甄别，主要是行政动能、产业动能、区位动能、市场动能与社会动能等。强劲的行政动能对实现长株潭一城共融具有十分重要的驱导作用，而产业动能则具有基础支撑作用，区位动能是一城化延展的基础张力，市场动能与社会动能是长株潭一城化演进的不竭活力。

（二）长株潭一城化融合路径

长株潭一城化共融发展，经历了较长的渐进萌发期，亟待加快步入急速跃升期。目前，已建立书记、市长与部门联动协商合作机制，基于半小时生活通勤圈的交通对接与空间联系逐渐紧密，融城取得了一些积极进展和成效，但在能量叠加、深度融合与传导延展等方面也存在一些突出的短板弱项，仍需积极探索、不懈推进。一是实现治理融合，重构都市治理权威，由轮值协同联治提升为一城化大都市圈主体治理，创设一城化治权组织体系、法制规则及其他公共服务产品，集中释放都市同城效应；二是加速产业融合，逐步促进产业链资源的要素结构优化、空间分布优化与服务功能优化，通过深化、细化分工协作，完善先进制造链、创新价值链与供给服务链，增强整体竞争力；三是注重市场融合，通过构建同业市场平台与技术创新服务平台，集成、细分行业要素资源，提高优化配置效率，深度激发市场主体潜能；四是推进文化融合，渐渐缩小居民间的习俗心理差距，消弭本土意识的抵触情结，凝聚一城发展共识，打造都市符号与标识品牌，培育健康和谐社会风尚；五是扩大域外融合，不断强化近邻周边城市地缘空间的物理关联与经济要素的能量交流，共建分工协作性飞地聚集园区与财税共享机制，增强都市主体跨域聚集力与辐射能量。

（三）长株潭一城化行动抉择

1. 奋勇创建一城主体

一城化的终极目标是三市整体融合，即实现三市同城化、主体化、共生化，创建现代新型大都市与跨域增长极核。行政驱导是实现整体融合的最强推进力，同时也是一城化最大阻碍。从战略上考虑，长株潭一城化发展的终极机遇已时不我待，经过从五六十年代至今数十年的渐进发展，实现急速融合的基础条件日趋成熟，不可坐失终极良机、踌躇犹豫！宜尽快实现三市行政主体一元化，跨域合并为一城，整体缩减管理层级，大幅节约城市治理成本，提高行政服务效能！需对三市进行统一规范的命名，新的城市名称应体现地域特色、人文特色与魅力特色，彰显地方历史底蕴。为保留、纪念并传承现有市名底色文化，有的城市名称可成为新城中改设的市辖区名，逐步淡化独立、宽泛的市域观念，促进三地达成共识，缔造国家新型大都市。

2. 全速扩大能级规模

城市规模是其竞争力能级基础。发育成长中的长株潭大都市，扩张性发展是主要动能，促进能级升级必须扩大城市规模，夯实基础支撑：一是扩大人口规模，三市整合后，力争 3 ~ 5 年内通过产业发展显性吸纳与功能升级隐形储备，实现都市圈域人口聚集总量达 1800 ~ 2000 万人，同时不断优化存量人才结构，提升增量人口质量红利和圈群域外人力资源丰度；二是扩大经济规模，力争“十四五”期末，都市区经济总量从 2019 年的 16835 亿元加速增长至 3 万亿元以上，区域创新活力更加充沛，新城跻身全国城市发展规模势能前列，奋力晋升为国家中心城市。

3. 聚力构筑开放高地

开放并发现价值洼地，成就竞合高地。在长株潭一城化发展中，应加速国际化步伐，从内陆腹地型城市跃升为国际性开放城市。一是共享国际分工红利。大力培育国际先进制造业基地，在关联产品与创新服务及其细分领域，集成工序化协作主体，积极扩大全球价值链话语权，提升国际产业链配套能力，促进供给端由“中国制造”迈向“中国创造”直至“中国智造”。二是拓展高端国际市场。在新科技、新装备、新服务领域实现新突破，从中低端步入中高端市场，增强优势领域国际竞争力。三是加强国际人文交流。积极向海外推介本土文化艺术，扩大民间往来，全方位深化国际友城联系与合作，增强现代都市人文气息。四是创建国际组织活动。广聚海外人才、技术、资本、信息，创建都市区富有国际影响力的知名非政府法人组织、品牌活动及其信息网络平台，以跨域跨境国际组织为纽带，促进更多国际资源稳定持续流入，丰富现代都市生活，逐步掌控一定专业细分领域民间社团性组织活动的原创主导权与国际话语权，提升人文软实力与美誉度，优化对外开放社会环境，拓展多边合作空间，实现精明优异发展。

4. 优化配置跨域战略资源

战略资源是现代都市发展的基础要件和支撑保障。应从全球视野出发，秉持前瞻思维，强化忧患意识，基于长远发展配置大都市可持续发展要素：一是优配人才资源。人才是区域创新活动的核心主体，需确立不求所在但求所奉的聚才引智先导战略，既大力引进显性人才，更注重建设隐形人才资源库，重点培育高层次大学，兴建高精专技术研发中心、国家级实验室、创业孵化器等高级优秀人才集成载体，引领并助推产业升级、技术创新与经济增长，强大跨域竞合硬实力。二是优配市场资源。从传统物贸性市场为主导转型为信息网络互融的深广服务型市场为支撑，构建宽领域的专业化大数据信息平台与云计算中心，充分运用区块链等先进技术，升级并创新市场业态，培植新经济、新基建、新产业、新服务，抢占战略制高点。三是优配生态资源。坚守发展底线与整体生态观理念，明确主体功能区职能，根据自然生态本底，开展流域性、地缘性、物产性生境修复再造与重塑，共建共享现代生态文明。

5. 催化高能聚衍效应

长株潭三市一城化的未来聚衍进程，有可能从“1 + 1 + 1”（即长沙市 + 株洲市 + 湘潭市）向“1 + 5”（即长株潭都市圈 + 岳阳市 + 常德市 + 益阳市 + 娄底市 + 衡阳市）直至“1 + N”（即长株潭大都市群 + 省际周边若干跨域经济体）的三期共融主体行为迭变演进。在“1+1+1”时代，长沙市是高能聚衍效应的极核引领主体；步入“1+5”时代，长株潭大都市将是虹吸近域城市的聚融行为主体；迈进“1+N”时代，长株潭都市群将崛起为辐射边际区域的强大主体势力。推动长沙市从初始单元极核主体融合升级为长株潭一城化的大规模聚衍主体，无疑是当代湖南人责无旁贷的历史使命和重大考验，需要以“不到长城非好汉”的执着意志和“数风流人物，还看今朝”的责任担当，加速实现一城化。当下，三市竞合中的内耗阻碍性逆势能仍然较强，亟待高位统筹、叠加赋能，持续大力促推圈域相向共融与扬长补短！必须全面整合三城公共服务资源，呼唤社会市场能量积极响应，充实主核发展动能。基于政策创新、产业升级、城市善治、文化培育等方面共同营造新势力、新活力、新魅力，实现大城市新腾飞、新跨越，奋力晋级为国家中心城市，加快造就国内中南部区域强势增长极。

参考文献

张旺、徐习军、曹峰：《新时期城市群一体化发展存在问题及对策研究——以长株潭城市群为例》，《湖南工业大学学报》（社会科学版）2019 年第 6 期。

周国华、陈炉、唐承丽、贺艳华、冉钊：《长株潭城市群研究进展与展望》，《经济地理》2018 年第 6 期。

B.10
深度推进长株潭都市区一体化研究

童中贤*

摘　要： 推动都市区一体化是城市化发展到成熟阶段的标志，从都市区一体化角度谋划都市圈发展，进而增强地区整体竞争力，已成为大城市参与新一轮国内外竞争的一种务实选择。面对当前城市发展所出现的区域化和集团化新特点，推进长株潭大都市区发展，应立足国家战略谋划长株潭一体化，全力以赴促进长株潭核心增长极高质量成长，辐射带动省域三大区域板块联动协同发展。同时，要从交通、经贸、文化等多方面积极推进与武汉城市圈、鄱阳湖生态经济圈的分工协作，深度融入长江中游城市群。

关键词： 长株潭都市区　一体化　增长极

大都市区，是我国区域经济和城市化进入新发展阶段的高级功能形态，也是未来参与区域竞争的主战场。提升都市区能级，推动都市区一体化是城市化发展到成熟阶段的标志。从都市区一体化角度谋划都市圈发展，进而增强地区整体竞争力，已成为大城市参与新一轮国内外竞争的一种务实选择。面对当前城市发展所出现的区域化和集团化新特点，如何推进长株潭大都市区发展，加速其一体化进程，对促进产业和人口向优势区域集中，加快构建

---

* 童中贤，研究员，湖南省长株潭城市群研究会常务副会长，湖南省社科院城市发展研究中心主任、社会学所所长。

高质量发展的动力系统，形成以都市圈为主要形态的增长动力源，进而带动经济总体效率提升，无疑具有重要的理论和现实意义。

一　立足国家战略谋划长株潭一体化

（一）立足国家中心城市谋划长株潭深度一体化

顺应城镇化发展的新趋势，我国实施了国家中心城市战略，先后确立了一批国家中心城市。湖南省第十一届党代会也作出战略决策，支持长沙建设国家中心城市。从湖南来说，这个国家中心城市究竟应怎么建呢？应该是在纵深推进三市一体化上下功夫，整合三市一起建。要依托“两型”社会试验区、国家自主创新示范区等国家级平台建设，纵深推进社会保障、健康服务、公共交通“三个一卡通”和规划、信息、交通、户籍“四个一体化”。长株潭需把握共生良机，大力提升一体化水平，共同加强“内圣外王”的资源融聚与能量释放效应，共同打造支撑国家京广及沪昆重要发展轴、长江经济带、长江中游城市群和中部崛起战略的重要中心城市和“一带一部”的内陆开放型经济高地。

（二）立足国家级新区高品位构筑湘江新区支撑平台

国家级新区，是承担国家重大发展和改革开放战略任务的综合功能区。湘江新区应立足国家担当、立足湖南担当，突出体现落实国家和湖南重大改革发展任务和创新体制机制的试验示范作用，加快集聚特色优势产业，推动产城融合和新型城镇化建设，着力提升经济发展质量和规模，积极吸纳国内外高端产业要素，引带长株潭产业共生发展，大力提升跨域产业合作的规模化、集约化、专业化水平，创造“数字经济”“智能经济”“总部经济”“飞地经济”新空间。将其打造成为全方位扩大对外开放的重要窗口、创新体制机制的重要平台、辐射带动区域发展的重要增长极、产城融合发展的重要示范区，进一步提升湘江新区在全国改革开放和现代化建设大局中的战略地位。

（三）立足"一带一部"营造内陆开放型经济新高地

习近平总书记到湖南视察时，从全局视野和战略高度科学阐述了湖南"一带一部"的区位优势，为湖南发展明确了定位、指明了方向。长株潭要紧紧抓住产业梯度转移、空间梯度开发、开放梯度推进和国家实施"三大战略"等重大机遇，发挥"过渡带"优势集聚资源要素，发挥"结合部"优势扩大对外开放，提高经济整体素质和竞争力，加快形成结构合理、方式优化、区域协调、城乡一体的发展新格局。特别是要依托黄花机场、高铁站的现代大流量交通枢纽的辐射功能，组配周边城镇立体交通运输体系，增强各类资源要素的经济关联度，激发城际联动活力，进一步扩大内外开放，提高长株潭都市区国际化品位与现代化魅力。

二　全力以赴促进长株潭核心增长极高质量成长

（一）深度统筹区域总战略

突出率先发展，着力推动形成优势互补高质量发展的区域经济布局，打造出长江中游城市群科教中心、人才高地和产业洼地，率先向现代化建设目标迈进。促进各类要素合理流动和高效集聚，重点整合三市技术、人才、创新平台等资源，构筑湖南及长江中游城市群经济活动组织和资源配置中枢。纵深推进长株潭两型社会建设综合配套改革，在多个领域实现新的突破，为全国区域综合配套改革提供示范。抓住国家级平台、国家级产业园区及产业链建设的机遇，全面提升长株潭地区要素集聚能力和综合竞争力，提升产业高端化发展水平，提升人口聚集能力和经济实力。将长株潭打造成为中部崛起的重要引擎和长江中游城市群的巨型复合中心城市。

（二）大力拓展发展新空间

长株潭三市在一体化发展中，应充分发挥比较优势，强化分工合作、错位发展，增强创新发展动力，加快形成新的区域增长动力源。优化湘江以东的长沙、株洲、湘潭城区形象和城市功能，强化具有核心竞争力的区域职能。推动长株潭三市中心城区部分功能向外围疏散，释放都市区发展空间，有序推进都市新区建设，形成主体功能约束有效、国土开发有序的空间发展格局。依托长沙南部片区、湘潭昭山示范区、株洲云龙示范区的区位条件、生态优势和产业基础，探索建立生态绿色一体化发展示范区，统筹重大区域基础设施、公共服务设施、高端绿色产业等重大项目布局，打造长株潭高质量一体化发展的战略功能区。

（三）启动建设绿心大公园

作为大自然最天然的代表色，绿色是有魅力的，也是有感召力的。一座绿色的城市，才是真正值得守望和眷恋的城市。《长株潭绿心总体规划》将长株潭三市结合部522.87平方公里区域划定为生态绿心，远超400余平方公里的维也纳森林公园。应以国家公园建设为抓手，以推进生态文明体制改革为契机，借鉴松山湖经济发展新经验，创新长株潭“生态绿心”保护发展模式，探索将三市相接区域整合建设成国家公园或省级公园——长株潭绿心公园，努力为长株潭都市区留住青山、美化绿水、洁净蓝天。使其真正成为长株潭公共生态服务客厅、城市群生态空间建设样板、生态资本创新利用示范窗口，以及世界上最辽阔、最开放、最优雅的第一都市“绿色客厅”。

三　辐射带动省域三大区域板块联动协同发展

以长株潭为核心，辐射带动洞庭湖、湘南、湘西三大区域板块联动协同发展，形成区域发展的集群规模效应，并从交通、经贸、文化等多方面积极推进与武汉城市圈、鄱阳湖生态经济圈的分工协作，深度融入长江中游城市群。

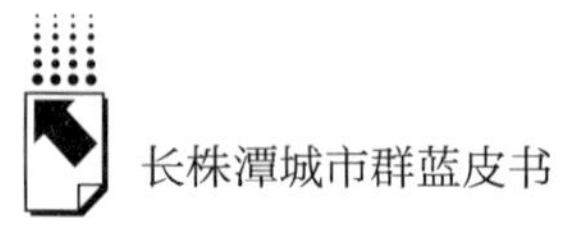

（一）通过长岳长常城镇带辐射带动洞庭湖城市群

以洞庭湖生态经济区建设为契机，以产城融合为抓手，加快环湖公路网、过境国家高速公路铁路建设以及常德桃花源机场改扩建、岳阳支线机场和湖区通用机场建设步伐，实施河湖疏浚连通活化工程，开展湖区污染源专项整治，完善防洪减灾综合体系，加强能源输配通道及其储备体系、多式联运物流网络与“数字洞庭”平台建设，大力推进岳阳绿色化工产业带、常德千亿装备制造产业走廊、益阳船舶制造基地和城陵矶新港区、津澧新城、益阳东部新区的产城融合及其产业协作，构建湖湘特色城镇体系，提升城乡基本公共服务水平，将岳阳市、常德市、益阳市建设成为长江中游地区重要的中心城市和产业基地，打造湖南融入长江经济带的战略支点、滨湖型城市组团和宜居宜业宜游的现代生态家园。

（二）通过衡阳城镇群提升湘南承接产业转移示范区

依托衡阳毗邻珠三角的区位优势和湘江黄金水道、南北快速通道的交通优势，优化产业分工，推进产业集聚，加快衡阳西南云大经济圈协同发展，引导衡阳城镇群协同建设承接产业转移基地、农产品加工中心、文化旅游休闲中心、区域性现代物流中心、新型工业中心，逐步形成竞争有序、分工协作、错位发展的产业发展格局和生态优良、特色鲜明的空间开发格局。通过衡阳城镇群推进湘南承接产业转移示范区建设，大力发展电子信息产业、先进装备制造、新能源、新材料、生物医药、文化创意等产业，构建布局合理、优势互补、功能完善、协调发展的新型城镇体系。努力把湘南承接产业转移示范区建成以区域经济高质量发展先行区、体制机制创新试验区和城乡统筹发展示范区为目标取向的特色区域性城市群。

（三）基于娄底城镇带着力构建湘西文化旅游经济圈

以交通融城、产业融城、基础融城、文化融城为主导，以娄星区为主核，打造“娄—涟—双”主板块；以冷水江市为次核心，打造“冷—新”

副板块，向外积极融入长株潭城市群。对内着重拓展中心城区承载力，促进东西两翼带动娄底市域融城发展，将娄底建设成为区域性中心城市、转型升级示范城市、生态文明城市。同时通过娄怀、娄常张、张吉怀构建湘西文化旅游经济圈。大力推进张家界旅游国际化，加快把张家界建设成为国内外知名的旅游胜地。推动基础设施城际共建共享，积极发展一批产业特色镇、文化特色镇和旅游休闲镇。

城市发展篇

Report on Urban Development

B.11
长株潭城市群联系强度与城市首位度评价

戴华仁　徐 姝*

摘　要： 在高度肯定长株潭城市群特别是首位城市长沙的高速发展基础上，将视野放大到珠三角、长三角甚至更广的经济面上进行考察，循序渐进地通过城市首位度、城市能级、城市经济联系强度以及引申的经济隶属度、发展潜力指数等指标的测算和分析，对长株潭城市群三个城市的发展规模、经济质量、综合竞争力进行评价，指出了长沙市首位度发挥不足、城市群协同不够的现实，并进而提炼出做强首位城市、促进协同发展的政策建议。

* 戴华仁，复旦大学社会发展与公共政策学院博士研究生，高级工程师，中国区域经济学会常务理事；徐姝（通讯作者），博士，湖南工商大学教授，中国区域经济学会常务理事，享受湖南省政府特殊津贴专家。

关键词： 长株潭城市群　经济联系强度　城市首位度

一　引言

长株潭城市群是我国城市群建设的先行者，曾被誉为“中国第一个自觉进行区域经济一体化实验的案例”[①]。近年来，随着《长江中游城市群发展规划》、《湖南湘江新区总体方案》和《促进中部地区崛起“十三五”规划》等国家战略的批复和发布，以及高铁枢纽、磁悬浮、地铁、城轨等高速交通网、一体化信息网的加速建成，长株潭城市群特别是长沙市的经济社会步入了快速发展的阶段。2017 年，长沙经济总量为 10535.5 亿元，首次跨入“万亿俱乐部”，在 26 个省会城市中位居第六、增速第四[②]。在第一财经 2019 年发布的《城市商业魅力排行榜》“新一线”城市中，长沙比上年上升 1 位、位居第九[③]。在中国社科院财经战略研究院发布的 2018 年《中国县域经济发展报告》全国县域经济综合竞争力 100 强排名中，长沙的长沙县、浏阳市、宁乡市均在前 18 名之列；而在全国投资潜力百强中，除上述三县（市）外，长株潭城市群的湘潭县也跻身其列[④]。

长株潭城市群虽在高速发展，但如被置于珠三角、长三角甚至更广的经济面上进行考察，从发展规模、质量、综合竞争力等视角评判它应该存在较大的差距，也有巨大的发展空间。林敏[⑤]认为城市群并非群内城市的简单成群，而是由功能、等级、分工不尽相同的城市有机组成；陈耀等指出城市群要有一个明确的“核心”城市[⑥]，成为区域经济发展的龙头，要具有很强的

① 易颖：《长株潭一体化悬念》，《南方周末》2004 年 5 月 6 日。

② 定军：《26 省会城市 2017 年 GDP 排名报告》，《21 世纪经济报道》2018 年 4 月 5 日。

③ 《2019 城市商业魅力排行榜》，《第一财经》2019 年第 5 期。

④ 吕凤勇、邹琳华：《中国县域经济发展报告（2018）》，中国社会科学出版社，2019，第 27、142～143 页。

⑤ 林敏：《产业群与城市群的耦合机制初探》，《商场现代化》2009 年总第 579 期。

⑥ 陈耀、汪彬：《大城市群协同发展障碍及实现机制研究》，《区域经济评论》2016 年第 2 期。

辐射力，发挥产业、知识、资本的溢出效应，引领整个城市群向前发展。在城市群中，中心城市的首位度过高或过低，对周边城市的引领作用都会减弱。长株潭城市群需要更好地发挥长沙的首位城市拉动作用，促进城市群分工合作、协同发展。

因此，本研究定量地通过城市首位度、城市能级以及引力模型、潜力模型延展出的城市经济联系强度、经济隶属度和城市发展潜力指数等技术指标，对长株潭城市群进行测度、评价和分析，并根据高铁等现代交通的发展对城市经济联系强度相关公式进行创新性的修正和优化，以发现三城市间不够协同的布局及相关指标细节，从而提炼相关的政策建议。

二　研究理论及条件假设

（一）城市首位度与城市能级

1. 城市群内城市首位度与中心性

马克·杰斐逊（M. Jefferson，1939）提出了表示国家城市规模分布规律的城市首位律，进而引出了城市首位度的概念：即首位城市与规模第二城市人口之比。后来有学者在杰斐逊“两城市指数”的基础上提出改进的“四城市指数”和“十一城市指数”；也有学者将“首位度”概念细化为人口首位度和经济首位度。龚勤林等在对成都城市群进行城市职能识别时[①]，对群内 8 个城市的首位度分析采用了“四城市指数法”。

“四城市指数”的计算公式为：

$$S = P1/(P2 + P3 + P4) \tag{1}$$

P1、P2、P3、P4 分别为群内相应排名城市的相关参数。

① 龚勤林、郭帅新：《区域协同视角下的城市职能识别及其优化研究——以成都城市群为例》，《区域经济评论》2016 年第 3 期。

张立荣等在研究长株潭城市群空间组织时①，引入了城市地理学中的“中心性”概念，这是衡量中心地等级的重要指标，指中心地为其他区域服务的相对重要性；通过选取商贸、服务、空间作用、制造业和对外开放5个方面的参数构建城市中心性指标体系。

2. 城市能级

城市能级主要体现在集聚扩散能力所代表的经济功能、科技创新辐射能力所代表的创新功能以及基础支撑能力所代表的服务功能等三个方面，本文借鉴其他学者的方法，通过GDP能级、三次产业能级以及综合能级三个方面来测度长株潭城市群三座城市的能级差异。

城市能级的计算包括两个方面：单指标能级指数的计算和总能级指数的计算。相应公式如下：

$$E_{ij} = \frac{F_i}{\frac{1}{n}\sum_{j=1}^{n} F_j} \quad (2)$$

这里的 E_{ij} 是单指标能级指数，F_j 是 j 城市相应指标的属性数据。

$$E = \sum_{i=1}^{n} \lambda_i E_{ij} \quad (3)$$

这里的 E 为总能级指数，E_{ij} 是公式（2）的单指标能级指数计算结果；λ 是各单指标的权重系数，本文假设各指标的权重系数相同，因而在此情况下城市经济的总能级指数就是各单指标能级指数的算术平均值。

（二）城市群城市经济联系、发展潜力与隶属度

1. 城市群经济联系强度

现代经济学对城市之间的经济联系进行定量测度，基于空间相互作用模型进行分析，通常都会运用引力模型的技术工具。经济引力论指出区域之间经济联系的规律，与物理学上的万有引力比较类似。事实上，在19世纪，

① 张立荣、姜明军、陈娜：《湖南省长株潭城市群空间组织研究》，《地域研究与开发》2009年第3期。

凯瑞（Carey，1858）就在其著作《社会科学原理》中应用万有引力原理解释了社会现象；诺贝尔经济学奖获得者、荷兰经济学教授简·丁伯根（Jan Tinbergen，1962）和德国经济学家 Poyhonen（1963）各自独立地开启了运用引力模型对经济学的计量研究。其后，经济学家们纷纷利用万有引力公式及其基本思想，建立了多种贸易引力模型，并从不同的视角对万有引力方程进行修正，理论和实证研究都得到了极大的拓展和应用。但是，方程并非万能，加之参数的选取和获得存在较大的变数，因此真正对经济联系进行精确定量分析存在不少困难。

事实上，根据空间相互作用原理以及距离衰减的规律，研究区域主体之间的相互作用和空间联系的理论模型有很多，包括引力模型、最大熵模式、系统模式、潜能与场强模型以及通勤模式等。本研究采用引力模型，表征城市的经济联系强度会受到城市经济规模、距离和空间介质的影响。龙青云以城市间人口往来为研究对象①，对万有引力模型进行了修正，并强调距离指标并非简单的空间距离、直线距离，更强调交通距离、经济距离，体现人员来往的时间和成本，因此高效、便捷的交通工具和方式对提升城市间连接效益有很大影响。

张立荣等在研究长株潭城市群空间组织时，采用非农人口、地区生产总值以及城市间的直线距离计算经济联系强度②。戢晓峰等在研究城市群物流一体化时③，修正了引力模型，分析城市群物流经济空间相互作用的特征。在参数选取上：质量选择城市物流质量；距离选择最短交通距离；距离衰减系数选择“1”。柴攀峰等研究长三角城市群空间格局④，在研究城市间经济联系强度时，质量选择城市总人口和地区生产总值、距离选择城市间最短交

① 龙青云：《城市间相互作用的万有引力模型分析》，《湖南经济管理干部学院学报》2005 年第 5 期。

② 张立荣、姜明军、陈娜：《湖南省长株潭城市群空间组织研究》，《地域研究与开发》2009 年第 3 期。

③ 戢晓峰、张玲、陈方：《物流一体化视角下城市群空间组织优化研究——以长江经济带城市群为例》，《地域研究与开发》2015 年第 5 期。

④ 柴攀峰、黄中伟：《基于协同发展的长三角城市群空间格局研究》，《经济地理》2014 年第 6 期。

通距离。

公式从牛顿万有引力公式开始，以便更清晰化整个研究的脉络。

$$F_{ij} = G\frac{M_i \times M_j}{r_{ij}^2} \tag{4}$$

任意两个质点在连心线方向上存在相互的引力，其力大小与两个质点质量的乘积成正比，与其距离的平方成反比。

再来引入丁伯根（Jan Tinbergen，1962）的贸易引力模型方程：

$$X_{ij} = K\frac{(Y_i)^a(Y_j)^b}{(1+eD_{ij})^f} \tag{5}$$

该公式主要用于解释不同国家之间的贸易流量，认为 i 国向 j 国出口的总量，或者两国之间贸易量的大小与两国国民收入的总量成正比，而与两国之间的距离成反比例关系。

在针对不同视角的研究中，多数学者还是直接应用万有引力方程。当然，要针对具体特性进行调整和修正。如在人文社会中，引力与距离有影响力的关系，但不一定是与距离的平方成反比；再如，在两个社会形态的城市中，相互的吸引力不一定如物理学万有引力那样大小对称。于是有专家在研究城市间人员往来时，将引力模型公式修正为：

$$F = G\frac{P_1^{\alpha}P_2^{\beta}}{d_{ij}^{\lambda}} \tag{6}$$

$P1$、$P2$ 为代表质量的两个城市的人口，d 为两个城市间的距离，常数 G 可以由统计数据获得；α、β 分别表示了两个城市人口规模对人员往来的影响力；而 λ 则反映了距离产生的影响力。

著名地理学家塔费（E. F. Taafe）指出两个区域之间的经济联系强度与其人口成正比、与其距离的平方成反比。所以有学者将方程修正为经典形式：

$$I_{ij} = \frac{(W_iP_i)(W_jP_j)}{D_{ij}^b} \tag{7}$$

P 是两个城市的人口规模，W 是经验获得的相应权重，而 b 则是测量距离作用的指数。

方程 7 貌似简洁，但在具体应用中要确定相关参数层次非常困难，具体包括：

（1）城市质量参数 P

通常采用的是人口，甚至细化为市区人口、非农人口；但体现经济规模的还有其他指标，如王桂新等强调城市规模可以从三个角度进行衡量①，即分别为经济规模（GDP）、人口规模和用地规模；还有学者提出就业机会、收入水平、城市消费品零售总额等等；更有万全的建议是选取若干相互独立、反映实力的指标构建一个城市质量的指数，不一而足。

（2）城市质量权重 W

其本身的含义是用“权数”来对人口的诸多因素进行加权，使其更加接近社会真实；可是如何选取，实施复杂、计算困难，通常难以下手。有些应用就简单化处理，如戢晓峰在研究长江经济带物流一体化时，就将两个权重参数全部取“1”（同时用两个城市的物流质量代表城市规模），这样等于“未加权”的方程在应用范围和科学、客观性上都会打上一定的折扣。

（3）距离衰减指数 b

理论上通常取值“1”或者“2”，但实证研究的结论是在 0.5～3.0 之间变化，目前还没有绝对科学的取值之道。

（4）两城距离 D

由于交通工具和技术的发展，传统的“距离”正被便捷交通缩短，所以有些应用则以与通勤成本、时间相关的“准距离”指标来对“距离”进行表达。尤其是在交通方式越来越丰富的今天，这里的距离不应该再是纯粹的“连心线”间的距离，而是与公路、水运、高铁、航空等交通方式相关联的运输线路的距离。高汝熹等②根据交通运输情况修正城市直线距离而得

① 王桂新、武俊奎：《产业集聚、城市规模与碳排放》，《工业技术经济》2012 年第 6 期。

② 高汝熹、罗明义：《城市圈域经济论》，云南大学出版社，1998，第 303～304 页。

到反映交通便捷程度的“通勤距离”，又根据城市间经济落差修正“通勤距离”而得到反映经济联系的“经济距离”。左学金、王红霞等①从交通视角研究了长三角城市间的互动关系，回顾了长三角交通网络从内河水运为主到公路、铁路，再到融合航运、城轨为主的演进过程，借助“通勤距离”“经济距离”理念，将各种交通工具产生的总分值应用到从引力模型推导经济联系强度指数中。史敦友则专门研究了高速铁路对城市群产业发展的效应，并建立模型以中原城市群为例进行了实证分析。另外，也有专家提出了根据不同交通方式来计算平均到达时间等，理论上比较完美，但在可操作性上还是难度很大。

正是因为取值的复杂性，有些应用在科学精确性与实用可操作性之间进行了适度的平衡。城市间的经济落差强度指标就是将公式 6 中的距离衰减系数 λ 取值为 2，即与距离平方成反比，与万有引力公式一致；城市规模影响力指数 α、β 取值为 0.5，但同时考虑了人口之外的经济规模指标 GDP，大大增强了算法的合理性。由此公式变身为：

$$L = K_j \times \frac{\sqrt{P_i V_i}\ \sqrt{P_j V_j}}{D_{ij}^2} \tag{8}$$

但是对相关参数的取值，仍然存在视角不同、研究目的不同而不同的情况。如学者在研究长株潭城市群空间组织时，采用的城市规模指标分别为非农人口和地区生产总值，距离选用的是城市间的直线距离，K 则取值引力系数；方世敏等为了专题研究旅游②，则针对规模质量参数分别选取了两个城市旅游的总人数和总收入，距离则选取了两个城市间最短的旅游交通距离；研究长三角城市群空间布局的柴攀峰则将规模质量参数选为总人口和地区生产总值，距离则选取了城市间最短交通距离。

上述研究分析中，方世敏和柴攀峰两位学者全部将系数 K 简化选取为

---

① 左学金、王红霞、毛新雅：《长三角地区城市间互动关系分析》，《城市问题》2012 年第 5 期。

② 方世敏、祝丹、张采青：《环长株潭城市群区域旅游竞合与定位——长江中游城市集群一体化背景下的思考》，《城市学刊》2015 年第 1 期。

“1”进行测算；而左学金、王红霞等在选取规模质量指标为总人口和 GDP 的基础上，专门针对非农人口、非农产值以及多元化的交通方式而设计了引力系数，更为科学、精准、合理。其计算如公式 9 所示：

$$K_j = \frac{1}{3} \times \left(\frac{V'_j}{V_j} + \frac{P'_j}{P_j} + \frac{T_j}{T} \right) \tag{9}$$

在公式 8 和 9 中，P、V 分别为城市的人口和 GDP；P'、V' 则分别代表对应城市的非农人口和非农产值；特别值得关注的是：Ti 表示 j 市与 i 市联系的包括航运、公路、铁路等各种交通设施的总分值，而 T 则为全部交通分值。

但是，交通设施分值的理念还是起源于 1998 年高汝熹先生的创新，根据对运量和费用的综合考虑，在暂未考虑民用航空的前提下，对铁路、公路、水路航运及其组合交通方式设定了相应权数。具体以铁路为最佳交通方式，对权数赋值为 1；公路次之，对权数赋值为 1.2；水运则更弱，对权数赋值为 1.5；另外，还对组合交通方式的权数进行赋值，详见表 1。

表 1　通勤距离修正权数

序号	交通工具组合	组合排序	设定权数
1	火车	4	1.0
2	汽车	2	1.2
3	轮船	1	1.5
4	火车和汽车	6	0.7
5	火车和轮船	5	0.8
6	汽车和轮船	3	1.1
7	火车、汽车和轮船	7	0.5

注：组合排序按权数大小排列。高汝熹、罗明义：《城市圈域经济论》，云南大学出版社，1998，第 304 页。

而左学金、王红霞等在文章中对交通设施的分值进行了优化，分别赋以铁路 2.0、公路 1.5、水路航运 1.0。

现如今，20多年过去了，特别是当今高铁等现代交通工具已经成熟应用，由于准点、舒适、高速、运量大、覆盖广、性价比高等优点，已经逐步成为商旅人士出行的最佳选择，对经济发展也起到高速推进的作用。因此，有必要对交通方式的权重参数进行适当的延伸和修正，必须考虑高铁和飞机两种交通方式。

不过，在不同的距离背景下，交通方式的优势是存在差异的。通常，在500公里范围内，高速公路网络发达的今天，汽车有优势；在500~1500公里的范围，高铁是最佳选择；而超过1500公里，则飞机更有优势。民航业的统计研究表明：高铁对民航的冲击在500公里内达到50%以上，500~800公里内达到30%以上，800~1000公里内约是20%，1000~1500公里内约是10%，1500公里以上则基本没有影响。让人记忆深刻的是2009年武广高铁开通，海航原有的长沙至广州航班全部停飞。

林晓言[①]从节约旅行时间、总旅行时间最短的角度，对两种不同交通方式进行分析和计算，通过以下公式可以测出相对最佳的临界距离。

$$S = (\Delta t \times V_1 \times V_2)/(V_2 - V_1) \tag{10}$$

这里的V_2、V_1分别为两种交通工具的平均速度，而Δt则为旅客选用两种交通方式分别从住所到搭乘交通工具地点以及离开交通工具抵达目的地的时间之差。文献还以225公里/小时作为高铁动车组平均时速，计算得到高铁与飞机相比的最佳距离为720公里；与普通铁路相比的最佳距离为277公里；与公路汽车相比的最佳距离为180公里。

考虑到现时高铁时速多为300公里/小时，代入可得高铁相对于其他交通方式的最佳临界值分别为：与公路汽车相比为150公里，与普通铁路相比为171公里，与飞机相比为1200公里。

综合考虑以上诸多复杂的要素，对从水运到航空的五种交通方式，我们

① 林晓言：《高速铁路与经济社会发展新格局》，社会科学文献出版社，2015，第58~60页。

根据距离分五种情况进行赋值。参照左学金、王红霞等采用的赋值模式，本文提出相应的五种距离情况下的赋值结果如表2所示。

表2　交通设施分值

交通方式＼距离（km）	小于150	150～250	250～1200	大于1200
航空	0.5	1.5	3.0	4.0
高铁	2.0	3.5	4.0	3.0
铁路	3.0	4.0	2.0	2.0
公路	4.0	3.0	1.5	1.5
水运	1.0	1.0	1.0	1.0

由此，可以根据城市间的距离选择相应的交通设施分值，从而根据公式9算出引力系数，再进一步测算城市之间的经济联系强度。

2. 城市发展潜力指数

王清在选取人口规模测度作为质量参数、采用比较典型的引力模型的同时，又引入潜力模型①，先通过引力模型求出城市与其他每一个城市之间的相互作用力，进行加总；再借鉴引力公式计算其于自身的作用力，最后得出区域城市间预期的相互作用。文章中采用的模型就是公式7，而潜力模型的公式为：

$$\Sigma_{j=1}^{n} I_{ij} = \Sigma_{j=1}^{n} \frac{P_i P_j}{D_{ij}^{b}} + \frac{P_i P_i}{D_{ij}^{b}} \tag{11}$$

公式中的 D_{ii} 取值为 i 城市与其他城市中最近城市的距离的一半。

由于本文采用的引力模型方程式是与公式7有所不同的公式8，所以，潜力模型方程也应该相应地改为：

$$\Sigma_{j=1}^{n} I_{ij} = \Sigma_{j=1}^{n} \frac{\sqrt{P_i V_i}\ \sqrt{P_j V_j}}{D_{ij}^{2}} + \frac{P_i V_i}{D_{ij}^{2}} \tag{12}$$

① 王清：《产业空间分异对城市群空间组织的动态作用模式研究》，浙江财经学院2013年度硕士学位论文，第23页。

3. 城市经济隶属度

在考察城市间经济联系方面，经济联系隶属度也是一个衡量指标，反映了考察区域中层级较低的城市对周围高级城市带来的经济辐射的接受程度。公式如下：

$$F_{ij} = \frac{L_{ij}}{\sum_{j=1}^{n} L_{ij}} \tag{13}$$

表示 i 城市与 j 城市两市之间绝对的经济联系强度指数值在 i 城市与区域中所有城市绝对的经济联系强度指数总量中所占的比例。

（三）研究条件假设

1. 研究对象的界定

讨论长株潭城市群，通常会将其作为整体放在跨省的长江中游城市群，或者湖南省或者省内的“3+5+6”泛城市群、“3+5”环长株潭城市群中进行研究，本文则聚焦长株潭城市群本身，研究的主体就是长沙、株洲、湘潭三市，并适度关注其首位城市长沙，而且在讨论中也不对三城市下一行政管理层次的县、市进行细化分析。

为了对比分析，本文在空间维度上，选取长三角城市群的上海市和苏州市、珠三角城市群的广州市和深圳市作为对比坐标；在时间维度上，选取2005年和2014年两个年度的数据进行分析对比，同时考察这近十年间的相应变化，以便做进一步的探讨。

2. 数据来源

本文数据来源于中国统计年鉴和湖南省、上海市、江苏省、广东省四个省级区域的统计年鉴以及长沙市、株洲市、湘潭市三个研究对象城市与广州市、苏州市和深圳市用于比较分析的标杆城市的市级统计年鉴，同时也根据需要查阅参考了相应的政府公报；也联系了国家统计局以及上海市、广东省、广州市、深圳市、株洲市、湘潭市等地方统计部门，还有一些数据来源于百度或其他相应的专业网站。

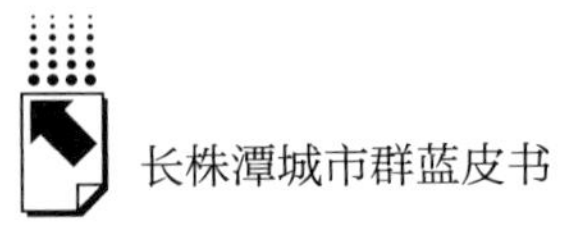

三　实证研究分析

（一）长株潭城市群城市首位度分析

长株潭城市群首位城市为长沙，位居第二的是株洲。由于群内仅有三座城市，所以我们按照两个年份、分别从人口和经济的角度，采用“两城市指数”以及改进方法进行计算。

1. “两城市指数”法数据计算

从长株潭城市群三城市的相关指标，可以直接提取数据进行计算。

（1）长沙市人口首位度

选择常住人口指标进行测算。2005 年，长沙市人口为 620.92 万，株洲市人口为 377.96 万，则人口首位度 Sr1 为 1.64；2014 年，长沙市人口为 731.15 万，株洲市人口为 396.09 万，则人口首位度 Sr2 为 1.85。

（2）长沙市经济首位度

选择 GDP 作为经济总量的指标进行测算。2005 年，长沙市 GDP 为 1783.48 亿元，株洲市 GDP 为 525.67 亿元，则经济首位度 Sj1 为 3.39；2014 年，长沙市 GDP 为 7824.81 亿元，株洲市 GDP 为 2161.01 亿元，则经济首位度 Sj2 为 3.62。

2. 改进法数据计算

长株潭城市群只有三个城市，也为了避免“两城市指数”法的过于简单和可能存在的以偏概全，我们将其修订为“三城市指数”法，计算公式为：$S = P1/(P2 + P3)$。

由此，根据上文提取的长株潭城市群三城市相关数据，计算如下：

（1）长沙市人口首位度

选择常住人口指标进行测算。2005 年，长沙市人口为 620.92 万，株洲市人口为 377.96 万，湘潭市人口为 290.62 万，则人口首位度为：

$Sr3 = 620.92/(377.96 + 290.62) = 0.93$；

2014 年，长沙市人口为 731.15 万，株洲市人口为 396.09 万，湘潭市人口为 281.28 万，则人口首位度为：

Sr4 = 731.15/（396.09 + 281.28） = 1.08。

（2）长沙市经济首位度

2005 年，长沙市 GDP 为 1783.48 亿元，株洲市 GDP 为 525.67 亿元，湘潭市 GDP 为 366.84 亿元，则经济首位度为：

Sj3 = 1783.48/（525.67 + 366.84） = 2.00；

2014 年，长沙市 GDP 为 7824.81 亿元，株洲市 GDP 为 2161.01 亿元，湘潭市 GDP 为 1570.56，则经济首位度为：

Sj4 = 7824.81/（2161.01 + 1570.56） = 2.10。

3. 长株潭城市群城市首位度分析评价

根据以上计算，长沙市城市首位度指数如表 3 所示。

表 3　长株潭城市群城市（2005、2014）

指数 \ 年份	两城市法		三城市法	
	人口	经济	人口	经济
2005	1.64	3.39	0.93	2.00
2014	1.85	3.62	1.08	2.10

相应的图形呈现见图 1。

对一个城市群内的城市来说，首位度越高，说明人口或经济的集聚效果越大，对外的影响力也越大。但是，首位度过高或过低，则首位城市对其他城市的引领发展的作用都会减弱。通常情况下，按人口计算首位度，两城市指数法的临界值是 2，四城市和十一城市指数法的临界值为 1。首位度小于临界值越远，说明城市的布局越分散；越接近临界值，城市的分布越接近协同；大于临界值越多，则说明城市布局越集中，其中首位城市发育过于突出，而低位城市发育不足。

从结果看，按两城市指数法计算的人口首位度，2005 年和 2014 年分别为 1.64 和 1.85，均未达到临界值 2；按改进的三城市法计算，2005 年的 0.93 也没有达到四城市指数法的临界值 1，而 2014 年的 1.08 则已

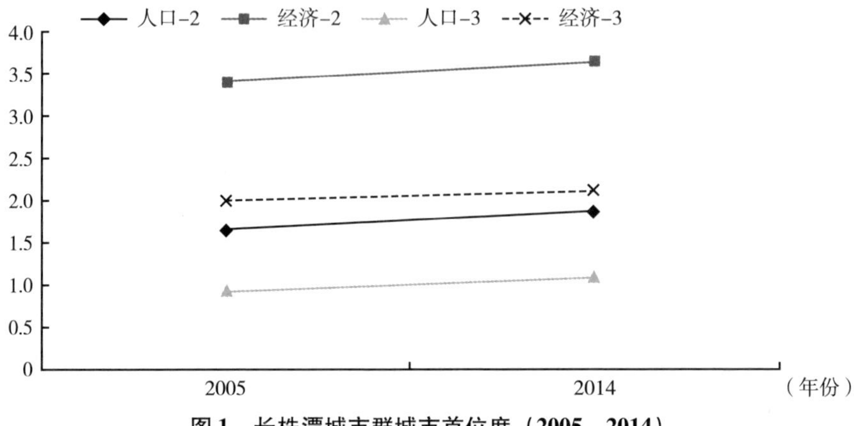

图1　长株潭城市群城市首位度（2005、2014）

经超过。由此，可以得出几个基本观点：一是目前的长株潭城市群三座城市还没有达到协同发展的理想状态，长沙市的首位度作用发挥还不够充分；二是长株潭城市群已经有了不错的发展，距临界值的距离正在缩小；三是随着近十年的发展，城市群的规模结构布局正在不断得到优化。

（二）长株潭城市群城市能级分析

根据上文的计算方法和长株潭城市群三城市相应的指标等实证数据源头，先将计算需要的相应数据梳理如下。

表4　长株潭城市群与其他四城城市能级单指标指数（2005、2014）

单位：亿元

城市	年份	GDP	第一产业	第二产业	第三产业
长沙	2005	1783. 48	113. 98	785. 65	883. 85
	2014	7824. 81	311. 90	4241. 25	3271. 66
株洲	2005	525. 67	70. 74	264. 61	190. 32
	2014	2161. 01	166. 86	1280. 19	713. 96
湘潭	2005	366. 84	56. 61	158. 94	151. 29
	2014	1570. 56	127. 71	894. 96	547. 89
上海	2005	9154. 18	80. 34	4452. 92	4620. 92
	2014	23567. 70	124. 26	8167. 71	15275. 73

续表

城市	年份	GDP	第一产业	第二产业	第三产业
苏州	2005	4026.52	88.66	2681.54	1256.32
	2014	13760.89	203.98	6892.98	6663.93
广州	2005	5154.23	130.22	2045.22	2978.79
	2014	16706.87	218.70	5590.97	10897.20
深圳	2005	4950.91	9.74	2642.52	2298.64
	2014	16001.82	5.58	6812.02	9184.22

将数据代入相应公式，计算得到长株潭三座城市的能级指数。

表 5　长株潭城市群三城市能级指数（2005、2014）

城市	GDP 能级	第一产业能级	第二产业能级	第三产业能级	总能级
长沙 2005	2.00	1.42	1.95	2.16	1.88
株洲 2005	0.59	0.88	0.66	0.47	0.65
湘潭 2005	0.41	0.70	0.39	0.37	0.47
长沙 2014	2.03	1.54	1.98	2.16	1.93
株洲 2014	0.56	0.83	0.60	0.47	0.61
湘潭 2014	0.41	0.63	0.42	0.36	0.46

从长株潭城市群三个城市的能级指数，可以看出在比较的基础上，有两个基本的判断。

1. 长沙处于绝对优势地位

无论是 GDP、三次产业的单项指标，还是总能级指标，无论是 2005 年还是 2014 年，长沙市的能级指数始终是遥遥领先。

2. 长沙领跑的差距并未缩小

经过 9 年的发展，长沙 2014 年与 2005 年相对比的能级指数，与株洲、湘潭相应的数据相比，差距不但没有减小，反而扩大，而且这一特征体现在了所有四个单指标指数和总能级指数上。

再放大一步，将长株潭城市群的三个城市放到东部沿海发达城市的同一平面上进行考察，相应的城市能级指数经计算如表 6 所示。

表 6　长株潭城市群与其他四城城市能级指数比较（2005、2014）

城市	GDP 能级	第一产业能级	第二产业能级	第三产业能级	总能级
长沙 2005	0. 48	1. 45	0. 42	0. 50	0. 71
株洲 2005	0. 14	0. 90	0. 14	0. 11	0. 32
湘潭 2005	0. 10	0. 72	0. 09	0. 09	0. 25
上海 2005	2. 47	1. 02	2. 39	2. 61	2. 12
苏州 2005	1. 09	1. 13	1. 44	0. 71	1. 09
广州 2005	1. 39	1. 66	1. 10	1. 68	1. 46
深圳 2005	1. 33	0. 12	1. 42	1. 30	1. 04
长沙 2014	0. 67	1. 88	0. 88	0. 49	0. 98
株洲 2014	0. 19	1. 01	0. 26	0. 11	0. 39
湘潭 2014	0. 13	0. 77	0. 18	0. 08	0. 29
上海 2014	2. 02	0. 75	1. 69	2. 30	1. 69
苏州 2014	1. 18	1. 23	1. 42	1. 00	1. 21
广州 2014	1. 43	1. 32	1. 16	1. 64	1. 39
深圳 2014	1. 37	0. 03	1. 41	1. 38	1. 05

从这个能级指数计算结果上，也可以看出两个基本判断。

3. 长株潭城市群存在较大差距

事实上，在第一产业，长株潭三城市还占有一定的比重，尽管这并不是产业发达而是产业结构相对传统的结果；其他三个单指标指数和最后的总能级指数，长株潭三市比重都比较小：无论是 2005 年还是 2014 年，长株潭三市的总能级都在 1 以下，有的甚至低到 0. 25；而东部沿海四市尽管总能级大小各异，但两年全部超过了平均数 1。这就通过数据又一次实证说明了长株潭与东部沿海城市之间有较大的梯度级差，也即具有较大的继续发展的空间。

4. 长株潭城市群正在快速发展

这主要是将 2014 年数据与 2005 年进行比较，长株潭城市群特别是长沙市除了在第三产业的比重略略降低之外，其他三个单指标指数和最后综合的总能级指数，长沙市的数据多多少少都有了一个提升，也是用数据实证说明了长株潭城市群特别是长沙市已经行进在了经济发展的快车道上。

对应于数据评价，2005 年和 2014 年的相应示意图见图 2。

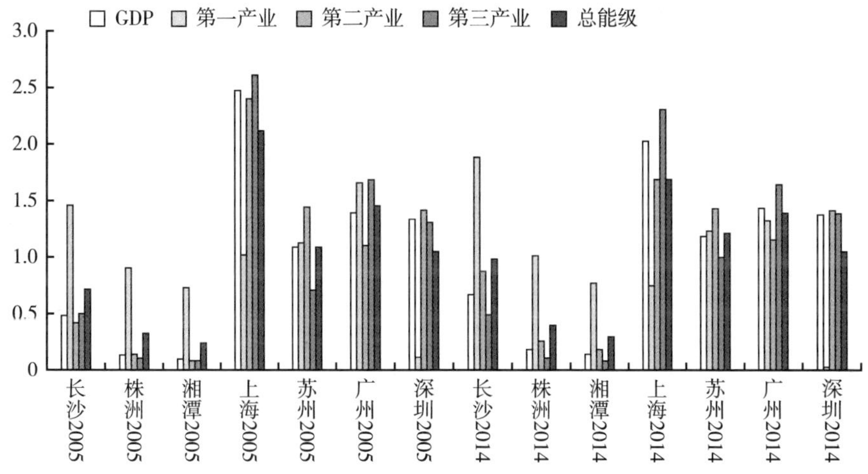

图 2　长株潭城市群城市能级指数及比较（2005、2014）

（三）长株潭城市群经济联系强度测算

1. 城市群经济联系强度模型

根据前述理论部分梳理的框架，我们选用带有引力系数 K 的公式进行分析：

$$L = K_j \times \frac{\sqrt{P_i V_i}\ \sqrt{P_j V_j}}{D_{ij}^2} \tag{8}$$

不需要 K 时，为无系数联系强度；需要时，引力系数 K 的计算公式如下所示：

$$K_j = \frac{1}{3} \times \left(\frac{V'_f}{V_j} + \frac{P'_j}{P_j} + \frac{T_j}{T} \right) \tag{9}$$

在以上两个公式中，P、V 分别为城市的人口和 GDP；P'、V' 则分别代表对应城市的非农人口和非农产值；特别值得关注的是：Tj 表示 j 市与 i 市联系的包括航运、公路、铁路等各种交通设施在内的总分值，而 T 则为全部交通分值。而不同距离范围内的交通组合状况及其分值赋予，也结合城市现状参照表 2 进行测算。

2. 长株潭城市群经济联系强度测算

计算之前，首先整理长株潭城市群三座城市相关数据（见表7）。

表7　长株潭三市人口、GDP等参数（2005、2014）

城市	人口（万人）	非农人口（万人）	GDP（亿元）	非农GDP（亿元）
长沙2005	620.92	334.51	1783.48	1669.50
长沙2014	731.15	528.88	7824.81	7512.91
株洲2005	377.96	160.60	525.67	454.93
株洲2014	396.09	241.61	2161.01	1994.14
湘潭2005	290.62	123.51	366.84	310.23
湘潭2014	281.28	159.05	1570.56	1442.85

依据铁路、高速公路和国道等交通方式及相关道路情况进行综合计算，得到三个城市之间的距离数据，再对交通方式赋值、将这些数据代入公式，依次得到三个城市间无系数的经济联系强度如表8所示。

表8　长株潭三市相互距离及经济联系强度（2005）

城市	长沙	株洲	湘潭
长沙		173.47	113.59
株洲	52.00		215.29
湘潭	55.00	26.00	

即长沙与株洲之间的经济联系强度指数为173.47，长沙与湘潭之间的经济联系强度指数为113.59，株洲与湘潭之间的经济联系强度指数为215.29。

同样，2014年不考虑引力系数的相互经济联系强度见表9。

表9　长株潭三市相互距离及经济联系强度（2014）

城市	长沙	株洲	湘潭
长沙		818.39	525.55
株洲	52.00		909.65
湘潭	55.00	26.00	

即长沙与株洲之间的经济联系强度指数为818.39，长沙与湘潭之间的经济联系强度指数为525.55，株洲与湘潭之间的经济联系强度指数为909.65。

在不考虑引力系数的情况下，两市之间的经济联系强度是对称的、等值的；但考虑到引力系数影响后，各市的引力系数将有变化，从而经济联系强度也会相应不同。结合长株潭城市群三城市的具体情况，2005年、2014年三城市间的引力系数和相应的经济联系强度指数如表10所示。

表10　长株潭三市相互距离及经济联系强度（2005、2014）

相关城市 / 年份	指标	长－株	长－潭	株－长	株－潭	潭－长	潭－株
2005	引力系数	0.81	0.81	0.76	0.76	0.76	0.76
	联系强度	139.70	91.47	132.44	164.37	85.97	162.95
2014	引力系数	0.88	0.88	0.84	0.84	0.83	0.83
	联系强度	719.06	461.76	690.93	767.98	435.18	753.23

透过数据，可发现：株洲与湘潭两市之间的经济联系强度指数均大于它们与长沙之间的联系强度指数，这个现象一方面与株洲、湘潭两市距离较近有关；另一方面，也说明了长沙市作为长株潭城市群的首位城市，其中心城市的辐射、带动作用还有待加强。

（四）长株潭城市群城市隶属度与潜力指数

1. 经济隶属度指数测算

将以上求得的经济联系强度代入如下公式：

$$F_{ij} = \frac{L_{ij}}{\sum_{j=1}^{n} L_{ij}} \tag{13}$$

从而得到2005年和2014年长株潭城市群三城市的经济隶属度指数如表11所示。

表 11　长株潭三城市隶属度指数（2005、2014）

单位：%

相关城市 / 年份	长-株	长-潭	株-长	株-潭	潭-长	潭-株
2005	60.43	39.57	44.62	55.38	34.54	65.46
2014	60.89	39.11	47.36	52.64	36.62	63.38

从两年的数据均可看出：

2005 年：株洲市对长沙市的城市经济隶属度为 44.62%，对湘潭则为 55.38%；类似地，湘潭市对长沙市的城市经济隶属度为 34.54%，而对株洲则有 65.46%。在这里，株洲与湘潭的相互隶属度都超过了 50%，原因应该与湘潭、株洲两市之间的距离较长沙短有一定的关系；另一方面，也从一个方面体现出长沙市在长株潭城市群中的龙头作用还没完全发挥出来。

2014 年：株洲市对长沙市的城市经济隶属度为 47.36%，对湘潭则为 52.64%；同样，湘潭市对长沙市的城市经济隶属度为 36.62%，而对株洲则有 63.38%。株洲与湘潭的相互隶属度均超过了 50%；与 2005 年相比，株洲与湘潭对长沙的隶属度都有所提高，说明长沙对株洲、湘潭两市的影响力在提高；但没超过 50%，说明长沙市在长株潭城市群中的龙头作用有待加强。

2. 长株潭城市群城市潜力指数测算

再运用修订后的潜力模型方程：

$$\Sigma_{j=1}^{n} I_{ij} = \Sigma_{j=1}^{n} \frac{\sqrt{P_i V_i}\ \sqrt{P_j V_j}}{D_{ij}^2} + \frac{P_t V_i}{D_{ij}^2} \tag{12}$$

根据以上数据以及相关选取规则，代入以上公式，可以求得：

2005 年长沙、株洲、湘潭三座城市的潜力指数分别为：1869.34、1472.44、879.76，对最小值进行“归一”结果为 2.12、1.67、1.00，对最大值进行“归一”结果为 1.00、0.79、0.47。2014 年长沙、株洲、湘潭三座城市的潜力指数分别为：9643.99、6523.73、3802.42，对最小值进行“归一”结果为 2.54、1.72、1.00，对最大值进行“归一”结果为 1.00、

0.68、0.39。由此可见，将2014年数据与2005年相比，三座城市的潜力指数相互之间的差距不仅没有缩小，相反仍在拉大；根据潜力模型的特点和指数的意义来看，在一段时间内，三座城市的发展梯度难以缩小为大概率事件，长株潭城市群的协同发展、共同进步的工作任重道远。

四　结论与政策建议

（一）研究结论

本文聚焦城市群内部结构的协同状态，分别从城市首位度、城市能级、城市经济联系强度以及引申的经济隶属度、发展潜力指数等指标对长株潭城市群及其三个城市进行测度，并将他们放在与长三角、珠三角代表城市上海、苏州和广州、深圳的同一研究平面上进行考察和分析。具体研究结论如下。

第一，纵向看，长株潭进入了工业化快速推进期。本研究选取了2014年和2005年两年数据进行纵向比较，长株潭城市群的近年发展已经进入快车道，中心城市长沙的发展尤为耀眼，一定程度上正在成长为国家中部崛起发展战略中的一个引擎。

第二，向外看，长株潭城市群与沿海城市存在较大梯度级差。在与东部沿海发达城市同样的坐标平面上，长株潭城市群都体现出经济规模小、城镇化程度低等特征；但正因为落差的存在，才更有了长株潭城市群加大发展力度、承接转移发展的历史机遇和空间。

第三，向内看，长株潭城市群三城市存在着协同发展的不平衡。根据计算，长株潭城市群中，长沙市的城市首位度虽然正在接近但总体上还是没有达到临界值，说明三座城市还没有达到协同发展的理想状态，长沙市的首位度作用也还不够充分。而且，从城市能级和城市发展潜力指数等指标看，这种状态的改善还需要假以时日。

（二）政策建议

1. 进一步做强长沙，发挥首位城市的引领作用

长沙作为长株潭城市群的首位、中心城市，作为湖南省省会，作为全省的政治、经济、文化和科教中心，在长株潭城市群发展中应发挥龙头作用；但在现实中，包括从本文的数据分析和评价来看，长沙市自身的实力、影响力和辐射力还不完全与首位城市匹配。因此，做强长株潭城市群，首要工作之一就是要做强中心城市长沙市，优化长株潭这个城市群的发展格局。

作为首位城市，长沙更要放大视野，不但不能与同群的株洲、湘潭进行竞争性发展，而且眼光要超越湖南、超越长江中游城市群，要站到国家中部崛起的战略制高点，把发展视野扩展到全国，在更高层次发展自己，提高开放水平和服务能力；再带动长株潭城市群以及更为广大的空间共同发展，引领整个湖南的产业升级和实力提升。

2. 进一步优化交通，打造经济发展的蔓延主轴

区域经济通常沿着交通阻力较小的方向发展，所以长株潭城市群的一体化建设需要进一步强化区域快速综合通道，包括高铁、城际轨道、地铁、快速公路干道等等，提升城市间的经济联系强度；加速融合交通网络，优化城市间的连接通道，构建立体交通，使之成为长沙辐射、带动长株潭城市群乃至环长株潭城市群和全省经济发展的蔓延主轴，扩展中部崛起的“点轴”经济走廊和发展空间。

3. 进一步科学定位，促进长株潭城市群协同发展

三市协同发展，应对城市功能进行科学定位，形成错位发展、互补共进的协同局面。各个城市要根据自身的禀赋差异和比较优势，细化在产业链中的不同角色，或者在服务链中的不同角色和不同内容，并有意识地进行规划引导，一方面，推进区域的均等化服务，尽量减少区域之间的不平衡因素，缩小不同城市信息化基础设施间的数字鸿沟；另一方面，将每个城市的资源优势发挥出来，展开以市场经济为条件的合理竞争与合作，构建功能协同、产业合理分工的良性城市群架构，形成以长沙为雁首、株洲和湘潭为两翼的和谐的“雁行模式”发展格局。

B.12 长沙建设国家中心城市对策报告

童中贤*

摘　要： 国家中心城市处于全国城镇体系的核心层级，是综合实力强、辐射能力大、能代表国家参与国际竞争的重量级品牌城市。在国家提出“发展一批中心城市，强化区域服务功能”的大背景下，长沙要推进国家中心城市创建，需要从战略着手，从战术给力，主动作为、主动进取，着重解决：立足国家职能，跳出长沙、再塑角色；增强集聚功效，提升长沙规模能级；加快三市融城，构建新的大长沙市三大突出问题。

关键词： 国家中心城市　长沙　长株潭

长沙建设国家中心城市，是湖南省第十一届党代会作出的战略决策，也是长沙市第十三次党代会提出的奋斗目标。国家中心城市处于全国城镇体系的核心层级，是综合实力强、辐射能力大的城市，是全国性或区域性的经济中心、政治中心、文化中心、科教中心和对外交往中心，是代表国家参与国际竞争的重量级品牌城市。创建国家中心城市是开放式的竞争。国家“十三五”规划明确提出，“发展一批中心城市，强化区域服务功能”，那么，国家中心城市，长沙究竟应怎么建呢？笔者认为需要从战略着手，从战术给力，主动作为、主动进取，着重解决三大突出问题。

---

* 童中贤，研究员，湖南省长株潭城市群研究会常务副会长，湖南省社科院城市发展研究中心主任、社会学所所长。

一　立足国家职能，跳出长沙再塑角色

（一）国家中心城市需要担当国家职能

建设国家中心城市不是为了争取一顶帽子，也不是为了炒作一个概念，更不是一句空洞的口号，而是应立足国家职能、国家战略、国家责任、国家使命，从全球竞争、国家责任等视角来认识和建设国家中心城市，伴随着我国世界地位的提升和开放战略的提出，应有一批城市进入全球城市体系，去支撑国家战略，担当国家责任，履行国家使命，千万不要把建设国家中心城市当作“争帽子”的过程。国家中心城市首先要肩负国家经济社会文明发展的主导引领职能，促进国家跨区域人口承载、要素集聚、规模扩张、创新驱动和开放辐射，带动区域协调发展，支撑区域参与国际竞争。

（二）跳出长沙、跳出湖南定位长沙

国家中心城市是一个目标，定了这个目标，就不是“小眉小眼”，不能关起门来孤芳自赏，而是要跳出长沙、跳出湖南，向国际化和国家顶级水平看齐。目标确定后，还要持之以恒，一以贯之，一届接着一届干。在定位时，要突出国家中心城市的本质要求，就是要打造全国城镇体系的重量能级核心，建设国家金融、贸易、管理、科技、文化、创新创业中心和国际化交通枢纽，发挥大跨度空间区域的承载、引领、辐射、集散、支撑功能，形成发展外向型经济和推动国际文化交流的对外门户，最终跻身亚洲乃至全球开放型洲际甚至国际特大城市。

（三）加速提升国家战略平台内应力

从某种意义上说，做好国家战略平台，是衡量一个城市能担当国家中心城市职能的重要标准和基本前提。长沙现在拥有的国家战略平台比较多，主要的有长株潭两型试验区、国家自主创新示范区、国家湘江新区等三大战略

平台、五大国家级园区与20多个国家级试点等一系列战略平台（或国家政策优势资源）。不能将这些“帽子”当摆设，束之高阁。为承担中华复兴梦赋予的更多重大战略使命，必须坚持创新驱动，务实进取，敢为人先，奋力开拓，不负国家重托，将国家政策优势转变为引领新常态下经济社会发展的动能优势，确保国家试点出可复制经验，激发综合效应与强大竞争力，让国家平台实至名归。

二　增强集聚功效，提升长沙规模能级

（一）国家中心城市需要强大等级规模支撑

当今时代是以城市为主导的时代，城市群和大都市在城市发展中扮演越来越重要的角色。无论是在发达国家还是在发展中国家，城市在国民经济中的地位已越来越重要，往往一个城市的经济就在某国国民经济中占主导地位。如纽约GDP占美国GDP的24%，东京GDP占日本GDP的26%，伦敦GDP占英国GDP的22%，巴黎占法国GDP的18%。在不发达的非洲国家，城市经济更是占国家GDP的60%。在城邦一体的国家，一座城市就等同于一个国家。长沙要建设国家中心城市，必须加速提升城市人口容量、经济总量、要素流量等规模等级，才能进入国家城市体系的核心层次，进而融入世界城市体系中去。

（二）国内省会城市规模等级势能甄别

郑州此次入选国家中心城市，相对于“落选”的合肥和长沙来说，优势还是非常明显的，尽管2015年长沙的GDP还超过郑州1000多亿元，但郑州937万人的人口规模大大高于长沙（731万人）和合肥（769万人），而且还有一个人口在全国排第三、经济总量排第五的大省作支撑，发展空间大得多。分析全国过5000万人的10个大省省会的人口规模，发现长沙排在倒数第二，大大低于广州的1667万、成都的1442万、石家庄的1049万、武汉的1033万

的规模，不仅如此，长沙的人口集聚度也很低，从2015年与2010年的比较来看，长沙人口仅增加了79万，而广州却增加861万（增长106.8%）、成都增加293万、合肥增加274万、杭州增加200万、武汉增加196万。可见，长沙的人口聚集动能严重不足，全力提升长沙规模等级已刻不容缓！

（三）加快提升长沙吸纳人口的能力

城市对人口的吸纳力反映一个城市的魅力、活力、凝聚力，也是城市人本理念的终极体现。国家中心城市不是有个定位就行的，关键是要练好“内功”。在未来国内消费主体流量不断变迁和人力资源政策分异优化的过程中，必须高远前瞻，抢抓我国城镇化发展的中期历史机遇，大力加速产业竞争政策、人才吸聚政策与公共服务组合政策的全面创新。对长沙来说，要把功能发挥好，把短板补齐，增强集聚人口的资本和能力。与此同时，要大力构建更加开放的发展格局，拆除从容人到迁移等看得见和看不见的障碍，让一切有利于城市发展的要素充分涌流。大力发展开放型经济，推动贸易发展、服务业提升、产业聚集、国际产业链接和文化合作交流。发展更多国际友好城市，积极申办或自主创办更多具有国际影响力、区域感召力的活动、赛事与节会，促进多元融合交流，提升长沙城市的国际形象。

三　加快三市融城，构建新的大长沙市

（一）社会各界对三市融合的期待

早在新中国成立初期，长沙有关领导基于长、株、潭三市沿着湘江中下游自然而然形成一个“品”字形格局，提出将这三市合并建设“毛泽东城”的设想。改革开放后，时任湖南省社科院副院长张萍研究员以提案的形式提出“把长沙、株洲、湘潭在经济上联结起来，逐步形成湖南的综合经济中心”的建议，并建议命名为“长株潭经济区”。1997年，湖南省委省政府正式提出了实施“长株潭一体化”的发展战略。后来，为更好地推进长株潭

一体化，笔者提出将三市整合打造成人口过千万级的国际化“长株潭复合城市”。

（二）用改革的办法推动三市融合

在我国城镇化推进过程中，不少地区根据城镇化发展形势的需要，开展了城市的合并重组工作，最大数量的城市合并是2002年佛山、南海、顺德、三水、高明五市合并，重庆、杭州、哈尔滨、苏州、无锡等也进行过城市合并，2011年，安徽省对地级巢湖市进行了拆分，将庐江县与县级巢湖市划归合肥市管辖。这些城市合并后都增强了活力、增进了位能、提升了影响力。改革开放以来，湖南的行政区划除了地改市外一直没有大的变动，鉴于长沙、株洲、湘潭历史上同属一个治所，且建成区已基本相接的现状，可以借鉴外省经验，迅速启动行政区划调整，实现长沙、株洲、湘潭三市合并（即使一时不能这样，也应深度整合长沙、株洲、湘潭）。

（三）组建大长沙市的区划构想

三市合并后的城市名称仍叫长沙，不仅因为长沙一名见于史籍最早，周朝就有了关于“长沙”的记录，长沙历史文化底蕴更深厚，而且长沙也是古代国治、郡治等治所的所在地，在国内外已具有一定知名度与影响力。为了保留湘潭、株洲的名称，可以设立相应名称的县级市，同时将益阳市区、湘阴县划归长沙，使长沙形成大滨湖效应。新的长沙市包括现长沙市、现湘潭市、现株洲市的市区和醴陵市、益阳市区及湘阴县。攸县撤县建攸州市，设立地级市建制，辖茶陵县、炎陵县，将临近的安仁县等划归攸州市。

参考文献

易炼红：《践行发展新理念，彰显省会新作为，为建设国家中心城市、实现基本现代化而努力》，《长沙晚报》2016年9月30日。

B.13
推动长株潭由“群”向“市”发展报告

童中贤*

摘　要：　推进长株潭一体化，打造具有竞争力和影响力的中心城市，一直是湖南人的梦想和奋斗目标。推动湖南形成优势互补高质量发展的区域经济布局，应顺势大力推动长株潭由“群”向“市”转变。长株潭一体化发展稳步推进，已具备在更高起点上推动由“群”向“市”转变的基础条件。长株潭只有实现由“群”向“市”转变，才能跻身现代巨型城市行列，真正提升其竞争力和影响力，从而更好地促进中部崛起、引领湖南高质量发展。应加强长株潭由“群”向“市”转变的顶层设计，争取在构建长株潭绿心生态友好样板区、湘江知识经济高地、市际合作试验区建设等方面取得突破。

关键词：　长株潭　城市群　城市竞争力

自 2018 年 10 月 20 日，长株潭三市在长沙召开长株潭城市群一体化发展首届联席会议后，当月 25 日，省委书记杜家毫在株洲市调研时，再次重申坚定不移推进长株潭城市群一体化发展，11 月，省委常委会又专题研究推进长株潭城市群一体化发展。最近，习近平总书记提出要推动形成优势互补高质量发展的区域经济布局，增强中心城市经济和人口承载能力，增强创

* 童中贤，研究员，湖南省长株潭城市群研究会常务副会长，湖南省社科院城市发展研究中心主任、社会学所所长。

新发展动力。推进长株潭一体化，打造具有竞争力和影响力的中心城市，一直是湖南人的梦想和奋斗目标，现在其时已至、其势已成、其兴可待，我们应顺势大力推动长株潭由“群”向“市”转变。

一　推动长株潭由“群”向“市”转变其时已至、其势已成

习近平总书记在主持召开中央财经委员会第五次会议时强调指出，“经济发展的空间结构正在发生深刻变化，中心城市和城市群正在成为承载发展要素的主要空间形式。新形势下促进区域协调发展，要按照客观经济规律调整完善区域政策体系，发挥各地区比较优势，促进各类要素合理流动和高效集聚，增强创新发展动力，加快构建高质量发展的动力系统，增强中心城市和城市群等经济发展优势区域的经济和人口承载能力”。长株潭是全国“两型社会”建设综合配套改革试验区，是湖南经济发展最活跃、开放程度最高、创新能力最强的区域，也是环长株潭城市群的核心，在湖南现代化建设大局和全方位开放格局中具有举足轻重的战略地位。把握我国空间结构变化的新趋势，加快推动长株潭由“群”向“市”转变，提升长株潭经济和人口承载能力，对促进中部崛起、增强长江经济带新优势、引领湖南高质量发展意义十分重大。

长株潭作为城市群，在湖南来说，是最具比较优势的地区，2018 年，长株潭城市群常住人口达 1504.03 万人，占全省的 21.8%；GDP 15796.31 亿元，占全省的 43.37%，社会消费品零售总额占全省的 41.56%，进出口总额占全省的 54.89%。而且发展也很快，2010～2018 年，长株潭城市群 GDP 从 6716.55 亿元增长至 15796.31 亿元，年均增长 11.28%。但放在全国来说，对照“长三角”城市群，如果长株潭也算一个城市群的话，“长三角”可以分成 6 个城市群，而且每个都比长株潭大。对照中部地区省域核心城市群，长株潭的规模实力，不仅无法与中原城市群、武汉城市圈比，就是与环鄱阳湖城市群、皖江城市带等比，也存在较大落差。应该说长株潭作

为城市群存在是无可厚非的，但作为省域核心城市群而言，规模的确太小了，难以发挥相应带动作用。只有实现由“群”向“市”转变，才能跻身现代巨型城市行列，真正提升其竞争力和影响力。

顺应城镇化发展的新趋势，我国实施了国家中心城市战略，先后在批复实施的相关规划中确立了一批国家中心城市。湖南省第十一届党代会也作出战略决策，支持长沙建设国家中心城市。从湖南来说，当务之急是在纵深推进长株潭一体化上下功夫，整合三市一起共建长江南部巨型中心城市，与武汉、郑州实行“三极驱动”，以引领中部崛起。在没有行政区划合并的前提下，首先要推动长株潭由“群视角”向“市视角”转变，依托长株潭“两型”社会试验区、长株潭国家自主创新示范区等国家级平台建设，将长株潭作为一个巨型城市统筹规划，统一推进其融合发展。改革开放以来，特别是长株潭城市群获批全国两型社会建设综合配套改革试验区后，长株潭一体化发展稳步推进，经济实力、区域竞争力显著增强，已具备在更高起点上推动由“群”向“市”转变的基础条件。

二　加强长株潭由“群”向“市”转变的顶层设计

推进长株潭由“群”向“市”转变，首先要奋力实施长株潭一体化发展战略，以促进中心城市与周边城市（镇）同城化发展为方向，以创新体制机制为抓手，以推动统一市场建设、基础设施一体高效、公共服务共建共享、产业专业化分工协作、生态环境共保共治、城乡融合发展为重点，在更高、更强、更优层级上夯实省域发展新基础、优配城乡共生新资源、跃升集群竞争新能级、形成区域竞争新优势，为长江经济带和中部地区崛起形成优势互补高质量发展的区域经济布局，为湖南现代化建设提供重要支撑。

在推进长株潭由“群”向“市”转变过程中，要坚持尊重规律、顺势而为。遵循未来新型城镇化产业升级、人口流动和空间演进的发展趋势，科学确定长株潭整体功能定位、发展目标和实现路径，因地制宜推动长株潭同城化建设。坚持创新共建、开放崛起。以强化制度、政策和模式创新为引领，科学构建长株潭协同发展机制，着力破除行政壁垒和市场分割等阻碍三市一体化融合发展的体制机制障碍，加快建成推进中部崛起和湖南高质量发展的创新引擎和开放高地。坚持功能互补、协调共进。依托长株潭整体目标与三市资源禀赋、产业基础及其他比较优势，深化城际分工协作，促进城市功能互补、产业错位布局、基础设施和公共服务共建共享，在深化合作中实现互利共赢。坚持统筹谋划、集聚发展。统筹长株潭巨型城市建设的总体方向、战略布局和制度安排，强化分类指导，因地制宜推进长株潭一体化建设，促进三市规划对接、政策协同、相向融合、集聚发展，加快培育整体优势、共生活力。

依托长株潭国家平台和示范试点建设，积极担当国家职能，大力增强长沙都市圈经济和人口承载能力。充分利用长株潭城市群两型开放开发先行先试的政策条件和“一带一部”核心的区位优势，推动长株潭与京津冀、长三角、粤港澳大湾区战略联动发展。加快推进以人为中心的新型城市化，提升长株潭产业基础能力和产业链水平，把好山好水好风光融入城市，在绿色城市、智慧城市、人文城市等新型城市建设方面走在全国前列，打造充满活力的现代化巨型城市。

三 推进长株潭由“群”向“市”转变需要新的突破

立足湘江新区、国家自主创新示范区、国家级园区等重大平台开发建设，充分发挥平台在进一步深化改革、扩大开放、促进合作中的驱导作用，争取在构建长株潭绿心生态友好样板区、湘江湾区知识经济高地、市际合作试验区等方面取得突破，引领长株潭一体化高质量发展。

打造绿心生态友好样板区。发挥三市共有“绿心”相融、碧水串联的先天优势，探索生态友好型高质量发展模式，以高质量发展为引领，以生态文明建设为重点，以推进全面深化改革为契机，创新长株潭“生态绿心”保护模式，以分散在三市的绿心区域载体，打造长株潭绿心特别合作示范区，或创建国家公园或省级公园——长株潭绿心公园，打造绿心生态友好一

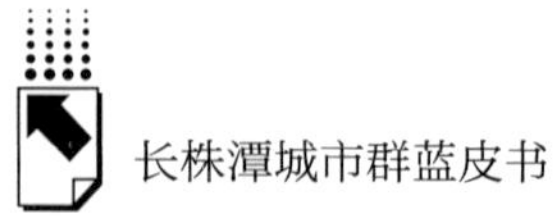

体化发展样板，不仅为长株潭大都市区留住青山、美化绿水、洁净蓝天，更不懈营造长株潭绿色发展标杆、城市群生态空间建设典范、生态资本创新利用示范窗口，建成世界上最辽阔、最开放、最优雅的第一都市“绿色客厅”和全国绿色发展样板区。

营造湘江知识经济高地。湘江由南往北，在长沙、株洲、湘潭三市形成了S形湾区，孕育了“品”字形城市群，客观上为滨江经济融合发展提供了便利。从尖端科技产业、文化艺术、城市品质发展等方面筹谋顶层设计与空间规划，整合现有企业、人才、技术等优势资源，以新能源汽车及零部件产业、尖端医学与生物医药产业及军民融合、艺术创意等战略性新兴产业为发力点和突破口，重点建设集尖端研发中心、研发性大学、核心企业、上下游产业链、创新孵化、并购基金等于一体的产业生态圈，把湘江湾区打造成为现代知识经济高地，成为引领高质量发展的先导区、一体化发展的核心功能区、高端服务经济集聚区、湖南省创新引领示范区。

协同建设市际合作试验区。根据国家和省市主体功能区规划要求，高效利用国土空间，优化城乡建设布局，促进产业集聚和人口集中，以区域合作试验区建设为切入点，构建开放合作、协同发展的空间格局。发挥三市接壤区、县、市地缘文化相近、经济联系密切的优势，强化区县市层面次区域合作，加强规划衔接和合作平台建设，促进基础设施、产业布局、公共服务、生态环境一体化，按照全面融合、重点突破原则，探索建设长潭、长株、株潭次区域合作试验区，为长株潭集聚融合发展提供重要支撑。

产业经济篇

Report on Industry Development

B.14
长株潭打造世界级智能制造中心报告

尹向东*

摘 要： 长株潭制造业具有以下5个特点，一是湖南、是中国引以为自豪的产业，二是长株潭、湖南第一大、第一强的产业，三是湖南最有活力的产业，四是长株潭、是湖南投资额最大的产业，五是集中度与产业链完整性最高的国家先进制造业之一。长株潭制造业在发展过程中需要注意其所面临的“四个难以把握”：产业大变革、技术大进步所产生的影响难以把握；美国全面遏制中国崛起所形成的国家产业布局新变化难以把握；科学技术突破与制造业全球人才竞争的严峻形势难以把握；国家战略中的长株潭战略地位难以把握的。长株潭制造业的发展需要省市协同建设以研发为核心、以智能制造

* 尹向东，研究员，湖南省政府参事，湖南省社会科学院产业经济研究所所长，湖南省长株潭城市群研究会副会长。

为主题的“湘江湾”，打造世界级“长株潭智能制造中心”。

关键词： 长株潭 智能制造 世界制造中心 湘江湾

在新的国际形势、新的国家战略、新的产业大格局、新的大机遇中，不大谋则不大进，不大进则大退。十年前深圳与东莞产业转型升级的大谋，武汉城市群、产业、园区的大谋，郑州城市群、新区、空港的大谋，合肥城市群、园区、研发的大谋，才有深圳与东莞的今天、武汉城市群的快速稳步发展、郑州与合肥城市群的崛起。当前，长株潭城市群发展需要在省委、省政府主导下，走一条集聚、集群、协同、创新发展的道路，省市协同争取在国家重点战略层面，将长株潭城市群作为国家智能制造中心、综合性国家智能制造科学中心、国家智能制造创新中心，将长株潭城市群提升为国家战略层面的国家中心城市群，着力将长株潭城市群打造为世界级智能制造中心。

一　长株潭制造业发展的“五个有目共睹”，彰显产业地位

长株潭城市群产业发展共同的特征是以制造业为主导产业，长株潭三市正分别打造“创新谷”“动力谷”“智造谷”，“三谷”构成国家级智能制造中心的雏形。长株潭城市群是中国工程机械、轨道交通、新能源设备、海空设备、汽车制造的重要制造基地，具有打造世界级智能制造中心的基础与潜力。

（一）长株潭制造业是湖南、是中国引以为自豪的产业

湖南是制造业大省、制造业强省，长沙是工程机械之都，株洲是轨道交通之都，拥有世界级的大企业三一重工、中联重科、（株洲）中车，拥有许多世界第一，这个是有目共睹的。

（二）制造业是长株潭、湖南第一大、第一强的产业

2018 年，湖南省规模制造业主营业务收入为 32219.01 亿元，占整个规模以上工业的 92.45%，制造业利润总额为 1616.18 亿元，占整个规模以上工业的 93.59%。2019 年 1 ~9 月，全省规模工业增长贡献率超过 5% 的有计算机通信和其他电子设备制造业、汽车制造业、烟草制品业、通用设备制造业、专用设备制造业、食品制造业、非金属矿物制品业等 7 个大类行业，增加值分别增长 19.3%、15.8%、7.2%、15.6%、14.0%、17.0% 和 5.5%，贡献率合计达 56.8%。2018 年，长株潭三市规模工业主营业务收入为 4034.54 亿元，占全省的 38.26%。长株潭城市群是中国工程机械、轨道交通、计算机通信和其他电子设备制造业、汽车制造业、新能源设备、海空设备的重要制造基地，具有打造世界级智能制造中心的基础与潜力。显然，昨天和今天制造业都是长株潭乃至湖南三市第一大产业、第一强的产业，这是有目共睹的。

（三）长株潭制造业是湖南最有活力的产业

民营经济中产生了三一重工这样一大批民营企业，创造了工程机械企业发展的奇迹；中联重科这样一些国有企业成功改制，走上快速发展之路；株洲中车的研发创新能力，带动中国轨道交通产业站在世界前列。长株潭不少制造业企业，从小到大，从大到强，从湖南走向全国、走向世界，这是有目共睹的。湖南省委省政府、长株潭三市政府对于制造业企业给予特别的支持与帮助也是有目共睹的。

（四）长株潭制造业是长株潭、是湖南投资额最大的产业

多年以来，从分行业固定资产投资来看，湖南制造业在固定资产投资中不仅保持第一位置，而且长期保持占全省固定资产投资的 30% 以上，远远超过占第二位的房地产行业（房地产行业占全省固定资产投资的 15% 左右）。从招商引资来看，2018 年制造业实际利用外资 63.5 亿美元，占全省

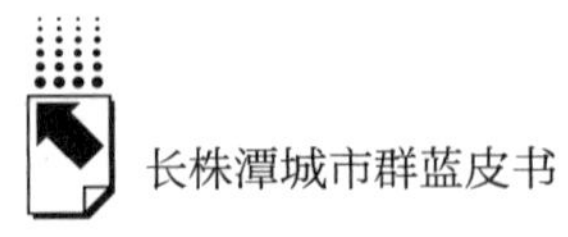

实际利用外资的39.2%。因此，制造业是长株潭、是湖南产业发展中最有实力、最有潜力、最有基础的产业，这也是有目共睹的。

（五）长株潭制造业是集中度与产业链完整性最高的国家先进制造业之一

长株潭三市拥有全国、全球最大、最完整工程机械、轨道交通的产业链和产业集群，拥有硬质材料、轻合金材料、先进陶瓷材料、先进储能材料及电动汽车新能源装备、装配式建筑、3D打印及机器人等全国领先的产业与产业链，这是有目共睹的。

这“五个有目共睹”只能代表现在、只能是未来发展的基础，并不能代表未来。在百年之变革的大时代，长株潭制造业发展需要有忧患意识。

二　长株潭制造业发展面临的“四个难以把握”，让人警醒让人忧

我们正处于世界百年之大变局的大时代，正处于中国经济从高速增长转变为高质量发展的新时代，科学技术革命引起产业大变革，引起制造业重心向亚太地区转移，引起世界实力对比急剧变动、国际经济秩序剧烈变化。以互联网、移动通信技术、人工智能等重大技术进步与广泛应用为特征的新经济，正在各地风起云涌，呈现难以把握的复杂局面。

（一）产业大变革、技术大进步所产生的影响难以把握

传统制造业在衰落，先进制造业在发展，电子信息、互联网、人工智能、智能制造产业在快速发展，科技进步与应用，特别是5G、移动通信技术、互联网技术、物联网技术、人工智能等技术突破，正在促进产业之大变革，这个大变革的主角是智能制造产业，传统制造业将走上智能制造，传统产品将拥有智能化功能与服务，谁把握了智能制造，谁就把握了制造业发展

的未来。长株潭是把握住机遇，站上潮头，再创辉煌，还是被别人甩在后面?

（二）美国全面遏制中国崛起所形成的国家产业布局新变化难以把握

美国的制造业回流战略、中美产业脱钩战略、中美贸易战对于制造业的影响，这些让人忧。更加让人忧的是美国全面围堵、遏制中国崛起的大战略和其战略合作伙伴的参与所形成的影响。在这个复杂的局面中，国家正在重新进行产业（特别是制造业）布局，建立制造业全产业链的产业体系、研发体系，打造不同领域的世界级产业集群。长株潭制造业能否在中部率先进入国家战略层面，成为国家智能制造中心?

（三）科学技术突破与制造业全球人才竞争的严峻形势难以把握

当前，长株潭人才正面临20世纪八九十年代以来的第二次“孔雀东南飞”，如国防科技大学多个研发团队、专家被广东挖走，武汉大学毕业生的40%留在武汉，而长沙大学生只有20%留在长沙，绝大多数到了沿海特别是大湾区就业。长株潭城市群在全国的竞争优势正在丧失（人才、环境、技术、园区），北有武汉城市群，其高校科研院所人才优势、武汉市的人才引进政策、东湖高新区科研成果转化机制、高新产业巨头（华为、小米等等）第二总部（研发总部）落地；南有深圳、广州、东莞、佛山等城市构成的全国最大、最强智能制造研发、生产、人才的集聚区与大洼地，2018年，长株潭地区研发经费投入占GDP的比重为2.49%，长沙也只占2.6%。而深圳为4.2%，武汉为3.2%。长株潭所面临的这种南北夹击竞争势态让人忧。

（四）国家战略中的长株潭战略地位难以把握

在国家顶级战略层面，新一轮国家大战略布局竞争中，湖南目前还没有争取到真正的重大战略、重大政策、重大产业项目支持。湖南应该高度重视进入国家顶级战略层面问题，能够进入将给湖南带来巨大发展机遇与实惠，将形成巨大的竞争新优势与发展新动能。“十四五”时期需要特别关注新工业革命、新型城镇化、新枢纽经济、新国家战略所形成的“四新”经济，“四新”经济是重构中国产业发展新格局，打造国家中心城市与国际、国家、区域城市群新格局，构筑全国城市、经济、产业、交通综合网络新枢纽，实施新国家战略的联动性经济。长株潭能否在国家战略层面争取国家中心城市、国家级中心城市群、国际消费中心城市，湖南拿什么去争取？值得深思。

三　着力打造世界级智能制造中心

目前，长株潭三市制造业是竞争大于协同、割据大于集中、自我大于共享、同质大于差异。长沙近几十年城市发展，从大力向东发展、到大力向北拓展、到全面向西进军（打造大河西）、再到东西北三面协同并进（湘江新区、北部走廊、高铁新区、空港城），唯独没有向南对接湘潭、株洲的大战略。湘潭、株洲城市发展是“想融融不进”，产业发展是“想接接不上”，交通发展是“想通通不全”、公共服务（如教育、医疗）是“想共（享）共不了”。为此，长株潭制造业发展需要在省委、省政府的主导下，走一条集聚、集群、协同、创新发展的道路，需要省市协同建设以研发为核心，以智能制造为主题的“湘江湾”，打造世界级“长株潭智能制造中心”。

（一）务必立足于产研融合优势，建设一个具有全球影响力的集研发、成果转化、新产品开发与生产于一体的智能制造“湘江湾”

建议在长沙国家级智能制造产业集群、株洲轨道交通产业集群、湘潭国家级智能制造产业集群的基础上，北起长沙岳麓山国家大学科技城、长沙高新区、湘江新区，南至湘潭经开区、湖南科技大学、湘潭大学，东至湘潭昭山示范区、湘潭高新区、株洲高新区，沿湘江两岸形成智能制造“湘江湾”。智能制造“湘江湾”这个区域能够为建设世界级的智能制造研发、成果转化、新产品开发与生产中心，提供良好环境与足够的发展空间，这是现在湘江新区、长沙高新区、长沙经开区所不具备的。华为新总部之所以新建在东莞松山湖，是因为松山湖的环境及足够的发展空间。

（二）围绕长株潭建设“世界级智能制造中心”

努力将智能制造“湘江湾”建设成为长株潭智能制造中心的核心区，中国中部承接或培养国家一流乃至世界一流智能制造大企业的总部或第二总部（研发）的核心区、国家智能制造综合性科学中心、国家智能制造新兴产业与企业孵化中心。以智能制造总部基地、产业园、研发机构为载体，推动传统制造业迈向智能制造产业。积极支持产研融合平台参与智能制造总部基地发展，重点围绕智能制造服务体系、产业链条和人才高地，推动长株潭制造业率先向高端、智能、绿色转型升级，率先建成智能制造强省。

（三）形成打造长株潭“世界级智能制造中心”的合力

务必在总体上实施“省市共建”，建设上实施“省统筹、市为主”，规划、布局、政策上实施“省主导、市协同”，形成打造长株潭“世界级智能制造中心”的合力。建议建立省政府主导的“世界级智能制造中心”建设联席会议制度，协调解决建设智能制造中心遇到的重大问题。建议省政府与三市政府要用特殊的手段与政策，支持“世界级智能制造中心”建设。建议三市政府形成具体的、有效的支持政策和措施，并切实抓好落实工作，打通产业、城市、交通、公共服务互通互联的“肠梗阻”，形成打造“世界级智能制造中心”的合力。省政府与三市政府需要支持与帮助三市引进或培育超级先进制造业产业集群与巨型企业、高水平的研发机构与团队，形成研发航空母舰、企业航空母舰。建议在省政府的主导下，三市政府对长株潭“绿心”实施“保护绿水青山，将绿水青山转变为金山银山”战略，通过“绿心”保护性建设，营造建设世界级智能制造中心所需的生态环境、公共服务环境、研发环境、生产环境、人居环境。

B.15
长株潭湘江智能经济带发展报告

马 骏 童中贤*

摘 要： 湘江长株潭地区具有携手联袂发展智能经济的共识动力，具有错位协同发展智能经济的基础能力，具有高效联动发展智能经济的生机活力等建立长株潭湘江智能经济带的基础和优势。可通过组建长株潭湘江智能经济大平台、创建长株潭湘江智能经济共同体、建设长株潭湘江智能经济科创园、建设长株潭湘江智能经济体验区、建设长株潭湘江智能经济博展馆来建立长株潭湘江智能经济带。这不仅可为株潭地区创建一个巨能量发展核心引擎，而且将对湖南参与和重构全国乃至全球经济模式变革产生重大而深远的影响，对引领中部地区高质量发展及对接长三角一体化、粤港澳大湾区发展具有重要战略意义。

关键词： 长株潭 湘江 智能经济带

湘江从入湘潭到进洞庭湖，全长约281.2公里。这一段流经地区是湖南发展基础最好、资源最密集、创新最活跃的区域。习近平总书记提出要推动形成优势互补、高质量发展的区域经济布局，提升产业基础能力和产业链水平。在纵深推动长株潭一体化发展条件下，深入实施创新驱动发展战略，深化长株潭创新合作，构建开放型融合发展区域协同创新共同体，集聚国际创新资源，优化

* 马骏，湖南省社会科学院区域经济与绿色发展研究所博士；童中贤，湖南省社会科学院城市发展研究中心主任、社会学研究所所长、研究员。

创新制度和政策环境，提升成果转化能力，打造长株潭湘江智能经济带，对引领中部地区高质量发展以及对接长三角一体化、粤港澳大湾区发展战略意义重大。

一　建立长株潭湘江智能经济带其时已至

“2019年第六届世界互联网大会”上百度创始人、董事长兼CEO李彦宏提出数字经济正进化到以人工智能为核心驱动力的智能经济新阶段。智能经济是继机械工业、电气工业、信息工业之后人类文明的又一重大进步，将给人类社会带来全新的智能革命。发展智能经济的意义在于，智能技术将构建一个万物互联互通的智能世界，将革命性地改变人们的思维、行为和生活方式。

近年来，顺应并引领高科技产业已经成为国内诸多省市的发展共识，人工智能、信息技术、航空航天、生物技术、智能制造、光电芯片、新能源、新材料等“硬科技”产业正在全国范围内迅速进行战略布局，诸如贵州的大数据、杭州的互联网、成都的云计算、武汉的“光谷”、西安的“云谷”、深圳的新一代信息技术产业等，长株潭地区作为湖南省发展资源、潜力、前景最优的区域，在全国新一轮科技产业版图中尚未占有具备核心话语权的一席之地，这与湖南省“一带一部”的战略定位不符，也与湖南省新时代高质量发展的战略目标不符。

建立长株潭湘江智能经济带是一项领跑时代发展、改变经济格局、创造巨大财富、实现后发赶超的历史性战略举措，不仅将为长株潭地区创建一个巨能量的发展核心引擎，而且将对湖南参与和重构全国乃至全球经济模式变革产生重大而深远的影响，是长株潭地区走向世界经济舞台中心的重要里程碑。

二　建立长株潭湘江智能经济带其势已成

当前，长株潭地区建立湘江智能经济带具有较强的基础和优势。

一是三市具有携手联袂发展智能经济的共识动力。长期以来，长株潭三市无论是在一体化进程中，还是在产业分工合作的过程中，由于缺乏一个精准且一统全局的清晰定位，三市间行政、经济壁垒依然较强，致使发展的凝聚力、竞争力不强。联合三市共同发展智能经济，相当于在一个全新的概念下统一三市的发展导向和目标，同时也重新确立三市的战略与分工侧重点，这有利于三市突出优势、扬长避短、精诚合作，共同将智能经济这块蛋糕做大做强，真正意义上形成“1 + 1 + 1 > 3”的整体效益，促使长株潭地区成为一个整体符号融入全国乃至全球经济格局中。

二是三市具有错位协同发展智能经济的基础能力。长沙具有强大的数据研发能力，拥有国家超算中心和中部最大规模的互联网大数据产业园云谷数据中心，同时还拥有大量优质的高校人才、科研院所等智力资源。株洲高新区全力打造“中国动力谷自主创新园”，拥有一批工程技术研究中心、重点实验室、院士工作站、产业协同创新中心等高端研发平台。湘潭高新区是国家新能源高技术产业基地、国家火炬计划一体化特色产业基地、国家新材料成果转化及产业化示范基地、中国产学研合作创新示范基地。三市已具备智能经济研发、生产、产品全流程发展的基础能力，能够形成错位分工、协同共进的格局。

三是三市具有高效联动发展智能经济的生机活力。目前三市建立了长株潭城市群一体化发展联席会议制度、重点合作专项协调推进制度以及相关合作工作落实机制，并在基础设施、公共服务、环境保护、民生保障等领域形成了一系列进展与成果，形成了“1 小时经济圈、交通圈、生活圈”。三市城市相连、民心相通、利益相融的格局正在加速形成，人流、物流、资金流、信息流通达活力不断提升，串联三市的湘江两岸日益成为三市经济发展最活跃、人员交流最频繁、重大项目最集中的区域。随着长沙马栏山视频文创产业园、湘江智谷・人工智能科技城，株洲“动力谷”、湘潭“智造谷”概念的落地实施，三市正持续蓄积和汇聚迎接新一轮产业革命日益强劲的生机活力。

三　建立长株潭湘江智能经济带其兴可待

一是组建长株潭·湘江智能经济大平台。以国家自主创新示范区为主导，充分发挥长株潭科技和产业优势，积极吸引和对接全球创新资源，建设开放互通、布局合理的区域创新体系。推进长株潭湘江智能经济创新走廊建设，探索有利于人才、资本、信息、技术等创新要素跨境流动和区域融通的政策举措，共建长株潭湘江智能经济大数据中心和国际化创新平台，高水平做好前期规划和顶层设计，并向全球招募智能经济研发、生产、营销、运营、管理、维护专业团队，共同打造长株潭、湖南乃至中西部经济第一心——长株潭湘江智能经济带。

二是创建长株潭湘江智能经济共同体。大力加强创新基础能力建设，汇集并整合湘江新区、湘江智谷·人工智能科技城、岳麓山大学城、国防科大、株洲高新区、湘潭高新区等平台的产学研优质资源，共同创建长株潭·湘江智能经济共同体，聚焦并研发国际顶尖智能经济技术，着力开发国内、国际智能经济市场，重点在AI、VR、云服务、智能交通解决方案等领域开展研发与应用，形成强有力的创新和研发能力。

三是建设长株潭·湘江智能经济科创园。在三市结合部位选址建设智能经济创新创业产业园，形成智能经济生产力。根据智能经济发展的不同领域，分别设立包括智能环保、智能建筑、智能交通、智能教育、智能医疗、智能金融保险等在内的重点子园，完善院士工作站、重点实验室、知识产权保护、科技成果转化、产业孵化等相关配套设施和工作保障，鼓励高校、企业参与智能公共服务应用的开发，将长株潭·湘江智能经济科创园建成国内一流、国际领先的创新创业园。

四是建设长株潭·湘江智能经济体验区。充分利用串联三市的湘江风光带，大力实施智能化改造，建设智能经济实体体验走廊，打造自动驾驶汽车体验区、智能交通运管区、智能住宅体验区、智能城市防控区、智能垃圾收储、智能电网、智能通信、智能穿戴、智能环保检测、智能地图与搜索、智能公共服务等，分享智能经济的超前性与便利性，将智能经济切切实实融入人们的生产、生活，让人看得见摸得着。

五是建设长株潭·湘江智能经济博展馆。沿湘江岸线景观优美、交通便利处选址，建设集科普博览、会议会展、研创交流等功能于一体的大型国际化智能经济博展馆，打造三市地标性建筑，结合长株潭文创产业，重点开辟AI、VR、AR 智能体验馆等主题场馆，使之成为国内外智能产品新品发布、智能经济高峰论坛、智能科技科普博览等一流平台，抢占国内智能经济前沿阵地和话语权。

B.16
长株潭物流一体化发展报告

吴迎学*

摘　要： 随着长株潭“一体化”的推进、供给侧改革的深入、产业结构转型和生态文明的提升，长株潭城市群的物流发展遇到了以下新的难点和问题：①三市物流规划各自为政，物流空间布局配套性、协调性差；②物流业发展水平不高，运行质量较低；③城市共同配送体系缺失，配送优势难以发挥；④物流信息化发展缓慢，信息化水平不高。对此，提出如下对策及建议：完善长株潭城市群物流规划，真正做到三市物流布局一体化；加大物流基础设施投入，完善交通物流网络体系；细化物流产业发展政策，优化物流企业发展环境；推进供应链管理，提高物流运行质量；加快物流信息化建设，推进“智慧”物流发展；加强基础设施建设，构建国际物流体系；加强物流标准化建设，切实做好物流数据统计工作。

关键词： 长株潭　物流一体化　配送体系

随着长株潭“一体化”的推进、供给侧改革的深入、产业结构转型和生态文明的提升，长株潭城市群的物流发展遇到了新的难点和问题。有效化解这些难点、解决问题、提出对策对促进长株潭城市群一体化可持续发展有着重要的意义。

* 吴迎学，省政府参事，中南林业科技大学教授。

一 长株潭城市群物流发展现状

1. 经济总量持续高速增长，物流服务需求不断扩大

近年来长株潭三市经济快速发展，各项经济指标大幅增长。2017 年长沙、株洲、湘潭三市实现地区生产总值分别为 10535.51、2580.40 和 2055.76 亿元，分别比上年增长 9.0%、8.0% 和 8.3%，占全省 GDP 的 43.9%，比 2013 年提升 2.6 个百分点；三市实现的社会消费品零售额分别为 4547.68、1038.5 和 645.0 亿元，比上年分别增长 10.5%、10.7% 和 10.8%，占全省社会消费品零售额的 41.9%；全年三市进出口总值（海关口径）分别为 138.86、21.90 和 27.34 亿美元，比上年分别增长 29.0%、29.9% 和 28.6%，占全省进出口总额的 52.2%；长沙全年完成固定资产投资额 7567.77 亿元，比上年增长 13.1%，其中物流业（交通运输、仓储和邮政业）投资 496.09 亿元，增长 12.0%，占总投资的 6.56%。株洲固定资产投资额比上年增长 13.3%。湘潭完成固定资产投资额 2204.9 亿元，比上年增长 13.8%。经济总量的增长为物流业的发展提供了良好的需求基础。

2. 货物运输量不断上升，公路运输占主导地位

统计数据表明：2017 年长株潭三市分别实现货物周转量 448.79、207.5 和 94.3 亿吨公里，同比增长 15.8%、11.9% 和 12.8%。其中：铁路 39.95（长沙）亿吨公里，同比增长 9.3%；公路 383.31、185.6、70.2 亿吨公里，同比增长 17.1%、12.7%、18.2%；水运 20.33、21.9、24.2 亿吨公里，同比增长 9.2%、5.1%、-0.4%；航空 1.03（长沙）亿吨公里，同比增长 12.4%。可见三市公路运输均占主导地位，且增速最快。

3. 交通基础设施日益完善，综合交通体系初步形成

经过多年的建设和发展，长株潭城市群涵盖公路、铁路、航空、水运等多种交通运输方式，初步建成高效、节约、一体化的新型综合交通运输体系。公路方面：至 2016 年底，长沙总公路里程为 16243.98 公里，其中国道为 1040.03 公里，省道为 1720.93 公里。形成了以高速公路为主要骨架，呈

放射线状的对外运输公路网络。株洲初步形成了“四纵五横”高速公路网，以及由国省干线公路构成的普通公路网，2017 年，全市干线公路建成通车 15 公里、续建 327 公里、新开工 100 公里。至 2017 年末，湘潭公路通车里程达到 7886.31 公里，其中等级公路达到 5335.11 公里、高速公路达到 255.26 公里。铁路方面：长株潭城市群的铁路交通主要是由京广线和浙赣线组成，连同长株潭城际铁路、湘黔铁路、湘桂铁路、石长铁路构成联通长株潭三市并向外辐射的铁路网；长株潭的铁路货运枢纽主要包括长沙火车货运北站、株洲货运北站、湘潭火车东站、长沙东站等。水运方面：长株潭城市群的水运主要依托于湘江，主要港口有长沙霞凝新港、暮云港、坪塘港、株洲铜塘湾港、霞湾港、湘潭九华港、铁牛埠港等，其中长沙霞凝新港是中国 23 个主要内河港口之一，是国家二类水运口岸，拥有湘江千吨级航道。航空方面：长沙航空枢纽为长沙黄花国际机场。黄花国际机场现有 2 座航站楼，机场现有两条跑道，总面积 26.6 万平方米。2016 年末，一跑道运营的飞行区等级为 4E，二跑道于 2017 年 3 月份开始运营，飞行区等级为 4F。目前，长沙已开通长沙到胡志明市的国际货运班机，并试运行长沙 - 新疆 - 莫斯科的公 - 铁 - 空多式联运线路。株洲正在建设株洲通用机场。

4. 社会物流总额稳步增长，主要物流指标全面向好

2016 年，长沙市实现社会物流总额 3.40 万亿元，同比增长 11.0%；实现物流业增加值 667.02 亿元，同比增长 5.3%；实现社会物流收入 710.00 亿元，同比增长 10.4%，增速比上年提升 2.2 个百分点；全市社会物流总费用占 GDP 的 15.7%，同比下降 0.5 个百分点，物流效率不断提高且物流成本得到有效控制。2017 年，株洲市实现物流业增加值 167.6 亿元，增长 8.4%左右；占 GDP 的比重为 6.5%，比上年提升 0.4 个百分点。2017 年，湘潭市社会物流总额达到 4340.43 亿元，同比增长 7.1%，增速比上年提高 0.3 个百分点。全市物流企业实现总收入 246.18 亿元，同比增长 7.3%，增速比上年提高 2.5 个百分点。全市社会物流总费用为 273.87 亿元，同比增长 8.0%，全市社会物流总费用占 GDP 的 13.3%，比上年下降 0.4 个百分点，呈现持续回落的良好态势。

2017年，长沙市共有A级物流企业78家，占全省A级物流企业的39.4%，其中5A级10家、4A级35家、3A级32家、2A级1家，占全省5A、4A、3A、2A级物流企业的比重分别为76.9%、41.7%、36.4%、15.4%。2016年，交通运输和仓储企业年收入超过1亿元的有39家，10亿元以上的有2家。2017年，株洲市有物流企业74家，比上年增加13家，占全市规模以上服务业企业个数的比重由2016年的17.6%下降到2017年的15.9%。其中4A级物流企业9家，3A级物流企业13家。2017年，湘潭市拥有国家3A级以上物流企业19家，其中5A级企业1家、4A级企业7家、3A级企业11家。全市营业收入过亿元的物流企业有7家，比2016年增加1家，占全市规模以上物流企业的26.9%。

5. 物流业加速对外开放，跨境物流跨越式发展

近年来，长株潭城市群进一步加速物流业对外开放，完善跨境保税物流平台，加快实施物流企业“走出去”战略，跨境物流取得长足进步，建设了综合跨境电商平台、跨境电商的综合示范区和申报保税备货模块及其相应的基础设施。通过了铁路口岸申报建设，2014年10月长沙北站首发开通了至德国杜伊斯堡、俄罗斯莫斯科、乌兹别克斯坦塔什干的“中欧班列（湘欧快线）”和至广州、深圳的“五定班列”，全面连通了“陆上丝绸之路经济带”和“21世纪海上丝绸之路”。其中2016年实现每周两列稳定运行。2017年一共开了166列。2018年1～10月已经发了145列，年度目标是208列。

在金霞经济开发区内设立了金霞保税中心，实现了关、检、汇、税等部门的“一站式”办公，通关报检的“一条龙”服务，金霞口岸区域通关单量约占全省的40%，率先在全省实现跨境进出口B、C业务双向全流程开通，2016年底累计完成订单数162.26万单、进出口额约6000万人民币，形成了“金霞式商业模式”并在省内推广复制。2017年6月，长沙黄花综合保税区第一期顺利通过国家验收，已有近50家公司在综保区办理工商注册，具备运行条件的企业有26家，其中加工企业5家，租赁标准仓库的物流企业8家，入驻通关楼、综合楼的服务类企业13家。

6. 电子商务风起云涌，快递物流发展迅猛

2016 年，长沙市快递业务量 26028.21 万件，同比增长 39.4%；实现快递业务收入 28.21 亿元，同比增长 42.1%。在加快农村电子商务发展等一系列政策文件的引导下，2016 年长沙所辖县域（含望城区、长沙县、宁乡县、浏阳市）实现快递业务量 4519 万件，同比增长 105.2%，高于全市 65.8 个百分点；快递业务收入 4.84 亿元，同比增长 88.3%，高于全市 46.2 个百分点。株洲共 46 家快递许可企业，全范围覆盖主要快递品牌，行业从业人员达到 5200 余人，快递网络乡镇覆盖率已达 100%，快递业已经成为连接产业、城乡、区域的重要纽带。湘潭形成了以邮政、顺风和“四通一达”等为代表的快递物流网络，实现城市和乡村快递网络全覆盖。

7. 物流园区初具规模,物流空间格局不断优化

2011 年出台的《长沙市现代物流发展规划（2011～2020）》和黄花机场空港规划明确了在长沙东、南、西、北四个方位及黄花机场周边建设五大物流园区和农贸物流、含浦物流等十个中心（以下简称“五园十中心”），“五园十中心”规划用地达 1998 公顷，其中东、西、北、含浦物流园区已经基本建设完成，北物流园位于金霞开发区，依托其优越的交通区位条件发展多式联运，承担中南地区长途货运、城市配送等功能，吸引着大批物流企业入驻，东物流园目前有实泰物流、家电物流中心、马王堆农贸物流中心等项目入驻，西物流中心迎来了晟通物流、高星物流等项目入驻。2015 年，金霞物流园、湖南一力物流园等成为湖南省首批 8 个省级示范物流园区，2016 年，金霞物流园区入围湖南唯一获批的国家级示范物流园区。

株洲市根据《株洲市“十三五”物流业发展规划》启动了清水塘综合国际物流园、大美新芦淞商贸物流园、醴陵湘东国际物流园、攸县星都物流园、湘赣边界物流园等五大物流园区，以及中车株洲物流基地、中特物流中心、市农副产品批发交易物流中心等物流中心和一批配送中心的建设，逐步形成较为完善的物流节点体系。

湘潭市根据《湘潭市现代商贸与物流一体化发展规划（2011～2020）》初步形成了“一核四片区”的雏形，即以荷塘现代综合物流园为核心，吸

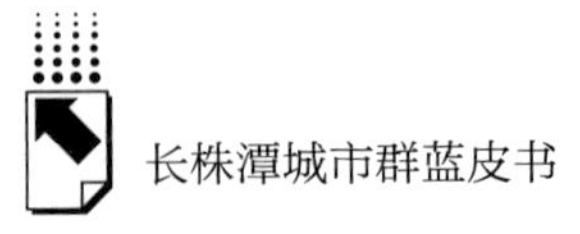

纳四个片区：高新的电商物流片区、九华的保税物流片区、韶山的农产品加工物流片区、湘乡的公铁联运片区。其中，荷塘现代综合物流园成为湖南省首批8个省级示范物流园区之一。

二　存在的问题

长株潭城市群现代物流业发展虽然取得明显进步，但从协调性、经济发展需求、城市功能定位、物流功能升级等方面分析，仍然面临诸多难点和问题。

1. 三市物流规划各自为政，物流空间布局配套性、协调性差

早在2008年，国务院已批准湖南实施《长株潭城市群区域规划(2008～2020年)》，并于2014年对规划重新进行了修编。规划形成“中心辐射、多式协调”的区域物流体系和“十主二十辅”物流园区布局。在实际推进过程中，由于没有一个综合的协调机构和一套利益协调机制来统筹调整和优化长株潭城市群物流产业一体化发展，三市为了各自的经济利益，将此规划束之高阁，导致存在下列问题。

（1）各市物流园区、物流设施规划没有考虑长株潭一体化、协调性要求。物流园区之间距离较近，物流有效需求规模不足，土地资源利用率低，甚至引起园区之间的恶性竞争，有的园区生存发展困难；有的物流园区从事物流主业的企业不足，许多本应入驻物流园区的物流/配送中心企业分散各处，各自为政。选址只需考虑满足本市需求辐射，导致物流园区难以整合提供供应链集成的、辐射力强的、综合的、专业化的物流服务。

（2）物流基础设施布局不够合理，配套性、层次性、协调性较差。有的物流设施严重不足，有的物流设施重复建设、设施利用率低，导致整个城市群物流节点数量过多、选址过密，物流产业高度分散、各自为政、资源浪费，无法形成规模化、社会化、便捷化、高效化和一体化经营。

（3）有些物流园区的选址存在缺陷，园区位置远离生产地或销售地，导致物流企业不愿意入园，难以达到规划目标。

2. 物流业发展水平不高，运行质量较低

长株潭三市的物流业发展水平与国内先进城市比较还存在较大差距，具体体现在下列方面。

（1）大部分物流企业缺乏供应链集成化运作能力。目前，长株潭三市大部分物流企业仍然只能提供传统的运输、仓储和配送服务，供应链管理水平低，缺乏按客户计划向工商企业提供“门对门”“适时”的供应链集成物流服务的能力和信息共享能力，经营模式、服务质量和工作效率难以满足日益增长的社会物流需求。

（2）物流业对经济发展贡献度偏低。物流在国民经济中的价值可以体现在物流产业对国民生产总值的贡献上。2016 年长株潭三市物流业增加值分别为 667.12、151.4、143.52 亿元，分别占各自 GDP 的 7.1%、6.1%、7.8%，国务院发布的《物流业发展中长期规划（2014～2020 年）》要求，物流业增加值应占 GDP 的 7.5% 左右，长沙、株洲离此目标还有一定的距离。从物流业增加值增速来看，2016 年长株潭三市物流业增加值增速分别为 5.3%、5.3%、6.8%，分别低于 GDP 增速 4.1、2.6、1.2 个百分点，说明三市物流业的发展速度低于经济的发展速度。

（3）物流业运行质量较低。物流界通常将社会物流总费用与 GDP 的比值作为衡量一个国家物流发展水平的标志。比例越低，说明物流成本越低，即物流业的运行质量越高。2016 年长沙社会物流总费用占 GDP 的 15.7%，湘潭为 15.5%，比全国平均水平高 0.8 和 0.6 个百分点。株洲的物流水平比长沙、湘潭还低，2017 年的营业收入比 2016 年减少 19.1%。从社会物流总费用下降幅度来看，2016 年长沙社会物流总费用下降幅度分别为 0.5 个百分点，而全国下降幅度为 0.6 个百分点，说明长株潭物流业运行质量还有较大提升空间。

（4）物流企业实力不强，社会物流效率较低。长株潭三市的物流企业“小、散、差”问题仍然突出，专业化、规模化、信息化、社会化程度低；A 级物流企业占比低，大规模企业偏少。如株洲市，2017 年物流企业有 74 家，A 级企业只有 10 家，没有一家 5A 级企业；资产规模超过 10 亿元的只有1家；资产规模在5亿元~10亿元的只有3家公司；资产规模在1亿元~5亿元的只有5家公司。同时，作为物流需求方的工商企业受传统经营模式的影响，物流外包意识虽比十年前有所提升，但有相当部分企业不愿将自身的物流业务剥离出来，部分工商企业仍然自建物流体系，导致物流效率低、消耗高，物流成本高，社会物流组织化水平普遍偏低。

3. 城市共同配送体系缺失，配送优势难以发挥

（1）缺乏政策支持。长株潭城市群至今尚未出台支持同城共同配送/跨城共同配送的政策、条例，没有配套的措施、方法，全靠企业自发运作。因此，配送企业不能做到信息互通、设施共享、减少送货次数和物流资源的优化配置，难以发挥共同配送的优势。

（2）公共接货设施不足。城市末端共同配送设施一般包括小件物品共同集货及分拨设施、商业区末端卸货及揽收设施。然而现有城市建设缺乏配套的共同配送平台，导致送货车辆没有停车及卸货空间，随意停留在周边的马路上，造成交通拥堵与通行不畅，也无法实现多供应商向同一目的地的集货功能，企业各自配送进一步加剧了交通拥堵、降低了效率、增加了成本。

4. 物流信息化发展缓慢，信息化水平不高

长株潭三市的物流信息化水平与国内先进城市相比存在较大差距。从政府层面看，物流公共信息平台不能充分运用互联网+、大数据、云计算等信息技术，数据信息量少，更新速度慢，企业数据与平台数据交换不够通畅，平台应用功能较少，不能向社会和企业推送相应的物流供应/需求信息，因此，应用物流公共信息平台的物流企业不多。从物流信息技术应用看，物流信息标准不全，信息规范化不足，信息共享难以实现。从企业层面看，部分物流企业信息化水平仍很低，现有的信息管理手段相对简单，信息专业技术人员配置不到位，未形成有效的信息传播网络。2016年长沙市物流企业问卷调查表明：目前采用EOS系统（电子自动订货系统）的企业占9.8%，采用条形码技术的企业占48.8%，采用ASS系统（自动分拣系统）的企业仅2.4%。

5. 物流数据不完善，物流统计工作滞后

物流数据是物流信息化的基础。一般物流数据包括三类数据：一是物流企业的供给数据，即在计划期内能够提供多少车辆、多少仓储面积等。二是工商企业的物流需求数据，这两类数据是物流公共信息平台急需的数据。三是直接提供社会物流总额、社会物流总费用、物流总成本、物流服务水平、物流投资总额等统计数据。当前，长株潭三市在物流数据规范、标准、收集、交换与统计方面均不规范，缺乏明确的要求，三市物流业的相关统计工作严重滞后。

三　对策及建议

为了充分发挥长株潭城市群的区位优势、交通优势以及一体化优势，将它打造成为我国中部地区的物流高地以及“一带一路”地区和长江经济带的重要物流中心，提出如下对策及建议。

1. 完善长株潭城市群物流规划，真正做到三市物流布局一体化

（1）建议成立副省级架构的长株潭一体化工作委员会，依据国家《物流业发展中长期规划（2014～2020年）》《湖南省“十三五”物流业发展规划》，在《长株潭城市群区域规划（2008～2020年）》的基础上，以长株潭一体化为出发点，根据长株潭三市的产业布局，整合三市现有物流发展规划，制定长株潭城市群物流规划，全面完善长株潭一体化的物流园区、物流中心/配送中心、快递分拨中心等设施布局，使之以中心城市为枢纽，以县城为节点，以中心集镇为网点，以配送/共同配送、快递物流为载体，构建城市之间、城区之间、城乡之间布局合理、层次分明、对接有序、便捷高效、绿色环保、低成本的绿色物流服务体系，打通物流“最后一公里”。

（2）全面评估现有物流园区的运行情况。对那些符合规划要求，运作良好的物流园区给予政策上的支持和奖励；对不符合规划要求、主业不突出且运行不好的物流园区进行降级处理。要引导物流中心/配送中心、快递分拨中心、物流企业入驻物流园区，不再在园区外批准土地建设物流企业，以

防止物流产业分散布局，无序竞争，并节约土地资源。

2. 加大物流基础设施投入，完善交通物流网络体系

（1）要加大物流基础设施投入，大力推进长株潭城市群综合交通运输体系建设，完善综合运输通道和交通枢纽节点布局，构建便捷、高效的物流基础设施网络。加强铁路、公路、水运和航空等运输方式间转换衔接设施、集装箱中转设施和城区末端公共接货设施的建设，推动多式联运、集装箱运输、甩挂运输和城市配送/共同配送的开展，实现多种运输方式的无缝对接，促进物流设施配套运行，降低物流成本，提高物流效率。

（2）根据《湖南省“十三五”物流业发展规划》“一核三区多园六通道”的物流发展布局，各级政府要加强对物流基础设施的投资扶持，重点支持长沙金霞物流园、湘潭荷塘现代综合物流园、湖南航空物流产业园、清水塘综合国际物流园、长沙高铁物流、中车株洲物流基地、中特物流中心、湘潭岳塘国际商贸城加工物流园一期、长沙新港、长沙传化公路港等物流重点项目的升级和落地，保障土地供应，解决政策支持不到位、征地拆迁矛盾多、工程施工阻力大等问题，改变近年来物流固定投资下降的趋势。

3. 细化物流产业发展政策，优化物流企业发展环境

长株潭城市群要以产业政策一体化为目标，三市的物流产业发展政策要协调一致。要出台政策，解决物流企业仓储、配送和货运代理等环节与运输环节营业税税率不统一问题；在条件成熟后应停止征收长株潭城市间的过路过桥费，减轻企业负担；要放宽对物流企业资质的行政许可和审批条件；要支持工业企业将旧厂房、仓库和存量土地资源用于发展物流业；要积极引导银行业金融机构加强对物流企业的信贷支持，拓宽融资渠道；要大力提倡供应链金融，发挥物流企业监管优势，解决中小企业融资难、融资贵的困难；要根据长株潭各自的产业优势，大力发展产业物流，以供产销一体化来提升工业产业链价值；要统筹布局农村电商物流网络，开展农村电子商务，促进农副产品的销售，提高农民收入；要大力发展农业物流，加速农产品的流通，推广农资产品配送；要鼓励大型企业从事农产品物流，形成农超对接、农校对接、农企对接的有利局面；要完善农产品增值税政策，加快建立主要

品种和重点地区的冷链物流体系。

4. 推进供应链管理，提高物流运行质量

（1）政府应制定政策指导企业建立现代企业管理制度，推行供应链管理和现代物流管理，并把它们作为企业评优评先的一个条件。积极培育大型物流企业提升，供应链集成物流服务能力，与制造业、流通业一起搭建供应链一体化合作台，通过“互联网＋”建立网上交易智慧物流服务平台，提供原材料采购、运输、仓储、装卸、搬运、包装、流通加工、配送等一条龙综合配套服务，做好连接产业链上下游的桥梁，探索与制造业、流通业、金融业等多种产业的融合渗透，促进生产方式转变和流通方式转型，提升物流业对整个供应链的掌控能力，提高物流运行质量。

（2）要引导运输、仓储、货物代理、装卸搬运、快递等中小微型物流企业整合功能，集聚发展，加快由传统单一型物流企业向现代复合型物流企业转型升级。要引导配送企业开展共同配送业务，大幅提升设施利用率，减少道路拥堵现象。要制定物流服务质量标准和运作流程标准，建立诚信体系和黑名单制度，将物流服务质量屡次不达标的企业列入黑名单进行惩罚，限制其招标或承接项目，强制提高物流企业服务质量。

（3）要做好顶层设计，科学规划工业园区、经济开发区、高新技术产业园区等制造业集聚区的供应链一体化物流服务体系，积极引导工业园区内企业将物流服务外包，加大物流需求，促进整个区域内物流基础设施和智慧物流平台的融合发展，以此推动物流企业做大做强。

5. 加快物流信息化建设，推进“智慧”物流发展

随着物联网、云计算、大数据、区块链等新技术在物流领域的应用，“互联网＋”智慧物流促使物流业与互联网深度融合，使得物流信息化、智能化发展到了一个崭新的阶段。建议加快长株潭城市群“物流公共智能信息平台”与“交通综合智能信息平台”的建设，通过物流供需双方信息的互联互通使需求与供给直接对接，充分利用社会运输资源，实现虚拟仓库的运用，大幅度释放社会闲散物流资源。同时，要大力加强物流企业的信息化建设，支持企业研发智慧物流信息平台，鼓励企业间信息的互联互通，运用

信息技术与物流智能设备，提高物流效率，降低物流成本，提升物流服务质量。

6. 加强基础设施建设，构建国际物流体系

（1）要趁长株潭一体化的东风，举三市之力，争取国家支持在长株潭都市圈内设立自由贸易区，通过进出口贸易、加工贸易、转口贸易、区内贸易、跨境电子商务贸易等5种贸易方式推动区域经济的快速发展。

（2）进一步推进长株潭三市口岸一体化建设。在做强黄花综合保税区和金霞保税物流中心的基础上，依托清水塘综合国际物流园和湘潭荷塘现代综合物流园分别建设株洲、湘潭保税物流中心（B型）及多式联运中心，大力开展保税仓、监管仓和监管中心的建设，使长株潭三市口岸成为多类型、多层次、多功能的开放口岸平台，促进国际贸易快速发展。

（3）进一步加强长株潭三市国际通道一体化建设。继续加大对湘欧快线的支持力度，将株洲北站、湘潭东站作为湘欧快线的集货站，拓展南向、西向线路，开通往来东南亚的班列，稳定北线，实现多线、双向稳定运营；大力发展国际航空全货航线，提升国际航空货运保障能力；加快发展国际集装箱道路运输，优化港澳直通车运营管理，畅通农副产品出口绿色通道；大力发展铁水、公铁、公水、陆空等多式联运，建设配套的多式联运换装站场，加快各类运输方式之间的无缝对接和信息联通，提高国际物流整体效率。

7. 加强物流标准化建设，切实做好物流数据统计工作

要加快物流信息数据的标准化建设，实施托盘尺寸标准、集装箱标准、物流术语标准、一系列的条形码标准等标准化，降低物流成本。建议长株潭三市的商务、统计部门和物流与采购联合会一起开展社会物流总额、社会物流总费用、物流总成本、物流总投资、物流服务水平等物流数据统计工作。

生态绿色篇

Report on Eco-green Development

B.17
长株潭城市群绿色发展报告

刘怀德*

摘　要：　长株潭绿心公园的打造首先应通过提升理念认识，推行绿心模式再造，打造一批乡村特色突出、地域标识感强的生态农业、文化、旅游、服务等品牌。其次，创新体制机制，通过构建市场化、多元化的生态补偿机制，完善政府绩效评价，创新社会参与机制来拓宽“绿水青山”转化为“金山银山”的通道。最后，发展绿色产业，重点围绕提升都市生态农业，推动生态旅游、医疗健康、文化创意、体育休闲、教育科技等服务业的发展。

关键词：　长株潭　绿心公园　绿色发展

* 刘怀德，湖南省政协委员，湖南省长株潭两型服务中心副主任。

近年来，在省委、省政府的坚强领导下，社会对长株潭试验区生态绿心保护关注的广度、共识的程度、自觉性责任感的强度、保护工作的力度前所未有，成效十分显著。在一个快速城市化区域，协调保护与发展关系是紧迫而长期的问题，我们已进入更高质量保护的窗口期，有如下建议。

提升理念认识。绿心的设立不是心血来潮，而是基于其自然特征和城市发展规律的科学规划，绿心保护不是三市的包袱，不是三市一体化的障碍，而是让长株潭、让湖南赢得世界尊重的特质。要摒弃那种建设就是盖房、发展就是占地、同城化就是搞成一张大饼的思维，使我们的理念紧跟新时代的步伐，保持战略定力。眼光要长远，按照习近平总书记2011年所指示的要看到50年以后的价值；位置重要，这是重棋而不是闲子，是湖南提升价值的战略资源、建设锦绣潇湘的点睛之笔；目标要高，这是长株潭的生态客厅、湖南人民的中央公园；对标要强，瞄准上海的崇明岛、长三角生态绿色一体化示范区，对标维也纳森林、荷兰的兰斯塔德，要敢于对标、善于对标、全面对标，当长江经济带“共抓大保护、不搞大开发”的标杆，做长株潭国家试验区和全省生态文明的标志，以此设计绿心的空间管制、产业发展和保障机制。

推行模式再造。绿心位于长株潭的核心地区，有230平方公里森林、17个公园、12座水库、众多大大小小的河流，还有大量的人文资源，应该推进绿心公园化、产业化、品质化、品牌化发展，借鉴长三角生态绿色一体化示范区的做法，以绿心为主体，在三市结合部建设绿色发展示范区。推动绿心高强度保护与相邻地域高密度开发相结合，在禁开区及限开区部分区域，以自然公园建设为平台，按照生态客厅、中央公园的定位，整合现有保护管理机制，省统一规划、统一标准、统一监测、统一监管、统一品牌打造，以市为主体进行单元设计管控和保护建设。以乡村振兴示范为平台，以绿色产业为抓手，全面规划建设美丽村庄、特色小镇集群，打造一批乡村特色突出、地域标识感强的生态农业、文化、旅游、服务等品牌。

创新体制机制。目的是通过系统集成创新，拓宽“绿水青山”转化为“金山银山”的通道，让绿心保护者更加自信、更加富裕。构建市场化、多元化的生态补偿机制，生态补偿既要省政府出资，也要市、县各级政府出资；既要政府担当，也要相邻地域内受益的企业担当。完善政府绩效评价，对绿心地区的区、乡、镇，重点看其生态建设和绿色产业发展水平。在三市进行发展权市场、湿地林地银行等试点，有效保护本地生态资源权益。创新社会参与机制，引导更多机构参与生态建设，全面开展两型生态绿色示范创建。鼓励社会资本投入，创新林地流转机制和投资回报机制，建设一批成规模、上档次，满足人们休闲、健身、旅游需求的城郊公园。

发展绿色产业。绿心地区的主打产品是生态产品，主导产业是绿色产业。这方面既有"两山"理论的支持，也有长沙浔龙河、昭山盘龙大观园、浙江安吉、丽水等省内外案例的参照，还有长株潭都市区大市场的支撑，关键是我们能不能走出房地产开发的舒适区，心无旁骛地去努力。要围绕提升都市生态农业，推动生态旅游、医疗健康、文化创意、体育休闲、教育科技等服务业发展，研究出台一揽子政策措施，规划实施一批重大提质工程，开发引进一批重点产业项目，组织举办一系列本土性乃至国际性园艺、农业、旅游、科技、文化、体育等活动，让绿心品牌更加响亮，促进生态优势向高质量发展转化。

B.18 长株潭城市群农林生态特色产品品牌报告

熊 曦 傅为一*

摘 要： 打造农林生态特色产品品牌是落实农业高质量发展的重要途径。长株潭城市群具有这方面的独到优势，如产品品质基础好、培育和建设了一批地理标志性产品和区域公用品牌，但也存在著名品牌缺少、品牌提升的投入不足、品牌培育的主体弱、品牌的标准化程度低等现实问题，新时代背景下，长株潭城市群农林生态特色产品发展需要注重品牌培育，围绕重点产品、重点基地、重点企业，打造一批有长株潭城市群地域特色的农林生态特色产品，进而促进长株潭城市群农业的高质量发展。

关键词： 长株潭城市群 生态特色产品 品牌培育

十九大报告指出“要创造更多物质财富和精神财富以满足人民日益增长的美好生活需要，也要提供更多优质生态产品以满足人民日益增长的优美生态环境需要”。“优质生态产品”这个很有新意的概念进入了人们的视野，而建立在品牌基础上的优质生态产品更容易被消费者认识和信任，因而，发展优质农林生态特色产品品牌符合新时代发展的理念，是推动区域经济向

* 熊曦，中南林业科技大学商学院副教授，国际商务系主任；傅为一，黑龙江省社会科学院研究生院社会工作硕士研究生。

“绿色、低碳、品牌、高质量”发展的有效路径之一。对推进我国农业高质量发展以及乡村振兴、助推区域经济发展起着至关重要的作用。可以说，国家和地方对农林生态特色产品品牌的重视，以及优质产品自身的优势，为培育地区具有特色的农林生态产品品牌奠定了坚实的基础。正是在这些背景下，一些农林生态特色产品优势较为明显的地区正在努力探索培育品牌。长株潭城市群是湖南的核心区域板块，该地区盆地与丘陵、城镇和乡村交错，土壤肥厚，气候温和，适合农林生态特色产品种植养殖，在当前乡村振兴与农业高质量发展的大背景下，更应该顺应时代潮流，用品牌来塑造引领长株潭城市群农林生态特色产品高质量发展，以此形成具有长株潭城市群区域特色的农林生态特色产品品牌。本研究对长株潭城市群核心区域的长沙、株洲、湘潭三市农林生态特色产品做一个全面的摸底，就其品牌培育与发展做一个具体的探索。

一　长株潭城市群农林生态特色产品品牌培育的基础和问题

（一）农林生态特色产品品牌的形成基础

1. 产品的品质基础好

长株潭城市群的核心为长沙、株洲、湘潭三市，呈品字形分布。长株潭城市群属于亚热带季风性湿润气候，四季分明，气候温和，雨水充足，低温期短，阳光充足，适合多种农林产品培养，具有粮食、畜禽、蔬菜水果、茶叶、油料、水产等优势农林产业。其中浏阳市柏加花木小镇（浏阳市柏加镇、雨花区跳马镇、石峰区云田镇）、湘潭县湘莲小镇（花石镇）、炎陵县黄桃小镇（中村乡）成为湖南省首批十大特色农业小镇，政府将其作为重点进行扶持，这些小镇生态环境好，农林产业具有一定规模且产业链完整，区域内至少有一家以上的农业或林业产业龙头企业，道路、物流、仓储、通信、网络等基础设施完备，发展目标明确，规划合理，适合农林生态特色产品生产和品牌培育。

2. 地理标志性产品培育成效显著

长株潭城市群区域内地貌复杂多样，盆地与丘陵交错，土壤肥厚，具有多种矿物质，且气候温和，为多种农林产品生产提供了优越的自然生态条件。由此形成了长沙的乌山贡米、长沙绿茶，株洲的炎陵黄桃、酃县白鹅，湘潭的沙子岭猪、九华红菜薹等具有地域特色的地理标志性农产品品牌，一些典型的地理标志性产品名录如表 1 所示。这些获得地理标志产品的农产品品质优异，特色突出，在当地农业发展中起到重要作用。

表 1　长株潭城市群典型国家地理标志产品目录

产品名称	所有权单位	产品名称	所有权单位
宁乡猪	宁乡市	天岩寨柑橘	浏阳市
大围山梨	浏阳市	浏阳金橘	浏阳市
乌山贡米	长沙市望城区	葛家鸡肠子辣椒	浏阳市
长沙绿茶	长沙市	浏阳黑山羊	浏阳市
北山梅	长沙县	酃县白鹅	炎陵县
醴陵玻璃椒	醴陵市	沙子岭猪	湘潭市
九华红菜薹	湘潭市	湘潭矮脚白	湘潭市
沩山毛尖茶	宁乡市	罗代黑猪	长沙县
茶陵黄牛	茶陵县	攸县麻鸭	攸县
茶陵大蒜	茶陵县	湘莲	湘潭县
炎陵黄桃	炎陵县		

3. 区域公用品牌建设推进顺利

长株潭城市群地区注重以品牌建设引领农业供给侧结构性改革，如长沙市专门出台了《关于全面推进农业品牌建设的若干意见》（2018 年），湘潭市专门出台了《湘潭市加快农业产业化发展五年行动计划（2017 ~ 2021 年）》，株洲市专门出台了《株洲市农业产品建设提升行动方案（2018 ~ 2020 年）》，有效提升了长株潭城市群农林生态特色产品品牌的知名度和影响力。长株潭城市群目前已经形成一批具有地域特色的农林产品区域公用品牌，如宁乡市的宁乡猪、沩山毛尖茶，浏阳市的大围山梨、浏阳金橘、黑猪、浏阳黑山羊，炎陵县的酃县白鹅、炎陵黄桃，湘潭市的沙子岭猪、湘潭槟榔，同时，一些地方还获得了油茶之乡、花猪之乡、湘莲之乡、绿茶之乡、苗木之乡等称号。长株潭城市群一些典型的区域公用品牌如下表2所示。其中湘潭湘莲被评选为2017年湖南省十大农业区域公用品牌，宁乡花猪、炎陵黄桃被评选为2016年湖南省十大农业区域公用品牌，对于湖南省的农林业公共品牌建设和竞争力提升发挥了显著作用。

表2　长株潭城市群农林产品典型区域公用品牌形成状况

地区	区域公用品牌
宁乡市	宁乡花猪、沩山毛尖茶、灰汤贡鸭
浏阳市	大围山梨、浏阳金橘、浏阳黑山羊、农品浏香
长沙县	罗代黑猪
长沙市望城区	乌山贡米、望城鲌鱼
浏阳市	浏阳黑山羊
长沙市	长沙绿茶
株洲市	株洲红茶、白关丝瓜
炎陵县	酃县白鹅、炎陵黄桃
茶陵县	茶陵黄牛、茶陵大蒜
攸县	攸县豆腐、攸县麻鸭
醴陵市	醴陵油茶、醴陵玻璃椒
株洲县	王十万黄辣椒
湘潭县	湘潭湘莲
湘潭市	沙子岭猪、湘潭槟榔

4. 农林产品品牌逐步成长

长株潭城市群采取企业主体、政府扶持、社会支持的多元方式打造和宣传农林产品品牌，培育了一批在全国叫得响、立得住的农林生态特色产品品牌，一些“国字号”农产品品牌已经家喻户晓，如金霞粮油、明园蜂业、童年记食品、盐津铺子、绝味食品等一线农产品品牌走入了寻常百姓家，同时，长株潭城市群目前也已经成长了一批在特色产品领域内影响力较大的农产品品牌，如长沙市的“金井牌”茶叶、“楚沩香”宁乡花猪、“聚尔康”茶油，株洲市的“洣溪茗峰”茶叶、“湘春”蕨菜、“湘醴”茶油，湘潭市的沙子岭猪、“三益”牌葡萄、“羊鹿”牌毛尖茶、龙牌酱油、“湘牧”牌肉制品、“宾之郎”牌系列食用槟榔、“水府”牌火焙鱼等，长株潭城市群的一些典型农林产品品牌如表3所示。

表3　长株潭城市群典型农林产品品牌情况

地区	农林产品品牌
长沙市	“金井牌”茶叶、“楚沩香”宁乡花猪、“浏乡”炒货、“发丫红”红米、“锦寿堂”蜂蜜、“沃园”甘薯、“岳麓韭皇”韭黄、“乡里里手”水产品、“聚尔康”茶油、“神农大丰”种子
株洲市	“炎米神”米粉、“金糯陵”糯米粉、“洣溪茗峰”茶叶、“肖运忠”松花皮蛋、“湘春”蕨菜、“金紫峰”山茶油、“黄堂铺子”姜茶、“湘醴”茶油、“苗妹子”卤香干、“湘福土”红薯粉
湘潭市	“龙”牌酱油、“宏兴隆”牌磨皮白莲、“宾之郎”牌食用槟榔、“金风李”牌系列米面产品、“羊鹿”牌毛尖茶、沙子岭猪、“湘牧”牌肉制品、“汤妈妈”牌毛家食品、“三益”牌葡萄、“水府”牌火焙鱼

（二）存在的主要问题

1. 著名品牌少

目前长株潭城市群虽然有一批国家地理标志产品和著名的区域品牌，有些产品市场认可度还比较高，但是还有一部分农林产品品牌没有获批为著名商标，也没有获批为驰名商标，如表4所示。

表4　长株潭城市群农林行业典型产品品牌状况

类别	典型产地与名称	品牌状况
水产品	“乡里里手”水产品	不是著名品牌，不是驰名商标
茶叶	“金井牌”茶叶	是著名品牌，是驰名商标
	“洣溪茗峰”茶叶	不是著名品牌，不是驰名商标
	“羊鹿”牌毛尖茶	不是著名品牌，不是驰名商标
水果	“三益”牌葡萄	不是著名品牌，不是驰名商标
油茶	“聚尔康”茶油	不是著名品牌，不是驰名商标
	“金紫峰”山茶油	不是著名品牌，不是驰名商标
蔬菜	“湘春”蕨菜	不是著名品牌，不是驰名商标
	“沃园”甘薯	是著名品牌，不是驰名商标
家畜类	“楚沩香”宁乡花猪	不是著名品牌，不是驰名商标

2. 品牌培育与提升的投入不足

一方面，企业投入建设品牌的观念和意识还不强烈，品牌建设缺少投入。大多数农林企业管理落后、品牌建设能力缺乏，少数企业甚至难以维持经营。另一方面，地方政府创名牌投入不足，对农林业品牌建设缺乏正确的引导与扶持。譬如对农林业品牌缺乏科学规划，缺乏社会资金投入引导机制，政府对产业基地、基础设施、品牌宣传等财政资金投入也不足，无法满足农林业创品牌的需要。

3. 品牌培育的主体弱

长株潭城市群农业与林业产业化龙头企业及企业家精英缺乏，致使长株潭城市群农林产品生产以小规模生产和分散经营为主，且基础设施建设差，农林业生产的规模化、产业化程度低，高素质人才缺乏，难以形成名牌产品和名牌企业，导致产品附加值低，整个产业不能做大做强。

4. 品牌产品的市场规模效率较低

长株潭城市群农林特色生态产品产出规模效率不高的问题突出，大部分企业处在以初级加工为主的阶段，产品缺乏精深加工，并且还是以传统的水稻、油茶籽、生猪为主，特色农产品生产比重较小；2017 年长株潭三市的农林牧渔业总产值指数分别为 103. 3、104. 1、103. 5，增长较为缓慢，这与长株潭城市群农林产品的基础优势地位是不对称的。

5. 品牌的标准化程度低

长株潭城市群农产品生产采用标准化生产的少。如该片区 20 多种国家地理标志产品中，目前建立国家质量标准的比较少，仅有几个国家质量标准，如 GB/T2773 –2008 宁乡猪。

6. 防范品牌风险观念不强

长株潭城市群一些农林产品生产企业近年来遭受了品牌成长风险，这主要是因为大多数农林企业管理落后、缺乏品牌建设能力和风险管理能力，影响了品牌产品的销售和信誉，不利于品牌的发展。

二　长株潭城市群农林生态特色产品品牌培育的思路和任务

（一）总体思路

农林生态特色产品品牌发展应该坚持高质量发展的理念，由数量发展转变为质量发展，贯彻创新、协调、绿色、开放、共享的新发展理念，提高产品市场竞争力，做精一批农林生态特色产品品牌，做强一批农林生态特色产品品牌龙头企业，促进长株潭城市群现代农林产业的高质量发展，加快长株潭城市群可持续与跨越式发展的步伐。为此必须坚持以下基本原则。

一是坚持科技创新与市场需求相结合的原则。长株潭城市群在推广农林生态特色产业品牌过程中，要着力于提高优势农林生态特色产业的科技含量，尤其是要针对市场需求，深化产品深加工科技研发，支撑产品品牌的纵深推进，不断满足市场需要。

二是坚持政府引领和市场主导相结合的原则。充分发挥政府在农林生态特色产业发展中的引领作用，加大对长株潭城市群农林生态特色产品发展的政策支持力度，同时，发挥市场主导的功能，精心培育市场消费主体，提升消费市场的忠诚度和认可度。

三是坚持适度规模和质量协调的原则。长株潭城市群农林生态特色产品应该秉持适度规模发展的原则，不能盲目追求规模化生产，要在维护土壤、水资源等有机生产环境的基础上，确保产品质量，做到有机绿色生产，适度扩张规模，促进农林产品的品质与发展规模协调。

四是坚持重点发展与差异发展相结合的原则。重点发展长株潭城市群各地区具有区域特色的农林生态产品，不搞产业重复建设，通过差异化打造各地具有区域特色的农林生态特色产品，形成市场竞争优势。

（二）主要任务

1. 加快推进特色农林产品产业基地（产业带）建设

加快推进农林生态特色产品区域布局，努力提高农林生态特色产品规模化、集约化、标准化生产经营水平。依据区域特色和资源禀赋等打造一批具有长株潭城市群地域特色的优质农林产品生产基地或产业带。

表 5 长株潭城市群农林生态特色产品生产产业布局

产业名称	主要基地布局区域
茶叶产业	长沙县春华、路口、高桥、金井、开慧、福临、北山、宁乡沩山等区域，青山－船形－羊鹿－湘乡茶场－韶山一带的姜畲、射埠、石潭、杨嘉桥、乌石、云湖桥、棋梓、毛田、白田、韶山、清溪、银田等乡镇
花卉苗木产业	姜畲、昭山、长城、河口、梅林、易俗河、韶山、山枣、翻江等乡镇。柏加、镇头、官桥、普迹、葛家、枨冲6乡镇组团的浏阳河百里花木产业带，关口、古港、沿溪、永和、官渡5乡镇组团的浏东公路百里花木产业带，以及长沙县江背和黄兴、雨花区跳马等乡镇组团
油茶产业	射埠、中路铺、谭家山、云湖桥、易俗河、金薮、潭市、花石、翻江、月山、东郊、龙洞、毛田、棋梓、山枣、栗山、泉塘、壶天和韶山、浏阳市官渡、沿溪、澄潭江、大瑶、枨冲、葛家、镇头、普迹、官桥、沙市、淳口、清水江、均楚、石亭、栗山坝、清水江、嘉树、新阳、板杉、枣市镇、界首镇、船湾镇等乡镇
花猪产业	宁乡市流沙河、老粮仓为中心，辐射回龙铺、坝塘、大成桥、双凫铺、资福、灰汤、喻家坳等乡镇
蔬菜产业	望城区靖港片区、茶亭片区、白乌片区、新康片区等规模化基地，以及长沙市的其他县(市)区若干重点片区。南阳桥、渌口、仙井、淦田、砖桥等城郊乡镇
水产产业	望城区乔口渔场、千龙湖、团头湖等水域资源发展淡水渔业及特种名贵鱼种，大众垸、苏廖垸等水源充足的垸区发展小龙虾养殖。棋梓、泉塘、育塅、月山、虞唐、山枣、东郊、毛田、翻江、分水、排头、锦石、花石、杨林、银田、姜畲、鹤岭等乡镇
林业产业	茶恩寺、白石、中路铺、花石、中沙、虞塘、栗山、山枣、梅桥、鸾山、黄丰桥、南阳桥、洲坪、淦田、砖桥、朱亭、龙凤、龙潭等乡镇
湘莲产业	花石、白石、排头、锦石、茶恩寺、中路铺、河口、谭家山、石潭、韶山等乡镇
水果产业	湘潭市近郊都市高效农业经济圈和云湖桥、谭家山、中路铺、毛田、棋梓、翻江、泉塘、龙洞、金薮、壶天、潭市、山枣、东郊、育塅和虞塘等乡镇
蚕桑产业	山枣、东郊、泉塘、金石、育塅、东山、虞塘、潭市、龙洞、梅桥、中沙、谭家山、花石、鹤岭等乡镇
草食畜禽产业	草食动物养殖主要布局在壶天、翻江、金石、栗山、毛田、月山、白田、金薮、龙洞、中路铺、茶恩寺、青山桥、分水、石鼓、乌石、白石、排头等乡镇。家禽养殖主要布局在山枣、栗山、潭市、月山、泉塘、梅桥、东郊、育塅、云湖桥、石潭、杨嘉桥、金石、排头、银田、清溪、杨林、姜畲、鹤岭等乡镇

2. 加快培育和发展一批有影响力的农林产品品牌

强化长株潭城市群特色农林产品三品一标品牌打造，重点提升宁乡猪、长沙绿茶、望城鲌鱼、炎陵黄桃、湘潭湘莲、沙子岭猪、大围山梨、九华红菜薹、浏阳金橘、沩山毛尖茶等特色品牌。

3. 加快推进特色农林产品龙头企业建设

一是推进农产品加工业企业建设。着力打造粮食、茶油、湘莲、畜禽、茶叶、水果、水产品、竹木、中药材、豆干等特色农产品加工，培育一批龙头加工企业，发展农产品精深加工、原产地加工、主食加工，提高农产品加工能力。

二是发展农业产业化龙头企业。培育一批销售收入过 1 亿元、10 亿元、50 亿元、100 亿元的品牌农业企业。积极引进社会资本，打响企业所在地的农林生态特色产品品牌。

4. 加快完善农林产业品牌服务体系

继续发展特色农业绿色生态，鼓励支持农产品进行商标注册和有机食品、绿色食品、无公害食品、地理标志的“三品一标”认证；进行农产品质量安全检测，严格执行产品质量安全标准，完善质量管理制度，展示长株潭农业的生态、绿色、有机特色。

（三）培育重点

1. 特色种植业产品

一是重点发展以炎陵黄桃、天岩寨柑橘、大围山梨、浏阳金橘、茶陵大蒜、九华红菜薹等为重点的优质果蔬。

二是重点发展以长沙绿茶、沩山毛尖茶等为重点的茶叶。

三是重点发展以株洲大量中药材种植基地和龙头药业企业为依托的中药材产业和湘潭地区的湘莲产业，加强基地建设和技术研发，打造中药材名优产品。

2. 特色花卉竹木产业

在发展楠竹、松木等商品林生产和实木家具、竹地板、竹刨花板等竹加工产品的同时，积极发展具有地方特色的名、优、特、新的树种、珍稀苗木等。

3. 高效生态特色养殖业

加强对具有长株潭特色的宁乡猪、沙子岭猪、浏阳黑山羊、酃县白鹅、攸县麻鸭、望城鲌鱼等高效生态特色养殖业的发展。

4. 特色农林产品加工业

加强对果蔬、畜禽、茶叶等主要加工业和攸县香干、攸县豆腐等特色产品的发展，重点扶持隆平高科、绿叶水果、集云生态、蓉园食品、三旺实业、长盛科技等名优龙头企业。

三　加快长株潭农林生态特色产品品牌培育的对策措施

加快长株潭农林生态特色产品品牌培育是一个系统工程，需要协同配合创造各种条件，推动长株潭农林生态特色产品品牌培育迈上新台阶。

（一）加强对农林生态特色产品品牌培育的意识

对于农林生态特色产品品牌培育，首先政府对品牌建设要足够重视，积极作出品牌宣传、营销等规划，加强三品一标认证和农产品区域公用品牌的打造，充分发挥长株潭农林产品品牌特色，统筹协调解决长株潭城市农林特色产品创牌过程中遇到的困难和问题，确保长株潭城市农林特色产品品牌影响力提升。

（二）以乡村振兴战略引领农林产业现代化发展

我国自古以来是农业大国，振兴农村、农业是打好农村脱贫攻坚战的关键，同时也在我国的经济社会发展和全面建成小康社会中起到重要作用。农林产业的现代化发展是乡村振兴战略中的重要任务，以乡村振兴战略引导农业产业由农户个体小规模生产转向品牌生产基地规模化经营的农村合作社、龙头企业等。将农林产品生产由重视数量生产转变为数量质量兼重的生产；促进农林产业与第二和第三产业融合发展、形成休闲农庄等模式，提高农产品附加值和农业经济效益。

（三）优化农林产品的区域化布局

长株潭城市群应根据各市的实际情况，着力于形成农林产品的规模化生产和区域化布局。在长沙，应在重视发展绿茶、花卉苗木、油茶、蔬菜和特色水产产业的基础上，着力发展宁乡猪等特色产业。在株洲，应着重发展优质稻米、绿色蔬菜、油茶、茶叶、特色养殖、特色水果等特色产业。在湘潭，应着重培育湘莲、蔬果、茶叶、油茶、楠竹、蚕桑等特色生产基地发展。

（四）加强长株潭农林特色产品品牌质量管理和技术研发

一要加强品牌质量管理，继续开展区域公用农业品牌和农业企业品牌评选等活动，鼓励支持农产品商标注册和有机食品、绿色食品、无公害食品、地理标志“三品一标”认证；进行农产品质量安全检测，严格执行产品质量安全标准，实施标准化生产。二要加大技术研发和引进力度，引进高素质科技人员，鼓励与科研院所等的合作，开发适应市场需要的新型产品和精深加工技术。

（五）注重农林产品与互联网结合

一是要发展农村电子商务，与阿里巴巴和京东等开展合作，发展线上销售模式，同时完善仓储、物流等基础设施建设，推广移动支付，通过互联网获得最新市场信息，让更多的农产品能够面向大众。二是要借助网络和媒体对农林特色产品品牌进行宣传，借助互联网、广播电台、地方电视台、报刊等媒体，加大产品品牌宣传力度，在将区域文化、特色融入广告宣传和产品当中，打造农产品区域公用品牌和地理标志品牌。

（六）加强对长株潭农林生态特色产品品牌培育的政策支持

一是财政政策扶持。将农林生态特色产业建设作为优先支出项，加大对技术研发、设备更新、基地建设等项目的投入，将财政资金重点投入对农产品区域公用品牌、影响力较大的产品品牌、龙头农林企业的扶持。

二是投融资政策支持。鼓励农商行等银行加大对长株潭城市群农林生态特色产品项目的融资力度，科学合埋引入社会资金，建立融资性担保机构，解决农林生态特色产业企业融资难问题，同时加强对资金的监管，让资金的使用透明化。

三是扩大对品牌产品的多渠道推广。鼓励经营主体扩大市场销售途径，通过专卖店、特产店等多途径建立稳定的销售渠道。此外，大力发展电子商务、直销配送、农超对接等新型营销模式，实现线上线下结合，生产、经营、消费无缝链接。

四是其他政策支持。加强对高素质人才的吸引，对龙头企业中的管理人员进行培训；以法律保障农林特色产业、企业、劳动者等的合法权益，加强对知识产权的保护；对于绩效、发展突出的企业，政府应给予奖励。

参考文献

张明林、喻林、刘克春：《实施生态品牌战略促进生态农业产业化发展》，《求实》2012 年第 1 期。

王文龙：《中国地理标志农产品品牌竞争力提升研究》，《财经问题研究》2016 年第 8 期。

熊曦：《区域产业品牌形成机理及其培育策略研究》，经济科学出版社，2015。

柳思维：《努力将贴牌大国打造成自主品牌强国的思考》，《北京工商大学学报》（社会科学版）2012 年第 4 期。

凯文 · 莱恩 · 凯勒：《战略品牌管理》，中国人民大学出版社，2006。

柳思维、熊曦：《大湘西农林生态特色产品品牌培育研究》，《中南林业科技大学学报》（社会科学版）2018 年第 1 期。

熊曦、段佳龙、李璐、肖俊、郭洁萍：《区域性农林生态特色产品品牌资源挖掘及培育——以大湘南地区为例》，《中南林业科技大学学报》（社会科学版）2019 年第2 期。

柳思维、熊曦：《大湘西农林特色产品品牌培育研究》，《中南林业科技大学学报》（社会科学版）2018 年第1 期。

B.19 长株潭城市群生态系统服务价值评价报告

张美芳　郎泽慧　朱佩娟*

摘　要： 以长株潭城市群为研究区，采用土地利用类型转移矩阵、景观格局指数及偏最小二乘回归法，分析2000～2015年长株潭城市群景观格局及生态系统服务价值演变特征，并探究景观格局演变对生态系统服务价值的影响。结果表明：①2000～2015年长株潭城市群土地利用类型变化显著，2010年后建设用地面积大幅增加，景观破碎化程度不断提升，主要分布于长沙、株洲、湘潭三个城市的市区周边。②从生态系统服务价值来看，2000～2015年长株潭城市群生态系统服务总价值减少了22.79亿元，其中林地生态系统服务价值减少量最多，呈现"中间低，四周高"的空间格局。③偏最小二乘回归方法结果表明，景观破碎化程度越高，生态系统服务价值越低，景观格局演变对生态系统服务价值影响显著。

关键词： 长株潭城市群　景观格局　生态系统服务价值

引　言

21世纪以来，城市化进程迅速，城市建成区面积不断扩大，大量生态

* 张美芳，湖南师范大学资源与环境科学学院硕士研究生；郎泽慧，湖南师范大学资源与环境科学学院硕士研究生；朱佩娟，湖南师范大学资源与环境科学学院教授，通讯作者。

用地转变为建设用地，土地利用变化剧烈，生态系统功能降低①。景观格局是景观组分的空间分布和组合特征，是土地利用变化最直观的表现形式，景观格局演变不仅能够反映人类活动与自然环境相互作用②，还能够揭示空间变异特征及区域生态状况③，生态系统服务是生态系统形成和维持人类赖以生存及发展的环境的条件④。

从已有研究来看，国内外关于景观格局与生态系统服务价值的研究已积累了丰富的成果。从景观格局的研究来看，学者们探讨了景观格局特征、景观格局的时空演变、景观格局的影响因素⑤；早期的研究尺度多是以国家、省等大尺度为主，随着居民生活水平的不断提高，城市以及城市内部的生态环境质量受到关注，研究逐渐由大尺度向中小尺度地区转变⑥；关于研究方法，学者们运用景观生态学的原理和方法，从定性描述逐渐发展到定量描

① 黄敏、杨飞、郑士伟：《中国城镇化进程对生态系统服务价值的影响》，《水土保持研究》2019 的第 1 期。

② 吕乐婷、张杰、彭秋志等：《东江流域景观格局演变分析及变化预测》，《生态学报》2019 年第 18 期。

③ 吕乐婷、张杰、彭秋志等：《东江流域景观格局演变分析及变化预测》，《生态学报》2019 年第 18 期；王新闯、陆凤连、吴金汝等：《县域土地利用景观格局演变及其生态响应——以河南省新郑市为例》，《中国水土保持科学》2017 年第 6 期；邹月：《西安市土地利用景观格局变化的生态系统服务价值响应及优化研究》，陕西师范大学硕士学位论文，2018；张秋菊、傅伯杰、陈利顶：《关于景观格局演变研究的几个问题》，《地理科学》2003 年第 3 期；陈利顶、孙然好、刘海莲：《城市景观格局演变的生态环境效应研究进展》，《生态学报》2013 年第 4 期。

④ 卢婷、姚娟：《生态系统服务价值评价研究现状及展望》，《农业展望》2018 年第 4 期；周鹏、周婷、彭少麟：《生态系统服务价值测度模式与方法》，《生态学报》2019 年第 15 期。

⑤ 吕乐婷、张杰、彭秋志等：《东江流域景观格局演变分析及变化预测》，《生态学报》2019 年第 18 期；陈利顶、孙然好、刘海莲：《城市景观格局演变的生态环境效应研究进展》，《生态学报》2013 年第 4 期；王计平、陈利顶、汪亚峰：《黄土高原地区景观格局演变研究综述》，《地理科学进展》2010 年第 5 期；刘月亮、成方龙、李芳等：《广州市景观格局演变特征及驱动因素交互探测》，《资源与产业》2019 年第 4 期；阳文锐：《北京城市景观格局时空变化及驱动力》，《生态学报》2015 年第 13 期。

⑥ 付刚、肖能文、乔梦萍等：《北京市近二十年景观破碎化格局的时空变化》，《生态学报》2017 年第 8 期；Mitchell M. G. E. , Suarez-Castro A. F. , Martinez-Harms M. , et al. Reframing Landscape Fragmentation's Effects on Ecosystem Services ［J］. *Trends in Ecology & Evolution*, 2015, 30 (4): 190 - 198.

述，利用 RS、GIS 等新型技术，获取地区遥感影像，对景观格局进行了实证分析，主要运用景观格局指数和空间统计两种方法[①]。从生态系统服务价值来看，1997 年 Costanza 有关全球生态系统服务价值的研究引起了生态学界的关注，而后我国学者根据中国实际情况，对 Costanza 等人的研究成果进行了修正，并对中国的陆地及海洋等地进行了生态系统服务价值的评估[②]。随着景观格局及生态系统服务价值研究的深入，景观格局与生态系统服务的相关关系逐渐成为学者们探讨的热点，有学者探讨了区域景观格局时空变化对生态系统类型、面积以及空间分布状况的影响[③]，从相关研究结果来看，景观格局的变化会对生态系统的结构和功能产生影响，最后影响到生态系统服务的供给，但关于景观格局对生态系统服务价值的影响的研究多是针对单个城市、某个区域或流域等[④]。当前我国正大力推进城市群现代化建设与生态文明建设，城市群处于由“量”向“质”建设的阶段，城市群覆盖的空间范围广，景观格局演变较单个区域更为复杂，明晰其景观格局及其对生态系统服务价值的影响对区域实现可持续发展具有重要意义。

因此，本文以长株潭城市群为研究对象，明晰 2000 ~ 2015 年长株潭城市群景观格局时空演变特征，同时测度其生态系统服务价值的演变，分析长

---

① 陈利顶、李秀珍、傅伯杰等：《中国景观生态学发展历程与未来研究重点》，《生态学报》2014 年第 12 期；Tian Y.，Jim C. Y.，Tao Y.，et al. Landscape Ecological Assessment of Green Space Fragmentation in Hong Kong［J］. Urban Forestry & Urban Greening，2011，10（2）：79 - 86.

② 卢婷、姚娟：《生态系统服务价值评价研究现状及展望》，《农业展望》2018 年第 4 期；周鹏、周婷、彭少麟：《生态系统服务价值测度模式与方法》，《生态学报》2019 年第 15 期。

③ 童晨、童亿勤、李加林等：《舟山群岛景观格局变化对生态系统服务价值的影响》，《海洋学研究》2019 年第 1 期；赵育恒、曾晨：《武汉城市圈生态服务价值时空演变分析及影响因素》，《生态学报》2019 年第 4 期；李冬杰、杨利、余俞寒等：《都市生态旅游区土地利用碎片化对生态系统服务价值的影响——以武汉东湖生态旅游区为例》，《生态学报》2019 年第 13 期。

④ 陈丹、蒋贵国、邓元杰等：《大城市近郊区土地利用及景观格局演变对生态服务价值的影响——以成都市龙泉驿区为例》，《江苏农业科学》2018 年第 24 期；张天海、田野、徐舒等：《滨海城市土地利用格局演变及对生态系统服务价值的影响》，《生态学报》2018 年第 21 期；王丽群、张志强、李格等：《北京边缘地区景观格局变化及对生态系统服务的影响评价——以牛栏山 - 马坡镇为例》，《生态学报》2018 年第 3 期。

株潭城市群景观格局演变对生态系统服务价值的影响，深化对两者关系的认识，从而为城市群景观规划和建设以及城市群健康发展提供相关参考。

一 研究区域与研究方法

（一）研究区域

长株潭城市群，是“两型社会”建设综合配套改革试验区，位于湖南省中东部，以长沙、株洲、湘潭三市城区为核心，包括6个区域性次级中心城市及两个县域中心城市，是湖南省经济发展的核心增长极，其中面积达500多平方公里的长株潭绿心已成为世界上最大的城市群绿心。2000～2015年，随着城市化进程的快速推进，长株潭城市群土地开发强度加大，建设用地面积不断扩大，据统计，2000～2015年长株潭城市群建设用地面积扩张了1.2倍，在土地利用变化剧烈背景下，其生态环境压力也不断增大。

（二）数据来源

本文数据包括土地利用数据、社会经济统计数据。土地利用数据主要用于测度土地利用结构时空演变与景观格局时空演变，来源于2000年、2005年、2010年、2015年4个时相的长株潭城市群Landsat－TM遥感影像数据，像元分辨率为30m。在GIS的支持下进行目视解译和数字化，并经过野外实地调查和数据校正，最终建立属性数据与空间数据相对应的土地利用多时相数据库，根据《土地利用现状分类标准》（GB/T21010－2017）以及长株潭城市群土地类型特征，将长株潭城市群土地利用类型分为耕地、林地、草地、水域、建设用地、未利用地6类。社会经济统计数据主要用于测度生态系统服务价值，数据来源于2000、2005、2010以及2015年四个年份的《湖南省统计年鉴》《长沙市统计年鉴》《株洲市统计年鉴》《湘潭市统计年鉴》《中国农产品价格调查年鉴》等。

（三）研究方法

1. 土地利用类型转移矩阵

土地利用类型转移矩阵能够很好地描述各土地利用类型的转换情况，它不仅可以反映研究初期、末期的土地利用类型转移特征，还可以反映研究时段内各土地利用类型之间的转移变化情况，用来刻画研究区域土地利用结构变化方向①。其数学形式为：

$$S_{ij} = \begin{bmatrix} S_{11} & S_{12} & S_{13} & \cdots & S_{1j} \\ S_{21} & S_{22} & S_{23} & \cdots & S_{2j} \\ S_{31} & S_{32} & S_{33} & \cdots & S_{3j} \\ \vdots & \vdots & \vdots & \vdots & \vdots \\ S_{i1} & S_{i2} & S_{i3} & \cdots & S_{ij} \end{bmatrix}$$

式中 S 为土地利用类型面积，i、j 分别为研究初期与末期的土地利用类型。

2. 景观格局指数

景观格局指数是指能够高度浓缩景观格局信息、反映其结构组成和空间配置某些方面特征的简单定量指标。结合已有研究及研究区实际情况②，选取斑块密度（PD）、最大斑块指数（LPI）、形状指数（LSI）、聚集度指数（AI）、香农多样性（SHDI）、均匀度指数（SHEI）、蔓延度（CONTAG）以及分离度（DIVISION）八个景观格局指数，通过 Fragstats 4. 2 软件，计算长株潭城市群景观格局。

3. 生态系统服务价值计算方法

Daily 最先提出生态系统服务价值，随后，Costanza 等 1997 年发表的

① 韩会然、杨成凤、宋金平：《北京市土地利用变化特征及驱动机制》，《经济地理》2015 年第 5 期。

② 陈利顶、孙然好、刘海莲：《城市景观格局演变的生态环境效应研究进展》，《生态学报》2013 年第 4 期；阳文锐：《北京城市景观格局时空变化及驱动力》，《生态学报》2015 年第 13 期；盛晓雯、曹银贵、周伟等：《京津冀地区土地利用变化对生态系统服务价值的影响》，《中国农业资源与区划》2018 年第 6 期。

《全球生态系统服务价值和自然资本》一文①，使得生态系统服务价值估算的原理和方法得以明确。为了估算中国区域的生态系统服务价值，谢高地等基于我国200位生态学者的问卷调查，修订了Costanza的成果，制定出中国生态系统服务价值当量因子表②。本文根据谢高地等学者的研究，对长株潭城市群生态系统服务价值当量因子及价值进行了修订。生态系统服务价值当量因子是指生态系统产生的生态服务的相对贡献率，一个生态服务价值当量因子的经济价值量等于每年每公顷农作物市场价值的1/7③。长株潭城市群的主要粮食作物为水稻，粮食单产水平采用2015年长株潭地区平均粮食单产水平，以区域水稻的均价作为平均粮食价格。经统计，长株潭地区的平均粮食单产水平为6836.33kg/hm^2，2015年平均粮食价格为2.76元/公斤，所以生态系统服务价值的一个当量因子为2476.93元/hm^2，经测算，得到长株潭城市群单位面积生态系统服务价值系数表（见表1），进而采用Costanza等的计算方法最终得到生态系统服务价值和单项功能的服务价值，计算公式如下：

$$ESV = \sum (A_k \times VC_k) \quad (1)$$

$$ESV_f = \sum (A_k \times VC_{fk}) \quad (2)$$

式中：ESV为生态系统服务价值；A_K为研究区第k种土地利用/覆被类型的面积；VC_k为第k种土地利用类型的生态系统服务价值系数（元/hm^2）；ESV_f为生态系统第f项功能的服务价值；VC_{fk}为第k种土地利用类型所对应生态系统第f项功能的服务价值系数（元/hm^2）。

---

① Costanza R. The Value of the World's Ecosystem Services and Natural Capital [J]. *World Environment*, 1997, 25 (1): 3 - 15.

② 谢高地、鲁春霞、冷允法等：《青藏高原生态资产的价值评估》，《自然资源学报》2003年第2期。

③ 邓楚雄、钟小龙、谢炳庚等：《洞庭湖区土地生态系统的服务价值时空变化》，《地理研究》2019年第4期。

表 1　长株潭城市群各类土地生态系统服务价值系数

（单位：元/hm^2）

生态系统服务功能	林地	草地	耕地	水域	未利用地	建设用地
气体交换	8669.3	1981.55	1238.5	0.0	0.0	0.0
气候调节	6687.7	2229.2	2204.5	1139.4	0.0	0.0
水源涵养	7926.2	1981.5	1486.2	50529.4	74.3	0.0
土壤形成与保护	9660.0	4830.0	3616.3	24.8	49.5	0.0
废物处理	3244.8	3244.8	4062.2	45080.1	24.8	0.0
生物多样性保护	8074.8	2699.9	1758.6	6167.6	842.2	0.0
食物生产	247.7	743.1	247.7	247.7	24.8	0.0
原材料	6440.0	123.8	247.7	24.8	0.0	0.0
娱乐休闲	3170.5	99.1	24.8	10749.9	24.8	0.0
合计	54121.0	17933.0	17115.6	113963.5	1040.3	0.0

4. 偏最小二乘回归法

偏最小二乘回归法（PLSR）是一种新型的多元统计数据分析方法，是对最小二乘回归的一种拓展，它主要研究的是多因变量对多自变量的回归建模，用于解决样本分析中存在的变量多重相关性。当前，偏最小二乘回归法运用广泛，可被用于测度景观格局变化对生态系统服务价值的影响，包含了多元回归和主要成分分析的组合特征，本文通过偏最小二乘回归法计算景观格局变化对生态系统服务价值的影响，采用（PLSR）中变量投影重要性指标（VIP）表示自变量对因变量重要性的解释程度，通过 SPSS22.0 进行计算。一般认为 VIP 大于 1 的影响因素最重要，在 0.5 ~ 1 之间的影响因素比较重要，小于 0.5 的则不重要①，从而分析影响生态系统服务价值的主要因素。

① 邓晨晖、白红英、高山等：《秦岭植被覆盖时空变化及其对气候变化与人类活动的双重响应》，《自然资源学报》2018 年第 3 期；张雪茹、尹志强、姚亦锋等：《安徽省城市建设用地变化及驱动力分析》，《长江流域资源与环境》2016 年第 4 期。

二　景观格局时空演变

（一）土地利用结构时空变化

根据土地利用结构表（见表2），可知林地与耕地所占比例较高，其中林地占比为60%以上，而草地、水域、未利用地占比较低，为1%左右。从土地利用类型变化来看（见表3），2000～2015年耕地、林地、草地面积不断减少，其中耕地面积减少最多，达到433.42km^2，而水域、建设用地以及未利用地面积均有所增加，但建设用地增加的面积较多，达到749.08km^2，特别是2010～2015年建设用地增加了527.37km^2，这与2009年长株潭城市群开始建设“两型社会”，不断推动区域内产业发展、园区建设以及交通基础设施完善密切相关。从空间来看，建设用地增加的部分主要位于北部的长沙、株洲、湘潭三个城市的市区，其中长沙市市区的建设用地面积最大，从2000年到2015年建成区面积扩大了约一倍，城市化进程较株洲、湘潭地区快。这说明15年以来随着城市化、工业化的迅速推进，建设用地需求不断增加，占用了其他类型的土地。

表2　2000～2015年长株潭城市群土地利用结构

年份	项目	耕地	林地	草地	水域	建设用地	未利用地
2000	面积(km^2)	8536.49	17871.66	426.26	511.28	656.21	4.11
	比例(%)	30.48	63.81	1.52	1.83	2.34	0.02
2005	面积(km^2)	8462.58	17809.49	425.78	513.59	791.1	3.48
	比例(%)	30.22	63.59	1.52	1.83	2.83	0.01
2010	面积(km^2)	8414.94	17769.68	424.88	515.15	877.92	3.45
	比例(%)	30.05	63.45	1.52	1.84	3.13	0.01
2015	面积(km^2)	8103.07	17544.16	419	524.53	1405.29	9.97
	比例(%)	28.93	62.64	1.5	1.87	5.02	0.04

表 3　2000～2015 年长株潭城市群土地利用类型变化

年份	耕地（km^2）	林地（km^2）	草地（km^2）	水域（km^2）	建设用地（km^2）	未利用地（km^2）
2000～2015	-73.91	-62.17	-0.48	2.31	134.89	-0.63
2005～2010	-47.64	-39.81	-0.90	1.56	86.82	-0.03
2010～2015	-311.87	-225.52	-5.88	9.38	527.37	6.52
2000～2015	-433.42	-327.50	-7.26	13.25	749.08	5.86

（二）土地利用转移分析

为了进一步明晰各类用地之间的转换情况，通过土地利用类型转移矩阵计算 2000～2015 年长株潭城市群土地利用类型转换。结果表明，2000～2015 年耕地向其他土地利用类型转移了 511km^2，从其他土地利用类型转换为耕地的有 77km^2，其中向建设用地转移了最多，达到 394km^2，耕地面积整体减少了 434km^2。林地向其他用地转出也较多，共转出 419km^2，其中向建设用地转移了 349km^2，草地、水域和未利用地转移较少，总的来看，自 2000～2015 年以来，建设用地转入量最大，其转入量主要来自耕地、林地、水域，共转入 778km^2，林地、耕地及草地转入面积小于转出面积。这表明 2000～2015 年长株潭城市群在发展过程中，城市扩张不断占用耕地及林地，建设用地大部分都由耕地和林地转移而来。

（三）景观格局时空演变

在区域尺度上，土地利用具有高度的动态性和空间异质性。从景观生态学的角度来看，不同土地利用方式的组合形成了不同的景观和景观结构，并表现出空间自相关性。因而，基于景观生态学原理，借助景观格局分析软件 Fragstats4.2，通过景观指数计算长株潭城市群 2000～2015 年景观格局时空演变。首先分析不同土地利用类型景观格局，从斑块类型和形态选取斑块密度（PD）、最大斑块指数（LPI）、形状指数（LSI）、聚集度指数（AI）以及分离度（DIVISION）五个景观指数分析不同土地利用类型景观格局，从结果来看（见表4），各土地利用类型的景观指数有升有降，其中草地、林地、水域及未利用地的景观指数变化程度较小。建设用地的各类指数变化显著，其最大斑块指数（LPI）、形状指数（LSI）、聚集度指数（AI）都有较显著的增加，这表明随着城镇化程度的提高，建设用地越来越集中，其破碎化程度降低；另外，耕地的最大斑块指数（LPI）不断降低，这表明其破碎化程度不断提升。这是因为在城市化进程中，耕地不断转化为建设用地，耕地出现了被道路、居民地、人造水渠等隔断的问题，整体破碎化程度提高。

表4　2000～2015年长株潭城市群各景观类型破碎化格局指数

景观类型	年份	PD	LPI	LSI	AI	DIVISION
耕地	2000	0.0329	12.4714	53.7039	48.2408	0.9827
	2005	0.0332	8.3172	53.7366	48.0265	0.9901
	2010	0.0333	8.2420	53.5951	47.9055	0.9903
	2015	0.0349	3.2112	53.9303	46.5350	0.9962
林地	2000	0.0062	60.7574	39.7003	73.6925	0.6308
	2005	0.0066	46.3245	39.5859	73.6824	0.7652
	2010	0.0065	46.2493	39.6892	73.6481	0.7659
	2015	0.0069	42.7575	39.7415	73.4288	0.792
草地	2000	0.0095	0.0781	18.0426	23.2023	1.0000
	2005	0.0095	0.0781	17.9787	23.0473	1.0000
	2010	0.0094	0.0781	17.8936	22.9874	1.0000
	2015	0.0094	0.0781	17.8298	22.6784	1.0000
水域	2000	0.0108	0.1244	20.1200	20.0669	1.0000
	2005	0.0110	0.1302	20.0392	19.9595	1.0000
	2010	0.0109	0.1302	20.0784	19.9177	1.0000
	2015	0.0115	0.1099	20.9804	17.7563	1.0000
建设用地	2000	0.0134	0.2575	20.6667	28.2790	1.0000
	2005	0.0149	0.3269	21.4289	31.1396	1.0000
	2010	0.0157	0.3385	22.0455	32.6382	1.0000
	2015	0.0193	1.1456	24.2976	42.6100	0.9998

续表

景观类型	年份	PD	LPI	LSI	AI	DIVISION
未利用地	2000	0.0001	0.0058	1.7500	25.0000	1.0000
	2005	0.0001	0.0058	1.2500	50.0000	1.0000
	2010	0.0001	0.0058	1.2500	50.0000	1.0000
	2015	0.0003	0.0058	2.7143	7.6923	1.0000

从总体景观特征来看（见表 5），在研究时段内，斑块密度（PD）、形状指数（LSI）、多样性指数（SHDI）、均匀度指数（SHEI）以及分离度（DIVISION）不断增长，其中增长最显著的是形状指数（LSI），从 2000 年到 2015 年增长了 0.8121，这表明区域内景观形状逐渐复杂，人类活动将景观形状改造得更加离散。另外，最大斑块指数（LPI）、聚集度指数（AI）、蔓延度指数（CONTAG）则呈现逐渐减小的趋势，其中减少最多的是最大斑块指数（LPI），减少了 17.9999，这表明 2000～2015 年长株潭城市群内小斑块数量不断增多，景观破碎化程度逐渐加深。

表 5　2000～2015 年长株潭城市群景观格局指数

年份	PD	LPI	LSI	AI	SHDI	SHEI	CONTAG	DIVISION
2000	0.0729	60.7574	36.0363	63.062	0.8769	0.5002	53.039	0.6135
2005	0.0753	46.3245	36.3714	62.9197	0.8899	0.5042	52.411	0.7552
2010	0.0759	46.2493	36.2608	62.8268	0.8973	0.5065	52.0508	0.7562
2015	0.0823	42.7575	36.8484	62.2088	0.9453	0.5226	49.8176	0.7932

为了进一步反映长株潭城市群景观格局特征，选取最大斑块指数（LPI）、聚集度指数（AI）和蔓延度指数（CONTAG）三个指数，运用 Fragstats4.2 软件，采用移动窗格法，根据前人相关研究以及长株潭城市群实际情况，采用 2000m 大小的移动窗口，分析长株潭城市群景观破碎化空间格局。从结果来看，最大斑块指数、聚集度指数以及蔓延度指数均呈现东部及南部较大、中部较小，这表明东部及南部破碎度低，中部破碎化程度较

高，这是因为东部和南部多是山地，开发程度较低，人为活动干扰较小，景观以林地和草地为主，景观格局较完整，破碎度低。而中部区域为长株潭城市群的核心区，此区域地势低平，城市建设起步早，近些年来城市扩张速度快，建设过程中导致斑块被分割、破碎化程度不断提升。

三　生态系统服务价值变化特征

（一）生态系统服务价值时间变化特征

1. 总价值时序变化

从各类土地生态系统服务价值来看（见表6），林地与耕地对生态系统服务价值贡献率最大，其中林地占生态系统服务价值总值的83.48%。从时间变化来看，2000～2015年长株潭城市群生态系统服务总价值减少了22.79亿元，其中林地生态系统服务累计减少最多，15年来减少了17.72亿元，占总值的77.75%，其次是耕地，15年来累计减少了6.45亿元，草地减少得较少，只有0.13亿元；另外，水域近15年增加了1.51亿元。从变化趋势来看，其中林地、耕地的生态系统服务价值呈现不断减少的趋势，且2010～2015年大幅减少；草地的生态系统服务价值则呈现先减少后增加再减少的趋势；水域的生态系统服务价值近15年来一直呈现增加的趋势，且2010年后增速加快；未利用地只有2010～2015年有变化，但增加值较小。总体来看，2000～2015年生态系统服务价值不断降低，其中林地面积变化是长株潭地区生态系统服务总价值减少的根本原因，且2010～2015年变化最为显著。

表6　2000～2015年长株潭城市群各类土地生态系统服务价值及变化

单位：亿元

项目	年份	林地	草地	耕地	水域	未利用地	建设用地	合计
ESV	2000	967.23	7.64	127.08	58.27	0.00	0.00	1160.23

续表

项目	年份	林地	草地	耕地	水域	未利用地	建设用地	合计
ESV	2005	963.87	6.69	125.98	58.53	0.00	0.00	1155.07
	2010	961.71	7.62	125.27	58.71	0.00	0.00	1153.31
	2015	949.51	7.51	120.63	59.78	0.01	0.00	1137.44
ESV 变化	2000～2005	-3.36	-0.95	-1.1	0.26	0.00	0.00	-5.16
	2005～2010	-2.16	0.93	-0.71	0.18	0.00	0.00	-1.76
	2010～2015	-12.2	-0.11	-4.64	1.07	0.01	0.00	-15.87
	2000～2015	-17.72	-0.13	-6.45	1.51	0.01	0.00	-22.79

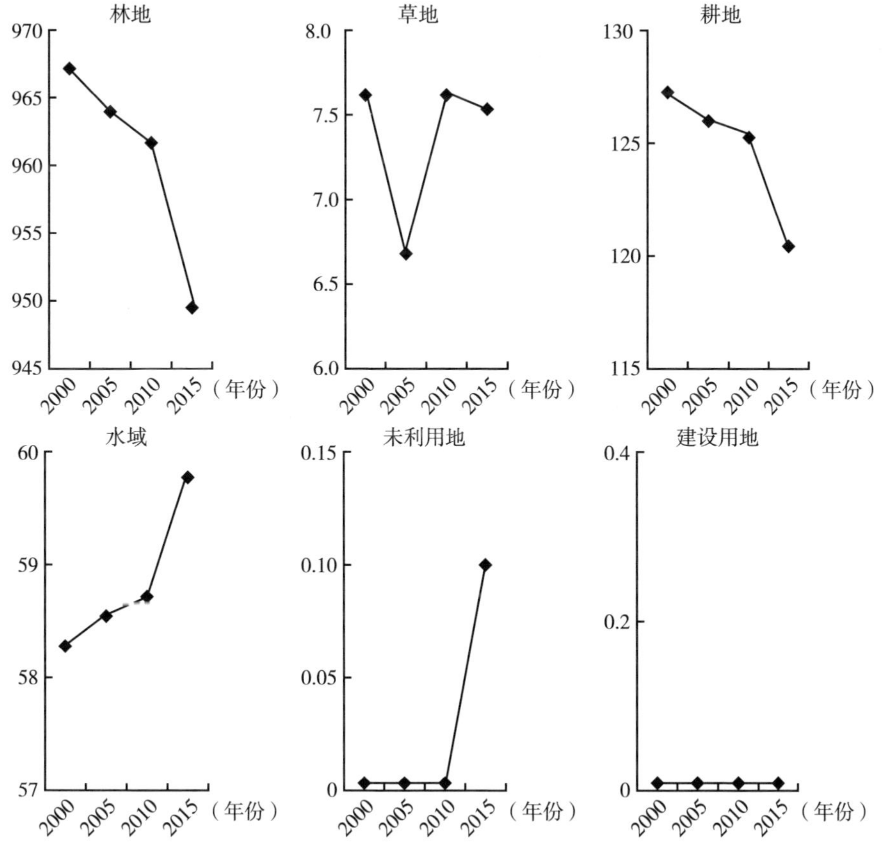

图 1　2000～2015 年各类用地生态系统服务价值变化趋势

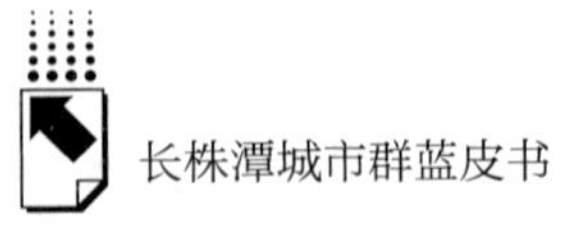

2. 单项服务价值时序变化

从单项服务价值时序来看（见表7），长株潭城市群地区各项生态服务价值占土地生态系统服务总价值的比例由大到小依次为：土壤形成与保护、水源涵养、气体交换、生物多样性保护、气候调节、原材料、废物处理、休闲娱乐、食物生产。其中土壤形成与保护、水源涵养以及气体交换具有优势地位，三者之和占到总体价值的47%左右，食物生产占比最少，仅占到0.6%左右。在长株潭城市群地区土地生态系统单项服务价值变化中，各项生态服务价值均呈现不同程度的减少，且2010～2015年减少速度最快。其中，土壤形成与保护减少幅度最大，减少了4.76，另外气体交换、生物多样性保护以及气候调节减少幅度也较大，分别减少了3.39、3.34、3.15，各项生态服务价值共减少了22.79。

表7　2000～2015年长株潭城市群土地生态系统单项服务价值及变化

项目	年份	气体交换	气候调节	水源涵养	土壤形成与保护	废物处理	生物多样性保护	食物生产	原材料	休闲娱乐	合计
ESV_f（亿元）	2000	166.35	139.87	181.02	205.58	117.10	163.63	6.98	117.27	62.41	1160.23
	2005	165.72	139.29	180.53	204.71	116.70	163.01	6.95	116.85	62.24	1156.02
	2010	165.31	138.92	180.22	204.15	116.44	162.61	6.93	116.59	62.13	1153.31
	2015	162.96	136.72	178.44	200.82	114.85	160.29	6.79	115.06	61.51	1137.44
ESV_f变化	2000～2005	-0.63	-0.58	-0.49	-0.87	-0.4	-0.62	-0.03	-0.42	-0.17	-4.21
	2005～2010	-0.41	-0.37	-0.31	-0.56	-0.26	-0.4	-0.02	-0.26	-0.11	-2.71
	2010～2015	-2.35	-2.2	-1.78	-3.33	-1.59	-2.32	-0.14	-1.53	-0.62	-15.87
	2000～2015	-3.39	-3.15	-2.58	-4.76	-2.25	-3.34	-0.19	-2.21	-0.9	-22.79

（二）生态系统服务价值空间分布格局

总体上看，2000～2015年长株潭城市群生态系统服务价值空间分布具有较好的稳定性，但呈现比较明显的不均衡性。在长株潭城市群外围的地区表现出较高的生态系统服务价值，其主要原因是这些地区境内水体相对充足，且林地覆盖度较高，具有较为丰富的森林资源，其生态价值系数较高。而在长沙市中部、湘潭中部和东北部、株洲西北部和中部地区出现显著的低值区，这些地区为城市中心区，建设用地占比较高，人口众多，经济发达，生态用地较为缺乏，导致生态系统服务价值较低。另外，建设用地周边地区生态系统服务价值变化也较为显著，这是因为近15年来城市向外扩张严重，侵蚀了较多的生态用地，使得这些地区生态系统服务价值降低。

四　长株潭城市群景观格局演变对生态系统服务价值影响

本文通过偏最小二乘回归法（PLSR）计算景观格局演变对生态系统服务价值的影响，采用VIP值分析因素对生态系统服务价值的影响程度，值越高，表示其对生态系统服务价值的影响更大。首先计算自变量和因变量标准回归系数，从结果来看（见表8），PD、SHDI、SHEI、DIVISION与生态系统服务价值呈负相关，而LPI、LSI、AI、CONTAT与生态系统服务价值呈正相关，这表明破碎化程度越高，生态系统服务价值越低。总的来看，各景观指数与生态系统服务价值之间存在较高的相关性。其中，斑块密度（PD）、形状指数（LSI）、聚集度指数（AI）、香农多样性（SHDI）、均匀度指数（SHEI）、蔓延度（CONTAG）的VIP均大于1，香农多样性（SHDI）和蔓延度（CONTAG）对生态系统服务价值的影响最大，均为1.071，而最大斑块指数（LPI）和分离度（DIVISION）的VIP小于1，分别为0.774和0.785。

总的来看，长株潭城市群景观格局演变导致了生态系统服务价值量的降低。2000年以来，长株潭城市群建设用地不断向外扩张。区域内9个国家级工业园区及19个省级园区的发展，城市间高速、高铁、轻轨等交通设施的建设，居民对城市住房的需求，使得原有的耕地、草地、林地土地利用类型转换为建设用地，导致长株潭城市群景观格局不断分割，原有景观类型的最大斑块数减少、斑块保存逐渐不完整、生态廊道连通性不断降低、斑块形状更加复杂、斑块分布逐渐离散等，减少了生物多样性，从而降低了区域生态系统服务价值量。

表 8　自变量和因变量回归系数

自变量	因变量								
	气体交换	气候调节	水源涵养	土壤形成与保护	废物处理	生物多样性保护	食物生产	原材料	休闲娱乐
系数	113.997	94.191	141.469	136.467	85.902	113.091	4.937	84.823	48.151
PD	-65.154	-57.943	-47.037	-87.723	-41.780	-64.273	-3.635	-40.309	-16.424
LPI	0.001	0.001	0.002	0.000	-0.001	0.001	0.000	0.001	0.001
LSI	0.387	0.288	0.292	0.435	0.167	0.357	-0.001	0.217	0.112
AI	0.896	0.825	0.677	1.250	0.591	0.880	0.049	0.575	0.238
SHDI	-11.195	-10.288	-8.463	-15.577	-7.342	-10.984	-0.608	-7.182	-2.977
SHEI	-33.127	-30.547	-25.031	-46.260	-21.827	-32.539	-1.839	-21.287	-8.793
CONTAG	0.242	0.222	0.183	0.337	0.158	0.238	0.013	0.155	0.065
DIVISION	-0.220	-0.120	-0.213	-0.151	0.013	-0.193	0.031	-0.156	-0.079

五　结论与讨论

本文以长株潭城市群 2000、2005、2010、2015 年四期土地利用遥感影像数据，通过土地利用转移矩阵、景观格局指数方法计算长株潭城市群土地利用演变及景观格局演变，依据生态系统服务价值当量因子计算生态系统服务价值，并分析长株潭城市群景观格局演变对生态系统服务价值的影响。研究结果表明：

（1）2000～2015 年长株潭城市群土地利用类型变化显著，建成区周边原有的林地及耕地多转为建设用地，建成区不断向外扩张，且 2010～2015 年扩张更为显著，这与 2009 年后长株潭城市群正式开始“两型”社会建设、一系列政策陆续出台、有效促进城市群社会经济发展、加快了区域建设开发进程密切相关。

（2）从景观格局演变来看，林地、草地、水域、耕地的破碎化程度不断提升，其中耕地的破碎化程度最高，主要分布在市中心区周边，这主要是交通、基础设施等建设用地对耕地形成的阻隔作用，导致耕地的形状更为复杂，最大斑块不断减小。另外，由于建设过程中建设用地不断集中，斑块面积不断增大，建设用地破碎化程度不断降低。

（3）生态系统服务价值呈现“中间低、四周高”的空间格局，且2000～2015年长株潭城市群生态系统服务价值不断减少，其中2010～2015年生态系统服务价值减少最多，主要受林地生态系统服务价值减少的影响。

（4）多个景观指数与生态系统服务价值变量投影重要性指标（VIP）大于1，这表明景观格局演变对生态系统服务价值影响显著，景观破碎化降低了生态系统服务价值。在城市发展过程中，应保护和扩大区域的林地及其他生态用地面积，通过提高最大斑块指数而不断提高生态系统服务价值。

景观格局演变与人类活动密切相关，本文对长株潭城市群景观格局及生态系统服务价值进行了定量计算，然而影响生态系统服务价值变化的因素通常是多元的、复杂的，本文考虑的因素较为单一，忽略了其他因素对生态系统服务价值的影响，未来将对生态系统服务价值的影响做进一步分析。

参考文献

黄敏、杨飞、郑士伟：《中国城镇化进程对生态系统服务价值的影响》，《水土保持研究》2019年第1期。

吕乐婷、张杰、彭秋志等：《东江流域景观格局演变分析及变化预测》，《生态学报》2019年第18期。

王新闯、陆凤连、吴金汝等：《县域土地利用景观格局演变及其生态响应——以河南省新郑市为例》，《中国水土保持科学》2017年第6期。

邹月：《西安市土地利用景观格局变化的生态系统服务价值响应及优化研究》，陕西师范大学硕士学位论文，2018。

张秋菊、傅伯杰、陈利顶：《关于景观格局演变研究的几个问题》，《地理科学》2003 年第 3 期。

陈利顶、孙然好、刘海莲：《城市景观格局演变的生态环境效应研究进展》，《生态学报》2013 年第 4 期。

卢婷、姚娟：《生态系统服务价值评价研究现状及展望》，《农业展望》2018 年第 4 期。

周鹏、周婷、彭少麟：《生态系统服务价值测度模式与方法》，《生态学报》2019 年第 15 期。

王计平、陈利顶、汪亚峰：《黄土高原地区景观格局演变研究综述》，《地理科学进展》2010 年第 5 期。

刘月亮、成方龙、李芳等：《广州市景观格局演变特征及驱动因素交互探测》，《资源与产业》2019 年第 4 期。

阳文锐：《北京城市景观格局时空变化及驱动力》，《生态学报》2015 年第 13 期。

付刚、肖能文、乔梦萍等：《北京市近二十年景观破碎化格局的时空变化》，《生态学报》2017 年第 8 期。

Mitchell M. G. E. , Suarez-Castro A. F. , Martinez-Harms M. , et al. Reframing Landscape Fragmentation's Effects on Ecosystem Services [J] . *Trends in Ecology & Evolution*, 2015, 30 (4): 190 - 198.

陈利顶、李秀珍、傅伯杰等：《中国景观生态学发展历程与未来研究重点》，《生态学报》2014 年第 12 期。

Tian Y. , Jim C. Y. , Tao Y. , et al. Landscape Ecological Assessment of Green Space Fragmentation in Hong Kong [J] . *Urban Forestry & Urban Greening*, 2011, 10 (2): 79 - 86.

童晨、童亿勤、李加林等：《舟山群岛景观格局变化对生态系统服务价值的影响》，《海洋学研究》2019 年第 1 期。

赵育恒、曾晨：《武汉城市圈生态服务价值时空演变分析及影响因素》，《生态学报》2019 年第 4 期。

李冬杰、杨利、余俞寒等：《都市生态旅游区土地利用碎片化对生态系统服务价值的影响——以武汉东湖生态旅游区为例》，《生态学报》2019 年第 13 期。

陈丹、蒋贵国、邓元杰等：《大城市近郊区土地利用及景观格局演变对生态服务价值的影响——以成都市龙泉驿区为例》，《江苏农业科学》2018 年第 24 期。

张天海、田野、徐舒等：《滨海城市土地利用格局演变及对生态系统服务价值的影响》，《生态学报》2018 年第 21 期。

王丽群、张志强、李格等：《北京边缘地区景观格局变化及对生态系统服务的影响评价——以牛栏山 - 马坡镇为例》，《生态学报》2018 年第 3 期。

韩会然、杨成凤、宋金平：《北京市土地利用变化特征及驱动机制》，《经济地理》2015 年第 5 期。

盛晓雯、曹银贵、周伟等：《京津冀地区土地利用变化对生态系统服务价值的影响》，《中国农业资源与区划》2018 年第 6 期。

Costanza R. The Value of the World's Ecosystem Services and Natural Capital［J］. *World Environment*, 1997, 25（1）: 3 – 15.

谢高地、鲁春霞、冷允法等：《青藏高原生态资产的价值评估》，《自然资源学报》2003 年第 2 期。

邓楚雄、钟小龙、谢炳庚等：《洞庭湖区土地生态系统的服务价值时空变化》，《地理研究》2019 年第 4 期。

邓晨晖、白红英、高山等：《秦岭植被覆盖时空变化及其对气候变化与人类活动的双重响应》，《自然资源学报》2018 年第 3 期。

张雪茹、尹志强、姚亦锋等：《安徽省城市建设用地变化及驱动力分析》，《长江流域资源与环境》2016 年第 4 期。

附　　录

Appendix

B.20 长株潭区域一体化发展规划纲要

2013 年 11 月，习近平总书记视察湖南时提出，湖南要发挥作为东部沿海地区和中西部地区过渡带、长江开放经济带和沿海开放经济带结合部（以下统称"一带一部"）的区位优势，抓住产业梯度转移和国家支持中西部地区发展的重大机遇，提高经济整体素质和竞争力，加快形成结构合理、方式优化、区域协调、城乡一体的发展新格局。2020 年 9 月，习近平总书记在湖南考察时强调，要着力打造国家重要先进制造业、具有核心竞争力的科技创新、内陆地区改革开放的高地，在推动高质量发展上闯出新路子，在构建新发展格局中展现新作为，在推动中部地区崛起和长江经济带发展中彰显新担当，奋力谱写新时代坚持和发展中国特色社会主义的湖南新篇章。

长株潭区域是湖南发展的核心增长极，长株潭三市（以下简称三市）沿湘江呈"品"字形分布，市中心两两相距不足 50 公里。从 1984 年正式提出建设长株潭经济区方案，到 1997 年实施长株潭一体化发展战略，再到 2007 年长株潭城市群获批全国资源节约型和环境友好型社会（以下简称"两型"社会）建设综合配套改革试验区，长株潭区域一体化发展经历了几十年的有效探索，已成为全省现代化建设和全方位开放的战略支撑。新时代加快推动长株潭区域一体化发展，是进一步促进各类要素合理流动和高效集聚、增强创新发展动力的客观需要，也是进一步增强区域经济和人口承载能力、优化区域经济布局的必然要求，对引领全省现代化经济体系建设、实现高质量发展意义重大。为全面贯彻落实党的十九大和十九届二中、三中、四中全会精神，深入贯彻落实习近平总书记对湖南工作的重要讲话指示精神，全面落实党中央、国务院关于中心城市和城市群发展的决策部署，编制本规划纲要。

规划范围包括长沙市、株洲市、湘潭市全域，面积2.8万平方公里。以三市中心城区、长沙县全域以及湘潭县易俗河镇为中心区（总面积约6600平方公里），辐射带动长株潭区域创新发展。以长株潭生态绿心为核心（总面积528.32平方公里），联动周边大托、暮云、跳马、云龙、昭山等区域融合发展，建设长株潭生态绿色融合发展示范区。

本规划纲要是指导长株潭三市当前和今后一个时期一体化发展的纲领性文件，是制定相关规划和政策的依据。规划期至2025年，展望到2035年。

第一章　规划背景

改革开放以来，特别是2007年长株潭城市群获批全国“两型”社会建设综合配套改革试验区以来，长株潭区域一体化加快推进，区域竞争力、经济实力显著增强，已具备在更高起点上推动高质量一体化发展的良好条件。

第一节　发展基础

区位交通优势凸显。长株潭位于京广经济带、珠三角经济区、长江经济带的结合部，京广、沪昆、渝长厦高铁动脉交会，城际铁路全线贯通，依托湘江航道联通长江“黄金水道”实现通江达海，以长沙为中心的“四小时航空经济圈”初步形成，已形成高铁、城铁、高速、城际快速道、高等级航道等多种运输方式协调发展的立体交通网络。

经济实力全省领先。长株潭以全省 1/7 的国土面积、22% 的人口，创造了 40% 以上的经济总量和财政收入。2017 年，长沙市地区生产总值跨越万亿元。2019 年，长株潭地区生产总值 1.68 万亿元，比上年增长 8%，占全省地区生产总值的 42.4%；地方一般公共预算收入 1266.61 亿元，占全省总额的 42.1 %；规模工业增加值 5242 亿元，比上年增长 8.8%；进出口总额 2432 亿元，实际利用外资金额 640.5 亿元，与 200 多个国家和地区建立经贸合作关系，中国—非洲经贸博览会长期落户长沙。

产业竞争力显著增强。长株潭聚集 9 个国家级园区、19 个省级园区，形成 3 个万亿级产业、11 个千亿级产业和 20 条工业新兴优势产业链。以三一重工、中联重科、山河智能等为代表的工程机械产业规模稳居全国第一，主营业务收入占全国的 1/4 以上。以中车株机为代表的轨道交通装备产业规模列全国首位，电力机车产品市场份额全球第一。以马栏山视频文创产业园为基地的“电视湘军”“出版湘军”“动漫湘军”享誉全球，长沙获评世界“媒体艺术之都”。电子信息、生物医药、节能环保、新材料、人工智能、大数据等战略新兴产业蓬勃发展。

创新动能日趋强劲。资本、技术及人才等高端发展要素加速聚集，全省 60% 以上的创业平台、70% 以上的高新技术企业、80% 以上的高校科研机构、85% 以上的科研成果汇聚长株潭。2019 年，长株潭地区高新技术产业增加值比上年增长 8.8%，R&D 经费占地区生产总值的比重达 2.5%。超级计算机、超级杂交稻、磁悬浮技术、“海牛号”深海钻机等一批世界先进科技成果先后涌现，长沙麓谷创新谷、株洲中国动力谷、湘潭智造谷成为中国制造新名片。

生态质量持续改善。湘江保护和治理行动扎实推进，区域内湘江及其支流地表水达标率达 99.7%，出境断面水质稳定在Ⅲ类以上。大气监测监控网络体系不断完善，涉气排污企业污染治理不断加强，空气质量优良天数比例达到 80% 以上。重金属污染耕地修复成效明显，《湘江流域重金属污染治理实施方案》率先获国务院批复。长株潭生态绿心全面完成违规项目整改和工业项目退出，株洲清水塘、湘潭竹埠港环境污染第三方治理试点顺利验收。

城市魅力不断彰显。湖湘文化底蕴深厚，山水洲城形象凸显，城市活力、吸引力不断提升，老百姓获得感、幸福感、安全感不断增强。2019 年，长株潭常住人口 1530.45 万人，比 2018 年增加 26.25 万人，城镇化率达 73.5%，居民人均可支配收入比全省平均水平高出 54.8%。社会保障更加健全，教育、医疗、旅游等公共服务共享领域不断扩大，三市通信同号、同城同费、“一卡通”应用不断拓展。长沙连续 11 年被评为最具幸福感城市。

第二节　机遇挑战

重要机遇。世界新一轮科技革命和产业变革同我国经济优化升级交汇融合，为长株潭区域加快产业转型升级、提升产业竞争能力、全方位参与国际合作提供了良好的外部环境；我国经济转向高质量发展阶段，城镇化发展格局迎来重大变革，中心城市和城市群将成为经济和人口主要承载空间；促进中部地区崛起、长江经济带发展战略的深入实施，长株潭国家自主创新示范区加快建设，为新时代加快长株潭区域一体化发展带来了新机遇，注入了新能量。

主要挑战。受国内外多种因素影响，经济全球化趋势放缓，特别是新冠肺炎疫情扩散蔓延，对世界经济产生不利影响，我国经济下行压力持续加大，长株潭经济社会发展面临新情况新问题。同时区域内部发展不平衡不充分，三市行政主体职责边界和一体化共同目标未完全一致，基础设施、生态环境、公共服务一体化发展水平有待提高，产业融合协同不足，这些都给长株潭区域一体化发展带来较大挑战。

第三节　重大意义

长株潭区域是湖南发展的核心竞争力之所在，也是湖南走在中部崛起前列的重要支撑。推进长株潭区域一体化，有利于加快构建创新发展的动力系统，加快建设具有国际影响力的高品质城市群，引领全省高质量发展；有利于湖南深度融入“一带一路”建设、长江经济带发展、粤港澳大湾区建设、长三角区域一体化发展等国家重大战略，加快构建优势互补、高质量发展的区域经济格局；有利于探索区域一体化发展的制度体系和路径模式，为全国城市群一体化发展提供示范。

第二章　总体要求

第一节　指导思想

以习近平新时代中国特色社会主义思想为指导，认真贯彻党的十九大和十九届二中、三中、四中全会精神，全面落实党中央、国务院决策部署，充分发挥湖南“一带一部”区位优势，深度融入“一带一路”建设、长江经济带发展、粤港澳大湾区建设、长三角区域一体化发展等国家重大战略，坚持新发展理念，坚持供给侧结构性改革，坚持创新引领、开放崛起，统筹推进常态化疫情防控和经济社会发展，统筹推进长株潭“五位一体”建设，着力加快基础设施互联互通，着力推动产业发展协力协同，着力强化生态环境共保联治，着力推进公共服务共建共享，着力扩大高水平开放，着力创新一体化发展体制机制，高标准建设长株潭生态绿色融合发展示范区，引领全省在推动高质量发展上闯出新路子，在构建新发展格局中展现新作为，在推动中部地区崛起和长江经济带发展中彰显新担当，奋力谱写新时代坚持和发展中国特色社会主义的湖南新篇章。

第二节　基本原则

坚持协同创新。推动科技创新与产业深度融合，促进人才和科研资源共享，整合创新资源，实现高效配置，打造区域创新共同体，推进产业发展迈上新台阶。

坚持协调发展。强化长沙龙头带动作用，提升株洲、湘潭比较优势，优化区域功能布局，加强政策协调和规划衔接，形成分工协作、优势互补、独具特色的协调融合发展格局。

坚持绿色低碳。践行“绿水青山就是金山银山”的理念，贯彻山水林田湖草是一个生命共同体的系统思想，强化生态环境共保联治，推广绿色低碳生产生活方式，开创绿色发展新局面。

坚持开放合作。全面拓展对外开放空间，打造高水平内陆开放平台，培育国际合作和竞争新优势，营造市场统一、规则互认、要素自由的发展环境，构筑互惠互利、合作共赢的开放发展新机制。

坚持民生共享。坚持以人民为中心，增加优质公共服务供给，持续保障和改善民生，使改革发展成果更加普惠便利，在发展中提升居民获得感、幸福感、安全感，促进人的全面发展和人民共同富裕。

第三节　战略定位

中部地区高质量发展核心增长极。深入实施促进中部地区崛起战略，依托产业、科技、金融、创新、综合交通区位等优势资源，以融入全球产业链和价值链为目标，构建世界级优势产业集群和具有全球竞争优势的现代化产业体系，打造国家重要先进制造业、具有核心竞争力的科技创新、内陆地区改革开放的高地，形成开放、包容、合作、共享的中部地区高质量发展新引擎。

全国城市群一体化发展示范区。深化区域协同合作，破除深层次体制机制障碍，整合资源要素，加快形成一体化发展市场体系，率先实现长株潭区域规划融合、交通共建、产业协同、民生共享、环境共治，优化共商共建共享机制，共同推动一体化纵深发展，建设长江中游最具活力的城市群，为全国城市群一体化发展发挥示范作用。

全国生态文明建设先行区。贯彻落实生态文明建设新要求，突出长株潭生态绿心和绿色湘江的品牌效应，保护山水资源，修复生态系统，建设生态家园，发展绿色产业，走生产发展、生活富裕、生态良好的文明发展道路，推动发展方式向绿色低碳循环转变，实现“两型”示范向生态文明示范建设的跨越，树立全国生态文明建设样板。

第四节　发展目标

近期目标：到 2025 年，长株潭区域竞争实力、辐射带动能力显著增强，高水平基础设施、现代公共服务、社会保障等领域一体化取得重大进展，融

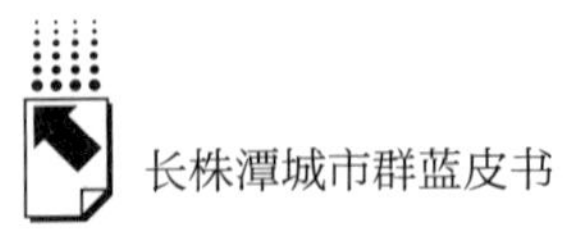

城融合发展格局全面形成。

经济人口承载力更强。城市发展空间进一步拓展，区域经济活力持续增强。到2025年，地区生产总值达到2.7万亿元，年均增长8%左右，人均GDP达到16.5万元，城镇居民人均可支配收入突破6.8万元；城镇人口达到1300万人，城镇化率达到80%，创建国家中心城市。

科创产业融合度更深。自主创新能力全面提升，优势产业竞争力显著增强，工程机械、轨道交通、信息技术及新材料等领域形成世界级产业集群。到2025年，R&D经费占地区生产总值3%左右，高新技术产业增加值达到9500亿元以上，占地区生产总值的35%。

基础设施更加完善。建成一批交通、水利、能源、信息、市政领域重大工程，以"三干两轨四连线"为骨干支撑的交通网络基本形成，长沙"四小时航空经济圈"成功构建，区域基础设施互联互通基本实现。到2025年，中心区路网密度达到7公里/平方公里，"半小时通勤圈"全面形成。

生态环境质量更加优良。区域环境污染联防联控联治机制高效运转，跨界水污染、大气复合污染等问题明显缓解。到2025年，细微颗粒物（PM2.5）平均浓度低于40ug/m^3，森林覆盖率达56.8%，城市空气质量优良天数比率达到85%以上，跨界河流断面水质达标率达到100%，单位GDP能耗较2019年下降10%以上。

基本公共服务更加便利。教育、劳动就业、社会保险、全民健身、医疗卫生、住房保障等公共服务体系不断完善，人民共享便捷、均等、标准的基本公共服务。到2025年，人均公共财政支出达到2.2万元，城镇新增就业人数29万人，劳动年龄人口平均受教育年限达到11年，经常参加体育锻炼人数比例达到37%以上，人均期望寿命达到78岁。

一体化体制机制更加健全。区域政策协调、行政壁垒和体制机制障碍基本消除，要素自主有序流动，统一开放、竞争有序的市场体系基本建立。营商环境持续改善，诚信社会建设成效明显，市场主体活力全面激发。

远期目标：到2035年，长株潭区域一体化发展格局全面形成，城乡区域发展差距和居民生活水平差距显著缩小，基本公共服务均等化基本实现，基础设施互联互通全面实现，人民生活更为富裕，现代社会治理格局基本形成，成为中部地区领先、具有国际影响力的现代化城市群。

第三章　构筑高质量一体化发展新格局

落实主体功能区战略，进一步优化长株潭空间布局，强化长沙龙头带动作用，发挥株洲、湘潭比较优势，共同构筑优势互补、高质量发展的区域格局。

第一节　构建区域新型空间结构

以湘江为纽带，以长株潭生态绿心为核心，依托区域内重大交通干线，加快三市空间紧密融通与同城化，构建城乡融合发展的城镇体系，形成“一轴一心，三带多组团”的长株潭区域一体化发展新型空间结构。

一轴：串联三市主城区的湘江发展轴。依托湘江沿岸科创、产业等优势资源，构建创新与产业融合发展走廊、现代服务业发展走廊和高品质人居家园三大功能的湘江发展轴。湘江东岸，依托区域重大交通基础设施，联动金霞经开区、长沙经开区、湘潭高新区、岳塘经开区、株洲经开区、渌口经开区等区域，重点集聚装备制造、新材料、数据信息、现代物流等战略性新兴产业；加快马栏山视频文创产业园、长沙临空经济示范区建设，大力发展文化创意、商务会展、总部经济等现代服务业。湘江西岸，依托湘江沿岸教育科创资源，高水平建设岳麓山国家大学科技城，联动望城经开区、长沙高新区、湘潭经开区、株洲高新区、雨湖工业集中区、天易经开区等区域，重点集聚新一代智能制造、生物医药、数字经济、文旅科创产业，建设科技创新策源地、湘江教育创新带和协同创新中心。加快湘江风光带和滨江地区规划建设，打造长株潭“百里滨水走廊”。

一心：长株潭生态绿心。严格落实长株潭生态绿心法治化保护，加强生态空间管控，优化生态空间结构，建设世界级品质的城市生态绿心。探索生态优势转化为经济优势的有效途径，以长株潭生态绿心为主体，联动周边大托、暮云、跳马、云龙、昭山等区域，大力发展科创研发、信息技术、数字经济、设计创意、医养健康、文体旅游等绿色创新产业，共建长株潭生态绿色融合发展示范区。

三带：长株潭中部（京广）发展带、北部（渝长厦）发展带和南部（沪昆）发展带。中部（京广）发展带，依托京广高铁、京港澳高速，以长沙经开区、马栏山视频文创产业园、长沙临空经济示范区、株洲高新区、天易经开区为空间支撑，聚联空港—高铁新城、雨花经开区、云龙新城、渌口经开区等区域，辐射带动岳阳等周边市和湘阴等相关县市，加快融入长江经济带，联动衡阳、郴州，全面对接粤港澳大湾区，重点发展高端装备、智能制造、现代物流、临空经济、商务会展等产业。北部（渝长厦）发展带，依托渝长厦高铁、杭长高速、长张高速，以长沙高新区、宁乡经开区、长沙经开区、望城经开区、浏阳经开区为空间支撑，重点发展先进制造、生物医药、电子信息、食品轻工产业和现代服务业，辐射带动湘西北发展。南部（沪昆）发展带，依托沪昆高速，以湘潭经开区、湘潭高新区、岳塘经开区、株洲经开区、醴陵经开区为空间支撑，聚联湘乡、韶山、醴陵等区域，重点发展轨道交通、航空科技、新能源装备、海洋装备、新材料产业，辐射带动湘中、湘东、湘西发展。

多组团：立足全域统筹、城乡一体，围绕长株潭中心区，打造若干重要功能组团。宁乡城镇组团，依托宁乡主城区、金洲新城、黄材、灰汤、花明楼等重要节点，打造工程机械智造基地、高新技术产业基地、优质农副产品供应及精深加工基地、区域性旅游集散地。浏阳城镇组团，依托浏阳主城区、金阳新城、大瑶、社港、镇头、沿溪、柏加等重要节点，重点发展生物医药、电子信息、智能制造、烟花、生态休闲旅游、花卉苗木等产业。韶山—湘乡组团，立足红色旅游资源和产业基础，打造红色文化研学旅游目的地、全国爱国主义教育示范基地、优质农副产品供应基地和绿色建材、电器设备等制造基地。醴陵—攸县组团，加快传统产业转型升级，形成以中国陶瓷为代表的文创产业，大力发展新材料、生物医药、农产品加工、生态旅游等产业。茶陵—炎陵组团，依托红色文化、绿色资源和产业基础，重点发展生态文化旅游、新材料、电子信息、农副产品加工等产业。

第二节　促进中心区协调发展

强化区域联动发展。进一步强化长沙的中心地位、龙头作用和集聚功能，加快打造国家级智能制造、创新创意、交通物流中心及全国区域性金融中心，增强极化带动效应，引领长株潭整体发展再上新台阶。充分发挥株洲、湘潭比较优势，协同打造湘江湾智能制造产业走廊和科创走廊，提升区域协同发展整体水平和效率。

提升中心城区功能。加快三市规划融合发展和片区功能重组，统筹推进国土空间开发与保护，充分释放城市发展空间。推进城市精细化管理，完善配套设施，强化中心城区高端服务、现代商贸、创新创意、总部经济等集聚功能，吸引各类人才创新创业，提高城市综合承载和资源优化配置能力，提升发展质量。

辐射带动周边地区加快发展。加强长株潭与洞庭湖生态经济区、湘南地区、湘西地区的深层次合作，带动岳阳、常德、益阳、娄底、衡阳等周边城市协同发展，促进区域间相互融通补充。加强与京津冀、长三角、粤港澳大湾区及武汉城市圈、大南昌都市圈等地区的合作交流，推动长江中游城市群高质量发展。

第三节　推进新型城镇化

以培育节点城镇为重点，建设一批特色小镇，形成多中心、多层次的城镇体系，推动各类要素在城乡双向流动，促进城乡融合发展。

提质中心城区。推广应用国家新型城镇化综合试点经验，降低城市落户门槛，加快农业人口转移。健全城镇化投融资机制，推进城市优质公共服务资源向乡镇延伸。引导产业园、城市新区向城市复合功能转型，完善产城融合公共服务设施配套。继续实施城市更新和城中村改造，改善城乡人居环境，提升老城区功能和城市形象。推进城市绿道和“公园绿地 15 分钟服务圈”建设，构建城乡一体的绿地系统格局。加强历史文化名城名镇、街区等历史文化遗产保护，延续城市历史文脉。

加快县城建设。加强县级市和县城扩容提质，优化空间布局，完善基础设施和公共服务配套，加快老旧小区改造，增强人口经济集聚能力，提升城乡综合服务功能和城市品质。按照宜农则农、宜工则工、宜商则商的发展思路，加快产业转型升级和特色优势产业发展，促进县域经济高质量发展。

打造特色小镇。强化规划引导、市场运作，培育建设一批现代农业、文化旅游、商贸物流、优势产业等领域特色小镇和特色小城镇，加强与中心区的规划统筹、功能配套，有效分担城市功能。完善小城镇基础设施和公共服务配套，承担服务乡村的综合性功能，推动乡村振兴发展。探索在长株潭三市融合地段建设融城小镇，打造高端人才集聚区。

第四节　引领乡村振兴

统筹推进农村经济建设、文化建设、社会建设、生态文明建设，加快推进农业农村现代化。

加快产业振兴。大力发展现代农业、精细农业和高效农业，建设长株潭都市设施农业圈，重点建设蔬菜、经济林果、花卉、设施育苗和园艺栽培等方面的设施园艺示范基地，促进文化创意、健康养老与休闲农业、观光农业融合发展。着力培育农业品牌，建设湘赣边区域合作示范区，提升“湘赣红”区域公共品牌。实施质量兴农绿色发展行动，推行农业标准化生产，建立统一的绿色农产品市场准入标准。

建设美丽乡村。加快农村水、电、路、气、网等基础设施建设，着力改善农村人居环境。培育建设中心村，优化乡村空间布局。加快推进乡村公共服务体系建设，构建城乡居民一体的医疗、教育、养老等公共服务体系。加强历史文化名村和中国传统村落保护利用，着力发展特色旅游、生态旅游、乡村旅游，建设生态宜居美丽乡村。

增强内生活力。鼓励和引导各类人才投身乡村建设，创新乡村人才培育引进使用机制，扶持培育一批乡村工匠和农业领军人才，大力培育新型职业农民。深化农村土地制度改革和集体产权制度改革，着力破除城乡二元结构。加强农村精神文明建设，促进城乡公共文化服务体系融合发展，活跃繁荣农村文化市场，树立文明乡风。

第四章　推动产业发展协力协同

深入实施创新驱动发展战略，依托长株潭国家自主创新示范区、国家创新型城市建设，搭建协同创新平台，集聚创新要素，加大产业创新力度，建立产业协同机制，完善创新体制机制，促进创新链、产业链融合及产业链、供应链稳定，构建特色鲜明、优势互补的一体化现代产业体系，促进长株潭经济高质量发展。

第一节　共同打造具有核心竞争力的科技创新高地

共建科技创新大平台。推进重大科研平台和大型试验设施开放共享，共同争取国家布局建设协同创新中心、集成攻关大平台、前沿科学中心和国家重大科技基础设施。围绕计算领域尖端技术前瞻与产业化发展、实体经济与数字经济融合，推动计算产业在长株潭形成集聚效应。以5G、人工智能、北斗导航、车联网等领域为重点，完善长株潭电子信息重大科研基础设施和平台体系。推进工程机械、集成电路、航空航天领域的科研布局，创建生物特征识别等领域国家人工智能开放创新平台。强化国家超级计算长沙中心、人类干细胞研究中心、亚欧水资源中心、国家计量检测研究院长沙分院等重大创新平台功能，加快岳麓山国家大学科技城、岳麓山实验室、岳麓山工业创新中心、岳麓山种业创新中心、国家新一代人工智能示范区、湖南军民科技协同创新平台等重大科技创新平台建设，推动省部共建木本油料资源利用等一批国家重点实验室和国家先进轨道交通装备制造业创新中心、国家耐盐碱水稻技术创新中心及第三代半导体技术创新中心建设，打造具有国际影响力的科技创新和制造业研发高地。

联合开展核心关键技术攻关。加强新一代信息技术、生命科学、先进制造技术、能源技术等科技创新前沿布局和资源共享，集中突破Wi－Fi6

芯片、超高温特种电缆、难熔金属基复合材料等一批“卡脖子”核心关键技术，共同营造有利于提升自主创新能力的创新生态。制定长株潭国家自主创新示范区主导产业、先导产业技术创新路线图，集成资源积极承接“核高基”、传染病防治、新药创制等国家科技重大专项。针对超高产杂交稻、超级计算机、轨道动力控制系统、中低速磁浮和IGBT芯片、人工智能及智能网联汽车等领先技术，开展关键技术的自主可控和国产化替代研究。

推进科技成果转移转化。完善湖南省科技成果转化和技术交易网络平台，建设集展示、共享、交易、咨询、合作于一体的一站式、全流程、专业化网上技术交易服务体系，支持湖南省知识产权交易中心和高等院校知识产权运营服务中心发展，着力建设电力牵引轨道机车车辆国家技术创新中心、国家新能源机动车检测中心株洲分中心、湘潭院士创新产业园、油茶科创谷、港澳科创园等科技成果产业化基地，促进创新能力提升。探索建立全国性的技术贸易区，定期发布科技成果目录信息，建立以企业新产品开发需求为导向的成果信息服务系统和成果转化促进机制。设立技术孵化转化发展基金，推进成果转化项目资金共同投入、技术共同转化、利益共同分享，推动科技成果资本化和产业化。统筹运用政府采购、首台（套）政策、技术标准等政策工具，促进科研成果转化。

优化协同创新机制。发挥长株潭区域内重点高校科创资源优势，推动与国内外知名高校联合共建新型研究机构，打造人才集聚高地和原始创新高地。加强“校地、校企、校产”合作，采用企业主导、院校协作、多元投资、成果分享新模式，共建以技术研发和转化为主的新型创新研究院(所)。促进创新发展，支持研究开发机构、高等院校和企业参与承担国防科技计划任务，支持军用研究开发机构承担民用科技项目。完善创新服务体系，深化科技奖励制度改革，完善科研经费管理制度，落实科研人员股权和分红激励政策。加强中国（长沙）知识产权保护中心对长株潭区域知识产权的快速协同保护，推行知识产权快速维权、确权、审查“一站式”窗口服务。

第二节　共建高质量发展产业体系

打造国家重要先进制造业高地。共建世界级产业集群，着力培育以工程机械、轨道交通、航空航天、海工装备为主的世界级高端装备智能制造产业集群，以金属新材料、化工新材料、显示功能新材料、先进硬质材料、先进储能材料为主的世界领先高科技新材料产业集群，以现代传媒、设计咨询、高端会展、特色旅游为主的世界一流文化创意产业集群。

加快培育战略新兴产业。把握数字化、网络化、智能化融合发展契机，培育发展一批战略性新兴产业集群。依托电子信息技术创新，培育发展5G关联制造、信息技术、软件应用等一批新产业、新业态、新模式，推进互联网、物联网、大数据、人工智能与制造业深度融合。加快培育人工智能、量子计算、增材制造、生物技术和生命科学等战略新兴产业集群。加快航空航天、智能装备等领域关键技术攻关，推动实现商业开发和产业化。

积极发展现代农业。支持长沙创建国家生物种业技术创新中心、国家（湖南）农机装备创新中心、国家（湖南）农产品交易平台、中部农产品集散中心、农产品进出口贸易中心、亚热带经济作物生物学与资源利用重点实验室，支持株洲创建休闲农业和乡村旅游示范区，支持湘潭创建国家现代农业示范区、农机装备智能制造集聚区。支持隆平高科技园打造立足湖南、辐射全国、面向世界的“中国种业硅谷”。

引导产业合理分工布局。制定区域产业发展引导目录，通过规划、土地、财政等手段，统筹三市产业定位和发展方向，加快推动长沙市先进制造业和现代服务业深度融合，提升株洲市、湘潭市制造业规模化、特色化、集群化水平，做大做强产业园区，着力建设长沙麓谷创新谷、株洲中国动力谷、湘潭智造谷，形成各具特色、优势互补、协同发展的产业格局。

提升服务业发展水平。支持国家超级计算长沙中心建设大型互联网数据中心，打造集数据存储、传输、处理、应用等为一体的数字经济体系，加快建设国家网络安全人才与创新基地、国家工业互联网重要节点和量子保密通信城域网。加快文化创意设计产业发展，支持工程设计拓展国际市场，提升综合设计能力，建设具有国际影响力的设计中心。创新发展金融业态，大力培育引进金融机构，拓展融资渠道，打造中部金融中心。培育壮大新型消费、升级消费，加快消费扩容提质，促进产业消费“双升级”。

第三节　促进产业与创新深度融合

加强创新链与产业链融合。依托变流技术、粉末冶金、人类干细胞、先进储能材料等国家工程研究中心，以及高速铁路建造技术、难冶有色金属资源高效利用等国家工程实验室，推进新材料、智能制造、生物工程等领域产业链与创新链精准对接。加快基础软件硬件适配中心、公共检测平台、产业研发公共平台、共享中心、新技术应用场景、“万企上云”建设，补齐产业链突出短板。支持石化化工、钢铁、有色、建材、纺织等传统产业技术改造，形成新的市场竞争力。支持高校、科研院所瞄准科技前沿、把握创新趋势、顺应产业需求，开展原创性创新，培育新技术新业态新模式。

建立统一的产业创新服务体系。共建区域研发公共服务平台，建立技术研发、技术转移、成果转化、创业孵化、金融服务等高水平创新创业服务体系。继续实施“互联网 +”行动计划，整合公共服务资源，不断完善创业辅导、信息咨询、技术支持、融资担保、成果交易、检验检测认证等公共服务体系。探索建立政府引导、中介服务、社会参与三位一体的公共服务模式，联合打造一批创新创业服务品牌。

第五章　加快基础设施互联互通

坚持优化提升、适度超前的原则，统筹推进区域基础设施建设，形成互联互通、高效便捷的基础设施体系，建设国家综合交通枢纽，提升长株潭在全国交通格局中的地位与作用。

第一节　建设国家综合交通枢纽

建设轨道上的长株潭。加快长株潭干线铁路（高铁）、城际铁路、市域

（郊）铁路、城市轨道交通四网融合。加快建设渝长厦高铁，建设长沙西—湘潭北—株洲西、长沙南—黄花机场联络线，串通渝长厦、沪昆和武广三大高铁动脉。实行长株潭城际铁路“高密度、小编组、公交化”运营，加快建设长株潭城际轨道交通西环线，规划建设长沙南—株洲大丰站—株洲西、湘潭北—湘潭站—株洲西等城际轨道和长沙—宁乡、株洲—醴陵等城市轨道交通，推动从“城市”迈向“区域”，从“多网”迈向“融合”，实现互通互联、换乘便捷、多城一网、一票通达。

构建“半小时通勤圈”“一小时经济圈”。加快芙蓉南路、洞株公路、潭州大道“三干”快速化改造，推动长株潭城际轨道交通西环线及长沙南—株洲大丰站—株洲西、湘潭北—湘潭站—株洲西城际轨道“两轨”建设，加快建设湘潭昭云大道—株洲云峰大道、长沙潇湘大道—湘潭滨江路、长沙新韶山路—湘潭昭山大道、湘潭大道—株洲铜霞路“四连线”，打通市际交界处“断头路”“瓶颈路”，加大市际路网密度，在三市中心城区形成“半小时通勤圈”。强化对外和过境通道建设，提升京港澳、沪昆等高速公路通行能力，以高速为主构成长株潭外环线，构建三市中心城区带动周边组团联动发展的“一小时经济圈”。

打造中部国际航空门户。加快长沙黄花机场改扩建工程建设，培育本土航空公司，推进长沙黄花机场国际化、快线化、枢纽化，构建长沙“四小时航空经济圈”，辐射全国和东南亚、东亚、南亚部分区域。推动通用航空发展，规划建设省级枢纽通用机场，完善通用航空网络。

协同推进内河水运建设。推动港航资源整合，优化港口布局，打造长沙港、株洲港和湘潭港为整体的区域性港口群。加快建设霞凝港区、铜官港区、铜塘湾港区和铁牛埠港区等重要港区，实现铁路进港，提升港口集疏运能力。加快湘江流域高等级航道网建设，完善旅游客运码头布局和建设，进一步提升湘江通航保障能力和水运服务水平。

第二节　加快现代物流协同发展

共建国家物流枢纽。以长沙国家物流枢纽承载城市为依托，以区域物流一体化发展为目标，加快推进长株潭国家物流枢纽共建共享。整合区域物流、产业资源，协同培育枢纽运营主体，强化枢纽间功能和业务衔接，优化提升长沙金霞物流枢纽、一力物流园、长沙空港物流园、湾田国际物流园、株洲清水塘综合国际物流园、芦淞商贸物流园、京东（湘潭）产业基地、湘潭现代铁路物流园、荷塘现代综合物流园等物流设施，引领高附加值的现代物流产业集群发展。

加快构建城市共同配送体系。统筹规划、科学布局重点商贸物流园区分拨配送中心、城市共同配送中心、末端配送节点等三级网络建设。强化综合性铁路物流园区建设，做大做强长沙北铁路物流园，加快株洲铁路货运枢纽建设，完善中欧班列（长沙）、长沙新港多式联运示范工程和株洲、湘潭公铁联运等货运系统，缩短货物通达时间。依托省交通物流公共信息平台，整合现有资源，建设城市共同配送共享信息系统。大力推广绿色货运配送、城乡高效配送，推广应用新能源配送车辆，提升配送车辆标准化、运营规范化、管理智能化水平。

合作共建物流产业联盟。充分发挥物流龙头企业的引领带动作用，以资本、信息及业务为纽带，组建区域、行业物流产业联盟，推进物流与产业深度融合。大力推进无车承运人、多式联运、供应链金融等试点，创新物流组织方式和运营模式，促进物流高质量发展。

第三节　共同打造大数据时代智慧城市

建设新一代信息基础设施。整合三市信息资源，加快5G网络、长株潭大数据中心、北斗导航、量子通信、车联网等信息设施建设，构建三市共享大数据、公共服务支撑和人工智能等平台，提升城市信息化基础服务能力，夯实长株潭智慧城市发展基础。

建设长株潭智慧型产业。加速推动互联网、云计算、大数据、人工智能、物联网技术与产业深度融合，构建IP经济、跨界融合、创意体验等三大创意经济应用场景，联合打造工业互联网、智能制造、智慧农业、智慧旅游、智慧金融、智慧能源等，全面促进产业升级与新经济发展。

推动民生领域智慧应用。大力推进民生智慧应用，加快建设长株潭“智慧云”，重点开展智慧政务、智慧交通、智慧教育、智慧医疗、智慧养老、智慧家政、智慧就业等应用，着力建成覆盖城乡、全民共享的智慧民生服务体系，全面提升信息化协同和精细化管理水平，满足人民对高品质智慧生活的需求。

加快推进智慧城市建设。加快建筑信息模型（BIM）技术应用，完善城市部件和各类物联网感知终端，建立城市信息模型，构建“城市云脑”，实现城市建设、居住、管理的科学化、可视化、精细化。加快推进城市综合管理服务平台建设，整合构建污水治理、黑臭水体整治、供水水质、垃圾治理等城乡环境基础设施智慧监管平台，大力推进智慧工地、智慧住房、智慧小区、智慧物业、智能家居等网络化、智慧化管理，探索形成新型智慧城市建设“长株潭模式”。

第四节　共建区域能源基础设施

统筹油气基础设施建设。完善长株潭区域油气设施布局，重点推动长岭—长沙黄花机场航煤输送管道、樟树—株洲成品油管道建设，提高油品保供能力。加快推进“气化湖南工程”建设，强化管网互联互通；合理规划布局储气设施，提高储气能力，进一步完善天然气产供储销体系建设。统筹推进生物燃料乙醇项目建设，合理布局车用乙醇汽油配送中心，有序推广车用燃料乙醇汽油。

加快智能电网及新能源开发建设。完善电网主干网架结构，提高三市电力交换和供应保障能力，推进电网改造升级和智能化应用。统筹推进三市充电基础设施建设，实现布点均匀、应用便捷。积极推动太阳能、风能、地热能、生物质能等清洁新能源和可再生能源开发和利用。加快株洲攸县抽水蓄能电站、“互联网+”智慧综合能源示范项目建设。

第五节　提升一体化水利设施效能

以湘江为纽带，以浏阳河、涟水、渌水、沩水、涓水为骨干河道，以官庄、洮水、酒埠江、黄材、株树桥、水府庙等水库为关键节点，统筹提升长株潭区域防洪能力。重点加强湘江沿线河道整治、堤防加固及重点堤坝达标提质，实施长沙湘江东岸堤防提标工程、烂泥湖垸堤防加固工程，继续实施涟水、渌水、涓水堤防加固工程，提高防洪能力；加快竹埠港、高沙脊等排涝泵站更新改造和重点区域排涝能力建设，提高主城区排涝防涝能力。统筹提升区域水源保障能力，加快椒花、大坝塘、大头垅水库等大中型水库工程建设，调整提高区域蓄水调水能力，有效保障城乡供水。加快官庄、韶山、酒埠江、黄材等灌区提质改造，提高农业生产灌溉保障水平。

第六章　强化生态环境共保联治

坚持生态优先、绿色发展，完善生态环境协同治理机制，共护绿水青山，努力建设生态绿色城市群。

第一节　加强区域生态同保共育

构筑区域生态安全体系。加强对以罗霄山余脉大围山—连云山—神农峰山脉为构架、以湘江及其支流为脉络的生态安全区的水源涵养、水土保持、生物多样性保护。继续实施湘江保护和治理“一号重点工程”，加快推进清水塘改造和竹埠港生态修复工程，加强湘江岸线管控及洲岛、沿岸湿地保护。加强长株潭生态绿心、自然保护区、风景名胜区、重要水源地、重要湿地、基本农田、森林资源等生态空间保护和生态系统修复。严格遵循生态保护红线、环境质量底线、资源利用上线和生态环境准入清单“三线一单”管控要求，强化生态红线保护和生态修复，严控能耗总量和强度、环境准入，保护长株潭可持续发展生命线。

加强重要水源地及湖库保护。开展重要水源地规范化建设，严控饮用水水源周边岸线资源开发，依法清理水源保护区内违法建筑和排污口，清除饮用水水源一级保护区内与供水设施和保护水源无关的建设项目，依法取缔二级保护区内排放污染物的建设项目。加强长株潭第二水源及应急水源建设，提高水库供水比重，联合建设优质水库水源引水工程。加强株树桥、水府庙等优良湖库有效保护和综合治理，提高饮用水安全与质量，加强对重金属、持久性有机污染物等有毒有害物质监控，全面提高预警能力。严格保护和合理利用地下水。

第二节　推进区域环境联防共治

联防联控大气复合污染。深化工业污染源治理，推进钢铁、水泥行业和燃煤电厂超低排放改造，全面推进工业锅窑炉和挥发性有机物综合治理，提高清洁化生产水平。加强面源污染整治，推进餐饮油烟净化设备全覆盖，全面完成老旧居民区油烟设施改造。严禁垃圾、秸秆露天焚烧，严控烟花爆竹燃放，加强扬尘污染治理。强化移动源污染控制，加快绿色交通体系建设，推广新能源汽车，加大老旧车辆淘汰力度，实施国Ⅵ排放标准和相应油品标准，推进港口船舶、非道路移动机械大气污染防治。定期修订完善重污染天气应急预案和应急减排清单，开展长株潭区域 PM2.5 源解析，提升重污染天气预警预报时效性和准确性。

深化水污染联防联治。大力推广工业节水减排技术，强化沿江化工企业整治，集中治理工业集聚区水污染。加强城镇生活污染治理，加快城市污水管网建设和改造，健全雨污分流体系，实施乡镇污水处理设施建设行动。加强农业面源污染治理，结合美丽乡村建设，统筹实施次级河流沿线农村环境综合治理工程，加强水土流失综合防治。持续推进重点流域水环境综合治理，实施水府庙、浏阳河、捞刀河综合整治工程。

共同推进固废处置与土壤修复。开展危险废物集中处置合作，探索建立危险废物跨区域转移处置生态补偿机制，提升固体废物利用处置和环境风险监管防范能力。提升长沙固废处理场、灰渣填埋场建设水平，加快推进株洲市区二期、湘潭市生活垃圾焚烧发电厂建设，继续实施餐厨垃圾应急处置及资源化利用项目。分类推进土壤污染治理，有序开展农用地和污染地块土壤治理修复，加快推进株洲清水塘、湘潭竹埠港关停搬迁企业遗留污染治理，持续推进耕地重金属污染修复、污泥处理处置，加快湘潭市土壤污染综合防治先行区建设。推进农村生活垃圾专项治理，加快乡镇垃圾收转运设施建设，提高垃圾分类回收、运输、处理一体化运营能力和监管能力。

强化环境治理联合监管。完善区域污染联防联控机制，建立区域PM2.5、湘江水质、集中式饮用水水质、水土保持等一体化监测、预警和处置机制，健全跨界河流联合监测与会商机制、水生态文明联合执法应急和工作机制。加强环境联合执法，统一执法标准，联合开展环境执法监督和检查行动，完善环境保护工作责任体系和考核机制，建立一体化环境报告和发布制度。

第七章　推进公共服务共建共享

坚持以人民需求为导向，深化公共服务领域合作，不断提升公共服务水平和质量，使一体化发展成果更多更公平惠及人民。

第一节　推进公共服务标准化便利化

建立标准化公共服务体系。完善长株潭三市统一、有效衔接的基本公共服务制度。实施基本公共服务标准化，优化资源配置、规范服务流程、提升服务质量，实现基本公共服务均等化、普惠化、便捷化，确保基本公共服务覆盖全民、兜住底线、均等享有。统筹考虑经济社会发展水平、城乡居民收入增长等因素，逐步提升基本公共服务保障水平，增加保障项目，提高保障标准。

提升公共服务便利化水平。创新公共服务一体化管理机制，推进教育、医疗、社保、养老、就业、户籍等公共服务一体化，实施公交、健康、社保、图书馆等“一卡通”，加快三市政务服务对接共享。加强公共卫生服务合作，推动重大传染病联防联控。推进社会保险异地办理、养老保险信息互通，畅通基本养老保险制度衔接。实施统一的基本医疗保险政策，推动居民医疗保障同城同结算、同城同定点、同城同年限。推进工伤认定政策统一、结果互认。建立住房公积金异地信息交换和核查机制，推行住房公积金转移接续和异地贷款。

第二节 共享高品质教育医疗资源

推动优质教育资源共享。完善教育科研协作机制，推动区域教育科研、人才建设、成果推广运用等综合实力在中部领先。开展基础教育合作，建立中小学教育教学资源共享和师资力量交流机制，共建共享名师在线课堂、研学实践基地，合力打造教育特色品牌和智慧教育示范区。共同发展职业教育，共同创建国家产教融合试点城市，建设国家产教融合实训基地，加快湖南（株洲）职教科技园建设。促进高等教育资源共享，探索推进同层次大学课程互选及教学资源、实验设备设施开放共用，布局建设开放共享的高水平专业实验（实训）室、创新创业教育实践基地。

引导高端医疗资源功能互补。提升公共卫生防控救治能力，优化区域医疗卫生资源配置，加强医疗基础设施建设，健全公共卫生应急物资保障体系，构建长株潭区域医疗联合体，创建国家医学中心、区域医疗中心，建设湖南健康产业园。鼓励高水平综合医院、专科医院、中医医院跨区域设立分院，扩大优质医疗资源覆盖范围。共建健康信息平台和数字化医疗协作系统，强化公共卫生事件信息决策指挥协同，实现公共卫生、医疗服务保障、基本药物制度和综合管理等方面信息互通共享，提高区域医疗服务和公共卫生服务能力。

第三节 推动文体旅游合作发展

全面提升区域文化软实力。发挥长沙世界“媒体艺术之都”优势，加快建设马栏山视频文创产业园，在长株潭开展文创版权保护领域区块链技术应用。优化配置文化设施，规划建设湖南奥林匹克体育中心、环湘江马拉松、自行车赛道、湖南图书馆新馆等文体场馆设施，加强重点文物、博物馆、纪念馆、历史建筑、非物质文化遗产保护合作与创新发展，推进公共文化服务数字化便捷化。联合举办大型文化体育活动，打造区域文化品牌。

全面提升旅游业发展水平。深化区域旅游合作，推动长株潭旅游市场和服务一体化。提升红色旅游走廊、湖湘文化旅游走廊、湘江旅游走廊、高铁旅游走廊品质，共同打造极富特色、享誉全球的国际知名旅游目的地。促进休闲旅游、红色旅游、研学旅行、乡村旅游融合发展，推进湘江游艇游轮旅游码头和自驾车房车营地建设。实行长株潭旅游“一票通”，联合开展主题旅游推广活动，共建旅游服务监管平台。

第四节　共建高效有序社会环境

共同加强和创新社会治理。建立社会治理大数据平台，推动社会治理数据互联互通，建立健全基层社会治理网络，推广网格化服务管理。完善突发公共事件、自然灾害事件预防处置和紧急救援联动机制，提高防范和处置重特大安全事故效能。深化文明创建活动，倡导文明礼仪新风，共同提升区域文明程度，建设文明长株潭。

共同营造良好就业创业环境。加快消除制约人力资源流动的政策壁垒，推动人力资源、就业岗位信息共享和政策衔接、整合发布。统筹推进职业技能培训基地建设，健全终身职业技能培训机制，提高劳动者就业创业能力，培育区域公共创业服务品牌。加强劳动保障监察协作，强化劳动人事争议协同处理，建立拖欠农民工工资“黑名单”共享和联动惩戒机制。持续实施“芙蓉人才行动计划”，建立引进高端人才、行业领军人才和留学归国人才绿色通道。

推进社会信用体系一体化。依托长株潭市级信用信息共享交换平台，实现信息系统和信用信息的联通共享。建立环境保护、食品安全、产品质量、旅游等重点领域信用联合奖惩机制，实行失信行为标准互认、信用信息共享互动、惩戒措施路径互通。扩展信用应用场景，在登记许可、行政许可、资质认定、政府采购、财政支持、项目审批、项目招投标等社会管理服务重要环节，推广使用信用报告、信用评级等征信产品。探索开展区域一体化企业征信体系创建试点。

第八章　推进更高水平协同开放

充分发挥“一带一部”区位优势，大力发展开放型经济，持续优化营商环境，促进更深层次、更宽领域、更高水平的对外开放合作，强化长株潭在全省开放崛起中的担当作用，打造内陆地区改革开放高地。

第一节　共建全方位高层次开放平台

建设对外开放新平台。积极融入“一带一路”建设国家战略，高水平建设中国（湖南）自贸区长沙片区。对标国际先进贸易规则，大力发展跨国公司地区运营管理、订单中心、结算中心等总部经济，积极发展临空经济、电子商务、数字贸易、金融服务等新型国际贸易，着力打造全球高端装备制造业基地、内陆高端现代服务业中心、中非经贸深度合作先行区。加强自贸区长沙片区、长沙临空经济示范区与长株潭国家级经济技术开发区、高新技术开发区及海关特殊监管区域联动，放大自贸区辐射带动效应。

畅通对外开放大通道。积极引进国际航空物流龙头企业，构筑航空物流平台，支持至北美洲、欧洲、东亚、东南亚等地全货班机发展运营。持续推进“畅通湘江”工程、内河船型标准化工程，强化长江水道联通能力。提升中欧班列（长沙）运载量和运载水平，统筹湘粤桂和湘滇跨境出海大通道国际联运，打造中欧班列南方枢纽。构建多种运输方式高效通达的集疏运体系，建设一批专用铁路、公路港项目，提升港站集疏运能力和运行效率。

推进对外开放大通关。充分利用国际贸易“单一窗口”平台，全面推进政府主管部门与港口、海关、税务、外汇、银行等“信息互换、监管互认、执法互助”，与企业“信息互享”。深入推进通关一体化改革，实行货物“一次申报、一次查验、一次放行”。推进长株潭口岸与沿海沿边口岸的通关协作、物流合作与联动发展，实现与长三角、珠三角、成渝等区域的高效对接。统筹推进长沙黄花综合保税区、湘潭综合保税区、长沙金霞保税物流中心、株洲铜塘湾保税物流中心协同发展。加快发展跨境电子商务等新型贸易方式。

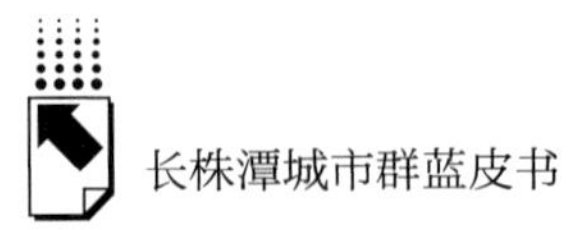

提升园区对外开放新高度。提升园区开发建设和管理水平，创新园区管理体制机制，推进市场化运营改革，夯实对外开放基础。全面落实自贸区已推广的创新制度，培育和引进外贸综合服务企业，优化物流、通关、信保、融资、收汇、退税等全程外贸供应链服务。推进与沿海发达地区共建产业合作园区，探索建立区域产业转移、园区合作共建的成本分担和利益共享机制。

第二节　协同推进开放合作

共同打造对外开放品牌。高水平办好世界计算机大会、中国－非洲经贸博览会等具有国际影响力的博览会、交流会。办好智能制造峰会、互联网峰会、轨道交通峰会，积极参与中部投资贸易博览会、泛珠三角区域合作与发展论坛等区域性展会活动，加强行业间、区域间深度交流合作，提升区域知名度和影响力。

高水平“引进来”。争取外交部支持，在长株潭区域设立外国驻湘领事机构，争取更多国际机构在长株潭设立分支机构。充分发挥全球湘商大会、湖南异地商会等平台的桥梁纽带作用，结合沪洽周、港洽周等活动，开展长株潭三市联合招商。全面对接世界500强、中国500强、民营500强企业，开展差别化、产业链招商，积极吸引国内外企业运营中心、物流中心、分拨中心、销售中心入驻，引进一批聚集度高的龙头企业和关联度大的配套企业。

高质量“走出去”。支持长株潭区域工程机械、轨道交通等领域优势企业“抱团出海”，参与“一带一路”沿线国家和地区公路、铁路、港口、能源、市政基础设施建设。鼓励商贸物流、电子商务、供应链外贸企业向外拓展贸易空间，支持出口企业建立海外仓、体验店，培育自有品牌，拓展营销渠道。加强国际出口品牌建设培育工作，大力培育区域性、行业性品牌。

深化国际国内人文合作。加强国际科技合作，支持国内外一流大学、科研机构、知名企业在长株潭设立或联合组建技术转移中心和研发机构。深化高等教育国际合作，引进国际先进教学理念和境外优质教育资源，提升长株潭高校影响力和知名度。加强国际文化交流，依托湖南广电、世界“媒体艺术之都”、金鹰艺术节等平台，开展具有湖湘文化特色的经济文化交流活动，推动本土文化创意企业、体育企业国际化发展。

第三节　合力打造一流营商环境

创新投资服务管理体制。共同推进市场准入负面清单制度实施，完善外商投资信息报告制度和外商投资信息公示平台，提升外商投资管理和服务水平。完善境外投资发展规划和重点领域、区域、国别规划体系，健全备案为主、核准为辅的境外投资管理体制。共同打造一流市场环境。全面对接国际国内高标准市场规则体系，保障各类市场主体平等使用生产要素、平等享受政策，协同推进企业投资、商事登记等领域审查审核和资质互认，共建统一开放、有序竞争的市场环境。深化外商投资领域“放管服”改革，持续推进“一件事一次办”改革，提升政务服务水平和效率。强化市场协同监管，建立跨行业跨部门综合监管和执法体系。加强市场主体保护，加快完善产权保护制度，依法有效保护各种所有制经济组织和公民财产权。

第九章　创新一体化发展体制机制

全面深化改革，着力破除制约一体化发展的行政壁垒和体制机制障碍，建立运行有效的一体化合作体系，建设要素自由流动的统一开放大市场，为长株潭更高质量一体化发展提供强大内生动力。

第一节　建立运行有效的合作体系

健全政策制定协同机制。健全长株潭一体化议事协调机制和日常工作制度，加快推进建立制度统一、规则一致、执行同步的协同发展机制。区域重大行政决策实行联合听证、专家咨询和公众公示制度，建立健全科学民主决策机制。探索建立区域一体化发展专项支持基金，协同制定出台土地、财政、投资等激励政策措施。

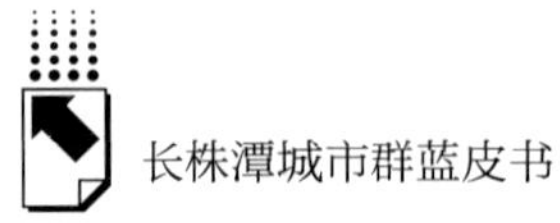

建立一体化发展评估体系。建立长株潭区域一体化发展评估指标体系，研究发布区域一体化发展指数，科学客观评价一体化发展进程，为区域政策制定和调整提供参考。探索实施引入第三方力量的政策评估监督模式。

推动公共事务协同治理。加强城市安全发展和区域应急管理合作，强化风险评估和管控处置，共建食品安全、综合防灾减灾和安全生产等保障体系。建立重大传染病疫情和突发公共卫生事件联防联控及灾害事件紧急医学救援合作联动机制。推动行业协会、金融组织、社会团体等非政府组织同城化发展，共同构建一体化进程中区域公共事务协同治理机制。

第二节　加快建设统一开放大市场

推进金融市场一体化。深入推进长株潭城市群金融专项改革试点，全面落实各项试点任务，推进形成金融机构合理聚集、功能互补、资源共享、配置高效的区域金融产业布局。推进金融产品与服务同城化，实现区域内企业授信标准统一、授信额度共享、信贷产品通用，协力增加有效金融服务供给。推进金融配套同城化，统一三市土地、房地产抵（质）押登记等办理流程与收费标准。强化区域金融合作交流，推进预警联防、宣教联动、案件联办和维稳联合，共同维护区域金融发展安全。

推动技术市场一体化。支持长株潭联合建设科技资源共享服务平台，实现知识产权信息共享互动、技术成果交易及金融服务无缝对接。探索建立企业需求联合发布机制和财政支持科技成果转化共享机制。建立长株潭区域技术交易市场联盟，共同促进技术转移转化，构建多层次知识产权交易体系。加强政府数据开放共享，共同培育数据要素市场。

推进土地市场一体化。推动土地要素市场化配置，深化产业用地市场化配置改革，提高土地资源配置效能和节约集约利用水平。探索建立城乡统一的建设用地市场，完善城乡建设用地增减挂钩制度，建立健全城镇低效用地再开发激励约束机制和存量建设用地退出机制。完善长株潭范围内闲置土地清理、调整机制。

加快人力资源市场一体化。加快长株潭区域人力资源协作，推动人力资源、就业岗位信息共享和服务政策有机衔接、整合发布。规范人才招引政策，探索区域内高端人才、紧缺型技术人才的户籍互认，享受同等公共服务待遇。积极探索政府部门、用人单位、高校机构三方合作模式，引导高层次人才向重点产业、重点区域集聚。加快建设“中国长沙人力资源服务产业园”。

第十章　推进规划实施

加强党对长株潭区域一体化发展的领导，建立健全规划实施保障机制，确保规划纲要主要目标和任务顺利实现。

第一节　加强组织领导

建立和完善推动长株潭区域一体化发展的领导机制，统筹指导和综合协调长株潭区域一体化战略实施，研究审议重大规划、重大政策、重大项目和重点工作，协调解决重大问题。省工业和信息化厅、省发展改革委、省自然资源厅、省生态环境厅、省人力资源社会保障厅、省商务厅等部门牵头负责产业发展、基础设施、国土空间、生态环境、公共服务、对外开放等一体化专项工作。

第二节　强化责任分工

长沙市、株洲市、湘潭市作为推进长株潭区域一体化发展的责任主体，要明确分工，各司其职，制定具体行动计划和专项推进方案，确保规划纲要各项目标任务落实落地。各有关部门要按照职责分工，组织编制产业发展、基础设施、国土空间、生态环境、公共服务、对外开放等领域一体化专项规划，研究出台配套支持政策和综合改革措施，形成规划统筹、政策配套、项目支撑和体制机制创新的工作体系，形成横向联动、纵向协调的长效机制和强大合力。

第三节　抓好督促落实

加强规划纲要实施的跟踪分析、综合协调，全面掌握规划纲要实施情况和效果，适时组织开展评估，协调解决实施中存在的问题。长株潭区域一体化建设工作列入绩效评估重点内容，按照时间节点及时督办、考核。完善规划实施公众参与机制，广泛听取社会各界的意见和建议，引导各类市场主体积极参与长株潭区域一体化建设，形成市场化、社会化推进机制和全社会共同参与的良好氛围。

（中共湖南省委　湖南省人民政府 2020 年 10 月 13 日印发）

B.21

长株潭城市群发展大事记

2017年

1月22日上午，省委副书记、省长许达哲主持召开长株潭国家自主创新示范区建设工作领导小组第二次会议，他强调，要大力实施创新引领、开放崛起战略，狠抓政策细化和工作落实，以只争朝夕的精神推动长株潭自主创新示范区建设，在建设科教强省中发挥好示范引领作用。会议原则通过《〈关于建设长株潭国家自主创新示范区的若干意见〉配套实施办法工作方案（建议稿）》《长株潭国家自主创新示范区建设协调议事工作规则（送审稿）》，并原则同意制定出台《长株潭国家自主创新示范区条例》。

2月3日，湖南省《政府工作报告》指出，加快长株潭一体化建设，以两型社会试验区、国家自主创新示范区、湘江新区为载体，推动规划、产业、交通、公共服务一体化，大力发展高新技术、智能制造、商贸金融等优势产业。全面推进以长株潭国家自主创新示范区为核心的科技创新基地建设，重点打造长沙“创新谷”、株洲“动力谷”、湘潭“智造谷”。

2月18日，长株潭国家自主创新示范区建设工作领导小组印发《长株潭国家自主创新示范区建设协调议事工作规则》，该《规则》共分5章18条，提出建立完善相关工作机制，推动自创区建设议事决策更加科学、规范、高效，切实提高决策水平和工作效率。

3月2日，社会科学文献出版社和湖南两型社会建设研究中心在长沙联合召开《长株潭城市群发展报告》（蓝皮书）2016年卷首发式暨座谈会。中国社会科学院学部委员张晓山教授、省人大原副主任陈叔红出席并讲话。长株潭城市群蓝皮书2016年的主题，是以总结成效为主的“十年回顾与展望”，即依循长株潭城市群一体化及其内涵深化和外延拓展的发展历程，突出两型建设引领区、自主创新示范区和一体化复合样本等三大方面建设，描述进展、总结经验、展望未来，向全省和全国交出改革探索、创新发展的阶段性答卷。

4月6日，湖南省人民政府办公厅印发实施《长株潭国家自主创新示范区建设三年行动计划》（2017～2019年），提出在长株潭国家自主创新示范区内着力实施高层次人才聚集示范工程、科技成果转化及产业化示范工程、创新型产业集群培育工程等，搭建长株潭科技公共服务平台、长株潭科技金融服务平台、科技成果（知识产权）交易平台、对外合作交流平台、规划展示平台，力争到2019年，实现新引进高端创新团队100个以上、每万人有效发明专利拥有量20件、高新技术企业达2000家以上、科技进步贡献率达65%等目标。

4月17日，国家工业和信息化部批复将衡阳市纳入长株潭“中国制造2025”试点示范城市群。

4月24日，省委组织部、省科技厅印发《长株潭高层次人才聚集工程实施方案（试行）》，该《方案》共分6章23条，提出湖南省将优先引进“十三五”规划确定的战略性新兴产业、重点优势产业及科技服务业紧缺急需人才，加大对青年人才的引进和支持力度。相关政策在长株潭国家自主创新示范区先行先试，并逐步扩大至全省范围。引进人才的类型，包括创新人才、创新团队、创业人才、科技服务和经营管理人才、外聘专家等。其中，创新人才分为顶尖创新人才、杰出创新人才和优秀青年创新人才。

5月8日，国家质检总局正式下发《关于长株潭城市群创建“中国制造”质量技术基础综合示范区试点的批复》，同意湖南省在长株潭城市群率先创建“中国制造”质量技术基础综合示范区试点。

5月12日，长株潭衡“中国制造2025”试点示范城市群建设推进大会在长沙召开。省委副书记、省长许达哲强调，要开拓创新、真抓实干，加快制造强省建设，努力把长株潭衡“中国制造2025”试点示范城市群打造成为湖南制造业转型升级和新常态下经济发展的新典范、新引擎。

6月27日，省政府召开新闻发布会，正式发布实施《长株潭衡“中国制造2025”试点示范城市群建设推进计划（2017～2019）》，提出到2019年，长株潭衡城市群规模以上工业增加值达到9000亿元以上，成为湖南实施“中国制造2025”试点、建设制造强省的排头兵。

8月6日，发行2017～2018长株潭亲子游览年票，有效期从2017年8月1日到2018年12月31日，票价198元，可游览66个场馆。

8月29日，长株潭试验区两型系统工作会议在长沙召开，与会人员观看“两型试验闪耀湖湘”VCR。2017年是长株潭城市群获批全国两型社会建设综合配套改革试验区十周年。十年来，试验区以转型升级带动全省经济发展，成为带动全省发展的重要引擎。

9月12日，湖南省人民政府办公厅转发省长株潭两型试验区管委会等单位《长株潭两型试验区清洁低碳技术推广实施方案（2017～2020年）》，该《方案》明确了长株潭两型社会建设综合配套改革试验区2017～2020年的绿色发展目标，将大力推广污水处理技术、大气污染防治技术等10类清洁低碳技术。这次公布的10类技术，是在2012年推广的十大技术的基础上着眼新形势新任务提出的。《方案》指出，长株潭两型社会建设综合配套改革试验区包括长沙市、株洲市、湘潭市、衡阳市、益阳市、常德市、岳阳市、娄底市及郴州市。

11月5日，经过两天的徒步行走，2017湖南（秋季）百公里完美收官。4日清晨，约1.2万人从长沙洋湖湿地出发，他们沿湘江徒步穿越长沙、湘潭、株洲三大城市，完成近百公里的征程。

11月13日，发布《2017年度长株潭大气污染防治特护期实施方案》，该《方案》要求，每年10月16日至次年3月15日，即长株潭大气污染防治特护期内，长株潭三市PM2.5平均浓度同比下降10%以上，中度及以上污染天数同比下降10%以上，高排放车辆限行区域和时段将扩大，对超标排放企业从严从重处罚，对“散乱污”企业，做到“两断三清”，将不达标企业纳入社会信用评价体系。

12月26日，长株潭城际铁路以西段开通，自此长株潭城际铁路全线开通运营。长株潭城际铁路全线开通后总里程达到105公里，长株潭城际铁路是湖南省内第一条城际铁路。这条串联湖湘经济高地的城际快速铁路，将提升长沙、株洲、湘潭三市速度经济，加快长株潭三地资源优化整合，加快长株潭三市融合为中南经济大都市的建设进程。

12月26日，2017第三届长株潭互联网大会在株洲举行。本次大会以“融实业·创变未来”为主题，紧扣株洲元素，在创新、开放、融合、共享的基础上，聚焦互联网行业新趋势。来自全国各地的互联网大咖、专家学者等齐聚一堂，深入探讨了如何推进互联网、大数据与实体经济的深度融合，推动数字经济的蓬勃发展。

2018年

1月24日，湖南省《政府工作报告》提出，推动长株潭一体化发展，突出抓好规划、交通、公共服务、环境治理等重点工作和特色产业园建设，推进株洲、湘潭老工业基地调整改造。推进以长株潭国家自主创新示范区为核心的科技创新基地建设，完善自主创新示范区空间规划，构建“一区三谷多园”格局，打造自主创新策源地、科技成果转化地和高端人才集聚地。

3月24日下午，“对接北上广，推进一体化”长株潭湘江湾综合创新试验区重大项目签约仪式暨专家研讨会在北京举行。长株潭湘江湾综合创新试验区按照“一廊四区”进行统筹规划。“一廊”即滨江文化艺术长廊，“四区”即城市核心功能区、尖端产业聚集区、生态文化创意区、国际人才集聚区。

4月28日，2018年长株潭商圈购物消费节开幕。此次购物消费节是长株潭商圈首届购物消费节，活动至5月10日结束，持续13天。此次活动由政府、企业、媒体联合举办，惠及商圈居民，展示商圈特色、体现商圈风采。长株潭商圈位于长沙、株洲、湘潭三市融城核心区域。

5月25日，主题为“融合　创新　开放　崛起”的首届长株潭一体化区域合作联席会议举行。国家发改委地区经济司副司长张绍军，著名经济学家樊纲等专家学者出席了联席会议。会上，中国建设银行湖南省分行、华融湘江银行、长沙银行、长沙农商银行与核心区六方共同签署长株潭一体化区域发展金融服务战略合作协议。长沙天心区、雨花区，株洲石峰区，湘潭岳塘区，株洲云龙示范区，湘潭昭山示范区就区域协同发展达成多项共识并发布合作宣言，签署战略合作协议。人民网舆情数据中心发布《长株潭城市群消费活力指数研究报告》。

6 月 9 日，湖南省委书记杜家毫主持召开长株潭一体化专题会议，讨论学习借鉴浙江“坚持一张蓝图绘到底”的经验，研究长株潭半小时交通圈建设工作，持续推进长株潭一体化发展。

7 月 29 日，长潭公交一号线正式开通，这条以九华湘潭综保区、长沙坪塘为首末站的城际公交线，“最终形态”为连通长沙地铁 3 号线与湘潭河西总站的黄金线路，途经长潭两市众多居民、产业集聚点，极大地方便了沿线市民出行，为长株潭一体化加速融城再添助力。

9 月 25 日上午，省委副书记、省长许达哲主持召开省政府专题会议，研究部署创建长株潭国家创新示范区工作。会议强调，要围绕国家重大战略实施，聚焦受制于人的短板领域，找准发力点，进一步发挥优势、挖掘潜力，更好地服务国防科技工业和装备建设，更好地推动经济社会高质量发展。

9 月 30 日，原重庆市市长、全国人大财经委原副主任委员、中国社会科学院“一带一路”国际智库专家委员会副主席黄奇帆在湘潭参加“一带一路”国际商贸物流合作专题活动并就“一带一路”背景下的长株潭区域城市建设和产业经济发展，发表了《关于长株潭都市圈规划建设和产业发展的认识和思考》的演讲。黄奇帆还考察了中国（中部）岳塘国际商贸城项目建设，并对岳塘国际商贸城得天独厚的区位优势给予充分肯定，他希望岳塘国际商贸城充分发挥自身优势，着力打造现代化智慧商贸物流。

10 月 20 日，省委书记杜家毫对长株潭城市群一体化发展首届联席会议作出指示，指出这次会议是长株潭城市群一体化发展新的标志，要深入学习贯彻习近平总书记关于城市工作、长江经济带发展等的重要论述，学习借鉴长三角、珠三角、京津冀协同发展有益经验，积极探索具有湖湘特色的城市群一体化发展路子。要牢固树立“一盘棋”思想，破除行政壁垒和市场分割，扎实推进规划、交通、产业和公共服务等一体化，一件接着一件干，一张蓝图干到底，积小胜为大胜。要坚持融合与特色并重、共性与个性统一，坚持走资源节约、环境友好、绿色高效、精明增长路子，主动加强合作，实现优势互补、协同发展，努力把长株潭打造成为长江中游乃至全国城市群中的璀璨明珠。

10 月 20 日，长株潭城市群一体化发展首届联席会议在长沙召开，会议审议并签署了《长株潭城市群一体化发展合作机制》《长株潭城市群一体化发展行动计划（2018～2019 年）》《长株潭城市群一体化发展联席会议制度》三个合作文件。

《长株潭城市群一体化发展合作机制》提出，建立长株潭城市群一体化发展联席会议制度（以下简称“联席会”），三市市委书记轮任会长，分书记层面、市长层面定期召开联席会。书记会议是最高层次的联合协调机制，市长会议协调推进年度重大合作事项、签署重大合作协议。

《长株潭城市群一体化发展联席会议制度》明确，联席会全体会议每年度召开 2 次，原则上在 2 月份、10 月份各举行一次。其中，10 月份的会议由市委书记主持召开，2 月份的会议由市长主持召开。

《长株潭城市群一体化发展行动计划（2018～2019 年）》共铺排了十四大项、二十分项合作实事，主要包括基础设施、公共服务、环境保护、民生保障等方面。

11 月 1 日，湖南省委常委会召开会议专题研究推进长株潭城市群一体化发展。会议指出，习近平总书记关于城市群发展的重要论述，深刻阐明了城市群发展的地位作用、演变规律、目标任务和基本路径，为推进长株潭城市群一体化发展指明了方向、提供了根本遵循。会议强调，要以长株潭城市群总体规划为指导，在规划、交通、产业、环保、公共服务等重点领域加大推进力度，务求取得实实在在的成效。

11 月 14 日，《长沙南部片区规划纲要》公布。该《纲要》共分为七章，提出将南部片区建设成高质量发展的新城典范，构建“融城极核、魅力绿心、智慧五谷、多彩南城”发展格局；打造融城交通枢纽等“一枢纽三中心”，带动长株潭一体化发展；高起点布局发展信息智能产业、商务服务产业和文旅康养等产业；深入践行绿色发展理念，打造国际一流的美丽生态范本。设立长沙南部片区，是长沙贯彻习近平总书记关于长江经济带建设重要讲话精神、落实省委省政府推进长株潭城市群协同发展战略的一项重大决策。规划建设长沙南部片区，有利于探索生态优先、绿色发展的新路子，有利于构筑长株潭城市群一体化的新极核，有利于培育现代化长沙的新引擎，有利于打造高质量发展的新样板。

11 月 30 日，长株潭城市群一体化发展联席会议秘书处正式挂牌运行。联席会议秘书处承担着保障联席会日常运转、协调三市务实合作的重要使命，是加快长株潭城市群一体化发展的重要保障。此次秘书处正式挂牌运行，标志着长株潭城市群一体化发展站上了新起点，开启了新征程，将全面推动长株潭三市合作进一步迈向深入。

12 月 13 日上午，省委书记杜家毫，省委副书记、省长许达哲率队专题调研中央环保督察及督察“回头看”反馈长株潭绿心地区整改意见的落实工作，并召开座谈会，指出要坚定不移抓好绿心保护和整改。省领导陈向群、傅奎、胡衡华、谢建辉、刘莲玉、陈文浩、张大方参加调研。

2019年

1 月 26 日，湖南省《政府工作报告》提出，把长株潭打造成为引领全省高质量发展的重要引擎，推动长株潭三市规划、交通、产业和公共服务一体化，抓好“三干两轨”建设。

1 月 11 日，为进一步推动长株潭三市在公共文化服务方面，加强一体化合作，长株潭公共文化服务一体化座谈会在株洲召开。会议针对长株潭三市图书馆、文化馆、博物馆等公共服务设施共建共享过程中的难点、“堵点”问题展开了激烈的讨论。

3月，原省长株潭两型试验工作委员会、省长株潭两型试验区管委会撤销，组建“湖南省长株潭两型社会建设服务中心”，为正厅级事业单位，由省发改委管理。

3月25日，长株潭城市群一体化发展常务副市长联席会议在长沙召开。会议由长沙市委常委、常务副市长舒行钢主持，株洲市委常委、常务副市长何剑波，湘潭市副市长陈小山出席会议。会上，长株潭城市群一体化发展联席会议秘书处通报了一体化工作整体情况，三市发展改革委各自汇报工作进展情况。会议根据实际情况调整完善了《长株潭城市群一体化发展行动计划（2018～2019年)》相关内容和工作目标，针对20项合作实事推进过程中存在的问题和困难，逐一研究提出了解决方案。

3月28日，省委常委、长沙市委书记胡衡华专题调研长株潭城市群一体化工作。他强调，要自觉践行新发展理念，深入实施创新引领开放崛起战略，充分学习借鉴长三角、珠三角、京津冀等区域合作的成功经验，进一步加强沟通协调和工作联动，以强烈的省会担当主动引领长株潭一体化发展。

4月8日，省人大印发《湖南省人民代表大会常务委员会关于修改〈湖南省长株潭城市群生态绿心地区保护条例〉的决定》和《湖南省长株潭城市群生态绿心地区保护条例》。2011年，湖南编制实施《长株潭城市群生态绿心地区总体规划》，将绿心划定为生态保护区，2013年，《湖南省长株潭城市群生态绿心地区保护条例》正式颁布实施，在全国首创地方立法保护一片绿地。绿心保护由此进入法治化轨道。

4月20日上午，长株潭城市群一体化发展市长联席会议在长沙召开。省委常委、长沙市委书记胡衡华出席相关活动。长沙市委副书记、市长、湖南湘江新区党工委书记胡忠雄主持，株洲市委副书记、市长阳卫国，湘潭市委副书记、市长张迎春出席会议，三市常务副市长、分管副市长，市政府秘书长、分管副秘书长，相关职能部门负责人参加会议。会议通报了首届联席会议以来工作进展情况及下一步工作打算，审议通过了《长株潭城市群一体化发展行动计划（2018～2019）年》相关调整内容，审议并签署了《长株潭城市群一卡通建设合作框架协议》《长株潭城市群共建国家物流枢纽合作框架协议》《长株潭城市群推进信用激励和惩戒联动合作框架协议》《长株潭城际轨道交通西环线项目合作框架协议》四个文件，并紧紧围绕如何进一步推进长株潭城市群一体化发展进行了充分讨论。

4 月 23 日下午，省委书记杜家毫召开会议，研究推动“三干两轨”和长沙黄花机场东扩二期工程项目建设，他强调，要以只争朝夕的精神，坚定不移地推进“三干两轨”项目建设，加速打造长株潭半小时交通圈，进而形成半小时经济圈；要以黄花机场东扩二期工程项目建设为契机，不断完善、巩固、拓展和培育国际国内相关航线，着力构建长沙四小时航空经济圈，更好地促进全省对外开放。省领导胡衡华、谢建辉、何报翔出席。

4 月 29 日，国家技术标准创新基地（长株潭）（简称“长株潭基地”）在中车株洲电力机车研究所有限公司召开第一次工作座谈会。会议提出长株潭基地要抓住机遇、突出创新特色，大力培育和发展创新标准，鼓励支持龙头企业、科研院所和高校等参与标准制定，加快湖南标准“走出去”进程。长株潭基地与长沙岳麓科技产业园（湖南省检验检测特色产业园）签订了战略合作框架协议。

6 月 21 日，湖南省长株潭城市群研究会第三届理事会第一次会员代表大会在长沙举行，湖南省政协副主席赖明勇出席会议并讲话，湖南省民政厅社会组织管理局等单位领导及研究会会员等 80 余人出席会议。朱有志当选第三届理事会会长，童中贤当选常务副会长，王忠伟、尹向东、田定湘、匡远配、向国成、吴厚庆、何振、张亚斌、周国华、谢瑾岚、楚尔鸣、潘爱民当选副会长，罗黎平当选秘书长。

6 月 24 日，湘潭市人民政府办公室印发《推进“湘潭向北”发展 2019 工作方案》，提出初步构建以“两干一轨一桥多道”等重大项目为支撑的向北发展综合交通体系，布局完善一批医疗、教育、文化等公共服务基础设施，努力打造“湘潭向北”发展示范区和“桥头堡”。

7 月 5 日，省委副书记、省长许达哲赴株洲、湘潭调研并主持召开长株潭地区座谈会。他强调，要坚持以习近平总书记新时代中国特色社会主义思想为指导，落实习近平总书记对湖南工作的重要指示精神，加快长株潭一体化步伐，推动高质量发展，把长株潭城市群打造成中部地区崛起的重要支撑。省领导胡衡华，省政府秘书长王群参加。

8 月 1 日，长株潭城市群一体化发展常务副市长联席会议在长沙召开。长沙市委常委、常务副市长夏建平主持，株洲市委常委、常务副市长何剑波，湘潭市副市长向敏出席会议。三市发改委主任、分管副主任、相关处（科）室负责人以及长株潭城市群一体化发展联席会议秘书处相关人员参加会议。会议听取了株洲市发改委主任关于第二届长株潭城市群一体化发展联席会议拟推进合作事项的汇报，并就三市新一轮拟推进合作事项进行了充分讨论，形成了初步意见；长株潭城市群一体化发展联席会议秘书处秘书长通报了长株潭城市群一体化发展行动计划（2018 ~ 2019 年）合作实事评估报告。

8 月 27 日，《长株潭城市群生态绿心地区总体规划（2010—2030）(2018 年修改)》获省政府批复，提出将建设成为“生态文明样板区、湖湘文化展示区、两型社会创新窗口、城乡融合试验平台”，打造成为高品质、具有国际影响的城市群绿心。

11 月 10 日，省委书记杜家毫对长株潭城市群一体化发展第二届联席会议作出批示，他强调，长株潭 3 市要深入学习贯彻习近平新时代中国特色社会主义思想，特别是关于区域经济发展的重要论述，努力把长株潭打造成为全国城市群一体化发展示范区。杜家毫在批示中指出，推动长株潭城市群一体化发展是湖南未来发展的核心竞争力，也是湖南走在中部崛起前列的重要支撑。长株潭 3 市要积极借鉴国内外一体化发展的有益经验，持续深入推进规划、交通、产业、环境和公共服务融合发展，努力把长株潭打造成为全国城市群一体化发展示范区。要进一步勇于担当、主动作为，打破行政壁垒和市场分割，既要干好“自己的事”，也要做好“我们的事”，把共商共建共享的机制做优、把合作共赢的方式做活、把一体化发展的动力做强，共同推动一体化向纵深发展，更好造福三市人民，促进全省发展。

11 月 10 日，长株潭城市群一体化发展第二届联席会议在株洲召开。会议总结长株潭城市群一体化发展第一届联席会议以来合作事项推进情况及取得的成效，并签署《长株潭城市群一体化发展行动计划（2019～2020年）》，提出长株潭三市将主要实施六个方面30项重点工作任务，进一步健全高层协调、调度督办、理论研究等三项重要工作机制，在建立长株潭城市群一体化互利共赢的投入政策等方面进行探索。

12月8日，长株潭城市群研究会2019年会在株洲举行。本次年会的主题是："不忘初心、牢记使命，加快推进新时代长株潭一体化发展"。围绕这一主题探讨新时代长株潭一体化发展科学路径。省政协副主席赖明勇、省人大原副主任陈叔红，以及省内外专家、学者，长株潭三市发改部门等参加本次会议。

（童中贤整理）

皮 书

智库报告的主要形式
同一主题智库报告的聚合

✧ 皮书定义 ✧

皮书是对中国与世界发展状况和热点问题进行年度监测，以专业的角度、专家的视野和实证研究方法，针对某一领域或区域现状与发展态势展开分析和预测，具备前沿性、原创性、实证性、连续性、时效性等特点的公开出版物，由一系列权威研究报告组成。

✧ 皮书作者 ✧

皮书系列报告作者以国内外一流研究机构、知名高校等重点智库的研究人员为主，多为相关领域一流专家学者，他们的观点代表了当下学界对中国与世界的现实和未来最高水平的解读与分析。截至 2020 年，皮书研创机构有近千家，报告作者累计超过 7 万人。

✧ 皮书荣誉 ✧

皮书系列已成为社会科学文献出版社的著名图书品牌和中国社会科学院的知名学术品牌。2016 年皮书系列正式列入“十三五”国家重点出版规划项目；2013~2020 年，重点皮书列入中国社会科学院承担的国家哲学社会科学创新工程项目。

中国皮书网

（网址：www.pishu.cn）

发布皮书研创资讯，传播皮书精彩内容
引领皮书出版潮流，打造皮书服务平台

栏目设置

◆关于皮书

何谓皮书、皮书分类、皮书大事记、
皮书荣誉、皮书出版第一人、皮书编辑部

◆最新资讯

通知公告、新闻动态、媒体聚焦、
网站专题、视频直播、下载专区

◆皮书研创

皮书规范、皮书选题、皮书出版、
皮书研究、研创团队

◆皮书评奖评价

指标体系、皮书评价、皮书评奖

◆互动专区

皮书说、社科数托邦、皮书微博、留言板

所获荣誉

◆2008 年、2011 年、2014 年，中国皮书网均在全国新闻出版业网站荣誉评选中获得“最具商业价值网站”称号；

◆2012 年,获得“出版业网站百强”称号。

网库合一

2014年，中国皮书网与皮书数据库端口合一，实现资源共享。

中国社会发展数据库（下设 12 个子库）

整合国内外中国社会发展研究成果，汇聚独家统计数据、深度分析报告，涉及社会、人口、政治、教育、法律等 12 个领域，为了解中国社会发展动态、跟踪社会核心热点、分析社会发展趋势提供一站式资源搜索和数据服务。

中国经济发展数据库（下设 12 个子库）

围绕国内外中国经济发展主题研究报告、学术资讯、基础数据等资料构建，内容涵盖宏观经济、农业经济、工业经济、产业经济等 12 个重点经济领域，为实时掌控经济运行态势、把握经济发展规律、洞察经济形势、进行经济决策提供参考和依据。

中国行业发展数据库（下设 17 个子库）

以中国国民经济行业分类为依据，覆盖金融业、旅游、医疗卫生、交通运输、能源矿产等 100 多个行业，跟踪分析国民经济相关行业市场运行状况和政策导向，汇集行业发展前沿资讯，为投资、从业及各种经济决策提供理论基础和实践指导。

中国区域发展数据库（下设 6 个子库）

对中国特定区域内的经济、社会、文化等领域现状与发展情况进行深度分析和预测，研究层级至县及县以下行政区，涉及地区、区域经济体、城市、农村等不同维度，为地方经济社会宏观态势研究、发展经验研究、案例分析提供数据服务。

中国文化传媒数据库（下设 18 个子库）

汇聚文化传媒领域专家观点、热点资讯，梳理国内外中国文化发展相关学术研究成果、一手统计数据，涵盖文化产业、新闻传播、电影娱乐、文学艺术、群众文化等 18 个重点研究领域。为文化传媒研究提供相关数据、研究报告和综合分析服务。

世界经济与国际关系数据库（下设 6 个子库）

立足“皮书系列”世界经济、国际关系相关学术资源，整合世界经济、国际政治、世界文化与科技、全球性问题、国际组织与国际法、区域研究 6 大领域研究成果，为世界经济与国际关系研究提供全方位数据分析，为决策和形势研判提供参考。

法律声明